U0946682

第二次全国残疾人抽样调查资料

江西卷

江西省第二次全国残疾人抽样调查办公室　编

(京)新登字041号

图书在版编目（CIP）数据

第二次全国残疾人抽样调查资料. 江西卷 / 江西省第二次全国残疾人抽样调查办公室编.
—北京：中国统计出版社，2007.12

ISBN 978-7-5037-5293-3

Ⅰ. 第…
Ⅱ. 江…
Ⅲ. 残疾人 - 抽样调查 - 统计资料 - 江西省
Ⅳ. D669.69

中国版本图书馆CIP数据核字（2007）第158107号

第二次全国残疾人抽样调查资料—江西卷

作　　者 / 江西省第二次全国残疾人抽样调查办公室
责任编辑 / 赵淑焕　王振宇
封面设计 / 杨燕超
出版发行 / 中国统计出版社
通信地址 / 北京市西城区月坛南街57号
邮政编码 / 100826
办公地址 / 北京市丰台区西三环南路甲6号
网　　址 / www.stats.gov.cn/tjshujia
电　　话 / 邮购（010）63376907　书店（010）68783172
印　　刷 / 河北天普润印刷厂
经　　销 / 新华书店
开　　本 / 880×1230毫米　1/16
字　　数 / 1580千字
印　　张 / 50.5　3插页
版　　别 / 2007年12月第1版
版　　次 / 2007年12月第1次印刷
书　　号 / ISBN 978-7-5037-5293-3/D・174
定　　价 / 350.00元

本书附同版本CD-ROM一张，光盘内容以书面文字为准。
中国统计版图书，如有印装错误，本社发行部负责调换。

《第二次全国残疾人抽样调查资料》
（江西卷）

编 辑 人 员

总 编 辑：徐效钢

副总编辑：李志刚

编　　辑：张农香　张小雷　贾亚明　徐　芳
沈冬华　黄正兵

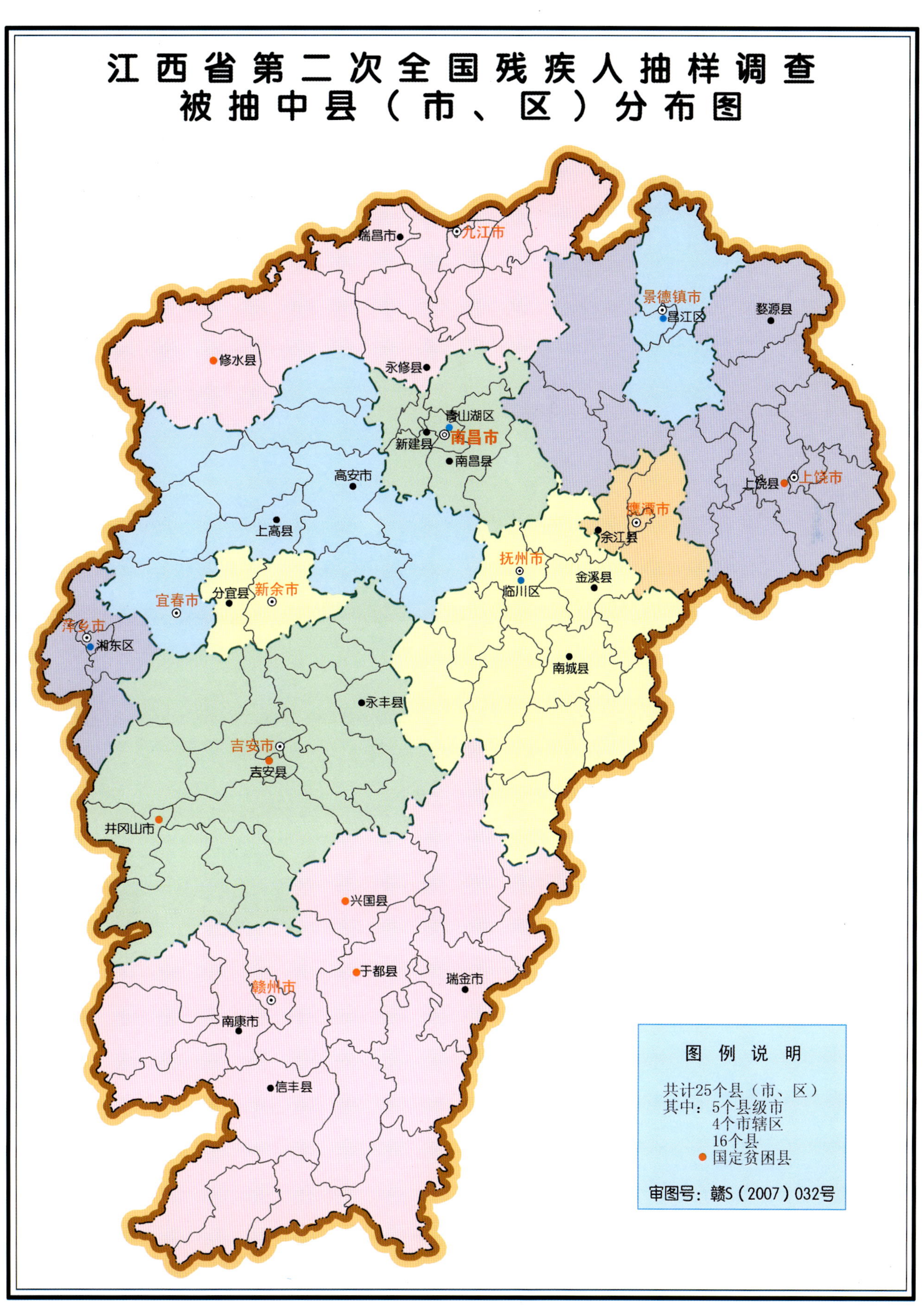
江西省第二次全国残疾人抽样调查
被抽中县（市、区）分布图
瑞昌市
九江市
景德镇市
昌江区
婺源县
修水县
永修县
青山湖区
新建县
南昌市
南昌县
高安市
上高县
上饶县
上饶市
鹰潭市
余江县
抚州市
临川区
金溪县
分宜县
新余市
宜春市
萍乡市
湘东区
南城县
永丰县
吉安市
吉安县
井冈山市
兴国县
于都县
瑞金市
赣州市
南康市
信丰县
图例说明
共计25个县（市、区）
其中：5个县级市
4个市辖区
16个县
国定贫困县
审图号：赣S（2007）032号

编 辑 说 明

我国以2006年4月1日零时为标准时间进行了第二次全国残疾人抽样调查，这是1987年第一次全国残疾人抽样调查19年后进行的又一次全国范围内大规模的残疾人专项调查。在省委、省政府的领导下，在有关部门、社会各方面的大力支持配合下，按照第二次全国残疾人抽样调查领导小组的统一部署，历时两个月的时间，对抽中的24个县、市、市辖区，96个乡、镇、街道的192个调查小区进行了入户调查和残疾评定。调查获得了丰富翔实的资料。为了满足政府部门、科研单位和社会各方面的需要，现将经计算机汇总处理的数据资料编辑出版。

为方便读者准确地使用本资料，现将有关情况说明如下:

一、调查的对象是具有中华人民共和国国籍，并在被抽中调查小区内常住的人（指自然人，下同）。调查采用按常住人口登记的原则，以户为单位填报，只调查家庭户，不调查集体户。此次不调查中国人民解放军现役军人和武装警察（包括军队管理的离退休干部）。

应当在本调查小区进行登记的人包括:

1. 居住本调查小区，户口在本乡、镇、街道;

2. 居住本调查小区半年以上，户口在外乡、镇、街道;

3. 居住本调查小区不满半年，离开户口所在地半年以上;

4. 居住本调查小区，户口待定。

二、第二次全国残疾人抽样调查使用三种调查表，一是《住户调查表》，二是《残疾人调查表》，三是《社区调查表》。调查项目共有52个，包括调查样本人群的家庭及其个人的状况，重点调查残疾人的致残原因、生活状况及其主要需求。

三、本资料是按照现场调查登记直接汇总的数据，未作任何调整。请读者在使用本资料时，特别是推算总体时，对以下因素予以充分注意:

1. 本资料不含调查漏登的人口数;

2. 本资料数据抽样比为2.87‰;

3. 作为一次多指标的抽样调查，有些分组较细的指标，代表性相对较低。

四、本次调查的城乡划分口径为: 城镇包括街道和镇的居委会，农村包括乡和镇的村委会。

五、本资料中空项表示无该项数据。

六、由于计算机运算中采取四舍五入的处理，个别汇总表分栏数据之和与合计数存在微小的差别，不影响对数据的使用。

七、为帮助读者准确使用本资料，附录中编印了《江西省第二次全国残疾人抽样调查主要数据公报》、《江西省第二次全国残疾人抽样调查主要数据公报》（第二号）、《第二次全国残疾人抽样调查方案》、《第二次全国残疾人抽样调查残疾标准》、《第二次全国残疾人抽样调查住户调查表》和填写说明、《第二次全国残疾人抽样调查残疾人调查表》和填写说明、《第二次全国残疾人抽样调查社区调查表》和填写说明、《江西省第二次全国残疾人抽样调查抽样实施方案》、《江西省第二次全国残疾人抽样调查样本县（市、区）领导小组，办公室主任、副主任，调查队名单》等。

编 者

2007年10月

编辑说明

目　录

第一部分　调查人口的基本状况

第二部分　残疾人口的基本状况

第一部分　调查人口的基本状况

1－1 各地区调查样本基本情况

单位：人

地 区	调查县(市、区)数(个)	调查乡(镇、街道)数(个)	调 查 小区数(个)	调查户数(户)	调查人口			调查残疾人		
					小计	男	女	小计	男	女
总 计	**24**	**96**	**192**	**22895**	**83088**	**42717**	**40371**	**5310**	**2754**	**2556**
青山湖区	1	4	8	1008	3476	1774	1702	208	98	110
南昌县	1	4	8	912	3501	1827	1674	198	85	113
新建县	1	4	8	778	3513	1831	1682	217	113	104
昌江区	1	4	8	951	3494	1782	1712	204	110	94
湘东区	1	4	8	895	3513	1841	1672	190	111	79
修水县	1	4	8	787	3480	1807	1673	189	111	78
永修县	1	4	8	1031	3463	1794	1669	224	114	110
分宜县	1	4	8	1157	3440	1743	1697	254	132	122
余江县	1	4	8	973	3421	1752	1669	247	116	131
信丰县	1	4	8	1013	3410	1693	1717	218	120	98
于都县	1	4	8	896	3497	1752	1745	260	158	102
兴国县	1	4	8	804	3459	1796	1663	241	131	110
瑞金市	1	4	8	998	3521	1832	1689	256	142	114
南康市	1	4	8	903	3449	1767	1682	269	126	143
吉安县	1	4	8	1039	3364	1712	1652	225	113	112
永丰县	1	4	8	1017	3498	1856	1642	203	117	86
井冈山市	1	4	8	1012	3511	1733	1778	229	112	117
上高县	1	4	8	1037	3451	1804	1647	186	83	103
高安市	1	4	8	1073	3446	1779	1667	185	89	96
临川区	1	4	8	949	3502	1833	1669	265	132	133
南城县	1	4	8	1048	3404	1717	1687	215	113	102
金溪县	1	4	8	953	3479	1813	1666	224	107	117
上饶县	1	4	8	840	3428	1741	1687	206	106	100
婺源县	1	4	8	821	3368	1738	1630	197	115	82

1-2 分年龄、性别的人口

单位：人，%

年龄	调查人口				调查残疾人			
	合计	男	女	性别比	合计	男	女	性别比
总 计	**83088**	**42717**	**40371**	**106**	**5310**	**2754**	**2556**	**108**
0-4	**7043**	**4089**	**2954**	**138**	**110**	**70**	**40**	**175**
0岁	1335	768	567	135	19	12	7	171
1岁	1473	864	609	142	17	8	9	89
2岁	1478	863	615	140	20	12	8	150
3岁	1324	760	564	135	24	17	7	243
4岁	1433	834	599	139	30	21	9	233
5-9	**6798**	**3814**	**2984**	**128**	**124**	**74**	**50**	**148**
5岁	1294	744	550	135	27	21	6	350
6岁	1252	700	552	127	28	17	11	155
7岁	1447	800	647	124	23	13	10	130
8岁	1391	791	600	132	24	17	7	243
9岁	1414	779	635	123	22	6	16	38
10-14	**7185**	**3925**	**3260**	**120**	**133**	**88**	**45**	**196**
10岁	1412	791	621	127	23	15	8	188
11岁	1279	668	611	109	21	12	9	133
12岁	1405	729	676	108	28	20	8	250
13岁	1412	795	617	129	26	16	10	160
14岁	1677	942	735	128	35	25	10	250
15-19	**6535**	**3537**	**2998**	**118**	**142**	**90**	**52**	**173**
15岁	1796	986	810	122	30	17	13	131
16岁	1614	847	767	110	33	25	8	313
17岁	1245	671	574	117	24	16	8	200
18岁	1038	577	461	125	29	17	12	142
19岁	842	456	386	118	26	15	11	136
20-24	**4133**	**1924**	**2209**	**87**	**131**	**75**	**56**	**134**
20岁	771	354	417	85	19	8	11	73
21岁	862	403	459	88	31	18	13	138
22岁	780	344	436	79	22	12	10	120
23岁	883	415	468	89	36	22	14	157
24岁	837	408	429	95	23	15	8	188
25-29	**5085**	**2530**	**2555**	**99**	**168**	**100**	**68**	**147**
25岁	735	357	378	94	21	9	12	75

1-2 续表 1

单位：人，%

年龄	调查人口				调查残疾人			
	合计	男	女	性别比	合计	男	女	性别比
26岁	970	493	477	103	38	21	17	124
27岁	1089	540	549	98	29	16	13	123
28岁	1082	520	562	93	36	25	11	227
29岁	1209	620	589	105	44	29	15	193
30-34	**6679**	**3267**	**3412**	**96**	**228**	**134**	**94**	**143**
30岁	1295	646	649	100	46	24	22	109
31岁	1365	666	699	95	43	21	22	95
32岁	1432	689	743	93	45	28	17	165
33岁	1304	631	673	94	49	28	21	133
34岁	1283	635	648	98	45	33	12	275
35-39	**7325**	**3633**	**3692**	**98**	**306**	**189**	**117**	**162**
35岁	1416	680	736	92	44	28	16	175
36岁	1419	716	703	102	63	41	22	186
37岁	1607	787	820	96	74	42	32	131
38岁	1478	758	720	105	65	47	18	261
39岁	1405	692	713	97	60	31	29	107
40-44	**6717**	**3301**	**3416**	**97**	**334**	**182**	**152**	**120**
40岁	1459	679	780	87	59	27	32	84
41岁	1404	700	704	99	83	43	40	108
42岁	1473	740	733	101	83	50	33	152
43岁	1493	732	761	96	75	44	31	142
44岁	888	450	438	103	34	18	16	113
45-49	**5711**	**2852**	**2859**	**100**	**329**	**185**	**144**	**128**
45岁	959	487	472	103	52	26	26	100
46岁	1004	492	512	96	61	34	27	126
47岁	1130	574	556	103	63	35	28	125
48岁	1376	666	710	94	77	43	34	126
49岁	1242	633	609	104	76	47	29	162
50-54	**5449**	**2795**	**2654**	**105**	**368**	**212**	**156**	**136**
50岁	1057	547	510	107	48	26	22	118
51岁	1189	573	616	93	81	40	41	98
52岁	1163	620	543	114	77	55	22	250
53岁	1098	573	525	109	94	52	42	124
54岁	942	482	460	105	68	39	29	134

1－2 续表 2

单位：人，%

年 龄	调查人口				调查残疾人			
	合计	男	女	性别比	合计	男	女	性别比
55-59	**4168**	**2189**	**1979**	**111**	**394**	**222**	**172**	**129**
55岁	898	479	419	114	76	50	26	192
56岁	961	502	459	109	90	48	42	114
57岁	811	411	400	103	73	45	28	161
58岁	763	418	345	121	76	42	34	124
59岁	735	379	356	106	79	37	42	88
60-64	**2894**	**1479**	**1415**	**105**	**353**	**197**	**156**	**126**
60岁	668	341	327	104	78	47	31	152
61岁	581	286	295	97	58	31	27	115
62岁	593	326	267	122	65	39	26	150
63岁	534	274	260	105	65	35	30	117
64岁	518	252	266	95	87	45	42	107
65-69	**2671**	**1337**	**1334**	**100**	**459**	**217**	**242**	**90**
65岁	567	274	293	94	94	46	48	96
66岁	518	262	256	102	71	39	32	122
67岁	549	296	253	117	101	47	54	87
68岁	521	244	277	88	88	38	50	76
69岁	516	261	255	102	105	47	58	81
70-74	**2086**	**986**	**1100**	**90**	**569**	**274**	**295**	**93**
70岁	467	225	242	93	98	49	49	100
71岁	428	215	213	101	101	53	48	110
72岁	458	209	249	84	120	56	64	88
73岁	384	177	207	86	118	53	65	82
74岁	349	160	189	85	132	63	69	91
75-79	**1355**	**602**	**753**	**80**	**510**	**221**	**289**	**76**
75岁	315	144	171	84	107	49	58	84
76岁	287	128	159	81	111	50	61	82
77岁	261	112	149	75	89	39	50	78
78岁	272	120	152	79	117	47	70	67
79岁	220	98	122	80	86	36	50	72
80-84	**828**	**315**	**513**	**61**	**408**	**152**	**256**	**59**
80岁	239	93	146	64	108	41	67	61
81岁	175	62	113	55	79	28	51	55
82岁	155	66	89	74	81	35	46	76
83岁	153	58	95	61	82	30	52	58
84岁	106	36	70	51	58	18	40	45
85+	**426**	**142**	**284**	**50**	**244**	**72**	**172**	**42**

1－2a 城镇分年龄、性别的人口

单位：人，%

年 龄	调查人口				调查残疾人			
	合计	男	女	性别比	合计	男	女	性别比
总 计	**12508**	**6290**	**6218**	**101**	**753**	**368**	**385**	**96**
0-4	**886**	**508**	**378**	**134**	**10**	**8**	**2**	**400**
0岁	176	101	75	135	1		1	
1岁	178	99	79	125	1	1		
2岁	162	87	75	116	1	1		
3岁	172	102	70	146	4	4		
4岁	198	119	79	151	3	2	1	200
5-9	**910**	**511**	**399**	**128**	**16**	**10**	**6**	**167**
5岁	151	82	69	119	2	2		
6岁	178	99	79	125	2	1	1	100
7岁	211	121	90	134	6	5	1	500
8岁	184	106	78	136	4	2	2	100
9岁	186	103	83	124	2		2	
10-14	**902**	**513**	**389**	**132**	**16**	**10**	**6**	**167**
10岁	186	103	83	124	2	2		
11岁	173	100	73	137	4	2	2	100
12岁	176	89	87	102	3	2	1	200
13岁	157	102	55	185	2	1	1	100
14岁	210	119	91	131	5	3	2	150
15-19	**945**	**499**	**446**	**112**	**22**	**12**	**10**	**120**
15岁	241	122	119	103	3	1	2	50
16岁	250	134	116	116	9	7	2	350
17岁	180	93	87	107	5	1	4	25
18岁	153	78	75	104	2	2		
19岁	121	72	49	147	3	1	2	50
20-24	**590**	**243**	**347**	**70**	**20**	**10**	**10**	**100**
20岁	103	42	61	69				
21岁	114	45	69	65	2	1	1	100
22岁	113	49	64	77	5	3	2	150
23岁	135	52	83	63	11	5	6	83
24岁	125	55	70	79	2	1	1	100
25-29	**926**	**428**	**498**	**86**	**34**	**24**	**10**	**240**
25岁	114	55	59	93	1	1		

1－2a 续表 1

单位：人，%

年龄	调查人口				调查残疾人			
	合计	男	女	性别比	合计	男	女	性别比
26岁	188	83	105	79	4		4	
27岁	214	94	120	78	6	4	2	200
28岁	196	87	109	80	11	10	1	1000
29岁	214	109	105	104	12	9	3	300
30-34	**1176**	**560**	**616**	**91**	**24**	**14**	**10**	**140**
30岁	232	109	123	89	3	1	2	50
31岁	246	114	132	86	5	2	3	67
32岁	247	113	134	84	5	2	3	67
33岁	236	114	122	93	6	5	1	500
34岁	215	110	105	105	5	4	1	400
35-39	**1264**	**635**	**629**	**101**	**39**	**22**	**17**	**129**
35岁	263	130	133	98	6	3	3	100
36岁	255	133	122	109	8	7	1	700
37岁	291	143	148	97	10	2	8	25
38岁	247	127	120	106	9	7	2	350
39岁	208	102	106	96	6	3	3	100
40-44	**1095**	**553**	**542**	**102**	**53**	**31**	**22**	**141**
40岁	215	103	112	92	6	3	3	100
41岁	235	125	110	114	10	8	2	400
42岁	236	120	116	103	18	11	7	157
43岁	246	121	125	97	10	5	5	100
44岁	163	84	79	106	9	4	5	80
45-49	**940**	**468**	**472**	**99**	**59**	**35**	**24**	**146**
45岁	172	79	93	85	12	6	6	100
46岁	204	102	102	100	9	4	5	80
47岁	168	87	81	107	13	8	5	160
48岁	209	113	96	118	16	12	4	300
49岁	187	87	100	87	9	5	4	125
50-54	**790**	**408**	**382**	**107**	**56**	**27**	**29**	**93**
50岁	133	70	63	111	6	1	5	20
51岁	171	82	89	92	9	3	6	50
52岁	202	107	95	113	19	12	7	171
53岁	158	79	79	100	15	7	8	88
54岁	126	70	56	125	7	4	3	133

1－2a 续表 2

单位：人，%

年 龄	调查人口				调查残疾人			
	合计	男	女	性别比	合计	男	女	性别比
55-59	**568**	**298**	**270**	**110**	**53**	**37**	**16**	**231**
55岁	124	58	66	88	10	9	1	900
56岁	126	69	57	121	12	8	4	200
57岁	115	59	56	105	7	6	1	600
58岁	96	53	43	123	11	6	5	120
59岁	107	59	48	123	13	8	5	160
60-64	**426**	**193**	**233**	**83**	**49**	**19**	**30**	**63**
60岁	96	41	55	75	7	3	4	75
61岁	71	33	38	87	4	1	3	33
62岁	103	48	55	87	9	2	7	29
63岁	75	38	37	103	15	8	7	114
64岁	81	33	48	69	14	5	9	56
65-69	**372**	**174**	**198**	**88**	**64**	**25**	**39**	**64**
65岁	73	27	46	59	13	3	10	30
66岁	65	39	26	150	8	5	3	167
67岁	73	33	40	83	15	7	8	88
68岁	83	36	47	77	13	3	10	30
69岁	78	39	39	100	15	7	8	88
70-74	**314**	**145**	**169**	**86**	**76**	**27**	**49**	**55**
70岁	75	39	36	108	13	4	9	44
71岁	57	27	30	90	11	5	6	83
72岁	75	34	41	83	16	6	10	60
73岁	58	28	30	93	15	5	10	50
74岁	49	17	32	53	21	7	14	50
75-79	**224**	**98**	**126**	**78**	**70**	**29**	**41**	**71**
75岁	53	23	30	77	18	8	10	80
76岁	44	21	23	91	16	7	9	78
77岁	36	16	20	80	8	5	3	167
78岁	52	23	29	79	18	6	12	50
79岁	39	15	24	63	10	3	7	43
80-84	**113**	**38**	**75**	**51**	**54**	**17**	**37**	**46**
80岁	26	9	17	53	10	4	6	67
81岁	24	9	15	60	11	4	7	57
82岁	22	4	18	22	10	1	9	11
83岁	27	13	14	93	17	7	10	70
84岁	14	3	11	27	6	1	5	20
85+	**67**	**18**	**49**	**37**	**38**	**11**	**27**	**41**

1－2b 农村分年龄、性别的人口

单位：人，%

年龄	调查人口				调查残疾人			
	合计	男	女	性别比	合计	男	女	性别比
总 计	**70580**	**36427**	**34153**	**107**	**4557**	**2386**	**2171**	**110**
0-4	**6157**	**3581**	**2576**	**139**	**100**	**62**	**38**	**163**
0岁	1159	667	492	136	18	12	6	200
1岁	1295	765	530	144	16	7	9	78
2岁	1316	776	540	144	19	11	8	138
3岁	1152	658	494	133	20	13	7	186
4岁	1235	715	520	138	27	19	8	238
5-9	**5888**	**3303**	**2585**	**128**	**108**	**64**	**44**	**145**
5岁	1143	662	481	138	25	19	6	317
6岁	1074	601	473	127	26	16	10	160
7岁	1236	679	557	122	17	8	9	89
8岁	1207	685	522	131	20	15	5	300
9岁	1228	676	552	122	20	6	14	43
10-14	**6283**	**3412**	**2871**	**119**	**117**	**78**	**39**	**200**
10岁	1226	688	538	128	21	13	8	163
11岁	1106	568	538	106	17	10	7	143
12岁	1229	640	589	109	25	18	7	257
13岁	1255	693	562	123	24	15	9	167
14岁	1467	823	644	128	30	22	8	275
15-19	**5590**	**3038**	**2552**	**119**	**120**	**78**	**42**	**186**
15岁	1555	864	691	125	27	16	11	145
16岁	1364	713	651	110	24	18	6	300
17岁	1065	578	487	119	19	15	4	375
18岁	885	499	386	129	27	15	12	125
19岁	721	384	337	114	23	14	9	156
20-24	**3543**	**1681**	**1862**	**90**	**111**	**65**	**46**	**141**
20岁	668	312	356	88	19	8	11	73
21岁	748	358	390	92	29	17	12	142
22岁	667	295	372	79	17	9	8	113
23岁	748	363	385	94	25	17	8	213
24岁	712	353	359	98	21	14	7	200
25-29	**4159**	**2102**	**2057**	**102**	**134**	**76**	**58**	**131**
25岁	621	302	319	95	20	8	12	67

1－2b 续表 1

单位：人，%

年 龄	调查人口				调查残疾人			
	合计	男	女	性别比	合计	男	女	性别比
26岁	782	410	372	110	34	21	13	162
27岁	875	446	429	104	23	12	11	109
28岁	886	433	453	96	25	15	10	150
29岁	995	511	484	106	32	20	12	167
30-34	**5503**	**2707**	**2796**	**97**	**204**	**120**	**84**	**143**
30岁	1063	537	526	102	43	23	20	115
31岁	1119	552	567	97	38	19	19	100
32岁	1185	576	609	95	40	26	14	186
33岁	1068	517	551	94	43	23	20	115
34岁	1068	525	543	97	40	29	11	264
35-39	**6061**	**2998**	**3063**	**98**	**267**	**167**	**100**	**167**
35岁	1153	550	603	91	38	25	13	192
36岁	1164	583	581	100	55	34	21	162
37岁	1316	644	672	96	64	40	24	167
38岁	1231	631	600	105	56	40	16	250
39岁	1197	590	607	97	54	28	26	108
40-44	**5622**	**2748**	**2874**	**96**	**281**	**151**	**130**	**116**
40岁	1244	576	668	86	53	24	29	83
41岁	1169	575	594	97	73	35	38	92
42岁	1237	620	617	100	65	39	26	150
43岁	1247	611	636	96	65	39	26	150
44岁	725	366	359	102	25	14	11	127
45-49	**4771**	**2384**	**2387**	**100**	**270**	**150**	**120**	**125**
45岁	787	408	379	108	40	20	20	100
46岁	800	390	410	95	52	30	22	136
47岁	962	487	475	103	50	27	23	117
48岁	1167	553	614	90	61	31	30	103
49岁	1055	546	509	107	67	42	25	168
50-54	**4659**	**2387**	**2272**	**105**	**312**	**185**	**127**	**146**
50岁	924	477	447	107	42	25	17	147
51岁	1018	491	527	93	72	37	35	106
52岁	961	513	448	115	58	43	15	287
53岁	940	494	446	111	79	45	34	132
54岁	816	412	404	102	61	35	26	135

1-2b 续表 2

单位：人，%

年 龄	调查人口				调查残疾人			
	合计	男	女	性别比	合计	男	女	性别比
55-59	**3600**	**1891**	**1709**	**111**	**341**	**185**	**156**	**119**
55岁	774	421	353	119	66	41	25	164
56岁	835	433	402	108	78	40	38	105
57岁	696	352	344	102	66	39	27	144
58岁	667	365	302	121	65	36	29	124
59岁	628	320	308	104	66	29	37	78
60-64	**2468**	**1286**	**1182**	**109**	**304**	**178**	**126**	**141**
60岁	572	300	272	110	71	44	27	163
61岁	510	253	257	98	54	30	24	125
62岁	490	278	212	131	56	37	19	195
63岁	459	236	223	106	50	27	23	117
64岁	437	219	218	100	73	40	33	121
65-69	**2299**	**1163**	**1136**	**102**	**395**	**192**	**203**	**95**
65岁	494	247	247	100	81	43	38	113
66岁	453	223	230	97	63	34	29	117
67岁	476	263	213	123	86	40	46	87
68岁	438	208	230	90	75	35	40	88
69岁	438	222	216	103	90	40	50	80
70-74	**1772**	**841**	**931**	**90**	**493**	**247**	**246**	**100**
70岁	392	186	206	90	85	45	40	113
71岁	371	188	183	103	90	48	42	114
72岁	383	175	208	84	104	50	54	93
73岁	326	149	177	84	103	48	55	87
74岁	300	143	157	91	111	56	55	102
75-79	**1131**	**504**	**627**	**80**	**440**	**192**	**248**	**77**
75岁	262	121	141	86	89	41	48	85
76岁	243	107	136	79	95	43	52	83
77岁	225	96	129	74	81	34	47	72
78岁	220	97	123	79	99	41	58	71
79岁	181	83	98	85	76	33	43	77
80-84	**715**	**277**	**438**	**63**	**354**	**135**	**219**	**62**
80岁	213	84	129	65	98	37	61	61
81岁	151	53	98	54	68	24	44	55
82岁	133	62	71	87	71	34	37	92
83岁	126	45	81	56	65	23	42	55
84岁	92	33	59	56	52	17	35	49
85+	**359**	**124**	**235**	**53**	**206**	**61**	**145**	**42**

1-3 调查家庭户类别

单位：户

家庭户规模	合计	一代户	二代户	三代户	四代户及以上
总 计	**22895**	**4509**	**12723**	**5394**	**269**
一人户	1395	1395			
二人户	4034	3013	1021		
三人户	5687	74	5443	170	
四人户	6074	20	4705	1346	3
五人户	3160	4	1170	1935	51
六人户	1650	2	286	1264	98
七人户	592		65	456	71
八人户	303	1	33	223	46
九人户					

1－4　各地区分性别、户口登记状况的人口

单位：人

地　区	调查人口			住本调查小区，户口在本乡、镇、街道		
	合计	男	女	小计	男	女
总　计	**83088**	**42717**	**40371**	**78065**	**40114**	**37951**
青山湖区	3476	1774	1702	1933	976	957
南昌县	3501	1827	1674	3342	1753	1589
新建县	3513	1831	1682	3335	1749	1586
昌江区	3494	1782	1712	3122	1600	1522
湘东区	3513	1841	1672	3387	1773	1614
修水县	3480	1807	1673	3465	1799	1666
永修县	3463	1794	1669	3418	1767	1651
分宜县	3440	1743	1697	3333	1689	1644
余江县	3421	1752	1669	3207	1649	1558
信丰县	3410	1693	1717	3318	1643	1675
于都县	3497	1752	1745	3302	1638	1664
兴国县	3459	1796	1663	3401	1761	1640
瑞金市	3521	1832	1689	3369	1743	1626
南康市	3449	1767	1682	3373	1725	1648
吉安县	3364	1712	1652	3187	1611	1576
永丰县	3498	1856	1642	3404	1806	1598
井冈山市	3511	1733	1778	3293	1620	1673
上高县	3451	1804	1647	3176	1662	1514
高安市	3446	1779	1667	2959	1529	1430
临川区	3502	1833	1669	3394	1783	1611
南城县	3404	1717	1687	3284	1654	1630
金溪县	3479	1813	1666	3396	1768	1628
上饶县	3428	1741	1687	3352	1704	1648
婺源县	3368	1738	1630	3315	1712	1603

1-4 续表

单位：人

地　区	住本调查小区半年以上，户口在外乡、镇、街道			住本调查小区不满半年，离开户口所在地半年以上			住本调查小区，户口待定		
	小计	男	女	小计	男	女	小计	男	女
总　计	**4568**	**2388**	**2180**	**50**	**23**	**27**	**405**	**192**	**213**
青山湖区	1475	765	710	20	8	12	48	25	23
南昌县	129	59	70	1	1		29	14	15
新建县	114	55	59				64	27	37
昌江区	352	173	179	6	2	4	14	7	7
湘东区	105	61	44				21	7	14
修水县	13	7	6				2	1	1
永修县	37	21	16				8	6	2
分宜县	94	47	47				13	7	6
余江县	138	69	69	7	4	3	69	30	39
信丰县	89	48	41	3	2	1			
于都县	170	103	67	6	2	4	19	9	10
兴国县	48	30	18	1		1	9	5	4
瑞金市	147	87	60				5	2	3
南康市	60	32	28				16	10	6
吉安县	168	95	73	1	1		8	5	3
永丰县	80	44	36				14	6	8
井冈山市	201	105	96				17	8	9
上高县	273	140	133				2	2	
高安市	479	245	234	2	1	1	6	4	2
临川区	98	46	52				10	4	6
南城县	119	62	57				1	1	
金溪县	82	45	37	1		1			
上饶县	50	26	24	2	2		24	9	15
婺源县	47	23	24				6	3	3

1－5 各地区分户口登记状况、户口性质的人口

单位：人

地 区	合 计			住本调查小区，户口在本乡、镇、街道		
	合计	农业	非农业	小计	农业	非农业
总 计	**82683**	**72307**	**10376**	**78065**	**70252**	**7813**
青山湖区	3428	1269	2159	1933	736	1197
南昌县	3472	3011	461	3342	2944	398
新建县	3449	3069	380	3335	3025	310
昌江区	3480	2513	967	3122	2379	743
湘东区	3492	3313	179	3387	3271	116
修水县	3478	3432	46	3465	3426	39
永修县	3455	3403	52	3418	3372	46
分宜县	3427	3278	149	3333	3216	117
余江县	3352	2953	399	3207	2851	356
信丰县	3410	3217	193	3318	3156	162
于都县	3478	3230	248	3302	3164	138
兴国县	3450	3377	73	3401	3357	44
瑞金市	3516	3389	127	3369	3288	81
南康市	3433	3245	188	3373	3210	163
吉安县	3356	2951	405	3187	2889	298
永丰县	3484	3200	284	3404	3166	238
井冈山市	3494	2857	637	3293	2734	559
上高县	3449	2496	953	3176	2318	858
高安市	3440	2509	931	2959	2339	620
临川区	3492	2770	722	3394	2746	648
南城县	3403	3195	208	3284	3130	154
金溪县	3479	3093	386	3396	3060	336
上饶县	3404	3317	87	3352	3279	73
婺源县	3362	3220	142	3315	3196	119

1-5 续表

单位：人

地　区	住本调查小区半年以上，户口在外乡、镇、街道			住本调查小区不满半年，离开户口所在地半年以上		
	小计	农业	非农业	小计	农业	非农业
总　计	**4568**	**2021**	**2547**	**50**	**34**	**16**
青山湖区	1475	520	955	20	13	7
南昌县	129	66	63	1	1	
新建县	114	44	70			
昌江区	352	128	224	6	6	
湘东区	105	42	63			
修水县	13	6	7			
永修县	37	31	6			
分宜县	94	62	32			
余江县	138	95	43	7	7	
信丰县	89	58	31	3	3	
于都县	170	66	104	6		6
兴国县	48	19	29	1	1	
瑞金市	147	101	46			
南康市	60	35	25			
吉安县	168	61	107	1	1	
永丰县	80	34	46			
井冈山市	201	123	78			
上高县	273	178	95			
高安市	479	170	309	2		2
临川区	98	24	74			
南城县	119	65	54			
金溪县	82	33	49	1		1
上饶县	50	36	14	2	2	
婺源县	47	24	23			

1－6　6岁及以上人口分年龄、性别的受教育程度

单位：人

年　龄	调查人口			不识字			未上过学		
	合计	男	女	小计	男	女	小计	男	女
总　计	**74751**	**37884**	**36867**	**9368**	**2236**	**7132**	**368**	**156**	**212**
6-9	**5504**	**3070**	**2434**	**478**	**271**	**207**	**19**	**10**	**9**
6岁	1252	700	552	406	235	171	13	8	5
7岁	1447	800	647	52	30	22	1		1
8岁	1391	791	600	13	5	8	1	1	
9岁	1414	779	635	7	1	6	4	1	3
10-14	**7185**	**3925**	**3260**	**33**	**21**	**12**	**3**	**2**	**1**
10岁	1412	791	621	6	5	1			
11岁	1279	668	611	4	2	2	1	1	
12岁	1405	729	676	6	3	3			
13岁	1412	795	617	4	2	2			
14岁	1677	942	735	13	9	4	2	1	1
15-19	**6535**	**3537**	**2998**	**51**	**27**	**24**	**9**	**7**	**2**
15岁	1796	986	810	10	4	6	1	1	
16岁	1614	847	767	9	5	4	3	3	
17岁	1245	671	574	3	2	1	1		1
18岁	1038	577	461	15	8	7	3	2	1
19岁	842	456	386	14	8	6	1	1	
20-24	**4133**	**1924**	**2209**	**79**	**37**	**42**	**2**	**2**	
20岁	771	354	417	16	5	11	1	1	
21岁	862	403	459	17	7	10			
22岁	780	344	436	14	6	8			
23岁	883	415	468	14	9	5	1	1	
24岁	837	408	429	18	10	8			
25-29	**5085**	**2530**	**2555**	**135**	**42**	**93**	**2**	**1**	**1**
25岁	735	357	378	15	3	12			
26岁	970	493	477	24	10	14	1		1
27岁	1089	540	549	23	8	15	1	1	
28岁	1082	520	562	35	13	22			
29岁	1209	620	589	38	8	30			
30-34	**6679**	**3267**	**3412**	**237**	**53**	**184**	**4**	**1**	**3**
30岁	1295	646	649	46	11	35	1	1	

1-6 续表 1

单位：人

年 龄	调查人口			不识字			未上过学		
	合计	男	女	小计	男	女	小计	男	女
31岁	1365	666	699	38	8	30	1		1
32岁	1432	689	743	49	13	36			
33岁	1304	631	673	49	10	39			
34岁	1283	635	648	55	11	44	2		2
35-39	**7325**	**3633**	**3692**	**359**	**78**	**281**	**16**	**1**	**15**
35岁	1416	680	736	58	7	51			
36岁	1419	716	703	67	16	51	6	1	5
37岁	1607	787	820	76	15	61	4		4
38岁	1478	758	720	80	21	59	1		1
39岁	1405	692	713	78	19	59	5		5
40-44	**6717**	**3301**	**3416**	**423**	**70**	**353**	**14**	**4**	**10**
40岁	1459	679	780	76	13	63	2	1	1
41岁	1404	700	704	87	19	68	3		3
42岁	1473	740	733	82	9	73	3	1	2
43岁	1493	732	761	125	23	102	5	2	3
44岁	888	450	438	53	6	47	1		1
45-49	**5711**	**2852**	**2859**	**748**	**114**	**634**	**29**	**6**	**23**
45岁	959	487	472	117	12	105			
46岁	1004	492	512	92	13	79	5	1	4
47岁	1130	574	556	139	26	113	8	3	5
48岁	1376	666	710	193	31	162	11	1	10
49岁	1242	633	609	207	32	175	5	1	4
50-54	**5449**	**2795**	**2654**	**980**	**137**	**843**	**47**	**15**	**32**
50岁	1057	547	510	166	21	145	5	1	4
51岁	1189	573	616	216	23	193	10	5	5
52岁	1163	620	543	202	35	167	12	4	8
53岁	1098	573	525	210	33	177	15	3	12
54岁	942	482	460	186	25	161	5	2	3
55-59	**4168**	**2189**	**1979**	**853**	**171**	**682**	**44**	**15**	**29**
55岁	898	479	419	192	42	150	7	2	5
56岁	961	502	459	196	40	156	12	4	8
57岁	811	411	400	167	32	135	11	4	7
58岁	763	418	345	161	34	127	7	2	5

1-6 续表 2

单位：人

年龄	调查人口			不识字			未上过学		
	合计	男	女	小计	男	女	小计	男	女
59岁	735	379	356	137	23	114	7	3	4
60-64	**2894**	**1479**	**1415**	**840**	**176**	**664**	**25**	**10**	**15**
60岁	668	341	327	153	37	116	3	1	2
61岁	581	286	295	144	24	120	4	2	2
62岁	593	326	267	172	34	138	6	1	5
63岁	534	274	260	185	44	141	4	3	1
64岁	518	252	266	186	37	149	8	3	5
65-69	**2671**	**1337**	**1334**	**1225**	**309**	**916**	**35**	**15**	**20**
65岁	567	274	293	235	42	193	4	3	1
66岁	518	262	256	224	57	167	6	1	5
67岁	549	296	253	242	69	173	9	5	4
68岁	521	244	277	258	66	192	10	4	6
69岁	516	261	255	266	75	191	6	2	4
70-74	**2086**	**986**	**1100**	**1169**	**309**	**860**	**46**	**28**	**18**
70岁	467	225	242	249	66	183	4	1	3
71岁	428	215	213	208	51	157	12	8	4
72岁	458	209	249	280	78	202	11	7	4
73岁	384	177	207	220	55	165	9	5	4
74岁	349	160	189	212	59	153	10	7	3
75-79	**1355**	**602**	**753**	**854**	**216**	**638**	**34**	**22**	**12**
75岁	315	144	171	190	47	143	9	8	1
76岁	287	128	159	186	51	135	8	5	3
77岁	261	112	149	166	43	123	8	3	5
78岁	272	120	152	173	42	131	6	4	2
79岁	220	98	122	139	33	106	3	2	1
80+	**1254**	**457**	**797**	**904**	**205**	**699**	**39**	**17**	**22**

1-6 续表 3

单位：人

年 龄	小 学			初 中			高 中		
	小计	男	女	小计	男	女	小计	男	女
总 计	**32927**	**15890**	**17037**	**24247**	**14439**	**9808**	**5399**	**3645**	**1754**
6-9	**5007**	**2789**	**2218**						
6岁	833	457	376						
7岁	1394	770	624						
8岁	1377	785	592						
9岁	1403	777	626						
10-14	**4226**	**2238**	**1988**	**2854**	**1620**	**1234**	**57**	**40**	**17**
10岁	1402	784	618	4	2	2			
11岁	1207	633	574	67	32	35			
12岁	964	490	474	435	236	199			
13岁	450	232	218	958	561	397			
14岁	203	99	104	1390	789	601	57	40	17
15-19	**519**	**197**	**322**	**3643**	**1965**	**1678**	**1950**	**1181**	**769**
15岁	108	48	60	1334	737	597	311	183	128
16岁	75	28	47	905	456	449	557	323	234
17岁	92	33	59	542	275	267	528	325	203
18岁	124	48	76	418	249	169	381	235	146
19岁	120	40	80	444	248	196	173	115	58
20-24	**728**	**223**	**505**	**2618**	**1263**	**1355**	**281**	**186**	**95**
20岁	128	33	95	469	233	236	78	46	32
21岁	139	50	89	548	256	292	57	38	19
22岁	123	34	89	516	234	282	51	35	16
23岁	177	50	127	562	280	282	44	32	12
24岁	161	56	105	523	260	263	51	35	16
25-29	**1395**	**520**	**875**	**2873**	**1582**	**1291**	**312**	**189**	**123**
25岁	147	51	96	462	251	211	54	28	26
26岁	210	80	130	590	326	264	69	39	30
27岁	304	120	184	621	335	286	57	28	29
28岁	344	123	221	559	297	262	60	42	18
29岁	390	146	244	641	373	268	72	52	20
30-34	**2744**	**983**	**1761**	**3001**	**1770**	**1231**	**390**	**262**	**128**
30岁	474	179	295	634	372	262	77	44	33

1-6 续表 4

单位：人

年 龄	小学			初中			高中		
	小计	男	女	小计	男	女	小计	男	女
31岁	544	188	356	617	360	257	90	63	27
32岁	601	199	402	645	387	258	83	54	29
33岁	569	205	364	552	325	227	67	47	20
34岁	556	212	344	553	326	227	73	54	19
35-39	**3558**	**1368**	**2190**	**2704**	**1708**	**996**	**473**	**322**	**151**
35岁	663	239	424	535	327	208	102	65	37
36岁	678	263	415	526	329	197	99	72	27
37岁	785	309	476	590	362	228	103	71	32
38岁	720	274	446	550	374	176	86	61	25
39岁	712	283	429	503	316	187	83	53	30
40-44	**2933**	**1068**	**1865**	**2472**	**1537**	**935**	**722**	**508**	**214**
40岁	698	242	456	553	322	231	108	84	24
41岁	599	225	374	565	350	215	127	89	38
42岁	618	223	395	567	355	212	171	131	40
43岁	618	225	393	505	322	183	204	132	72
44岁	400	153	247	282	188	94	112	72	40
45-49	**2597**	**1118**	**1479**	**1567**	**1057**	**510**	**601**	**433**	**168**
45岁	403	186	217	284	183	101	132	88	44
46岁	476	191	285	275	177	98	123	87	36
47岁	531	225	306	320	224	96	108	78	30
48岁	612	244	368	396	267	129	116	88	28
49岁	575	272	303	292	206	86	122	92	30
50-54	**2932**	**1508**	**1424**	**1044**	**778**	**266**	**306**	**246**	**60**
50岁	536	257	279	232	179	53	88	67	21
51岁	615	282	333	241	179	62	79	64	15
52岁	662	368	294	185	125	60	71	61	10
53岁	592	328	264	212	155	57	43	35	8
54岁	527	273	254	174	140	34	25	19	6
55-59	**2408**	**1313**	**1095**	**623**	**487**	**136**	**134**	**116**	**18**
55岁	498	277	221	149	116	33	34	28	6
56岁	585	327	258	122	94	28	22	18	4
57岁	462	232	230	120	103	17	24	20	4
58岁	449	257	192	105	87	18	26	24	2

1-6 续表 5

单位：人

年龄	小学			初中			高中		
	小计	男	女	小计	男	女	小计	男	女
59岁	414	220	194	127	87	40	28	26	2
60-64	**1419**	**814**	**605**	**447**	**336**	**111**	**77**	**74**	**3**
60岁	351	181	170	128	95	33	16	15	1
61岁	298	160	138	105	73	32	14	13	1
62岁	277	174	103	98	80	18	19	19	
63岁	249	148	101	65	52	13	17	16	1
64岁	244	151	93	51	36	15	11	11	
65-69	**1094**	**751**	**343**	**211**	**171**	**40**	**47**	**43**	**4**
65岁	243	162	81	55	43	12	13	11	2
66岁	221	145	76	47	41	6	9	9	
67岁	234	167	67	43	38	5	9	8	1
68岁	203	136	67	33	22	11	10	9	1
69岁	193	141	52	33	27	6	6	6	
70-74	**719**	**514**	**205**	**99**	**85**	**14**	**24**	**23**	**1**
70岁	171	117	54	24	22	2	9	9	
71岁	175	127	48	23	19	4	5	5	
72岁	138	100	38	22	18	4	3	3	
73岁	127	94	33	18	14	4	5	4	1
74岁	108	76	32	12	12		2	2	
75-79	**389**	**295**	**94**	**54**	**50**	**4**	**15**	**12**	**3**
75岁	98	72	26	16	15	1	2	2	
76岁	77	59	18	9	8	1	3	3	
77岁	73	54	19	8	7	1	2	1	1
78岁	78	60	18	11	11		4	3	1
79岁	63	50	13	10	9	1	4	3	1
80+	**259**	**191**	**68**	**37**	**30**	**7**	**10**	**10**	

1-6 续表 6

单位：人

年 龄	中 专			大学专科			大学本科			研究生		
	小计	男	女	小计	男	女	小计	男	女	小计	男	女
总 计	**1309**	**781**	**528**	**752**	**494**	**258**	**346**	**219**	**127**	**35**	**24**	**11**
6-9												
6岁												
7岁												
8岁												
9岁												
10-14	**12**	**4**	**8**									
10岁												
11岁												
12岁												
13岁												
14岁	12	4	8									
15-19	**279**	**125**	**154**	**67**	**28**	**39**	**17**	**7**	**10**			
15岁	32	13	19									
16岁	60	30	30	5	2	3						
17岁	66	30	36	11	4	7	2	2				
18岁	68	24	44	25	9	16	4	2	2			
19岁	53	28	25	26	13	13	11	3	8			
20-24	**232**	**102**	**130**	**124**	**71**	**53**	**69**	**40**	**29**			
20岁	48	18	30	21	12	9	10	6	4			
21岁	55	27	28	34	19	15	12	6	6			
22岁	41	17	24	22	10	12	13	8	5			
23岁	37	14	23	27	17	10	21	12	9			
24岁	51	26	25	20	13	7	13	8	5			
25-29	**157**	**84**	**73**	**141**	**80**	**61**	**66**	**31**	**35**	**4**	**1**	**3**
25岁	26	11	15	18	8	10	12	5	7	1		1
26岁	40	20	20	28	15	13	8	3	5			
27岁	38	16	22	31	24	7	14	8	6			
28岁	28	22	6	37	16	21	17	7	10	2		2
29岁	25	15	10	27	17	10	15	8	7	1	1	
30-34	**93**	**57**	**36**	**131**	**87**	**44**	**72**	**50**	**22**	**7**	**4**	**3**
30岁	13	6	7	32	22	10	15	10	5	3	1	2

1-6 续表 7

单位：人

年 龄	中 专			大学专科			大学本科			研究生		
	小计	男	女	小计	男	女	小计	男	女	小计	男	女
31岁	24	17	7	34	18	16	17	12	5			
32岁	23	12	11	19	15	4	11	8	3	1	1	
33岁	17	12	5	28	20	8	19	10	9	3	2	1
34岁	16	10	6	18	12	6	10	10				
35-39	**58**	**42**	**16**	**95**	**70**	**25**	**52**	**37**	**15**	**10**	**7**	**3**
35岁	19	14	5	22	15	7	13	9	4	4	4	
36岁	11	8	3	22	18	4	9	8	1	1	1	
37岁	7	6	1	25	16	9	15	8	7	2		2
38岁	16	10	6	14	10	4	8	6	2	3	2	1
39岁	5	4	1	12	11	1	7	6	1			
40-44	**66**	**48**	**18**	**57**	**45**	**12**	**22**	**14**	**8**	**8**	**7**	**1**
40岁	7	3	4	9	8	1	4	4		2	2	
41岁	10	9	1	8	6	2	3	1	2	2	1	1
42岁	13	10	3	12	7	5	6	3	3	1	1	
43岁	16	12	4	13	12	1	5	2	3	2	2	
44岁	20	14	6	15	12	3	4	4		1	1	
45-49	**111**	**80**	**31**	**41**	**30**	**11**	**14**	**12**	**2**	**3**	**2**	**1**
45岁	11	10	1	9	6	3	3	2	1			
46岁	22	16	6	7	4	3	3	3		1		1
47岁	16	11	5	6	5	1	1	1		1	1	
48岁	33	23	10	11	8	3	4	4				
49岁	29	20	9	8	7	1	3	2	1	1	1	
50-54	**100**	**78**	**22**	**30**	**25**	**5**	**10**	**8**	**2**			
50岁	22	16	6	5	4	1	3	2	1			
51岁	20	14	6	4	2	2	4	4				
52岁	26	22	4	4	4		1	1				
53岁	17	12	5	8	6	2	1	1				
54岁	15	14	1	9	9		1		1			
55-59	**77**	**61**	**16**	**22**	**20**	**2**	**5**	**4**	**1**	**2**	**2**	
55岁	13	9	4	5	5							
56岁	17	12	5	3	3		2	2		2	2	
57岁	20	15	5	7	5	2						
58岁	9	8	1	5	5		1	1				

1-6 续表 8

单位：人

年 龄	中专			大学专科			大学本科			研究生		
	小计	男	女	小计	男	女	小计	男	女	小计	男	女
59岁	18	17	1	2	2		2	1	1			
60-64	**59**	**45**	**14**	**14**	**12**	**2**	**12**	**11**	**1**	**1**	**1**	
60岁	13	9	4	2	2		2	1	1			
61岁	10	8	2	2	2		4	4				
62岁	15	13	2	4	3	1	2	2				
63岁	10	7	3	3	3					1	1	
64岁	11	8	3	3	2	1	4	4				
65-69	**41**	**33**	**8**	**16**	**13**	**3**	**2**	**2**				
65岁	13	10	3	4	3	1						
66岁	7	6	1	4	3	1						
67岁	9	6	3	1	1		2	2				
68岁	6	6		1	1							
69岁	6	5	1	6	5	1						
70-74	**18**	**17**	**1**	**9**	**8**	**1**	**2**	**2**				
70岁	7	7		2	2		1	1				
71岁	4	4		1	1							
72岁	2	2		2	1	1						
73岁	2	2		2	2		1	1				
74岁	3	2	1	2	2							
75-79	**3**	**2**	**1**	**4**	**4**		**2**	**1**	**1**			
75岁												
76岁	1		1	2	2		1		1			
77岁	1	1		2	2		1	1				
78岁												
79岁	1	1										
80+	**3**	**3**		**1**	**1**		**1**		**1**			

1－7 15岁及以上分年龄、性别的文盲人口

单位：人，%

年龄	调查人口			文盲人口			文盲人口占调查人口的比例		
	合计	男	女	小计	男	女	总比例	男	女
总计	**62062**	**30889**	**31173**	**8857**	**1944**	**6913**	**14.27**	**6.29**	**22.18**
15-19	**6535**	**3537**	**2998**	**51**	**27**	**24**	**0.78**	**0.76**	**0.8**
15岁	1796	986	810	10	4	6	0.56	0.41	0.74
16岁	1614	847	767	9	5	4	0.56	0.59	0.52
17岁	1245	671	574	3	2	1	0.24	0.3	0.17
18岁	1038	577	461	15	8	7	1.45	1.39	1.52
19岁	842	456	386	14	8	6	1.66	1.75	1.55
20-24	**4133**	**1924**	**2209**	**79**	**37**	**42**	**1.91**	**1.92**	**1.9**
20岁	771	354	417	16	5	11	2.08	1.41	2.64
21岁	862	403	459	17	7	10	1.97	1.74	2.18
22岁	780	344	436	14	6	8	1.79	1.74	1.83
23岁	883	415	468	14	9	5	1.59	2.17	1.07
24岁	837	408	429	18	10	8	2.15	2.45	1.86
25-29	**5085**	**2530**	**2555**	**135**	**42**	**93**	**2.65**	**1.66**	**3.64**
25岁	735	357	378	15	3	12	2.04	0.84	3.17
26岁	970	493	477	24	10	14	2.47	2.03	2.94
27岁	1089	540	549	23	8	15	2.11	1.48	2.73
28岁	1082	520	562	35	13	22	3.23	2.5	3.91
29岁	1209	620	589	38	8	30	3.14	1.29	5.09
30-34	**6679**	**3267**	**3412**	**237**	**53**	**184**	**3.55**	**1.62**	**5.39**
30岁	1295	646	649	46	11	35	3.55	1.7	5.39
31岁	1365	666	699	38	8	30	2.78	1.2	4.29
32岁	1432	689	743	49	13	36	3.42	1.89	4.85
33岁	1304	631	673	49	10	39	3.76	1.58	5.79
34岁	1283	635	648	55	11	44	4.29	1.73	6.79
35-39	**7325**	**3633**	**3692**	**359**	**78**	**281**	**4.9**	**2.15**	**7.61**
35岁	1416	680	736	58	7	51	4.1	1.03	6.93
36岁	1419	716	703	67	16	51	4.72	2.23	7.25
37岁	1607	787	820	76	15	61	4.73	1.91	7.44

1-7 续表 1

单位：人，%

年 龄	调查人口			文盲人口			文盲人口占调查人口的比例		
	合计	男	女	小计	男	女	总比例	男	女
38岁	1478	758	720	80	21	59	5.41	2.77	8.19
39岁	1405	692	713	78	19	59	5.55	2.75	8.27
40-44	**6717**	**3301**	**3416**	**423**	**70**	**353**	**6.3**	**2.12**	**10.33**
40岁	1459	679	780	76	13	63	5.21	1.91	8.08
41岁	1404	700	704	87	19	68	6.2	2.71	9.66
42岁	1473	740	733	82	9	73	5.57	1.22	9.96
43岁	1493	732	761	125	23	102	8.37	3.14	13.4
44岁	888	450	438	53	6	47	5.97	1.33	10.73
45-49	**5711**	**2852**	**2859**	**748**	**114**	**634**	**13.1**	**4**	**22.18**
45岁	959	487	472	117	12	105	12.2	2.46	22.25
46岁	1004	492	512	92	13	79	9.16	2.64	15.43
47岁	1130	574	556	139	26	113	12.3	4.53	20.32
48岁	1376	666	710	193	31	162	14.03	4.65	22.82
49岁	1242	633	609	207	32	175	16.67	5.06	28.74
50-54	**5449**	**2795**	**2654**	**980**	**137**	**843**	**17.98**	**4.9**	**31.76**
50岁	1057	547	510	166	21	145	15.7	3.84	28.43
51岁	1189	573	616	216	23	193	18.17	4.01	31.33
52岁	1163	620	543	202	35	167	17.37	5.65	30.76
53岁	1098	573	525	210	33	177	19.13	5.76	33.71
54岁	942	482	460	186	25	161	19.75	5.19	35
55-59	**4168**	**2189**	**1979**	**853**	**171**	**682**	**20.47**	**7.81**	**34.46**
55岁	898	479	419	192	42	150	21.38	8.77	35.8
56岁	961	502	459	196	40	156	20.4	7.97	33.99
57岁	811	411	400	167	32	135	20.59	7.79	33.75
58岁	763	418	345	161	34	127	21.1	8.13	36.81
59岁	735	379	356	137	23	114	18.64	6.07	32.02
60-64	**2894**	**1479**	**1415**	**840**	**176**	**664**	**29.03**	**11.9**	**46.93**
60岁	668	341	327	153	37	116	22.9	10.85	35.47
61岁	581	286	295	144	24	120	24.78	8.39	40.68

1-7 续表 2

单位：人，%

年 龄	调查人口			文盲人口			文盲人口占调查人口的比例		
	合计	男	女	小计	男	女	总比例	男	女
62岁	593	326	267	172	34	138	29.01	10.43	51.69
63岁	534	274	260	185	44	141	34.64	16.06	54.23
64岁	518	252	266	186	37	149	35.91	14.68	56.02
65-69	**2671**	**1337**	**1334**	**1225**	**309**	**916**	**45.86**	**23.11**	**68.67**
65岁	567	274	293	235	42	193	41.45	15.33	65.87
66岁	518	262	256	224	57	167	43.24	21.76	65.23
67岁	549	296	253	242	69	173	44.08	23.31	68.38
68岁	521	244	277	258	66	192	49.52	27.05	69.31
69岁	516	261	255	266	75	191	51.55	28.74	74.9
70-74	**2086**	**986**	**1100**	**1169**	**309**	**860**	**56.04**	**31.34**	**78.18**
70岁	467	225	242	249	66	183	53.32	29.33	75.62
71岁	428	215	213	208	51	157	48.6	23.72	73.71
72岁	458	209	249	280	78	202	61.14	37.32	81.12
73岁	384	177	207	220	55	165	57.29	31.07	79.71
74岁	349	160	189	212	59	153	60.74	36.88	80.95
75-79	**1355**	**602**	**753**	**854**	**216**	**638**	**63.03**	**35.88**	**84.73**
75岁	315	144	171	190	47	143	60.32	32.64	83.63
76岁	287	128	159	186	51	135	64.81	39.84	84.91
77岁	261	112	149	166	43	123	63.6	38.39	82.55
78岁	272	120	152	173	42	131	63.6	35	86.18
79岁	220	98	122	139	33	106	63.18	33.67	86.89
80-84	**828**	**315**	**513**	**575**	**132**	**443**	**69.44**	**41.9**	**86.35**
80岁	239	93	146	166	39	127	69.46	41.94	86.99
81岁	175	62	113	125	24	101	71.43	38.71	89.38
82岁	155	66	89	104	28	76	67.1	42.42	85.39
83岁	153	58	95	101	21	80	66.01	36.21	84.21
84岁	106	36	70	79	20	59	74.53	55.56	84.29
85+	**426**	**142**	**284**	**329**	**73**	**256**	**77.23**	**51.41**	**90.14**

1－7a　城镇15岁及以上分年龄、性别的文盲人口

单位：人，%

年　龄	调查人口			文盲人口			文盲人口占调查人口的比例		
	合计	男	女	小计	男	女	总比例	男	女
总　计	**9810**	**4758**	**5052**	**831**	**161**	**670**	**8.47**	**3.38**	**13.26**
15-19	**945**	**499**	**446**	**7**	**4**	**3**	**0.74**	**0.8**	**0.67**
15岁	241	122	119	1	1		0.41	0.82	
16岁	250	134	116	2	1	1	0.8	0.75	0.86
17岁	180	93	87	2	1	1	1.11	1.08	1.15
18岁	153	78	75						
19岁	121	72	49	2	1	1	1.65	1.39	2.04
20-24	**590**	**243**	**347**	**8**	**5**	**3**	**1.36**	**2.06**	**0.86**
20岁	103	42	61	1		1	0.97		1.64
21岁	114	45	69	2	1	1	1.75	2.22	1.45
22岁	113	49	64	2	2		1.77	4.08	
23岁	135	52	83	2	1	1	1.48	1.92	1.2
24岁	125	55	70	1	1		0.8	1.82	
25-29	**926**	**428**	**498**	**12**	**5**	**7**	**1.3**	**1.17**	**1.41**
25岁	114	55	59						
26岁	188	83	105	2		2	1.06		1.9
27岁	214	94	120	3	1	2	1.4	1.06	1.67
28岁	196	87	109	3	2	1	1.53	2.3	0.92
29岁	214	109	105	4	2	2	1.87	1.83	1.9
30-34	**1176**	**560**	**616**	**14**	**5**	**9**	**1.19**	**0.89**	**1.46**
30岁	232	109	123	2	1	1	0.86	0.92	0.81
31岁	246	114	132	3	1	2	1.22	0.88	1.52
32岁	247	113	134	4		4	1.62		2.99
33岁	236	114	122	4	3	1	1.69	2.63	0.82
34岁	215	110	105	1		1	0.47		0.95
35-39	**1264**	**635**	**629**	**21**	**4**	**17**	**1.66**	**0.63**	**2.7**
35岁	263	130	133	5		5	1.9		3.76
36岁	255	133	122						
37岁	291	143	148	4		4	1.37		2.7

1-7a 续表 1

单位：人，%

年 龄	调查人口			文盲人口			文盲人口占调查人口的比例		
	合计	男	女	小计	男	女	总比例	男	女
38岁	247	127	120	8	4	4	3.24	3.15	3.33
39岁	208	102	106	4		4	1.92		3.77
40-44	**1095**	**553**	**542**	**25**	**7**	**18**	**2.28**	**1.27**	**3.32**
40岁	215	103	112	6	2	4	2.79	1.94	3.57
41岁	235	125	110	6	1	5	2.55	0.8	4.55
42岁	236	120	116	7	3	4	2.97	2.5	3.45
43岁	246	121	125	4	1	3	1.63	0.83	2.4
44岁	163	84	79	2		2	1.23		2.53
45-49	**940**	**468**	**472**	**65**	**9**	**56**	**6.91**	**1.92**	**11.86**
45岁	172	79	93	11		11	6.4		11.83
46岁	204	102	102	8	2	6	3.92	1.96	5.88
47岁	168	87	81	17	4	13	10.12	4.6	16.05
48岁	209	113	96	12	2	10	5.74	1.77	10.42
49岁	187	87	100	17	1	16	9.09	1.15	16
50-54	**790**	**408**	**382**	**74**	**5**	**69**	**9.37**	**1.23**	**18.06**
50岁	133	70	63	15	1	14	11.28	1.43	22.22
51岁	171	82	89	20	1	19	11.7	1.22	21.35
52岁	202	107	95	14	3	11	6.93	2.8	11.58
53岁	158	79	79	13		13	8.23		16.46
54岁	126	70	56	12		12	9.52		21.43
55-59	**568**	**298**	**270**	**60**	**10**	**50**	**10.56**	**3.36**	**18.52**
55岁	124	58	66	17	2	15	13.71	3.45	22.73
56岁	126	69	57	17	1	16	13.49	1.45	28.07
57岁	115	59	56	8	3	5	6.96	5.08	8.93
58岁	96	53	43	10	2	8	10.42	3.77	18.6
59岁	107	59	48	8	2	6	7.48	3.39	12.5
60-64	**426**	**193**	**233**	**65**	**11**	**54**	**15.26**	**5.7**	**23.18**
60岁	96	41	55	10	4	6	10.42	9.76	10.91
61岁	71	33	38	5		5	7.04		13.16

1-7a 续表 2

单位：人，%

年　龄	调查人口			文盲人口			文盲人口占调查人口的比例		
	合计	男	女	小计	男	女	总比例	男	女
62岁	103	48	55	21	5	16	20.39	10.42	29.09
63岁	75	38	37	16	2	14	21.33	5.26	37.84
64岁	81	33	48	13		13	16.05		27.08
65-69	**372**	**174**	**198**	**119**	**29**	**90**	**31.99**	**16.67**	**45.45**
65岁	73	27	46	18	2	16	24.66	7.41	34.78
66岁	65	39	26	19	6	13	29.23	15.38	50
67岁	73	33	40	27	5	22	36.99	15.15	55
68岁	83	36	47	25	7	18	30.12	19.44	38.3
69岁	78	39	39	30	9	21	38.46	23.08	53.85
70-74	**314**	**145**	**169**	**132**	**22**	**110**	**42.04**	**15.17**	**65.09**
70岁	75	39	36	25	5	20	33.33	12.82	55.56
71岁	57	27	30	20	1	19	35.09	3.7	63.33
72岁	75	34	41	29	4	25	38.67	11.76	60.98
73岁	58	28	30	25	6	19	43.1	21.43	63.33
74岁	49	17	32	33	6	27	67.35	35.29	84.38
75-79	**224**	**98**	**126**	**119**	**28**	**91**	**53.13**	**28.57**	**72.22**
75岁	53	23	30	30	6	24	56.6	26.09	80
76岁	44	21	23	22	6	16	50	28.57	69.57
77岁	36	16	20	19	7	12	52.78	43.75	60
78岁	52	23	29	26	5	21	50	21.74	72.41
79岁	39	15	24	22	4	18	56.41	26.67	75
80-84	**113**	**38**	**75**	**61**	**11**	**50**	**53.98**	**28.95**	**66.67**
80岁	26	9	17	14	3	11	53.85	33.33	64.71
81岁	24	9	15	16	2	14	66.67	22.22	93.33
82岁	22	4	18	9		9	40.91		50
83岁	27	13	14	13	4	9	48.15	30.77	64.29
84岁	14	3	11	9	2	7	64.29	66.67	63.64
85+	**67**	**18**	**49**	**49**	**6**	**43**	**73.13**	**33.33**	**87.76**

1－7b 农村15岁及以上分年龄、性别的文盲人口

单位：人，%

年龄	调查人口			文盲人口			文盲人口占调查人口的比例		
	合计	男	女	小计	男	女	总比例	男	女
总 计	**52252**	**26131**	**26121**	**8026**	**1783**	**6243**	**15.36**	**6.82**	**23.9**
15-19	**5590**	**3038**	**2552**	**44**	**23**	**21**	**0.79**	**0.76**	**0.82**
15岁	1555	864	691	9	3	6	0.58	0.35	0.87
16岁	1364	713	651	7	4	3	0.51	0.56	0.46
17岁	1065	578	487	1	1		0.09	0.17	
18岁	885	499	386	15	8	7	1.69	1.6	1.81
19岁	721	384	337	12	7	5	1.66	1.82	1.48
20-24	**3543**	**1681**	**1862**	**71**	**32**	**39**	**2**	**1.9**	**2.09**
20岁	668	312	356	15	5	10	2.25	1.6	2.81
21岁	748	358	390	15	6	9	2.01	1.68	2.31
22岁	667	295	372	12	4	8	1.8	1.36	2.15
23岁	748	363	385	12	8	4	1.6	2.2	1.04
24岁	712	353	359	17	9	8	2.39	2.55	2.23
25-29	**4159**	**2102**	**2057**	**123**	**37**	**86**	**2.96**	**1.76**	**4.18**
25岁	621	302	319	15	3	12	2.42	0.99	3.76
26岁	782	410	372	22	10	12	2.81	2.44	3.23
27岁	875	446	429	20	7	13	2.29	1.57	3.03
28岁	886	433	453	32	11	21	3.61	2.54	4.64
29岁	995	511	484	34	6	28	3.42	1.17	5.79
30-34	**5503**	**2707**	**2796**	**223**	**48**	**175**	**4.05**	**1.77**	**6.26**
30岁	1063	537	526	44	10	34	4.14	1.86	6.46
31岁	1119	552	567	35	7	28	3.13	1.27	4.94
32岁	1185	576	609	45	13	32	3.8	2.26	5.25
33岁	1068	517	551	45	7	38	4.21	1.35	6.9
34岁	1068	525	543	54	11	43	5.06	2.1	7.92
35-39	**6061**	**2998**	**3063**	**338**	**74**	**264**	**5.58**	**2.47**	**8.62**
35岁	1153	550	603	53	7	46	4.6	1.27	7.63
36岁	1164	583	581	67	16	51	5.76	2.74	8.78
37岁	1316	644	672	72	15	57	5.47	2.33	8.48

1－7b 续表 1

单位：人，%

年 龄	调查人口			文盲人口			文盲人口占调查人口的比例		
	合计	男	女	小计	男	女	总比例	男	女
38岁	1231	631	600	72	17	55	5.85	2.69	9.17
39岁	1197	590	607	74	19	55	6.18	3.22	9.06
40-44	**5622**	**2748**	**2874**	**398**	**63**	**335**	**7.08**	**2.29**	**11.66**
40岁	1244	576	668	70	11	59	5.63	1.91	8.83
41岁	1169	575	594	81	18	63	6.93	3.13	10.61
42岁	1237	620	617	75	6	69	6.06	0.97	11.18
43岁	1247	611	636	121	22	99	9.7	3.6	15.57
44岁	725	366	359	51	6	45	7.03	1.64	12.53
45-49	**4771**	**2384**	**2387**	**683**	**105**	**578**	**14.32**	**4.4**	**24.21**
45岁	787	408	379	106	12	94	13.47	2.94	24.8
46岁	800	390	410	84	11	73	10.5	2.82	17.8
47岁	962	487	475	122	22	100	12.68	4.52	21.05
48岁	1167	553	614	181	29	152	15.51	5.24	24.76
49岁	1055	546	509	190	31	159	18.01	5.68	31.24
50-54	**4659**	**2387**	**2272**	**906**	**132**	**774**	**19.45**	**5.53**	**34.07**
50岁	924	477	447	151	20	131	16.34	4.19	29.31
51岁	1018	491	527	196	22	174	19.25	4.48	33.02
52岁	961	513	448	188	32	156	19.56	6.24	34.82
53岁	940	494	446	197	33	164	20.96	6.68	36.77
54岁	816	412	404	174	25	149	21.32	6.07	36.88
55-59	**3600**	**1891**	**1709**	**793**	**161**	**632**	**22.03**	**8.51**	**36.98**
55岁	774	421	353	175	40	135	22.61	9.5	38.24
56岁	835	433	402	179	39	140	21.44	9.01	34.83
57岁	696	352	344	159	29	130	22.84	8.24	37.79
58岁	667	365	302	151	32	119	22.64	8.77	39.4
59岁	628	320	308	129	21	108	20.54	6.56	35.06
60-64	**2468**	**1286**	**1182**	**775**	**165**	**610**	**31.4**	**12.83**	**51.61**
60岁	572	300	272	143	33	110	25	11	40.44
61岁	510	253	257	139	24	115	27.25	9.49	44.75

1－7b 续表 2

单位：人，%

年　龄	调查人口			文盲人口			文盲人口占调查人口的比例		
	合计	男	女	小计	男	女	总比例	男	女
62岁	490	278	212	151	29	122	30.82	10.43	57.55
63岁	459	236	223	169	42	127	36.82	17.8	56.95
64岁	437	219	218	173	37	136	39.59	16.89	62.39
65-69	**2299**	**1163**	**1136**	**1106**	**280**	**826**	**48.11**	**24.08**	**72.71**
65岁	494	247	247	217	40	177	43.93	16.19	71.66
66岁	453	223	230	205	51	154	45.25	22.87	66.96
67岁	476	263	213	215	64	151	45.17	24.33	70.89
68岁	438	208	230	233	59	174	53.2	28.37	75.65
69岁	438	222	216	236	66	170	53.88	29.73	78.7
70-74	**1772**	**841**	**931**	**1037**	**287**	**750**	**58.52**	**34.13**	**80.56**
70岁	392	186	206	224	61	163	57.14	32.8	79.13
71岁	371	188	183	188	50	138	50.67	26.6	75.41
72岁	383	175	208	251	74	177	65.54	42.29	85.1
73岁	326	149	177	195	49	146	59.82	32.89	82.49
74岁	300	143	157	179	53	126	59.67	37.06	80.25
75-79	**1131**	**504**	**627**	**735**	**188**	**547**	**64.99**	**37.3**	**87.24**
75岁	262	121	141	160	41	119	61.07	33.88	84.4
76岁	243	107	136	164	45	119	67.49	42.06	87.5
77岁	225	96	129	147	36	111	65.33	37.5	86.05
78岁	220	97	123	147	37	110	66.82	38.14	89.43
79岁	181	83	98	117	29	88	64.64	34.94	89.8
80-84	**715**	**277**	**438**	**514**	**121**	**393**	**71.89**	**43.68**	**89.73**
80岁	213	84	129	152	36	116	71.36	42.86	89.92
81岁	151	53	98	109	22	87	72.19	41.51	88.78
82岁	133	62	71	95	28	67	71.43	45.16	94.37
83岁	126	45	81	88	17	71	69.84	37.78	87.65
84岁	92	33	59	70	18	52	76.09	54.55	88.14
85+	**359**	**124**	**235**	**280**	**67**	**213**	**77.99**	**54.03**	**90.64**

1－8　15岁及以上人口分年龄、性别的婚姻状况

单位：人

年　龄	调查人口			未　婚			初婚有配偶		
	合计	男	女	小计	男	女	小计	男	女
总　计	**62062**	**30889**	**31173**	**10195**	**6305**	**3890**	**45667**	**22506**	**23161**
15－19	**6535**	**3537**	**2998**	**6431**	**3518**	**2913**	**99**	**19**	**80**
15岁	1796	986	810	1787	985	802	7	1	6
16岁	1614	847	767	1610	845	765	4	2	2
17岁	1245	671	574	1234	667	567	10	4	6
18岁	1038	577	461	1006	570	436	31	7	24
19岁	842	456	386	794	451	343	47	5	42
20－24	**4133**	**1924**	**2209**	**2222**	**1414**	**808**	**1900**	**506**	**1394**
20岁	771	354	417	609	333	276	161	20	141
21岁	862	403	459	581	350	231	279	53	226
22岁	780	344	436	408	267	141	371	77	294
23岁	883	415	468	367	267	100	512	146	366
24岁	837	408	429	257	197	60	577	210	367
25－29	**5085**	**2530**	**2555**	**758**	**635**	**123**	**4273**	**1871**	**2402**
25岁	735	357	378	193	153	40	536	202	334
26岁	970	493	477	184	152	32	781	339	442
27岁	1089	540	549	146	121	25	933	417	516
28岁	1082	520	562	125	106	19	939	404	535
29岁	1209	620	589	110	103	7	1084	509	575
30－34	**6679**	**3267**	**3412**	**287**	**263**	**24**	**6197**	**2911**	**3286**
30岁	1295	646	649	85	79	6	1171	552	619
31岁	1365	666	699	61	53	8	1274	598	676
32岁	1432	689	743	57	52	5	1331	618	713
33岁	1304	631	673	51	48	3	1214	565	649
34岁	1283	635	648	33	31	2	1207	578	629
35－39	**7325**	**3633**	**3692**	**141**	**134**	**7**	**6899**	**3369**	**3530**
35岁	1416	680	736	29	27	2	1324	622	702

1-8 续表 1

单位：人

年 龄	调查人口			未 婚			初婚有配偶		
	合计	男	女	小计	男	女	小计	男	女
36岁	1419	716	703	36	34	2	1334	653	681
37岁	1607	787	820	26	25	1	1521	741	780
38岁	1478	758	720	30	28	2	1395	705	690
39岁	1405	692	713	20	20		1325	648	677
40-44	**6717**	**3301**	**3416**	**99**	**96**	**3**	**6302**	**3053**	**3249**
40岁	1459	679	780	23	22	1	1376	626	750
41岁	1404	700	704	27	26	1	1312	641	671
42岁	1473	740	733	19	19		1378	691	687
43岁	1493	732	761	19	19		1411	680	731
44岁	888	450	438	11	10	1	825	415	410
45-49	**5711**	**2852**	**2859**	**53**	**51**	**2**	**5299**	**2650**	**2649**
45岁	959	487	472	7	6	1	893	453	440
46岁	1004	492	512	7	7		938	465	473
47岁	1130	574	556	13	12	1	1044	529	515
48岁	1376	666	710	13	13		1260	614	646
49岁	1242	633	609	13	13		1164	589	575
50-54	**5449**	**2795**	**2654**	**59**	**59**		**4912**	**2547**	**2365**
50岁	1057	547	510	15	15		969	503	466
51岁	1189	573	616	9	9		1073	528	545
52岁	1163	620	543	16	16		1058	559	499
53岁	1098	573	525	8	8		977	515	462
54岁	942	482	460	11	11		835	442	393
55-59	**4168**	**2189**	**1979**	**60**	**56**	**4**	**3609**	**1957**	**1652**
55岁	898	479	419	17	16	1	794	427	367
56岁	961	502	459	12	12		840	454	386
57岁	811	411	400	14	13	1	707	363	344
58岁	763	418	345	7	6	1	642	376	266
59岁	735	379	356	10	9	1	626	337	289
60-64	**2894**	**1479**	**1415**	**29**	**29**		**2297**	**1251**	**1046**
60岁	668	341	327	5	5		554	297	257
61岁	581	286	295	5	5		472	242	230

1－8 续表 2

单位：人

年龄	调查人口			未婚			初婚有配偶		
	合计	男	女	小计	男	女	小计	男	女
62岁	593	326	267	1	1		466	280	186
63岁	534	274	260	9	9		413	226	187
64岁	518	252	266	9	9		392	206	186
65-69	**2671**	**1337**	**1334**	**28**	**25**	**3**	**1840**	**1079**	**761**
65岁	567	274	293	5	5		420	232	188
66岁	518	262	256	5	5		371	207	164
67岁	549	296	253	9	8	1	374	232	142
68岁	521	244	277	1		1	354	202	152
69岁	516	261	255	8	7	1	321	206	115
70-74	**2086**	**986**	**1100**	**16**	**15**	**1**	**1159**	**701**	**458**
70岁	467	225	242	3	2	1	283	165	118
71岁	428	215	213	1	1		273	169	104
72岁	458	209	249	5	5		252	151	101
73岁	384	177	207	4	4		176	108	68
74岁	349	160	189	3	3		175	108	67
75-79	**1355**	**602**	**753**	**8**	**8**		**584**	**386**	**198**
75岁	315	144	171	4	4		156	91	65
76岁	287	128	159	2	2		112	74	38
77岁	261	112	149				122	82	40
78岁	272	120	152	2	2		107	76	31
79岁	220	98	122				87	63	24
80-84	**828**	**315**	**513**	**4**	**2**	**2**	**233**	**159**	**74**
80岁	239	93	146	4	2	2	83	49	34
81岁	175	62	113				48	32	16
82岁	155	66	89				39	32	7
83岁	153	58	95				41	32	9
84岁	106	36	70				22	14	8
85+	**426**	**142**	**284**				**64**	**47**	**17**

1-8 续表 3

单位：人

年龄	再婚有配偶			离婚			丧偶		
	小计	男	女	小计	男	女	小计	男	女
总计	**1281**	**603**	**678**	**391**	**311**	**80**	**4528**	**1164**	**3364**
15-19	**5**		**5**						
15岁	2		2						
16岁									
17岁	1		1						
18岁	1		1						
19岁	1		1						
20-24	**4**	**1**	**3**	**4**	**3**	**1**	**3**		**3**
20岁	1	1							
21岁	1		1	1		1			
22岁							1		1
23岁	1		1	2	2		1		1
24岁	1		1	1	1		1		1
25-29	**24**	**6**	**18**	**23**	**17**	**6**	**7**	**1**	**6**
25岁	2		2	3	2	1	1		1
26岁	1		1	4	2	2			
27岁	7	1	6	2	1	1	1		1
28岁	6		6	9	9		3	1	2
29岁	8	5	3	5	3	2	2		2
30-34	**115**	**36**	**79**	**51**	**44**	**7**	**29**	**13**	**16**
30岁	24	5	19	8	6	2	7	4	3
31岁	17	5	12	11	9	2	2	1	1
32岁	25	5	20	11	10	1	8	4	4
33岁	25	9	16	9	8	1	5	1	4
34岁	24	12	12	12	11	1	7	3	4
35-39	**141**	**53**	**88**	**78**	**54**	**24**	**66**	**23**	**43**
35岁	30	12	18	18	12	6	15	7	8

1-8 续表 4

单位：人

年 龄	再婚有配偶			离 婚			丧 偶		
	小计	男	女	小计	男	女	小计	男	女
36岁	28	11	17	18	17	1	3	1	2
37岁	32	9	23	15	7	8	13	5	8
38岁	21	11	10	11	7	4	21	7	14
39岁	30	10	20	16	11	5	14	3	11
40-44	**150**	**64**	**86**	**59**	**49**	**10**	**107**	**39**	**68**
40岁	33	13	20	13	11	2	14	7	7
41岁	33	19	14	10	10		22	4	18
42岁	39	12	27	13	11	2	24	7	17
43岁	27	10	17	11	10	1	25	13	12
44岁	18	10	8	12	7	5	22	8	14
45-49	**151**	**71**	**80**	**47**	**35**	**12**	**161**	**45**	**116**
45岁	26	14	12	14	10	4	19	4	15
46岁	28	8	20	8	6	2	23	6	17
47岁	30	16	14	13	10	3	30	7	23
48岁	46	20	26	9	8	1	48	11	37
49岁	21	13	8	3	1	2	41	17	24
50-54	**177**	**85**	**92**	**37**	**27**	**10**	**264**	**77**	**187**
50岁	31	12	19	4	3	1	38	14	24
51岁	43	22	21	12	7	5	52	7	45
52岁	34	20	14	7	5	2	48	20	28
53岁	33	19	14	10	8	2	70	23	47
54岁	36	12	24	4	4		56	13	43
55-59	**128**	**68**	**60**	**35**	**31**	**4**	**336**	**77**	**259**
55岁	23	11	12	10	9	1	54	16	38
56岁	33	15	18	12	10	2	64	11	53
57岁	24	16	8	4	4		62	15	47
58岁	26	14	12	5	5		83	17	66
59岁	22	12	10	4	3	1	73	18	55
60-64	**96**	**52**	**44**	**18**	**17**	**1**	**454**	**130**	**324**
60岁	20	10	10	4	3	1	85	26	59
61岁	20	12	8	4	4		80	23	57

1－8 续表 5

单位：人

年 龄	再婚有配偶			离 婚			丧 偶		
	小计	男	女	小计	男	女	小计	男	女
62岁	12	10	2	6	6		108	29	79
63岁	25	12	13	1	1		86	26	60
64岁	19	8	11	3	3		95	26	69
65-69	**97**	**44**	**53**	**20**	**18**	**2**	**686**	**171**	**515**
65岁	18	8	10	4	4		120	25	95
66岁	20	9	11	3	3		119	38	81
67岁	21	8	13	3	3		142	45	97
68岁	21	10	11	5	5		140	27	113
69岁	17	9	8	5	3	2	165	36	129
70-74	**80**	**52**	**28**	**10**	**8**	**2**	**821**	**210**	**611**
70岁	18	12	6	3	3		160	43	117
71岁	15	10	5	5	3	2	134	32	102
72岁	10	7	3	1	1		190	45	145
73岁	28	16	12	1	1		175	48	127
74岁	9	7	2				162	42	120
75-79	**64**	**37**	**27**	**6**	**5**	**1**	**693**	**166**	**527**
75岁	16	8	8	1	1		138	40	98
76岁	12	8	4				161	44	117
77岁	12	4	8	3	3		124	23	101
78岁	13	8	5	2	1	1	148	33	115
79岁	11	9	2				122	26	96
80-84	**41**	**27**	**14**	**3**	**3**		**547**	**124**	**423**
80岁	11	7	4	1	1		140	34	106
81岁	13	9	4	1	1		113	20	93
82岁	10	7	3	1	1		105	26	79
83岁	3	2	1				109	24	85
84岁	4	2	2				80	20	60
85+	**8**	**7**	**1**				**354**	**88**	**266**

1－9　15岁及以上人口分性别、受教育程度的婚姻状况

单位：人

受教育程度	调查人口			未婚			初婚有配偶		
	合计	男	女	小计	男	女	小计	男	女
总　计	**62062**	**30889**	**31173**	**10195**	**6305**	**3890**	**45667**	**22506**	**23161**
不识字	8857	1944	6913	339	286	53	5450	1208	4242
未上过学	346	144	202	13	12	1	232	100	132
小　学	23694	10863	12831	1322	844	478	20243	8982	11261
初　中	21393	12819	8574	5496	3346	2150	15228	9063	6165
高　中	5342	3605	1737	2235	1395	840	2954	2114	840
中　专	1297	777	520	475	230	245	780	519	261
大学专科	752	494	258	225	136	89	505	342	163
大学本科	346	219	127	90	56	34	244	157	87
研究生	35	24	11				31	21	10

1－9　续表

单位：人

受教育程度	再婚有配偶			离婚			丧偶		
	小计	男	女	小计	男	女	小计	男	女
总　计	**1281**	**603**	**678**	**391**	**311**	**80**	**4528**	**1164**	**3364**
不识字	337	91	246	43	29	14	2688	330	2358
未上过学	14	6	8	1	1		86	25	61
小　学	575	282	293	168	142	26	1386	613	773
初　中	258	153	105	120	102	18	291	155	136
高　中	59	41	18	44	27	17	50	28	22
中　专	17	14	3	3	3		22	11	11
大学专科	10	8	2	10	7	3	2	1	1
大学本科	7	5	2	2		2	3	1	2
研究生	4	3	1						

1－10 分年龄、性别的经济活动人口

单位：人

年龄	调查人口			在业人口			不在业人口		
	合计	男	女	小计	男	女	小计	男	女
总　计	**62062**	**30889**	**31173**	**45590**	**24810**	**20780**	**16472**	**6079**	**10393**
15－19	**6535**	**3537**	**2998**	**2224**	**1167**	**1057**	**4311**	**2370**	**1941**
15岁	1796	986	810	204	101	103	1592	885	707
16岁	1614	847	767	403	197	206	1211	650	561
17岁	1245	671	574	490	249	241	755	422	333
18岁	1038	577	461	532	293	239	506	284	222
19岁	842	456	386	595	327	268	247	129	118
20－24	**4133**	**1924**	**2209**	**3428**	**1718**	**1710**	**705**	**206**	**499**
20岁	771	354	417	613	286	327	158	68	90
21岁	862	403	459	701	348	353	161	55	106
22岁	780	344	436	636	310	326	144	34	110
23岁	883	415	468	747	386	361	136	29	107
24岁	837	408	429	731	388	343	106	20	86
25－29	**5085**	**2530**	**2555**	**4532**	**2431**	**2101**	**553**	**99**	**454**
25岁	735	357	378	649	342	307	86	15	71
26岁	970	493	477	846	472	374	124	21	103
27岁	1089	540	549	963	523	440	126	17	109
28岁	1082	520	562	979	496	483	103	24	79
29岁	1209	620	589	1095	598	497	114	22	92
30－34	**6679**	**3267**	**3412**	**6096**	**3164**	**2932**	**583**	**103**	**480**
30岁	1295	646	649	1177	633	544	118	13	105
31岁	1365	666	699	1246	654	592	119	12	107
32岁	1432	689	743	1285	664	621	147	25	122
33岁	1304	631	673	1195	602	593	109	29	80
34岁	1283	635	648	1193	611	582	90	24	66
35－39	**7325**	**3633**	**3692**	**6860**	**3534**	**3326**	**465**	**99**	**366**
35岁	1416	680	736	1313	661	652	103	19	84
36岁	1419	716	703	1325	699	626	94	17	77
37岁	1607	787	820	1491	761	730	116	26	90
38岁	1478	758	720	1388	733	655	90	25	65
39岁	1405	692	713	1343	680	663	62	12	50

1-10 续表

单位：人

年龄	调查人口			在业人口			不在业人口		
	合计	男	女	小计	男	女	小计	男	女
40-44	**6717**	**3301**	**3416**	**6313**	**3207**	**3106**	**404**	**94**	**310**
40岁	1459	679	780	1374	658	716	85	21	64
41岁	1404	700	704	1320	681	639	84	19	65
42岁	1473	740	733	1388	719	669	85	21	64
43岁	1493	732	761	1404	709	695	89	23	66
44岁	888	450	438	827	440	387	61	10	51
45-49	**5711**	**2852**	**2859**	**5205**	**2765**	**2440**	**506**	**87**	**419**
45岁	959	487	472	887	471	416	72	16	56
46岁	1004	492	512	917	475	442	87	17	70
47岁	1130	574	556	1048	558	490	82	16	66
48岁	1376	666	710	1243	648	595	133	18	115
49岁	1242	633	609	1110	613	497	132	20	112
50-54	**5449**	**2795**	**2654**	**4681**	**2639**	**2042**	**768**	**156**	**612**
50岁	1057	547	510	944	525	419	113	22	91
51岁	1189	573	616	1017	544	473	172	29	143
52岁	1163	620	543	1015	580	435	148	40	108
53岁	1098	573	525	926	539	387	172	34	138
54岁	942	482	460	779	451	328	163	31	132
55-59	**4168**	**2189**	**1979**	**3206**	**1949**	**1257**	**962**	**240**	**722**
55岁	898	479	419	726	431	295	172	48	124
56岁	961	502	459	765	465	300	196	37	159
57岁	811	411	400	603	356	247	208	55	153
58岁	763	418	345	594	377	217	169	41	128
59岁	735	379	356	518	320	198	217	59	158
60-64	**2894**	**1479**	**1415**	**1574**	**1074**	**500**	**1320**	**405**	**915**
60岁	668	341	327	404	273	131	264	68	196
61岁	581	286	295	351	224	127	230	62	168
62岁	593	326	267	329	237	92	264	89	175
63岁	534	274	260	260	178	82	274	96	178
64岁	518	252	266	230	162	68	288	90	198
65+	**7366**	**3382**	**3984**	**1471**	**1162**	**309**	**5895**	**2220**	**3675**

1－11 人口分年龄、性别的职业状况

单位：人

年 龄	在业人口			国家机关、党群组织、企业、事业单位负责人			专业技术人员			办事人员和有关人员		
	合计	男	女	小计	男	女	小计	男	女	小计	男	女
总 计	**45590**	**24810**	**20780**	**633**	**538**	**95**	**1327**	**791**	**536**	**550**	**396**	**154**
15-19	2224	1167	1057	2	1	1	25	8	17	33	19	14
20-24	3428	1718	1710	23	16	7	147	56	91	71	39	32
25-29	4532	2431	2101	36	27	9	209	87	122	85	55	30
30-34	6096	3164	2932	91	71	20	201	112	89	92	67	25
35-39	6860	3534	3326	130	105	25	171	109	62	67	47	20
40-44	6313	3207	3106	133	120	13	137	77	60	62	52	10
45-49	5205	2765	2440	110	99	11	175	117	58	55	43	12
50-54	4681	2639	2042	69	63	6	141	114	27	46	37	9
55-59	3206	1949	1257	31	28	3	87	80	7	29	28	1
60-64	1574	1074	500	5	5		27	24	3	3	3	
65+	1471	1162	309	3	3		7	7		7	6	1

1－11 续表

单位：人

年 龄	商业、服务业人员			农、林、牧、渔、水利业生产人员			生产、运输设备操作人员及有关人员			不便分类的其他从业人员		
	小计	男	女	小计	男	女	小计	男	女	小计	男	女
总 计	**3508**	**1602**	**1906**	**29780**	**14588**	**15192**	**9785**	**6890**	**2895**	**7**	**5**	**2**
15-19	288	119	169	811	417	394	1064	603	461	1		1
20-24	390	146	244	1544	639	905	1252	821	431	1	1	
25-29	459	211	248	2275	1001	1274	1466	1049	417	2	1	1
30-34	522	239	283	3491	1472	2019	1699	1203	496			
35-39	527	229	298	4329	1881	2448	1636	1163	473			
40-44	487	203	284	4241	1854	2387	1250	898	352	3	3	
45-49	327	159	168	3824	1789	2035	714	558	156			
50-54	219	115	104	3778	1937	1841	428	373	55			
55-59	152	92	60	2736	1580	1156	171	141	30			
60-64	61	33	28	1418	963	455	60	46	14			
65+	76	56	20	1333	1055	278	45	35	10			

1－12 人口分性别、受教育程度的职业状况

单位：人

受教育程度	在业人口			国家机关、党群组织、企业、事业单位负责人			专业技术人员			办事人员和有关人员		
	合计	男	女	小计	男	女	小计	男	女	小计	男	女
合　计	**45590**	**24810**	**20780**	**633**	**538**	**95**	**1327**	**791**	**536**	**550**	**396**	**154**
不识字	3884	1030	2854	3	2	1	1		1	4	2	2
未上过学	175	76	99				1		1			
小　学	19467	9236	10231	60	45	15	47	22	25	47	42	5
初　中	17301	11076	6225	228	193	35	262	145	117	188	132	56
高　中	3025	2254	771	163	152	11	236	163	73	118	94	24
中　专	868	555	313	51	41	10	361	212	149	61	34	27
大学专科	567	391	176	78	67	11	253	153	100	88	65	23
大学本科	273	170	103	43	32	11	148	85	63	39	22	17
研究生	30	22	8	7	6	1	18	11	7	5	5	

1－12 续表

单位：人

受教育程度	商业、服务业人员			农、林、牧、渔、水利业生产人员			生产、运输设备操作人员及有关人员			不便分类的其他从业人员		
	合计	男	女	小计	男	女	小计	男	女	小计	男	女
合　计	**3508**	**1602**	**1906**	**29780**	**14588**	**15192**	**9785**	**6890**	**2895**	**7**	**5**	**2**
不识字	147	40	107	3529	912	2617	200	74	126			
未上过学	11	6	5	151	62	89	12	8	4			
小　学	953	345	608	15470	6935	8535	2886	1844	1042	4	3	1
初　中	1731	815	916	9395	5727	3668	5494	4062	1432	3	2	1
高　中	477	270	207	1115	860	255	916	715	201			
中　专	107	64	43	108	82	26	180	122	58			
大学专科	61	46	15	11	10	1	76	50	26			
大学本科	21	16	5	1		1	21	15	6			
研究生												

1－13　分年龄、性别的未工作人口

单位：人

年 龄	未工作人口			在校学生			离退休		
	合计	男	女	小计	男	女	小计	男	女
总　计	**16472**	**6079**	**10393**	**3948**	**2220**	**1728**	**1421**	**934**	**487**
15-19	**4311**	**2370**	**1941**	**3824**	**2135**	**1689**			
15岁	1592	885	707	1479	823	656			
16岁	1211	650	561	1105	594	511			
17岁	755	422	333	676	383	293			
18岁	506	284	222	398	236	162			
19岁	247	129	118	166	99	67			
20-24	**705**	**206**	**499**	**115**	**81**	**34**			
20岁	158	68	90	58	38	20			
21岁	161	55	106	34	24	10			
22岁	144	34	110	11	10	1			
23岁	136	29	107	8	5	3			
24岁	106	20	86	4	4				
25-29	**553**	**99**	**454**	**5**	**3**	**2**			
25岁	86	15	71	3	2	1			
26岁	124	21	103						
27岁	126	17	109						
28岁	103	24	79	2	1	1			
29岁	114	22	92						
30-34	**583**	**103**	**480**	**1**		**1**	**1**	**1**	
30岁	118	13	105	1		1			
31岁	119	12	107						
32岁	147	25	122				1	1	
33岁	109	29	80						
34岁	90	24	66						
35-39	**465**	**99**	**366**	**1**	**1**		**2**	**1**	**1**
35岁	103	19	84	1	1		1		1
36岁	94	17	77						

1-13 续表 1

单位：人

年 龄	未工作人口			在校学生			离退休		
	合计	男	女	小计	男	女	小计	男	女
37岁	116	26	90						
38岁	90	25	65				1	1	
39岁	62	12	50						
40-44	**404**	**94**	**310**				**1**		**1**
40岁	85	21	64						
41岁	84	19	65						
42岁	85	21	64						
43岁	89	23	66						
44岁	61	10	51				1		1
45-49	**506**	**87**	**419**	**1**		**1**	**24**	**6**	**18**
45岁	72	16	56				2		2
46岁	87	17	70	1		1	5	3	2
47岁	82	16	66				7	2	5
48岁	133	18	115				4		4
49岁	132	20	112				6	1	5
50-54	**768**	**156**	**612**				**146**	**36**	**110**
50岁	113	22	91				16	3	13
51岁	172	29	143				31	6	25
52岁	148	40	108				32	9	23
53岁	172	34	138				31	6	25
54岁	163	31	132				36	12	24
55-59	**962**	**240**	**722**	**1**		**1**	**199**	**105**	**94**
55岁	172	48	124				41	18	23
56岁	196	37	159				31	14	17
57岁	208	55	153				48	24	24
58岁	169	41	128				32	19	13
59岁	217	59	158	1		1	47	30	17
60-64	**1320**	**405**	**915**				**314**	**227**	**87**
60岁	264	68	196				59	42	17

1－13 续表 2

单位：人

年 龄	未工作人口			在校学生			离退休		
	合计	男	女	小计	男	女	小计	男	女
61岁	230	62	168				56	37	19
62岁	264	89	175				69	55	14
63岁	274	96	178				62	49	13
64岁	288	90	198				68	44	24
65-69	**1703**	**591**	**1112**				**287**	**208**	**79**
65岁	326	103	223				62	45	17
66岁	307	101	206				51	43	8
67岁	341	129	212				69	50	19
68岁	346	110	236				55	33	22
69岁	383	148	235				50	37	13
70-74	**1692**	**664**	**1028**				**237**	**185**	**52**
70岁	354	139	215				62	50	12
71岁	336	142	194				57	45	12
72岁	372	135	237				49	35	14
73岁	324	126	198				38	30	8
74岁	306	122	184				31	25	6
75-79	**1266**	**522**	**744**				**132**	**103**	**29**
75岁	280	113	167				23	19	4
76岁	266	109	157				29	20	9
77岁	245	99	146				30	24	6
78岁	262	110	152				27	22	5
79岁	213	91	122				23	18	5
80-84	**812**	**304**	**508**				**52**	**42**	**10**
80岁	228	83	145				13	9	4
81岁	174	61	113				16	14	2
82岁	154	66	88				10	8	2
83岁	150	58	92				8	8	
84岁	106	36	70				5	3	2
85+	**422**	**139**	**283**				**26**	**20**	**6**

1－13 续表 3

单位：人

年 龄	料理家务			丧失劳动能力			毕业后未工作			因单位原因失去原工作		
	小计	男	女	小计	男	女	小计	男	女	小计	男	女
总 计	**6148**	**566**	**5582**	**3905**	**1722**	**2183**	**364**	**213**	**151**	**237**	**165**	**72**
15-19	**86**	**17**	**69**	**56**	**33**	**23**	**251**	**147**	**104**			
15岁	19	8	11	12	7	5	61	37	24			
16岁	13	3	10	9	8	1	70	40	30			
17岁	10	2	8	4	3	1	47	29	18			
18岁	18	1	17	18	9	9	49	27	22			
19岁	26	3	23	13	6	7	24	14	10			
20-24	**351**	**4**	**347**	**58**	**32**	**26**	**88**	**51**	**37**	**3**	**1**	**2**
20岁	39		39	14	7	7	26	15	11			
21岁	60		60	18	7	11	30	17	13			
22岁	89	2	87	3	1	2	17	11	6			
23岁	87	1	86	15	10	5	8	6	2	2		2
24岁	76	1	75	8	7	1	7	2	5	1	1	
25-29	**402**	**6**	**396**	**69**	**44**	**25**	**17**	**9**	**8**	**8**	**6**	**2**
25岁	61		61	8	5	3	5	2	3			
26岁	92	1	91	17	11	6	5	4	1			
27岁	91	1	90	14	7	7	5	1	4	4	3	1
28岁	74	2	72	15	11	4	1	1		2	2	
29岁	84	2	82	15	10	5	1	1		2	1	1
30-34	**437**	**14**	**423**	**80**	**52**	**28**	**4**	**3**	**1**	**23**	**8**	**15**
30岁	93	3	90	16	8	8				3	1	2
31岁	103	3	100	13	8	5				1		1
32岁	112	3	109	16	10	6	2	2		7	2	5
33岁	70	2	68	19	15	4	1		1	8	3	5
34岁	59	3	56	16	11	5	1	1		4	2	2
35-39	**325**	**12**	**313**	**82**	**47**	**35**	**2**	**2**		**30**	**17**	**13**
35岁	77	3	74	10	4	6	2	2		5	3	2
36岁	66	2	64	16	8	8				7	3	4

1－13 续表 4

单位：人

年 龄	料理家务			丧失劳动能力			毕业后未工作			因单位原因失去原工作		
	小计	男	女	小计	男	女	小计	男	女	小计	男	女
37岁	80	5	75	25	13	12				6	4	2
38岁	60	2	58	21	16	5				7	5	2
39岁	42		42	10	6	4				5	2	3
40-44	**263**	**9**	**254**	**90**	**54**	**36**				**33**	**16**	**17**
40岁	53	2	51	21	13	8				5	2	3
41岁	54	1	53	20	11	9				5	2	3
42岁	57	2	55	22	15	7				5	3	2
43岁	59	3	56	15	10	5				12	7	5
44岁	40	1	39	12	5	7				6	2	4
45-49	**343**	**5**	**338**	**77**	**36**	**41**	**1**	**1**		**40**	**24**	**16**
45岁	45	2	43	12	6	6	1	1		8	4	4
46岁	54		54	13	4	9				12	9	3
47岁	51	1	50	15	7	8				5	3	2
48岁	95	1	94	19	7	12				9	5	4
49岁	98	1	97	18	12	6				6	3	3
50-54	**467**	**16**	**451**	**94**	**48**	**46**				**49**	**46**	**3**
50岁	69	3	66	21	10	11				4	3	1
51岁	113	7	106	15	5	10				12	10	2
52岁	78	2	76	26	18	8				10	10	
53岁	111	4	107	13	8	5				14	14	
54岁	96		96	19	7	12				9	9	
55-59	**588**	**36**	**552**	**134**	**63**	**71**				**25**	**25**	
55岁	101	8	93	21	13	8				7	7	
56岁	136	9	127	24	10	14				2	2	
57岁	121	8	113	30	15	15				5	5	
58岁	109	9	100	23	8	15				3	3	
59岁	121	2	119	36	17	19				8	8	
60-64	**757**	**56**	**701**	**221**	**100**	**121**				**12**	**9**	**3**
60岁	164	9	155	37	15	22				2	1	1

1－13　续表 5

单位：人

年龄	料理家务			丧失劳动能力			毕业后未工作			因单位原因失去原工作		
	小计	男	女	小计	男	女	小计	男	女	小计	男	女
61岁	134	6	128	34	15	19				2	1	1
62岁	149	9	140	40	19	21				1	1	
63岁	159	17	142	47	25	22				2	2	
64岁	151	15	136	63	26	37				5	4	1
65-69	**864**	**121**	**743**	**529**	**243**	**286**				**7**	**6**	**1**
65岁	184	20	164	76	34	42				1	1	
66岁	175	20	155	79	37	42				1	1	
67岁	158	28	130	108	46	62				1	1	
68岁	175	24	151	114	52	62				1		1
69岁	172	29	143	152	74	78				3	3	
70-74	**706**	**135**	**571**	**725**	**325**	**400**				**4**	**4**	
70岁	158	26	132	131	60	71				1	1	
71岁	152	36	116	122	57	65				1	1	
72岁	156	30	126	160	64	96				1	1	
73岁	124	18	106	158	74	84						
74岁	116	25	91	154	70	84				1	1	
75-79	**359**	**84**	**275**	**754**	**322**	**432**				**3**	**3**	
75岁	104	20	84	149	72	77						
76岁	76	17	59	154	68	86				1	1	
77岁	60	15	45	152	59	93						
78岁	68	20	48	163	64	99				1	1	
79岁	51	12	39	136	59	77				1	1	
80-84	**158**	**40**	**118**	**587**	**217**	**370**	**1**		**1**			
80岁	50	13	37	162	60	102						
81岁	43	11	32	109	34	75	1		1			
82岁	23	5	18	119	51	68						
83岁	27	8	19	113	42	71						
84岁	15	3	12	84	30	54						
85+	**42**	**11**	**31**	**349**	**106**	**243**						

1－13 续表 6

单位：人

年 龄	因本人原因失去原工作			承包土地被征用			其 他		
	小计	男	女	小计	男	女	小计	男	女
总 计	**114**	**64**	**50**	**36**	**22**	**14**	**299**	**173**	**126**
15-19	**12**	**3**	**9**	**4**	**2**	**2**	**78**	**33**	**45**
15岁	2		2				19	10	9
16岁	1		1	1		1	12	5	7
17岁	1		1	1		1	16	5	11
18岁	5	3	2	2	2		16	6	10
19岁	3		3				15	7	8
20-24	**31**	**10**	**21**	**1**	**1**		**58**	**26**	**32**
20岁	8	2	6				13	6	7
21岁	4		4				15	7	8
22岁	8	3	5	1	1		15	6	9
23岁	8	3	5				8	4	4
24岁	3	2	1				7	3	4
25-29	**21**	**11**	**10**	**3**	**1**	**2**	**28**	**19**	**9**
25岁	5	4	1				4	2	2
26岁	3	1	2				7	4	3
27岁	5	2	3	1		1	6	3	3
28岁	3	2	1				6	5	1
29岁	5	2	3	2	1	1	5	5	
30-34	**18**	**14**	**4**	**6**	**3**	**3**	**13**	**8**	**5**
30岁	1		1	2	1	1	2		2
31岁	1		1				1	1	
32岁	6	6		1		1	2	1	1
33岁	5	4	1	1	1		5	4	1
34岁	5	4	1	2	1	1	3	2	1
35-39	**7**	**5**	**2**	**4**	**3**	**1**	**12**	**11**	**1**
35岁	3	2	1	1	1		3	3	
36岁	2	1	1				3	3	

1-13 续表 7

单位：人

年 龄	因本人原因失去原工作			承包土地被征用			其 他		
	小计	男	女	小计	男	女	小计	男	女
37岁				2	1	1	3	3	
38岁				1	1				
39岁	2	2					3	2	1
40-44	**6**	**6**		**4**	**2**	**2**	**7**	**7**	
40岁	1	1		3	1	2	2	2	
41岁	3	3		1	1		1	1	
42岁							1	1	
43岁	1	1					2	2	
44岁	1	1					1	1	
45-49	**7**	**6**	**1**	**5**	**3**	**2**	**8**	**6**	**2**
45岁	2	1	1	1	1		1	1	
46岁	1	1					1		1
47岁				3	2	1	1	1	
48岁	2	2					4	3	1
49岁	2	2		1		1	1	1	
50-54	**3**	**2**	**1**	**3**	**2**	**1**	**6**	**6**	
50岁				1	1		2	2	
51岁							1	1	
52岁	2	1	1						
53岁				2	1	1	1	1	
54岁	1	1					2	2	
55-59	**4**	**4**		**1**		**1**	**10**	**7**	**3**
55岁							2	2	
56岁	1	1					2	1	1
57岁	1	1					3	2	1
58岁	1	1					1	1	
59岁	1	1		1		1	2	1	1
60-64	**2**	**1**	**1**	**1**	**1**		**13**	**11**	**2**
60岁							2	1	1

1－13 续表 8

单位：人

年 龄	因本人原因失去原工作			承包土地被征用			其 他		
	小计	男	女	小计	男	女	小计	男	女
61岁	1		1	1	1		2	2	
62岁	1	1					4	4	
63岁							4	3	1
64岁							1	1	
65-69				**1**	**1**		**15**	**12**	**3**
65岁				1	1		2	2	
66岁							1		1
67岁							5	4	1
68岁							1	1	
69岁							6	5	1
70-74	**2**	**2**		**1**	**1**		**17**	**12**	**5**
70岁							2	2	
71岁							4	3	1
72岁	1	1					5	4	1
73岁	1	1		1	1		2	2	
74岁							4	1	3
75-79				**1**	**1**		**17**	**9**	**8**
75岁				1	1		3	1	2
76岁							6	3	3
77岁							3	1	2
78岁							3	3	
79岁							2	1	1
80-84				**1**	**1**		**13**	**4**	**9**
80岁							3	1	2
81岁							5	2	3
82岁				1	1		1	1	
83岁							2		2
84岁							2		2
85+	**1**		**1**				**4**	**2**	**2**

1－14 分年龄、性别的未工作者主要生活来源

单位：人

年 龄	未工作人口			离退休金			领取基本生活费		
	合计	男	女	小计	男	女	小计	男	女
总 计	**16472**	**6079**	**10393**	**1397**	**920**	**477**	**404**	**220**	**184**
15-19	**4311**	**2370**	**1941**				**8**	**5**	**3**
15岁	1592	885	707				5	3	2
16岁	1211	650	561						
17岁	755	422	333						
18岁	506	284	222				2	2	
19岁	247	129	118				1		1
20-24	**705**	**206**	**499**				**3**	**2**	**1**
20岁	158	68	90				2	1	1
21岁	161	55	106						
22岁	144	34	110						
23岁	136	29	107						
24岁	106	20	86				1	1	
25-29	**553**	**99**	**454**				**4**	**3**	**1**
25岁	86	15	71						
26岁	124	21	103						
27岁	126	17	109				1		1
28岁	103	24	79				1	1	
29岁	114	22	92				2	2	
30-34	**583**	**103**	**480**	**1**	**1**		**17**	**6**	**11**
30岁	118	13	105				1		1
31岁	119	12	107				2	1	1
32岁	147	25	122	1	1		6	2	4
33岁	109	29	80				5	3	2
34岁	90	24	66				3		3
35-39	**465**	**99**	**366**	**1**	**1**		**21**	**10**	**11**
35岁	103	19	84				1		1

1-14 续表 1

单位：人

年 龄	未工作人口			离退休金			领取基本生活费		
	合计	男	女	小计	男	女	小计	男	女
36岁	94	17	77				4	2	2
37岁	116	26	90				7	1	6
38岁	90	25	65	1	1		5	3	2
39岁	62	12	50				4	4	
40-44	**404**	**94**	**310**	**1**		**1**	**25**	**12**	**13**
40岁	85	21	64				3	1	2
41岁	84	19	65				6	4	2
42岁	85	21	64				5	2	3
43岁	89	23	66				9	4	5
44岁	61	10	51	1		1	2	1	1
45-49	**506**	**87**	**419**	**20**	**6**	**14**	**36**	**19**	**17**
45岁	72	16	56	2		2	5	2	3
46岁	87	17	70	4	3	1	7	3	4
47岁	82	16	66	7	2	5	4	3	1
48岁	133	18	115	2		2	13	8	5
49岁	132	20	112	5	1	4	7	3	4
50-54	**768**	**156**	**612**	**141**	**34**	**107**	**53**	**35**	**18**
50岁	113	22	91	16	3	13	8	4	4
51岁	172	29	143	30	5	25	13	7	6
52岁	148	40	108	31	8	23	9	8	1
53岁	172	34	138	29	6	23	15	11	4
54岁	163	31	132	35	12	23	8	5	3
55-59	**962**	**240**	**722**	**197**	**103**	**94**	**30**	**19**	**11**
55岁	172	48	124	41	18	23	4	4	
56岁	196	37	159	32	15	17	6	4	2
57岁	208	55	153	47	23	24	6	3	3
58岁	169	41	128	30	17	13	8	4	4
59岁	217	59	158	47	30	17	6	4	2

1－14 续表 2

单位：人

年　龄	未工作人口			离退休金			领取基本生活费		
	合计	男	女	小计	男	女	小计	男	女
60－64	**1320**	**405**	**915**	**311**	**227**	**84**	**30**	**19**	**11**
60岁	264	68	196	60	43	17	5	3	2
61岁	230	62	168	57	38	19	4	2	2
62岁	264	89	175	68	55	13	8	4	4
63岁	274	96	178	61	48	13	7	5	2
64岁	288	90	198	65	43	22	6	5	1
65－69	**1703**	**591**	**1112**	**279**	**200**	**79**	**40**	**25**	**15**
65岁	326	103	223	60	44	16	5	3	2
66岁	307	101	206	48	40	8	8	6	2
67岁	341	129	212	66	47	19	8	5	3
68岁	346	110	236	55	32	23	6	3	3
69岁	383	148	235	50	37	13	13	8	5
70－74	**1692**	**664**	**1028**	**236**	**185**	**51**	**50**	**23**	**27**
70岁	354	139	215	62	50	12	5	2	3
71岁	336	142	194	58	46	12	8	4	4
72岁	372	135	237	46	34	12	17	8	9
73岁	324	126	198	39	30	9	8	2	6
74岁	306	122	184	31	25	6	12	7	5
75－79	**1266**	**522**	**744**	**129**	**100**	**29**	**46**	**25**	**21**
75岁	280	113	167	23	18	5	8	7	1
76岁	266	109	157	28	20	8	11	7	4
77岁	245	99	146	28	22	6	13	5	8
78岁	262	110	152	27	22	5	5	3	2
79岁	213	91	122	23	18	5	9	3	6
80－84	**812**	**304**	**508**	**54**	**42**	**12**	**28**	**15**	**13**
80岁	228	83	145	13	8	5	8	7	1
81岁	174	61	113	17	14	3	5	2	3
82岁	154	66	88	10	8	2	6	3	3
83岁	150	58	92	9	9		7	3	4
84岁	106	36	70	5	3	2	2		2
85+	**422**	**139**	**283**	**27**	**21**	**6**	**13**	**2**	**11**

1-14 续表 3

单位：人

年 龄	家庭其他成员供养			财产性收入			保险收入			其 他		
	小计	男	女	小计	男	女	小计	男	女	小计	男	女
总 计	**14439**	**4807**	**9632**	**41**	**23**	**18**	**3**	**1**	**2**	**188**	**108**	**80**
15-19	**4292**	**2360**	**1932**	**3**	**2**	**1**	**1**	**1**		**7**	**2**	**5**
15岁	1583	881	702	2	1	1				2		2
16岁	1210	649	561							1	1	
17岁	751	421	330				1	1		3		3
18岁	504	282	222									
19岁	244	127	117	1	1					1	1	
20-24	**691**	**199**	**492**	**2**	**1**	**1**	**1**		**1**	**8**	**4**	**4**
20岁	154	66	88							2	1	1
21岁	160	55	105				1		1			
22岁	143	33	110	1	1							
23岁	133	28	105							3	1	2
24岁	101	17	84	1		1				3	2	1
25-29	**533**	**87**	**446**	**1**	**1**					**15**	**8**	**7**
25岁	86	15	71									
26岁	119	19	100							5	2	3
27岁	122	17	105							3		3
28岁	99	20	79							3	3	
29岁	107	16	91	1	1					4	3	1
30-34	**547**	**87**	**460**	**3**	**1**	**2**				**15**	**8**	**7**
30岁	113	12	101							4	1	3
31岁	114	10	104	1		1				2	1	1
32岁	137	21	116	1	1					2		2
33岁	99	21	78							5	5	
34岁	84	23	61	1		1				2	1	1
35-39	**426**	**78**	**348**	**3**	**3**		**1**		**1**	**13**	**7**	**6**
35岁	96	14	82							6	5	1

1－14 续表 4

单位：人

年龄	家庭其他成员供养			财产性收入			保险收入			其他		
	小计	男	女	小计	男	女	小计	男	女	小计	男	女
36岁	86	13	73	1	1					3	1	2
37岁	106	25	81							3		3
38岁	82	20	62	1	1		1		1			
39岁	56	6	50	1	1					1	1	
40-44	**362**	**73**	**289**	**3**	**1**	**2**				**13**	**8**	**5**
40岁	75	17	58	1		1				6	3	3
41岁	76	15	61							2		2
42岁	75	15	60	1		1				4	4	
43岁	78	17	61	1	1					1	1	
44岁	58	9	49									
45-49	**429**	**48**	**381**	**3**	**2**	**1**				**18**	**12**	**6**
45岁	60	11	49	2	1	1				3	2	1
46岁	71	7	64	1	1					4	3	1
47岁	66	7	59							5	4	1
48岁	116	10	106							2		2
49岁	116	13	103							4	3	1
50-54	**556**	**73**	**483**	**2**	**2**					**16**	**12**	**4**
50岁	86	12	74	1	1					2	2	
51岁	124	15	109	1	1					4	1	3
52岁	105	21	84							3	3	
53岁	124	14	110							4	3	1
54岁	117	11	106							3	3	
55-59	**720**	**106**	**614**	**3**	**2**	**1**				**12**	**10**	**2**
55岁	123	22	101	1	1					3	3	
56岁	156	16	140	1	1					1	1	
57岁	152	28	124	1		1				2	1	1
58岁	128	17	111							3	3	
59岁	161	23	138							3	2	1

1－14 续表 5

单位：人

年 龄	家庭其他成员供养			财产性收入			保险收入			其 他		
	小计	男	女	小计	男	女	小计	男	女	小计	男	女
60-64	**967**	**153**	**814**	**4**	**2**	**2**				**8**	**4**	**4**
60岁	197	22	175	2		2						
61岁	167	20	147							2	2	
62岁	187	29	158							1	1	
63岁	202	42	160							4	1	3
64岁	214	40	174	2	2					1		1
65-69	**1366**	**357**	**1009**	**3**	**1**	**2**				**15**	**8**	**7**
65岁	257	54	203	1	1					3	1	2
66岁	247	53	194							4	2	2
67岁	263	74	189							4	3	1
68岁	282	75	207	2		2				1		1
69岁	317	101	216							3	2	1
70-74	**1384**	**443**	**941**	**3**	**3**					**19**	**10**	**9**
70岁	283	83	200							4	4	
71岁	265	90	175	1	1					4	1	3
72岁	303	90	213	1	1					5	2	3
73岁	274	93	181	1	1					2		2
74岁	259	87	172							4	3	1
75-79	**1071**	**385**	**686**	**2**	**1**	**1**				**18**	**11**	**7**
75岁	245	87	158							4	1	3
76岁	222	79	143							5	3	2
77岁	198	68	130	1	1					5	3	2
78岁	225	81	144	1		1				4	4	
79岁	181	70	111									
80-84	**719**	**245**	**474**	**5**	**1**	**4**				**6**	**1**	**5**
80岁	204	68	136							3		3
81岁	149	44	105							3	1	2
82岁	136	54	82	2	1	1						
83岁	132	46	86	2		2						
84岁	98	33	65	1		1						
85+	**376**	**113**	**263**	**1**		**1**				**5**	**3**	**2**

第二部分　残疾人口的基本状况

2－1　各地区分性别、残疾类别的残疾人

单位：人

地　区	残疾人			视力残疾人			听力残疾人			言语残疾人		
	合计	男	女	小计	男	女	小计	男	女	小计	男	女
总　计	**5310**	**2754**	**2556**	**875**	**323**	**552**	**1197**	**679**	**518**	**90**	**61**	**29**
青山湖区	208	98	110	42	15	27	39	19	20	5	4	1
南昌县	198	85	113	48	10	38	30	8	22	3	3	
新建县	217	113	104	57	27	30	36	22	14	4	1	3
昌江区	204	110	94	28	14	14	59	32	27	3	2	1
湘东区	190	111	79	11	5	6	51	39	12	2	2	
修水县	189	111	78	20	11	9	45	24	21	3	3	
永修县	224	114	110	29	8	21	54	31	23	7	6	1
分宜县	254	132	122	35	12	23	80	41	39	3	2	1
余江县	247	116	131	34	8	26	57	32	25	3	3	
信丰县	218	120	98	24	7	17	56	35	21	4	2	2
于都县	260	158	102	40	14	26	89	60	29	6	5	1
兴国县	241	131	110	28	14	14	58	37	21	10	6	4
瑞金市	256	142	114	37	15	22	51	29	22	1	1	
南康市	269	126	143	68	21	47	38	24	14	1		1
吉安县	225	113	112	36	15	21	58	29	29	2	1	1
永丰县	203	117	86	24	11	13	47	29	18	12	6	6
井冈山市	229	112	117	46	19	27	27	16	11	3	1	2
上高县	186	83	103	28	10	18	36	15	21	3	2	1
高安市	185	89	96	38	11	27	31	16	15	5	4	1
临川区	265	132	133	67	21	46	66	38	28			
南城县	215	113	102	40	16	24	40	23	17			
金溪县	224	107	117	41	16	25	58	27	31	3	1	2
上饶县	206	106	100	33	16	17	49	26	23	2	2	
婺源县	197	115	82	21	7	14	42	27	15	5	4	1

2-1 续表

单位：人

地 区	肢体残疾人			智力残疾人			精神残疾人			多重残疾人		
	小计	男	女	小计	男	女	小计	男	女	小计	男	女
总 计	**1599**	**903**	**696**	**469**	**249**	**220**	**367**	**164**	**203**	**713**	**375**	**338**
青山湖区	65	32	33	17	8	9	21	8	13	19	12	7
南昌县	77	47	30	14	6	8	15	4	11	11	7	4
新建县	69	37	32	26	14	12	11	5	6	14	7	7
昌江区	70	35	35	11	8	3	6	4	2	27	15	12
湘东区	65	34	31	21	8	13	18	9	9	22	14	8
修水县	69	46	23	8	4	4	23	15	8	21	8	13
永修县	53	24	29	39	23	16	23	7	16	19	15	4
分宜县	79	45	34	9	5	4	14	5	9	34	22	12
余江县	74	35	39	26	13	13	17	7	10	36	18	18
信丰县	58	30	28	19	14	5	18	10	8	39	22	17
于都县	47	34	13	20	13	7	15	8	7	43	24	19
兴国县	72	41	31	16	8	8	31	13	18	26	12	14
瑞金市	76	47	29	13	9	4	17	8	9	61	33	28
南康市	75	35	40	27	15	12	19	9	10	41	22	19
吉安县	61	33	28	15	10	5	13	7	6	40	18	22
永丰县	56	37	19	37	20	17	13	6	7	14	8	6
井冈山市	68	40	28	27	11	16	13	5	8	45	20	25
上高县	82	42	40	9	4	5	4	3	1	24	7	17
高安市	52	31	21	23	11	12	13	5	8	23	11	12
临川区	66	38	28	13	8	5	12	7	5	41	20	21
南城县	80	49	31	20	7	13	11	5	6	24	13	11
金溪县	69	35	34	13	7	6	13	5	8	27	16	11
上饶县	57	36	21	28	12	16	20	7	13	17	7	10
婺源县	59	40	19	18	11	7	7	2	5	45	24	21

2－2　分年龄、性别、残疾类别的残疾人

单位：人

年龄	残疾人			视力残疾人			听力残疾人			言语残疾人		
	合计	男	女	小计	男	女	小计	男	女	小计	男	女
总　计	**5310**	**2754**	**2556**	**875**	**323**	**552**	**1197**	**679**	**518**	**90**	**61**	**29**
0-4	**110**	**70**	**40**	**6**	**5**	**1**	**5**	**1**	**4**	**12**	**11**	**1**
0岁	19	12	7	1	1							
1岁	17	8	9				1		1			
2岁	20	12	8				2		2			
3岁	24	17	7	1		1	2	1	1	6	5	1
4岁	30	21	9	4	4					6	6	
5-9	**124**	**74**	**50**	**4**	**2**	**2**	**7**	**4**	**3**	**8**	**7**	**1**
5岁	27	21	6	1	1					1	1	
6岁	28	17	11	2	1	1	1		1	2	2	
7岁	23	13	10				1	1		3	2	1
8岁	24	17	7				3	2	1	1	1	
9岁	22	6	16	1		1	2	1	1	1	1	
10-14	**133**	**88**	**45**	**11**	**7**	**4**	**6**	**5**	**1**	**7**	**5**	**2**
10岁	23	15	8				1		1			
11岁	21	12	9	3		3				2	2	
12岁	28	20	8	3	3					3	1	2
13岁	26	16	10	2	2		2	2		1	1	
14岁	35	25	10	3	2	1	3	3		1	1	
15-19	**142**	**90**	**52**	**4**	**3**	**1**	**3**	**2**	**1**	**9**	**7**	**2**
15岁	30	17	13	1	1					4	3	1
16岁	33	25	8				2	2		2	1	1
17岁	24	16	8	2	2					2	2	
18岁	29	17	12							1	1	
19岁	26	15	11	1		1	1		1			
20-24	**131**	**75**	**56**	**4**	**4**		**5**	**3**	**2**	**4**		**4**
20岁	19	8	11				1		1	1		1
21岁	31	18	13	1	1							
22岁	22	12	10	2	2		1	1				
23岁	36	22	14	1	1		3	2	1	2		2
24岁	23	15	8							1		1
25-29	**168**	**100**	**68**	**7**	**3**	**4**	**4**	**3**	**1**	**2**	**2**	
25岁	21	9	12	1		1						

2-2 续表 1

单位：人

年 龄	残疾人			视力残疾人			听力残疾人			言语残疾人		
	合计	男	女	小计	男	女	小计	男	女	小计	男	女
26岁	38	21	17				2	2		1	1	
27岁	29	16	13				1	1		1	1	
28岁	36	25	11	3	2	1	1		1			
29岁	44	29	15	3	1	2						
30-34	**228**	**134**	**94**	**13**	**6**	**7**	**17**	**11**	**6**	**3**		**3**
30岁	46	24	22	2		2	1		1	1		1
31岁	43	21	22	2	1	1	4	3	1	1		1
32岁	45	28	17	5	3	2	3	3		1		1
33岁	49	28	21	1		1	6	3	3			
34岁	45	33	12	3	2	1	3	2	1			
35-39	**306**	**189**	**117**	**22**	**14**	**8**	**26**	**17**	**9**	**9**	**7**	**2**
35岁	44	28	16	4	2	2	4	3	1			
36岁	63	41	22	4	3	1	5	3	2	3	2	1
37岁	74	42	32	7	4	3	6	4	2	1	1	
38岁	65	47	18	2	1	1	5	4	1	1	1	
39岁	60	31	29	5	4	1	6	3	3	4	3	1
40-44	**334**	**182**	**152**	**34**	**17**	**17**	**41**	**22**	**19**	**3**	**3**	
40岁	59	27	32	2		2	7	4	3			
41岁	83	43	40	9	5	4	8	3	5	2	2	
42岁	83	50	33	15	7	8	7	6	1	1	1	
43岁	75	44	31	7	4	3	14	6	8			
44岁	34	18	16	1	1		5	3	2			
45-49	**329**	**185**	**144**	**33**	**15**	**18**	**60**	**32**	**28**	**7**	**6**	**1**
45岁	52	26	26	6	1	5	7	5	2	1	1	
46岁	61	34	27	4	2	2	11	5	6			
47岁	63	35	28	8	5	3	12	7	5	2	1	1
48岁	77	43	34	10	5	5	14	5	9	2	2	
49岁	76	47	29	5	2	3	16	10	6	2	2	
50-54	**368**	**212**	**156**	**50**	**24**	**26**	**81**	**55**	**26**	**5**	**2**	**3**
50岁	48	26	22	6	2	4	10	7	3			
51岁	81	40	41	9	4	5	17	11	6	3	1	2
52岁	77	55	22	7	5	2	20	13	7			
53岁	94	52	42	19	6	13	19	12	7	1	1	
54岁	68	39	29	9	7	2	15	12	3	1		1

2-2 续表 2

单位：人

年 龄	残疾人			视力残疾人			听力残疾人			言语残疾人		
	合计	男	女	小计	男	女	小计	男	女	小计	男	女
55-59	**394**	**222**	**172**	**61**	**30**	**31**	**110**	**69**	**41**	**4**	**2**	**2**
55岁	76	50	26	14	9	5	18	14	4	1	1	
56岁	90	48	42	14	5	9	27	19	8	2	1	1
57岁	73	45	28	8	4	4	21	12	9	1		1
58岁	76	42	34	14	8	6	18	12	6			
59岁	79	37	42	11	4	7	26	12	14			
60-64	**353**	**197**	**156**	**62**	**27**	**35**	**101**	**68**	**33**	**7**	**4**	**3**
60岁	78	47	31	12	6	6	30	20	10	1	1	
61岁	58	31	27	10	2	8	15	11	4	1		1
62岁	65	39	26	13	7	6	26	14	12			
63岁	65	35	30	13	6	7	12	10	2	3	1	2
64岁	87	45	42	14	6	8	18	13	5	2	2	
65-69	**459**	**217**	**242**	**119**	**44**	**75**	**125**	**71**	**54**	**2**	**1**	**1**
65岁	94	46	48	24	8	16	28	13	15	1		1
66岁	71	39	32	19	10	9	17	10	7			
67岁	101	47	54	34	15	19	22	15	7			
68岁	88	38	50	21	7	14	29	18	11			
69岁	105	47	58	21	4	17	29	15	14	1	1	
70-74	**569**	**274**	**295**	**158**	**55**	**103**	**197**	**115**	**82**	**3**	**1**	**2**
70岁	98	49	49	27	12	15	31	17	14	1		1
71岁	101	53	48	29	11	18	42	25	17	1	1	
72岁	120	56	64	35	12	23	45	23	22			
73岁	118	53	65	29	10	19	34	22	12			
74岁	132	63	69	38	10	28	45	28	17	1		1
75-79	**510**	**221**	**289**	**132**	**31**	**101**	**181**	**105**	**76**	**2**	**1**	**1**
75岁	107	49	58	26	7	19	39	22	17			
76岁	111	50	61	22	6	16	55	31	24			
77岁	89	39	50	21	5	16	26	16	10	1	1	
78岁	117	47	70	33	6	27	35	19	16	1		1
79岁	86	36	50	30	7	23	26	17	9			
80-84	**408**	**152**	**256**	**113**	**31**	**82**	**141**	**64**	**77**	**2**	**2**	
80岁	108	41	67	27	8	19	42	18	24			
81岁	79	28	51	26	12	14	21	12	9			
82岁	81	35	46	25	6	19	27	13	14	1	1	
83岁	82	30	52	20	2	18	30	14	16	1	1	
84岁	58	18	40	15	3	12	21	7	14			
85+	**244**	**72**	**172**	**42**	**5**	**37**	**87**	**32**	**55**	**1**		**1**

2-2 续表 3

单位：人

年 龄	肢体残疾人			智力残疾人			精神残疾人			多重残疾人		
	小计	男	女	小计	男	女	小计	男	女	小计	男	女
总 计	**1599**	**903**	**696**	**469**	**249**	**220**	**367**	**164**	**203**	**713**	**375**	**338**
0-4	**11**	**7**	**4**	**52**	**29**	**23**				**24**	**17**	**7**
0岁	1	1		17	10	7						
1岁	3	1	2	12	6	6				1	1	
2岁	3	2	1	8	4	4				7	6	1
3岁	2	1	1	7	5	2				6	5	1
4岁	2	2		8	4	4				10	5	5
5-9	**22**	**12**	**10**	**51**	**28**	**23**	**3**	**2**	**1**	**29**	**19**	**10**
5岁	2	2		13	10	3	1		1	9	7	2
6岁	2	1	1	15	9	6				6	4	2
7岁	8	4	4	6	2	4				5	4	1
8岁	4	3	1	8	5	3	2	2		6	4	2
9岁	6	2	4	9	2	7				3		3
10-14	**30**	**19**	**11**	**48**	**32**	**16**	**3**	**2**	**1**	**28**	**18**	**10**
10岁	3	2	1	11	7	4	1	1		7	5	2
11岁	3	1	2	7	5	2				6	4	2
12岁	8	7	1	9	7	2				5	2	3
13岁	5	2	3	12	7	5				4	2	2
14岁	11	7	4	9	6	3	2	1	1	6	5	1
15-19	**44**	**30**	**14**	**31**	**18**	**13**	**9**	**3**	**6**	**42**	**27**	**15**
15岁	8	5	3	7	3	4	2	1	1	8	4	4
16岁	13	9	4	6	6		1		1	9	7	2
17岁	11	6	5	4	2	2	1	1		4	3	1
18岁	7	6	1	5	1	4	3	1	2	13	8	5
19岁	5	4	1	9	6	3	2		2	8	5	3
20-24	**36**	**23**	**13**	**31**	**15**	**16**	**14**	**7**	**7**	**37**	**23**	**14**
20岁	5	3	2	6	2	4	2	1	1	4	2	2
21岁	10	5	5	6	4	2	4	1	3	10	7	3
22岁	9	5	4	5	1	4	1		1	4	3	1
23岁	7	6	1	5	2	3	6	4	2	12	7	5
24岁	5	4	1	9	6	3	1	1		7	4	3
25-29	**57**	**40**	**17**	**38**	**19**	**19**	**31**	**18**	**13**	**29**	**15**	**14**
25岁	5	3	2	5		5	4	3	1	6	3	3

2-2 续表 4

单位：人

年 龄	肢体残疾人			智力残疾人			精神残疾人			多重残疾人		
	小计	男	女	小计	男	女	小计	男	女	小计	男	女
26岁	11	6	5	7	4	3	9	5	4	8	3	5
27岁	9	6	3	8	4	4	5	2	3	5	2	3
28岁	11	7	4	9	7	2	6	3	3	6	6	
29岁	21	18	3	9	4	5	7	5	2	4	1	3
30-34	**78**	**52**	**26**	**43**	**22**	**21**	**37**	**21**	**16**	**37**	**22**	**15**
30岁	15	8	7	10	4	6	5	3	2	12	9	3
31岁	13	8	5	10	3	7	8	3	5	5	3	2
32岁	19	13	6	4	2	2	5	2	3	8	5	3
33岁	11	7	4	12	8	4	11	7	4	8	3	5
34岁	20	16	4	7	5	2	8	6	2	4	2	2
35-39	**128**	**86**	**42**	**39**	**22**	**17**	**51**	**24**	**27**	**31**	**19**	**12**
35岁	19	17	2	6	2	4	8	2	6	3	2	1
36岁	24	18	6	7	5	2	15	8	7	5	2	3
37岁	30	16	14	9	6	3	13	5	8	8	6	2
38岁	29	23	6	10	6	4	9	5	4	9	7	2
39岁	26	12	14	7	3	4	6	4	2	6	2	4
40-44	**134**	**77**	**57**	**31**	**15**	**16**	**58**	**28**	**30**	**33**	**20**	**13**
40岁	24	11	13	8	1	7	12	7	5	6	4	2
41岁	27	14	13	10	6	4	15	7	8	12	6	6
42岁	35	22	13	4	1	3	16	8	8	5	5	
43岁	31	20	11	7	6	1	11	5	6	5	3	2
44岁	17	10	7	2	1	1	4	1	3	5	2	3
45-49	**138**	**88**	**50**	**28**	**12**	**16**	**31**	**11**	**20**	**32**	**21**	**11**
45岁	25	14	11	7	2	5	3	2	1	3	1	2
46岁	32	21	11	4	3	1	7	1	6	3	2	1
47岁	25	16	9	7		7	4	2	2	5	4	1
48岁	30	21	9	3	2	1	10	4	6	8	4	4
49岁	26	16	10	7	5	2	7	2	5	13	10	3
50-54	**145**	**90**	**55**	**18**	**11**	**7**	**40**	**15**	**25**	**29**	**15**	**14**
50岁	17	11	6	1		1	10	4	6	4	2	2
51岁	33	18	15	5		5	9	4	5	5	2	3
52岁	29	22	7	6	6		9	4	5	6	5	1
53岁	37	24	13	4	3	1	6	1	5	8	5	3
54岁	29	15	14	2	2		6	2	4	6	1	5

2-2 续表 5

单位：人

年 龄	肢体残疾人			智力残疾人			精神残疾人			多重残疾人		
	小计	男	女	小计	男	女	小计	男	女	小计	男	女
55-59	**141**	**81**	**60**	**19**	**9**	**10**	**31**	**12**	**19**	**28**	**19**	**9**
55岁	25	16	9	4		4	7	4	3	7	6	1
56岁	32	17	15	3	2	1	6	2	4	6	2	4
57岁	26	19	7	4	3	1	8	2	6	5	5	
58岁	28	15	13	7	3	4	6	2	4	3	2	1
59岁	30	14	16	1	1		4	2	2	7	4	3
60-64	**126**	**70**	**56**	**13**	**8**	**5**	**18**	**4**	**14**	**26**	**16**	**10**
60岁	26	16	10	1	1		4		4	4	3	1
61岁	19	12	7	2	1	1	4		4	7	5	2
62岁	18	13	5	3	3		2	1	1	3	1	2
63岁	29	12	17	1	1		2		2	5	5	
64岁	34	17	17	6	2	4	6	3	3	7	2	5
65-69	**138**	**72**	**66**	**10**	**3**	**7**	**17**	**8**	**9**	**48**	**18**	**30**
65岁	31	21	10	1		1	1		1	8	4	4
66岁	21	14	7	3	1	2	4	2	2	7	2	5
67岁	30	9	21	2	2		3	1	2	10	5	5
68岁	23	8	15				2	2		13	3	10
69岁	33	20	13	4		4	7	3	4	10	4	6
70-74	**142**	**66**	**76**	**5**	**3**	**2**	**8**	**3**	**5**	**56**	**31**	**25**
70岁	25	11	14				4	1	3	10	8	2
71岁	23	14	9							6	2	4
72岁	23	12	11	1	1		2	1	1	14	7	7
73岁	43	18	25	3	1	2				9	2	7
74岁	28	11	17	1	1		2	1	1	17	12	5
75-79	**110**	**44**	**66**	**5**	**2**	**3**	**9**	**3**	**6**	**71**	**35**	**36**
75岁	28	11	17				2	1	1	12	8	4
76岁	16	6	10	2	1	1	2		2	14	6	8
77岁	22	9	13				4	2	2	15	6	9
78岁	25	11	14	2		2				21	11	10
79岁	19	7	12	1	1		1		1	9	4	5
80-84	**74**	**34**	**40**	**3**		**3**	**3**	**2**	**1**	**72**	**19**	**53**
80岁	21	11	10	1		1				17	4	13
81岁	15	2	13	1		1	1		1	15	2	13
82岁	13	7	6				2	2		13	6	7
83岁	15	9	6							16	4	12
84岁	10	5	5	1		1				11	3	8
85+	**45**	**12**	**33**	**4**	**1**	**3**	**4**	**1**	**3**	**61**	**21**	**40**

2－2a 城镇分年龄、性别、残疾类别的残疾人

单位：人

年 龄	残疾人			视力残疾人			听力残疾人			言语残疾人		
	合计	男	女	小计	男	女	小计	男	女	小计	男	女
总 计	**753**	**368**	**385**	**129**	**41**	**88**	**140**	**71**	**69**	**10**	**6**	**4**
0-4	**10**	**8**	**2**							**2**	**2**	
0岁	1		1									
1岁	1	1										
2岁	1	1										
3岁	4	4								2	2	
4岁	3	2	1									
5-9	**16**	**10**	**6**	**1**		**1**	**2**	**1**	**1**			
5岁	2	2										
6岁	2	1	1	1		1						
7岁	6	5	1									
8岁	4	2	2				2	1	1			
9岁	2		2									
10-14	**16**	**10**	**6**									
10岁	2	2										
11岁	4	2	2									
12岁	3	2	1									
13岁	2	1	1									
14岁	5	3	2									
15-19	**22**	**12**	**10**							**1**	**1**	
15岁	3	1	2									
16岁	9	7	2							1	1	
17岁	5	1	4									
18岁	2	2										
19岁	3	1	2									
20-24	**20**	**10**	**10**	**2**	**2**		**1**	**1**				
20岁												
21岁	2	1	1									
22岁	5	3	2	1	1							
23岁	11	5	6	1	1		1	1				
24岁	2	1	1									
25-29	**34**	**24**	**10**	**2**	**1**	**1**	**1**	**1**				
25岁	1	1										
26岁	4		4									
27岁	6	4	2				1	1				

2－2a 续表 1

单位：人

年龄	残疾人			视力残疾人			听力残疾人			言语残疾人		
	合计	男	女	小计	男	女	小计	男	女	小计	男	女
28岁	11	10	1	1	1							
29岁	12	9	3	1		1						
30-34	**24**	**14**	**10**	**1**	**1**		**2**	**1**	**1**	**1**		**1**
30岁	3	1	2				1		1	1		1
31岁	5	2	3									
32岁	5	2	3									
33岁	6	5	1				1	1				
34岁	5	4	1	1	1							
35-39	**39**	**22**	**17**	**3**	**1**	**2**	**2**	**1**	**1**	**1**	**1**	
35岁	6	3	3				2	1	1			
36岁	8	7	1									
37岁	10	2	8	1		1						
38岁	9	7	2							1	1	
39岁	6	3	3	2	1	1						
40-44	**53**	**31**	**22**	**4**	**1**	**3**	**9**	**4**	**5**			
40岁	6	3	3									
41岁	10	8	2	1		1	1	1				
42岁	18	11	7	3	1	2	1	1				
43岁	10	5	5				4	1	3			
44岁	9	4	5				3	1	2			
45-49	**59**	**35**	**24**	**9**	**5**	**4**	**7**	**5**	**2**	**1**	**1**	
45岁	12	6	6	1		1	2	2				
46岁	9	4	5				1		1			
47岁	13	8	5	3	3		1	1				
48岁	16	12	4	5	2	3				1	1	
49岁	9	5	4				3	2	1			
50-54	**56**	**27**	**29**	**9**	**1**	**8**	**8**	**2**	**6**			
50岁	6	1	5	2		2	1		1			
51岁	9	3	6				1		1			
52岁	19	12	7				3	1	2			
53岁	15	7	8	6	1	5	2	1	1			
54岁	7	4	3	1		1	1		1			
55-59	**53**	**37**	**16**	**9**	**5**	**4**	**13**	**9**	**4**			
55岁	10	9	1	1	1		3	3				
56岁	12	8	4	2	1	1	4	2	2			

2－2a 续表 2

单位：人

年 龄	残疾人			视力残疾人			听力残疾人			言语残疾人		
	合计	男	女	小计	男	女	小计	男	女	小计	男	女
57岁	7	6	1									
58岁	11	6	5	6	3	3	2	1	1			
59岁	13	8	5				4	3	1			
60-64	**49**	**19**	**30**	**12**	**5**	**7**	**10**	**5**	**5**			
60岁	7	3	4	1	1							
61岁	4	1	3				2		2			
62岁	9	2	7	4	1	3	3		3			
63岁	15	8	7	4	3	1	2	2				
64岁	14	5	9	3		3	3	3				
65-69	**64**	**25**	**39**	**18**	**6**	**12**	**16**	**8**	**8**			
65岁	13	3	10	4	1	3	4	1	3			
66岁	8	5	3	2	2		1	1				
67岁	15	7	8	6	3	3	4	4				
68岁	13	3	10	4		4	1		1			
69岁	15	7	8	2		2	6	2	4			
70-74	**76**	**27**	**49**	**21**	**4**	**17**	**16**	**8**	**8**	**2**		**2**
70岁	13	4	9	3		3	2	1	1	1		1
71岁	11	5	6	3	1	2	3	1	2			
72岁	16	6	10	3		3	6	3	3			
73岁	15	5	10	6	1	5	1	1				
74岁	21	7	14	6	2	4	4	2	2	1		1
75-79	**70**	**29**	**41**	**19**	**4**	**15**	**23**	**12**	**11**			
75岁	18	8	10	5	1	4	5	3	2			
76岁	16	7	9	3	1	2	10	5	5			
77岁	8	5	3	2	1	1	2	2				
78岁	18	6	12	4		4	4	1	3			
79岁	10	3	7	5	1	4	2	1	1			
80-84	**54**	**17**	**37**	**14**	**4**	**10**	**19**	**8**	**11**	**1**	**1**	
80岁	10	4	6	2	1	1	5	2	3			
81岁	11	4	7	4	2	2	1	1				
82岁	10	1	9	4	1	3	4		4			
83岁	17	7	10	3		3	8	5	3	1	1	
84岁	6	1	5	1		1	1		1			
85+	**38**	**11**	**27**	**5**	**1**	**4**	**11**	**5**	**6**	**1**		**1**

2－2a 续表 3

单位：人

年龄	肢体残疾人			智力残疾人			精神残疾人			多重残疾人		
	小计	男	女	小计	男	女	小计	男	女	小计	男	女
总 计	**284**	**152**	**132**	**55**	**29**	**26**	**48**	**26**	**22**	**87**	**43**	**44**
0-4				**2**	**1**	**1**				**6**	**5**	**1**
0岁				1		1						
1岁										1	1	
2岁										1	1	
3岁				1	1					1	1	
4岁										3	2	1
5-9	**5**	**2**	**3**	**4**	**3**	**1**				**4**	**4**	
5岁				1	1					1	1	
6岁										1	1	
7岁	3	2	1	1	1					2	2	
8岁	1		1	1	1							
9岁	1		1	1		1						
10-14	**4**	**3**	**1**	**7**	**5**	**2**	**2**	**1**	**1**	**3**	**1**	**2**
10岁				1	1					1	1	
11岁	2	1	1	2	1	1						
12岁	1	1		1	1					1		1
13岁				2	1	1						
14岁	1	1		1	1		2	1	1	1		1
15-19	**7**	**4**	**3**	**7**	**4**	**3**	**2**	**1**	**1**	**5**	**2**	**3**
15岁	1		1	2	1	1						
16岁	3	3		3	3		1		1	1		1
17岁	2		2	1		1				2	1	1
18岁	1	1					1	1				
19岁				1		1				2	1	1
20-24	**3**	**1**	**2**	**4**	**1**	**3**	**3**	**2**	**1**	**7**	**3**	**4**
20岁												
21岁	1		1							1	1	
22岁	2	1	1	1		1				1	1	
23岁				2		2	3	2	1	4	1	3
24岁				1	1					1		1
25-29	**15**	**11**	**4**	**6**	**3**	**3**	**7**	**6**	**1**	**3**	**2**	**1**
25岁							1	1				
26岁	2		2	1		1	1		1			
27岁	2	2		2		2	1	1				

2－2a 续表 4

单位：人

年 龄	肢体残疾人			智力残疾人			精神残疾人			多重残疾人		
	小计	男	女	小计	男	女	小计	男	女	小计	男	女
28岁	4	3	1	2	2		2	2		2	2	
29岁	7	6	1	1	1		2	2		1		1
30-34	**10**	**4**	**6**	**2**	**2**		**4**	**3**	**1**	**4**	**3**	**1**
30岁										1	1	
31岁	2		2				2	1	1	1	1	
32岁	2		2				2	2		1		1
33岁	2	1	1	2	2					1	1	
34岁	4	3	1									
35-39	**25**	**15**	**10**	**1**	**1**		**5**	**2**	**3**	**2**	**1**	**1**
35岁	3	2	1				1		1			
36岁	7	6	1				1	1				
37岁	6	2	4				2		2	1		1
38岁	6	4	2	1	1					1	1	
39岁	3	1	2				1	1				
40-44	**24**	**17**	**7**	**6**	**2**	**4**	**7**	**5**	**2**	**3**	**2**	**1**
40岁	2	2		2		2	1		1	1	1	
41岁	4	3	1	1	1		3	3				
42岁	8	5	3	2	1	1	3	2	1	1	1	
43岁	5	4	1	1		1						
44岁	5	3	2							1		1
45-49	**31**	**18**	**13**	**7**	**3**	**4**	**1**	**1**		**3**	**2**	**1**
45岁	9	4	5									
46岁	6	3	3	2	1	1						
47岁	5	3	2	3		3				1	1	
48岁	7	6	1	1	1		1	1		1	1	
49岁	4	2	2	1	1					1		1
50-54	**28**	**21**	**7**	**3**	**1**	**2**	**4**	**1**	**3**	**4**	**1**	**3**
50岁	1	1								2		2
51岁	6	3	3	2		2						
52岁	11	9	2	1	1		4	1	3			
53岁	6	4	2							1	1	
54岁	4	4								1		1
55-59	**25**	**19**	**6**	**3**	**3**					**3**	**1**	**2**
55岁	5	4	1							1	1	
56岁	5	4	1	1	1							

2－2a　续表 5

单位：人

年　龄	肢体残疾人			智力残疾人			精神残疾人			多重残疾人		
	小计	男	女	小计	男	女	小计	男	女	小计	男	女
57岁	7	6	1									
58岁	1	1		1	1					1		1
59岁	7	4	3	1	1					1		1
60-64	**20**	**6**	**14**	**1**		**1**	**2**		**2**	**4**	**3**	**1**
60岁	5	2	3				1		1			
61岁							1		1	1	1	
62岁	2	1	1									
63岁	7	1	6							2	2	
64岁	6	2	4	1		1				1		1
65-69	**19**	**7**	**12**	**1**		**1**	**6**	**3**	**3**	**4**	**1**	**3**
65岁	3	1	2				1		1	1		1
66岁	4	1	3				1	1				
67岁	2		2				1		1	2		2
68岁	7	2	5				1	1				
69岁	3	3		1		1	2	1	1	1	1	
70-74	**26**	**9**	**17**				**3**	**1**	**2**	**8**	**5**	**3**
70岁	4	1	3				1		1	2	2	
71岁	3	2	1							2	1	1
72岁	5	2	3							2	1	1
73岁	8	3	5									
74岁	6	1	5				2	1	1	2	1	1
75-79	**22**	**10**	**12**							**6**	**3**	**3**
75岁	8	4	4									
76岁	3	1	2									
77岁	2	1	1							2	1	1
78岁	8	4	4							2	1	1
79岁	1		1							2	1	1
80-84	**8**	**3**	**5**				**1**		**1**	**11**	**1**	**10**
80岁	2	1	1							1		1
81岁	3		3				1		1	2	1	1
82岁	1		1							1		1
83岁	1	1								4		4
84岁	1	1								3		3
85+	**12**	**2**	**10**	**1**		**1**	**1**		**1**	**7**	**3**	**4**

2－2b 农村分年龄、性别、残疾类别的残疾人

单位：人

年 龄	残疾人			视力残疾人			听力残疾人			言语残疾人		
	合计	男	女	小计	男	女	小计	男	女	小计	男	女
总 计	**4557**	**2386**	**2171**	**746**	**282**	**464**	**1057**	**608**	**449**	**80**	**55**	**25**
0-4	**100**	**62**	**38**	**6**	**5**	**1**	**5**	**1**	**4**	**10**	**9**	**1**
0岁	18	12	6	1	1							
1岁	16	7	9				1		1			
2岁	19	11	8				2		2			
3岁	20	13	7	1		1	2	1	1	4	3	1
4岁	27	19	8	4	4					6	6	
5-9	**108**	**64**	**44**	**3**	**2**	**1**	**5**	**3**	**2**	**8**	**7**	**1**
5岁	25	19	6	1	1					1	1	
6岁	26	16	10	1	1		1		1	2	2	
7岁	17	8	9				1	1		3	2	1
8岁	20	15	5				1	1		1	1	
9岁	20	6	14	1		1	2	1	1	1	1	
10-14	**117**	**78**	**39**	**11**	**7**	**4**	**6**	**5**	**1**	**7**	**5**	**2**
10岁	21	13	8				1		1			
11岁	17	10	7	3		3				2	2	
12岁	25	18	7	3	3					3	1	2
13岁	24	15	9	2	2		2	2		1	1	
14岁	30	22	8	3	2	1	3	3		1	1	
15-19	**120**	**78**	**42**	**4**	**3**	**1**	**3**	**2**	**1**	**8**	**6**	**2**
15岁	27	16	11	1	1					4	3	1
16岁	24	18	6				2	2		1		1
17岁	19	15	4	2	2					2	2	
18岁	27	15	12							1	1	
19岁	23	14	9	1		1	1		1			
20-24	**111**	**65**	**46**	**2**	**2**		**4**	**2**	**2**	**4**		**4**
20岁	19	8	11				1		1	1		1
21岁	29	17	12	1	1							
22岁	17	9	8	1	1		1	1				
23岁	25	17	8				2	1	1	2		2
24岁	21	14	7							1		1
25-29	**134**	**76**	**58**	**5**	**2**	**3**	**3**	**2**	**1**	**2**	**2**	
25岁	20	8	12	1		1						
26岁	34	21	13				2	2		1	1	

2-2b 续表 1

单位：人

年龄	残疾人			视力残疾人			听力残疾人			言语残疾人		
	合计	男	女	小计	男	女	小计	男	女	小计	男	女
27岁	23	12	11							1	1	
28岁	25	15	10	2	1	1	1		1			
29岁	32	20	12	2	1	1						
30-34	**204**	**120**	**84**	**12**	**5**	**7**	**15**	**10**	**5**	**2**		**2**
30岁	43	23	20	2		2						
31岁	38	19	19	2	1	1	4	3	1	1		1
32岁	40	26	14	5	3	2	3	3		1		1
33岁	43	23	20	1		1	5	2	3			
34岁	40	29	11	2	1	1	3	2	1			
35-39	**267**	**167**	**100**	**19**	**13**	**6**	**24**	**16**	**8**	**8**	**6**	**2**
35岁	38	25	13	4	2	2	2	2				
36岁	55	34	21	4	3	1	5	3	2	3	2	1
37岁	64	40	24	6	4	2	6	4	2	1	1	
38岁	56	40	16	2	1	1	5	4	1			
39岁	54	28	26	3	3		6	3	3	4	3	1
40-44	**281**	**151**	**130**	**30**	**16**	**14**	**32**	**18**	**14**	**3**	**3**	
40岁	53	24	29	2		2	7	4	3			
41岁	73	35	38	8	5	3	7	2	5	2	2	
42岁	65	39	26	12	6	6	6	5	1	1	1	
43岁	65	39	26	7	4	3	10	5	5			
44岁	25	14	11	1	1		2	2				
45-49	**270**	**150**	**120**	**24**	**10**	**14**	**53**	**27**	**26**	**6**	**5**	**1**
45岁	40	20	20	5	1	4	5	3	2	1	1	
46岁	52	30	22	4	2	2	10	5	5			
47岁	50	27	23	5	2	3	11	6	5	2	1	1
48岁	61	31	30	5	3	2	14	5	9	1	1	
49岁	67	42	25	5	2	3	13	8	5	2	2	
50-54	**312**	**185**	**127**	**41**	**23**	**18**	**73**	**53**	**20**	**5**	**2**	**3**
50岁	42	25	17	4	2	2	9	7	2			
51岁	72	37	35	9	4	5	16	11	5	3	1	2
52岁	58	43	15	7	5	2	17	12	5			
53岁	79	45	34	13	5	8	17	11	6	1	1	
54岁	61	35	26	8	7	1	14	12	2	1		1
55-59	**341**	**185**	**156**	**52**	**25**	**27**	**97**	**60**	**37**	**4**	**2**	**2**
55岁	66	41	25	13	8	5	15	11	4	1	1	

2－2b 续表 2

单位：人

年龄	残疾人			视力残疾人			听力残疾人			言语残疾人		
	合计	男	女	小计	男	女	小计	男	女	小计	男	女
56岁	78	40	38	12	4	8	23	17	6	2	1	1
57岁	66	39	27	8	4	4	21	12	9	1		1
58岁	65	36	29	8	5	3	16	11	5			
59岁	66	29	37	11	4	7	22	9	13			
60-64	**304**	**178**	**126**	**50**	**22**	**28**	**91**	**63**	**28**	**7**	**4**	**3**
60岁	71	44	27	11	5	6	30	20	10	1	1	
61岁	54	30	24	10	2	8	13	11	2	1		1
62岁	56	37	19	9	6	3	23	14	9			
63岁	50	27	23	9	3	6	10	8	2	3	1	2
64岁	73	40	33	11	6	5	15	10	5	2	2	
65-69	**395**	**192**	**203**	**101**	**38**	**63**	**109**	**63**	**46**	**2**	**1**	**1**
65岁	81	43	38	20	7	13	24	12	12	1		1
66岁	63	34	29	17	8	9	16	9	7			
67岁	86	40	46	28	12	16	18	11	7			
68岁	75	35	40	17	7	10	28	18	10			
69岁	90	40	50	19	4	15	23	13	10	1	1	
70-74	**493**	**247**	**246**	**137**	**51**	**86**	**181**	**107**	**74**	**1**	**1**	
70岁	85	45	40	24	12	12	29	16	13			
71岁	90	48	42	26	10	16	39	24	15	1	1	
72岁	104	50	54	32	12	20	39	20	19			
73岁	103	48	55	23	9	14	33	21	12			
74岁	111	56	55	32	8	24	41	26	15			
75-79	**440**	**192**	**248**	**113**	**27**	**86**	**158**	**93**	**65**	**2**	**1**	**1**
75岁	89	41	48	21	6	15	34	19	15			
76岁	95	43	52	19	5	14	45	26	19			
77岁	81	34	47	19	4	15	24	14	10	1	1	
78岁	99	41	58	29	6	23	31	18	13	1		1
79岁	76	33	43	25	6	19	24	16	8			
80-84	**354**	**135**	**219**	**99**	**27**	**72**	**122**	**56**	**66**	**1**	**1**	
80岁	98	37	61	25	7	18	37	16	21			
81岁	68	24	44	22	10	12	20	11	9			
82岁	71	34	37	21	5	16	23	13	10	1	1	
83岁	65	23	42	17	2	15	22	9	13			
84岁	52	17	35	14	3	11	20	7	13			
85+	**206**	**61**	**145**	**37**	**4**	**33**	**76**	**27**	**49**			

2-2b 续表 3

单位：人

年 龄	肢体残疾人			智力残疾人			精神残疾人			多重残疾人		
	小计	男	女	小计	男	女	小计	男	女	小计	男	女
总 计	**1315**	**751**	**564**	**414**	**220**	**194**	**319**	**138**	**181**	**626**	**332**	**294**
0-4	**11**	**7**	**4**	**50**	**28**	**22**				**18**	**12**	**6**
0岁	1	1		16	10	6						
1岁	3	1	2	12	6	6						
2岁	3	2	1	8	4	4				6	5	1
3岁	2	1	1	6	4	2				5	4	1
4岁	2	2		8	4	4				7	3	4
5-9	**17**	**10**	**7**	**47**	**25**	**22**	**3**	**2**	**1**	**25**	**15**	**10**
5岁	2	2		12	9	3	1		1	8	6	2
6岁	2	1	1	15	9	6				5	3	2
7岁	5	2	3	5	1	4				3	2	1
8岁	3	3		7	4	3	2	2		6	4	2
9岁	5	2	3	8	2	6				3		3
10-14	**26**	**16**	**10**	**41**	**27**	**14**	**1**	**1**		**25**	**17**	**8**
10岁	3	2	1	10	6	4	1	1		6	4	2
11岁	1		1	5	4	1				6	4	2
12岁	7	6	1	8	6	2				4	2	2
13岁	5	2	3	10	6	4				4	2	2
14岁	10	6	4	8	5	3				5	5	
15-19	**37**	**26**	**11**	**24**	**14**	**10**	**7**	**2**	**5**	**37**	**25**	**12**
15岁	7	5	2	5	2	3	2	1	1	8	4	4
16岁	10	6	4	3	3					8	7	1
17岁	9	6	3	3	2	1	1	1		2	2	
18岁	6	5	1	5	1	4	2		2	13	8	5
19岁	5	4	1	8	6	2	2		2	6	4	2
20-24	**33**	**22**	**11**	**27**	**14**	**13**	**11**	**5**	**6**	**30**	**20**	**10**
20岁	5	3	2	6	2	4	2	1	1	4	2	2
21岁	9	5	4	6	4	2	4	1	3	9	6	3
22岁	7	4	3	4	1	3	1		1	3	2	1
23岁	7	6	1	3	2	1	3	2	1	8	6	2
24岁	5	4	1	8	5	3	1	1		6	4	2
25-29	**42**	**29**	**13**	**32**	**16**	**16**	**24**	**12**	**12**	**26**	**13**	**13**
25岁	5	3	2	5		5	3	2	1	6	3	3
26岁	9	6	3	6	4	2	8	5	3	8	3	5

2-2b 续表 4

单位：人

年 龄	肢体残疾人			智力残疾人			精神残疾人			多重残疾人		
	小计	男	女	小计	男	女	小计	男	女	小计	男	女
27岁	7	4	3	6	4	2	4	1	3	5	2	3
28岁	7	4	3	7	5	2	4	1	3	4	4	
29岁	14	12	2	8	3	5	5	3	2	3	1	2
30-34	**68**	**48**	**20**	**41**	**20**	**21**	**33**	**18**	**15**	**33**	**19**	**14**
30岁	15	8	7	10	4	6	5	3	2	11	8	3
31岁	11	8	3	10	3	7	6	2	4	4	2	2
32岁	17	13	4	4	2	2	3		3	7	5	2
33岁	9	6	3	10	6	4	11	7	4	7	2	5
34岁	16	13	3	7	5	2	8	6	2	4	2	2
35-39	**103**	**71**	**32**	**38**	**21**	**17**	**46**	**22**	**24**	**29**	**18**	**11**
35岁	16	15	1	6	2	4	7	2	5	3	2	1
36岁	17	12	5	7	5	2	14	7	7	5	2	3
37岁	24	14	10	9	6	3	11	5	6	7	6	1
38岁	23	19	4	9	5	4	9	5	4	8	6	2
39岁	23	11	12	7	3	4	5	3	2	6	2	4
40-44	**110**	**60**	**50**	**25**	**13**	**12**	**51**	**23**	**28**	**30**	**18**	**12**
40岁	22	9	13	6	1	5	11	7	4	5	3	2
41岁	23	11	12	9	5	4	12	4	8	12	6	6
42岁	27	17	10	2		2	13	6	7	4	4	
43岁	26	16	10	6	6		11	5	6	5	3	2
44岁	12	7	5	2	1	1	4	1	3	4	2	2
45-49	**107**	**70**	**37**	**21**	**9**	**12**	**30**	**10**	**20**	**29**	**19**	**10**
45岁	16	10	6	7	2	5	3	2	1	3	1	2
46岁	26	18	8	2	2		7	1	6	3	2	1
47岁	20	13	7	4		4	4	2	2	4	3	1
48岁	23	15	8	2	1	1	9	3	6	7	3	4
49岁	22	14	8	6	4	2	7	2	5	12	10	2
50-54	**117**	**69**	**48**	**15**	**10**	**5**	**36**	**14**	**22**	**25**	**14**	**11**
50岁	16	10	6	1		1	10	4	6	2	2	
51岁	27	15	12	3		3	9	4	5	5	2	3
52岁	18	13	5	5	5		5	3	2	6	5	1
53岁	31	20	11	4	3	1	6	1	5	7	4	3
54岁	25	11	14	2	2		6	2	4	5	1	4
55-59	**116**	**62**	**54**	**16**	**6**	**10**	**31**	**12**	**19**	**25**	**18**	**7**
55岁	20	12	8	4		4	7	4	3	6	5	1

2－2b 续表 5

单位：人

年 龄	肢体残疾人			智力残疾人			精神残疾人			多重残疾人		
	小计	男	女	小计	男	女	小计	男	女	小计	男	女
56岁	27	13	14	2	1	1	6	2	4	6	2	4
57岁	19	13	6	4	3	1	8	2	6	5	5	
58岁	27	14	13	6	2	4	6	2	4	2	2	
59岁	23	10	13				4	2	2	6	4	2
60-64	**106**	**64**	**42**	**12**	**8**	**4**	**16**	**4**	**12**	**22**	**13**	**9**
60岁	21	14	7	1	1		3		3	4	3	1
61岁	19	12	7	2	1	1	3		3	6	4	2
62岁	16	12	4	3	3		2	1	1	3	1	2
63岁	22	11	11	1	1		2		2	3	3	
64岁	28	15	13	5	2	3	6	3	3	6	2	4
65-69	**119**	**65**	**54**	**9**	**3**	**6**	**11**	**5**	**6**	**44**	**17**	**27**
65岁	28	20	8	1		1				7	4	3
66岁	17	13	4	3	1	2	3	1	2	7	2	5
67岁	28	9	19	2	2		2	1	1	8	5	3
68岁	16	6	10				1	1		13	3	10
69岁	30	17	13	3		3	5	2	3	9	3	6
70-74	**116**	**57**	**59**	**5**	**3**	**2**	**5**	**2**	**3**	**48**	**26**	**22**
70岁	21	10	11				3	1	2	8	6	2
71岁	20	12	8							4	1	3
72岁	18	10	8	1	1		2	1	1	12	6	6
73岁	35	15	20	3	1	2				9	2	7
74岁	22	10	12	1	1					15	11	4
75-79	**88**	**34**	**54**	**5**	**2**	**3**	**9**	**3**	**6**	**65**	**32**	**33**
75岁	20	7	13				2	1	1	12	8	4
76岁	13	5	8	2	1	1	2		2	14	6	8
77岁	20	8	12				4	2	2	13	5	8
78岁	17	7	10	2		2				19	10	9
79岁	18	7	11	1	1		1		1	7	3	4
80-84	**66**	**31**	**35**	**3**		**3**	**2**	**2**		**61**	**18**	**43**
80岁	19	10	9	1		1				16	4	12
81岁	12	2	10	1		1				13	1	12
82岁	12	7	5				2	2		12	6	6
83岁	14	8	6							12	4	8
84岁	9	4	5	1		1				8	3	5
85+	**33**	**10**	**23**	**3**	**1**	**2**	**3**	**1**	**2**	**54**	**18**	**36**

2－3　多重残疾人的残疾类别组合

单位：人，%

残疾类别组合	多重残疾人			占多重残疾人总数的比重
	合计	男	女	
总　　计	**713**	**375**	**338**	**100.00**
二种残疾类别组合人数小计	**609**	**318**	**291**	**85.41**
视力、听力	138	63	75	19.35
视力、言语				
视力、肢体	52	22	30	7.29
视力、智力	3	2	1	0.42
视力、精神	4	2	2	0.56
听力、言语	142	80	62	19.92
听力、智力	7	2	5	0.98
听力、肢体	71	33	38	9.96
听力、精神	6	2	4	0.84
言语、智力	65	40	25	9.12
言语、肢体	26	17	9	3.65
言语、精神	2		2	0.28
智力、肢体	47	29	18	6.59
智力、精神	36	21	15	5.05
肢体、精神	10	5	5	1.40
三种残疾类别组合人数小计	**90**	**49**	**41**	**12.62**
视力、听力、言语	1		1	0.14
视力、听力、肢体	21	10	11	2.95
视力、听力、智力	4	1	3	0.56

2－3 续表

单位：人，%

残疾类别组合	多重残疾人数			占多重残疾人总数的比重
	合计	男	女	
视力、听力、精神	2		2	0.28
视力、言语、肢体	1		1	0.14
视力、言语、智力	1	1		0.14
视力、言语、精神	1	1		0.14
视力、肢体、智力	3	3		0.42
视力、肢体、精神				
视力、智力、精神				
听力、言语、肢体	1		1	0.14
听力、言语、智力	9	3	6	1.26
听力、言语、精神	1		1	0.14
听力、肢体、智力				
听力、肢体、精神				
听力、智力、精神	4	1	3	0.56
言语、肢体、智力	38	28	10	5.33
言语、肢体、精神				
言语、智力、精神	3	1	2	0.42
肢体、智力、精神				
四种残疾类别组合人数小计	**10**	**5**	**5**	**1.40**
五种残疾类别组合人数小计	**4**	**3**	**1**	**0.56**
六种残疾类别组合人数小计				

2－4　各地区分民族、性别的残疾人

单位：人

地区	残疾人			汉族			蒙古族		
	合计	男	女	小计	男	女	小计	男	女
总计	**5310**	**2754**	**2556**	**5295**	**2747**	**2548**	**1**	**1**	
青山湖区	208	98	110	206	97	109			
南昌县	198	85	113	198	85	113			
新建县	217	113	104	217	113	104			
昌江区	204	110	94	204	110	94			
湘东区	190	111	79	190	111	79			
修水县	189	111	78	189	111	78			
永修县	224	114	110	224	114	110			
分宜县	254	132	122	254	132	122			
余江县	247	116	131	245	116	129			
信丰县	218	120	98	216	120	96			
于都县	260	158	102	260	158	102			
兴国县	241	131	110	240	130	110			
瑞金市	256	142	114	253	139	114			
南康市	269	126	143	266	125	141			
吉安县	225	113	112	225	113	112			
永丰县	203	117	86	202	117	85			
井冈山市	229	112	117	229	112	117			
上高县	186	83	103	185	82	103	1	1	
高安市	185	89	96	185	89	96			
临川区	265	132	133	265	132	133			
南城县	215	113	102	215	113	102			
金溪县	224	107	117	224	107	117			
上饶县	206	106	100	206	106	100			
婺源县	197	115	82	197	115	82			

2－4 续表 1

单位：人

地 区	回 族			藏 族			维吾尔族		
	小计	男	女	小计	男	女	小计	男	女
总 计	**1**		**1**						
青山湖区	1		1						
南昌县									
新建县									
昌江区									
湘东区									
修水县									
永修县									
分宜县									
余江县									
信丰县									
于都县									
兴国县									
瑞金市									
南康市									
吉安县									
永丰县									
井冈山市									
上高县									
高安市									
临川区									
南城县									
金溪县									
上饶县									
婺源县									

2-4 续表 2

单位：人

地区	苗族			彝族			壮族		
	小计	男	女	小计	男	女	小计	男	女
总计							**1**		**1**
青山湖区									
南昌县									
新建县									
昌江区									
湘东区									
修水县									
永修县									
分宜县									
余江县							1		1
信丰县									
于都县									
兴国县									
瑞金市									
南康市									
吉安县									
永丰县									
井冈山市									
上高县									
高安市									
临川区									
南城县									
金溪县									
上饶县									
婺源县									

2-4 续表 3

单位：人

地 区	布依族			朝鲜族			满 族			其他少数民族		
	小计	男	女	小计	男	女	小计	男	女	小计	男	女
总 计	**1**	**1**								**11**	**5**	**6**
青山湖区	1	1										
南昌县												
新建县												
昌江区												
湘东区												
修水县												
永修县												
分宜县												
余江县										1		1
信丰县										2		2
于都县												
兴国县										1	1	
瑞金市										3	3	
南康市										3	1	2
吉安县												
永丰县										1		1
井冈山市												
上高县												
高安市												
临川区												
南城县												
金溪县												
上饶县												
婺源县												

2-5 各地区分性别、户口登记状况的残疾人

单位：人

地 区	残疾人			住本调查小区，户口在本乡、镇、街道		
	合计	男	女	小计	男	女
总 计	**5310**	**2754**	**2556**	**5106**	**2639**	**2467**
青山湖区	208	98	110	142	62	80
南昌县	198	85	113	190	82	108
新建县	217	113	104	212	111	101
昌江区	204	110	94	197	105	92
湘东区	190	111	79	187	110	77
修水县	189	111	78	188	111	77
永修县	224	114	110	222	112	110
分宜县	254	132	122	250	131	119
余江县	247	116	131	233	109	124
信丰县	218	120	98	212	116	96
于都县	260	158	102	251	150	101
兴国县	241	131	110	235	125	110
瑞金市	256	142	114	248	136	112
南康市	269	126	143	269	126	143
吉安县	225	113	112	222	111	111
永丰县	203	117	86	197	113	84
井冈山市	229	112	117	221	109	112
上高县	186	83	103	175	79	96
高安市	185	89	96	164	78	86
临川区	265	132	133	262	132	130
南城县	215	113	102	211	110	101
金溪县	224	107	117	220	103	117
上饶县	206	106	100	202	103	99
婺源县	197	115	82	196	115	81

2-5 续表

单位：人

地　区	住本调查小区半年以上，户口在外乡、镇、街道			住本调查小区不满半年，离开户口所在地半年以上			住本调查小区，户口待定		
	小计	男	女	小计	男	女	小计	男	女
总　计	**191**	**105**	**86**				**13**	**10**	**3**
青山湖区	64	34	30				2	2	
南昌县	8	3	5						
新建县	5	2	3						
昌江区	7	5	2						
湘东区	3	1	2						
修水县	1		1						
永修县	2	2							
分宜县	4	1	3						
余江县	8	3	5				6	4	2
信丰县	6	4	2						
于都县	9	8	1						
兴国县	5	5					1	1	
瑞金市	7	5	2				1	1	
南康市									
吉安县	3	2	1						
永丰县	3	2	1				3	2	1
井冈山市	8	3	5						
上高县	11	4	7						
高安市	21	11	10						
临川区	3		3						
南城县	4	3	1						
金溪县	4	4							
上饶县	4	3	1						
婺源县	1		1						

2-6 各地区分性别、户口性质的残疾人

单位：人

地区	残疾人			农业户口			非农业户口			户口性质待定		
	合计	男	女	小计	男	女	小计	男	女	小计	男	女
总计	**5310**	**2754**	**2556**	**4638**	**2382**	**2256**	**659**	**362**	**297**	**13**	**10**	**3**
青山湖区	208	98	110	77	37	40	129	59	70	2	2	
南昌县	198	85	113	166	73	93	32	12	20			
新建县	217	113	104	179	92	87	38	21	17			
昌江区	204	110	94	165	92	73	39	18	21			
湘东区	190	111	79	178	103	75	12	8	4			
修水县	189	111	78	188	110	78	1	1				
永修县	224	114	110	220	112	108	4	2	2			
分宜县	254	132	122	244	126	118	10	6	4			
余江县	247	116	131	224	106	118	17	6	11	6	4	2
信丰县	218	120	98	206	109	97	12	11	1			
于都县	260	158	102	239	139	100	21	19	2			
兴国县	241	131	110	231	122	109	9	8	1	1	1	
瑞金市	256	142	114	243	136	107	12	5	7	1	1	
南康市	269	126	143	250	110	140	19	16	3			
吉安县	225	113	112	186	93	93	39	20	19			
永丰县	203	117	86	189	106	83	11	9	2	3	2	1
井冈山市	229	112	117	190	89	101	39	23	16			
上高县	186	83	103	127	53	74	59	30	29			
高安市	185	89	96	150	70	80	35	19	16			
临川区	265	132	133	208	98	110	57	34	23			
南城县	215	113	102	203	108	95	12	5	7			
金溪县	224	107	117	186	87	99	38	20	18			
上饶县	206	106	100	200	102	98	6	4	2			
婺源县	197	115	82	189	109	80	8	6	2			

2－7 有残疾人的家庭户类别

单位：户

家庭户类型	合计	一代户				二代户			
		小计	只有1个残疾人的户	有2个残疾人的户	有3人以上残疾人的户	小计	只有1个残疾人的户	有2个残疾人的户	有3人以上残疾人的户
总　计	**4634**	**960**	**883**	**76**	**1**	**1908**	**1656**	**227**	**25**
一人户	371	371	371						
二人户	778	566	491	75		212	187	25	
三人户	891	20	18	1	1	812	708	93	11
四人户	1045	3	3			606	526	74	6
五人户	801					205	177	22	6
六人户	481					55	43	10	2
七人户	183					10	9	1	
八人户	84					8	6	2	
九人户									

2－7 续表

单位：户

家庭户类型	三代户				四代户及以上			
	小计	只有1个残疾人的户	有2个残疾人的户	有3人以上残疾人的户	小计	只有1个残疾人的户	有2个残疾人的户	有3人以上残疾人的户
总　计	**1614**	**1350**	**240**	**24**	**152**	**128**	**21**	**3**
一人户								
二人户								
三人户	59	55	4					
四人户	434	380	52	2	2	1	1	
五人户	565	478	74	13	31	28	2	1
六人户	370	300	65	5	56	49	6	1
七人户	133	100	30	3	40	34	6	
八人户	53	37	15	1	23	16	6	1
九人户								

2－7a 城镇有残疾人的家庭户类别

单位：户

家庭户类型	合计	一代户				二代户			
		小计	只有1个残疾人的户	有2个残疾人的户	有3人以上残疾人的户	小计	只有1个残疾人的户	有2个残疾人的户	有3人以上残疾人的户
总　计	**665**	**175**	**161**	**13**	**1**	**253**	**228**	**23**	**2**
一人户	68	68	68						
二人户	135	102	89	13		33	30	3	
三人户	137	5	4		1	118	110	8	
四人户	145					78	70	7	1
五人户	102					17	14	3	
六人户	56					7	4	2	1
七人户	13								
八人户	9								
九人户									

2－7a 续表

单位：户

家庭户类型	三代户				四代户及以上			
	小计	只有1个残疾人的户	有2个残疾人的户	有3人以上残疾人的户	小计	只有1个残疾人的户	有2个残疾人的户	有3人以上残疾人的户
总　计	**218**	**177**	**40**	**1**	**19**	**16**	**2**	**1**
一人户								
二人户								
三人户	14	13	1					
四人户	67	56	11					
五人户	80	65	15		5	4		1
六人户	42	33	8	1	7	6	1	
七人户	10	8	2		3	3		
八人户	5	2	3		4	3	1	
九人户								

2－7b 农村有残疾人的家庭户类别

单位：户

家庭户类型	合 计	一代户				二代户			
		小计	只有1个残疾人的户	有2个残疾人的户	有3人以上残疾人的户	小计	只有1个残疾人的户	有2个残疾人的户	有3人以上残疾人的户
总 计	**3969**	**785**	**722**	**63**		**1655**	**1428**	**204**	**23**
一人户	303	303	303						
二人户	643	464	402	62		179	157	22	
三人户	754	15	14	1		694	598	85	11
四人户	900	3	3			528	456	67	5
五人户	699					188	163	19	6
六人户	425					48	39	8	1
七人户	170					10	9	1	
八人户	75					8	6	2	
九人户									

2－7b 续表

单位：户

家庭户类型	三代户				四代户及以上			
	小计	只有1个残疾人的户	有2个残疾人的户	有3人以上残疾人的户	小计	只有1个残疾人的户	有2个残疾人的户	有3人以上残疾人的户
总 计	**1396**	**1173**	**200**	**23**	**133**	**112**	**19**	**2**
一人户								
二人户								
三人户	45	42	3					
四人户	367	324	41	2	2	1	1	
五人户	485	413	59	13	26	24	2	
六人户	328	267	57	4	49	43	5	1
七人户	123	92	28	3	37	31	6	
八人户	48	35	12	1	19	13	5	1
九人户								

2－8 6岁及以上残疾人分年龄、性别的受教育程度

单位：人

年 龄	残疾人			不识字			未上过学		
	合计	男	女	小计	男	女	小计	男	女
总 计	**5173**	**2663**	**2510**	**2280**	**698**	**1582**	**74**	**34**	**40**
6岁	28	17	11	18	13	5			
7岁	23	13	10	12	6	6	1		1
8岁	24	17	7	5	4	1			
9岁	22	6	16	5		5			
10岁	23	15	8	6	5	1			
11岁	21	12	9	2	2				
12岁	28	20	8	6	3	3			
13岁	26	16	10	3	2	1			
14岁	35	25	10	12	9	3			
15岁	30	17	13	9	4	5			
16岁	33	25	8	7	5	2			
17岁	24	16	8	3	2	1			
18岁	29	17	12	10	6	4			
19岁	26	15	11	11	7	4			
20岁	19	8	11	7	2	5			
21岁	31	18	13	13	7	6			
22岁	22	12	10	8	3	5			
23岁	36	22	14	11	8	3			
24岁	23	15	8	9	6	3			
25岁	21	9	12	10	3	7			
26岁	38	21	17	15	7	8			
27岁	29	16	13	9	5	4			
28岁	36	25	11	13	10	3			
29岁	44	29	15	13	7	6			
30岁	46	24	22	19	8	11	1	1	

2-8 续表 1

单位：人

年 龄	残疾人			不识字			未上过学		
	小计	男	女	小计	男	女	小计	男	女
31岁	43	21	22	13	5	8			
32岁	45	28	17	17	7	10			
33岁	49	28	21	16	5	11			
34岁	45	33	12	13	7	6			
35岁	44	28	16	11	6	5			
36岁	63	41	22	17	7	10			
37岁	74	42	32	22	10	12			
38岁	65	47	18	21	15	6			
39岁	60	31	29	16	9	7			
40岁	59	27	32	11	3	8			
41岁	83	43	40	21	9	12			
42岁	83	50	33	17	6	11			
43岁	75	44	31	17	7	10			
44岁	34	18	16	6	2	4			
45岁	52	26	26	18	2	16			
46岁	61	34	27	12	3	9			
47岁	63	35	28	20	5	15	1		1
48岁	77	43	34	20	9	11	1		1
49岁	76	47	29	25	12	13			
50岁	48	26	22	12	4	8	3	1	2
51岁	81	40	41	24	6	18	1	1	
52岁	77	55	22	21	12	9	1		1
53岁	94	52	42	21	5	16	2		2
54岁	68	39	29	18	2	16	1	1	
55岁	76	50	26	28	11	17	1	1	
56岁	90	48	42	25	10	15	1		1
57岁	73	45	28	21	10	11	3	2	1
58岁	76	42	34	27	7	20			

2-8 续表 2

单位：人

年龄	残疾人			不识字			未上过学		
	小计	男	女	小计	男	女	小计	男	女
59岁	79	37	42	28	5	23			
60岁	78	47	31	28	9	19			
61岁	58	31	27	21	5	16	1		1
62岁	65	39	26	18	5	13			
63岁	65	35	30	26	9	17	1		1
64岁	87	45	42	37	7	30	1		1
65岁	94	46	48	38	6	32			
66岁	71	39	32	31	9	22	2		2
67岁	101	47	54	56	16	40			
68岁	88	38	50	50	14	36	3	1	2
69岁	105	47	58	61	12	49	2	1	1
70岁	98	49	49	59	19	40			
71岁	101	53	48	51	16	35	2	1	1
72岁	120	56	64	76	22	54	6	4	2
73岁	118	53	65	67	18	49	4	2	2
74岁	132	63	69	81	22	59	3	2	1
75岁	107	49	58	61	10	51	3	3	
76岁	111	50	61	74	22	52	2	2	
77岁	89	39	50	68	22	46	2	1	1
78岁	117	47	70	74	14	60	3	1	2
79岁	86	36	50	58	12	46	1	1	
80岁	108	41	67	75	14	61	4	4	
81岁	79	28	51	54	9	45	2		2
82岁	81	35	46	52	12	40	2	2	
83岁	82	30	52	55	11	44	2		2
84岁	58	18	40	42	8	34	3		3
85＋	244	72	172	193	40	153	8	2	6

2-8 续表 3

单位：人

年 龄	小 学			初 中			高 中		
	小计	男	女	小计	男	女	小计	男	女
总 计	**1957**	**1259**	**698**	**659**	**512**	**147**	**141**	**113**	**28**
6岁	10	4	6						
7岁	10	7	3						
8岁	19	13	6						
9岁	17	6	11						
10岁	17	10	7						
11岁	19	10	9						
12岁	22	17	5						
13岁	18	11	7	5	3	2			
14岁	12	8	4	10	7	3	1	1	
15岁	13	7	6	7	5	2	1	1	
16岁	8	6	2	14	11	3	4	3	1
17岁	5	4	1	11	6	5	5	4	1
18岁	10	4	6	6	4	2	3	3	
19岁	7	4	3	6	3	3			
20岁	8	2	6	4	4				
21岁	9	6	3	7	4	3	2	1	1
22岁	8	4	4	5	4	1			
23岁	8	1	7	13	10	3	3	2	1
24岁	11	6	5	2	2				
25岁	6	3	3	5	3	2			
26岁	9	6	3	12	8	4			
27岁	11	6	5	9	5	4			
28岁	10	5	5	10	8	2			
29岁	11	7	4	17	13	4	2	2	
30岁	15	9	6	11	6	5			

2-8 续表 4

单位：人

年 龄	小 学			初 中			高 中		
	小计	男	女	小计	男	女	小计	男	女
31岁	19	6	13	8	7	1	2	2	
32岁	8	4	4	17	15	2	1	1	
33岁	21	14	7	9	7	2	3	2	1
34岁	15	12	3	13	10	3	4	4	
35岁	17	8	9	14	12	2	2	2	
36岁	25	15	10	16	16		3	2	1
37岁	30	19	11	15	9	6	4	3	1
38岁	24	15	9	16	14	2	3	2	1
39岁	31	14	17	12	7	5	1	1	
40岁	36	15	21	12	9	3			
41岁	35	15	20	24	16	8	3	3	
42岁	33	19	14	28	20	8	2	2	
43岁	31	19	12	17	13	4	10	5	5
44岁	11	6	5	10	6	4	5	2	3
45岁	19	13	6	6	5	1	9	6	3
46岁	26	13	13	14	11	3	9	7	2
47岁	19	9	10	16	14	2	5	5	
48岁	32	14	18	17	14	3	4	3	1
49岁	37	22	15	9	9		4	3	1
50岁	26	14	12	4	4		3	3	
51岁	41	25	16	12	5	7	3	3	
52岁	38	28	10	13	12	1	4	3	1
53岁	57	36	21	10	8	2	3	2	1
54岁	35	24	11	14	12	2			
55岁	39	31	8	6	5	1	1	1	
56岁	51	28	23	7	5	2	2	2	
57岁	40	25	15	8	7	1			
58岁	33	20	13	12	11	1	2	2	

2-8 续表 5

单位：人

年龄	小学			初中			高中		
	小计	男	女	小计	男	女	小计	男	女
59岁	37	21	16	11	8	3	3	3	
60岁	37	26	11	10	10		1	1	
61岁	27	18	9	8	7	1			
62岁	33	21	12	11	10	1	2	2	
63岁	29	19	10	7	5	2	2	2	
64岁	40	31	9	5	4	1	2	2	
65岁	41	29	12	14	10	4	1	1	
66岁	29	21	8	5	5		2	2	
67岁	36	24	12	6	6		1		1
68岁	31	21	10	2	1	1	2	1	1
69岁	34	26	8	6	6				
70岁	31	22	9	8	8				
71岁	39	30	9	6	3	3			
72岁	32	26	6	3	1	2	2	2	
73岁	41	28	13	4	3	1	1	1	
74岁	45	36	9	3	3				
75岁	36	29	7	5	5		2	2	
76岁	30	23	7	3	2	1	1	1	
77岁	14	11	3	3	3				
78岁	32	25	7	6	6		2	1	1
79岁	21	17	4	5	5		1	1	
80岁	27	21	6	2	2				
81岁	19	15	4	3	3		1	1	
82岁	22	17	5	4	3	1			
83岁	22	17	5	3	2	1			
84岁	12	9	3				1	1	
85+	38	27	11	3	2	1	1	1	

2-8 续表 6

单位：人

年 龄	中 专			大学专科			大学本科			研究生		
	小计	男	女	小计	男	女	小计	男	女	小计	男	女
总 计	**40**	**33**	**7**	**12**	**7**	**5**	**10**	**7**	**3**			
6岁												
7岁												
8岁												
9岁												
10岁												
11岁												
12岁												
13岁												
14岁												
15岁												
16岁												
17岁												
18岁												
19岁	2	1	1									
20岁												
21岁												
22岁	1	1										
23岁	1	1										
24岁	1	1										
25岁												
26岁				2		2						
27岁												
28岁	1	1		2	1	1						
29岁	1		1									
30岁												

2-8 续表 7

单位：人

年龄	中专			大学专科			大学本科			研究生		
	小计	男	女	小计	男	女	小计	男	女	小计	男	女
31岁	1	1										
32岁	1		1				1	1				
33岁												
34岁												
35岁												
36岁	1	1		1		1						
37岁	1	1		1		1	1		1			
38岁				1	1							
39岁												
40岁												
41岁												
42岁	1	1		1	1		1	1				
43岁												
44岁	2	2										
45岁												
46岁												
47岁	2	2										
48岁	2	2					1	1				
49岁	1	1										
50岁												
51岁												
52岁												
53岁	1	1										
54岁												
55岁				1	1							
56岁	3	2	1				1	1				
57岁	1	1										
58岁	2	2										

2-8 续表 8

单位：人

年 龄	中 专			大学专科			大学本科			研究生		
	小计	男	女	小计	男	女	小计	男	女	小计	男	女
59岁												
60岁	2	1	1									
61岁	1	1										
62岁	1	1										
63岁												
64岁	1		1				1	1				
65岁												
66岁	2	2										
67岁	2	1	1									
68岁												
69岁	1	1		1	1							
70岁												
71岁	2	2		1	1							
72岁	1	1										
73岁							1	1				
74岁												
75岁												
76岁							1		1			
77岁	1	1					1	1				
78岁												
79岁												
80岁												
81岁												
82岁				1	1							
83岁												
84岁												
85+							1		1			

2－8a 城镇6岁及以上残疾人分年龄、性别的受教育程度

单位：人

年龄	残疾人			不识字			未上过学		
	合计	男	女	小计	男	女	小计	男	女
总计	**741**	**358**	**383**	**256**	**66**	**190**	**12**	**4**	**8**
6岁	2	1	1	2	1	1			
7岁	6	5	1	2	2		1		1
8岁	4	2	2	1	1				
9岁	2		2	1		1			
10岁	2	2		2	2				
11岁	4	2	2						
12岁	3	2	1	2	1	1			
13岁	2	1	1						
14岁	5	3	2	3	1	2			
15岁	3	1	2	1	1				
16岁	9	7	2	2	1	1			
17岁	5	1	4	2	1	1			
18岁	2	2							
19岁	3	1	2	2	1	1			
20岁									
21岁	2	1	1	1	1				
22岁	5	3	2	1	1				
23岁	11	5	6	2	1	1			
24岁	2	1	1	1	1				
25岁	1	1							
26岁	4		4	2		2			
27岁	6	4	2	1		1			
28岁	11	10	1	2	2				
29岁	12	9	3	3	2	1			
30岁	3	1	2	1	1				

2－8a　续表 1

单位：人

年　龄	残疾人			不识字			未上过学		
	小计	男	女	小计	男	女	小计	男	女
31岁	5	2	3						
32岁	5	2	3	1		1			
33岁	6	5	1	2	2				
34岁	5	4	1						
35岁	6	3	3	1		1			
36岁	8	7	1						
37岁	10	2	8	2		2			
38岁	9	7	2	2	2				
39岁	6	3	3	1		1			
40岁	6	3	3	3	2	1			
41岁	10	8	2						
42岁	18	11	7	3	2	1			
43岁	10	5	5	2		2			
44岁	9	4	5						
45岁	12	6	6	3		3			
46岁	9	4	5	1		1			
47岁	13	8	5	4	1	3			
48岁	16	12	4	1		1			
49岁	9	5	4						
50岁	6	1	5	1		1			
51岁	9	3	6	2		2			
52岁	19	12	7	3	2	1	1		1
53岁	15	7	8	3		3	1		1
54岁	7	4	3	1		1			
55岁	10	9	1	2	1	1			
56岁	12	8	4						
57岁	7	6	1	2	2				
58岁	11	6	5	4	1	3			

2－8a 续表 2

单位：人

年 龄	残疾人			不识字			未上过学		
	小计	男	女	小计	男	女	小计	男	女
59岁	13	8	5	4	1	3			
60岁	7	3	4	2	1	1			
61岁	4	1	3	1		1			
62岁	9	2	7	2		2			
63岁	15	8	7	4		4			
64岁	14	5	9	3		3			
65岁	13	3	10	3		3			
66岁	8	5	3	2		2			
67岁	15	7	8	6	1	5			
68岁	13	3	10	5	1	4			
69岁	15	7	8	7	1	6	1	1	
70岁	13	4	9	9	2	7			
71岁	11	5	6	3		3	1		1
72岁	16	6	10	7		7	3	2	1
73岁	15	5	10	7	1	6			
74岁	21	7	14	16	3	13			
75岁	18	8	10	10	3	7	1	1	
76岁	16	7	9	11	4	7			
77岁	8	5	3	6	3	3			
78岁	18	6	12	8		8			
79岁	10	3	7	6		6			
80岁	10	4	6	5	2	3			
81岁	11	4	7	9	2	7			
82岁	10	1	9	4		4			
83岁	17	7	10	7	1	6	2		2
84岁	6	1	5	5		5			
85+	38	11	27	26	4	22	1		1

2－8a 续表 3

单位：人

年 龄	小 学			初 中			高 中		
	小计	男	女	小计	男	女	小计	男	女
总 计	**253**	**133**	**120**	**140**	**99**	**41**	**50**	**37**	**13**
6岁									
7岁	3	3							
8岁	3	1	2						
9岁	1		1						
10岁									
11岁	4	2	2						
12岁	1	1							
13岁	2	1	1						
14岁	1	1					1	1	
15岁	2		2						
16岁	2	2		4	3	1	1	1	
17岁				3		3			
18岁							2	2	
19岁	1		1						
20岁									
21岁				1		1			
22岁	2		2	2	2				
23岁	4		4	3	2	1	1	1	
24岁	1		1						
25岁				1	1				
26岁									
27岁	2	1	1	3	3				
28岁	2	2		5	4	1			
29岁	1	1		5	4	1	2	2	
30岁	1		1	1		1			

2-8a 续表 4

单位：人

年龄	小学			初中			高中		
	小计	男	女	小计	男	女	小计	男	女
31岁	4	1	3						
32岁	1		1	2	1	1			
33岁	2	1	1	1	1		1	1	
34岁				4	3	1	1	1	
35岁	2		2	3	3				
36岁	2	2		5	5		1		1
37岁	3	1	2	2	1	1	1		1
38岁	3	2	1	3	2	1			
39岁	1	1		4	2	2			
40岁	2	1	1	1		1			
41岁	4	2	2	6	6				
42岁	7	4	3	6	3	3	1	1	
43岁	2	1	1	1	1		5	3	2
44岁				6	3	3	3	1	2
45岁	5	4	1	1	1		3	1	2
46岁	3		3	1	1		4	3	1
47岁	2	1	1	5	4	1	2	2	
48岁	7	5	2	4	4		3	2	1
49岁	8	5	3				1		1
50岁	4		4				1	1	
51岁	5	3	2	2		2			
52岁	8	4	4	4	3	1	3	3	
53岁	7	4	3	4	3	1			
54岁	1		1	5	4	1			
55岁	7	7							
56岁	6	4	2	3	2	1	1	1	
57岁	3	2	1	1	1				
58岁	4	2	2	1	1		1	1	

2－8a 续表 5

单位：人

年龄	小学			初中			高中		
	小计	男	女	小计	男	女	小计	男	女
59岁	3	1	2	4	4		2	2	
60岁	3	1	2						
61岁	3	1	2						
62岁	5	1	4	2	1	1			
63岁	5	3	2	4	3	1	2	2	
64岁	8	4	4	1		1			
65岁	5	1	4	5	2	3			
66岁	3	2	1	2	2				
67岁	3	2	1	3	3		1		1
68岁	6	2	4	1		1	1		1
69岁	5	3	2	2	2				
70岁	3	1	2	1	1				
71岁	5	4	1	1		1			
72岁	4	3	1	1		1	1	1	
73岁	7	3	4						
74岁	3	2	1	2	2				
75岁	5	2	3				2	2	
76岁	3	3		1		1			
77岁	1	1							
78岁	8	4	4	2	2				
79岁	3	2	1				1	1	
80岁	5	2	3						
81岁	2	2							
82岁	5	1	4	1		1			
83岁	5	4	1	3	2	1			
84岁	1	1							
85+	8	5	3	1	1		1	1	

2－8a 续表 6

单位：人

年 龄	中 专			大学专科			大学本科			研究生		
	小计	男	女	小计	男	女	小计	男	女	小计	男	女
总 计	**13**	**8**	**5**	**8**	**5**	**3**	**9**	**6**	**3**			
6岁												
7岁												
8岁												
9岁												
10岁												
11岁												
12岁												
13岁												
14岁												
15岁												
16岁												
17岁												
18岁												
19岁												
20岁												
21岁												
22岁												
23岁	1	1										
24岁												
25岁												
26岁				2		2						
27岁												
28岁	1	1		1	1							
29岁	1		1									
30岁												

2－8a 续表 7

单位：人

年 龄	中 专			大学专科			大学本科			研究生		
	小计	男	女	小计	男	女	小计	男	女	小计	男	女
31岁	1	1										
32岁							1	1				
33岁												
34岁												
35岁												
36岁												
37岁				1		1	1		1			
38岁				1	1							
39岁												
40岁												
41岁												
42岁				1	1							
43岁												
44岁												
45岁												
46岁												
47岁												
48岁							1	1				
49岁												
50岁												
51岁												
52岁												
53岁												
54岁												
55岁				1	1							
56岁	1		1				1	1				
57岁	1	1										
58岁	1	1										

2－8a　续表 8

单位：人

年　龄	中　专			大学专科			大学本科			研究生		
	小计	男	女	小计	男	女	小计	男	女	小计	男	女
59岁												
60岁	2	1	1									
61岁												
62岁												
63岁												
64岁	1		1				1	1				
65岁												
66岁	1	1										
67岁	2	1	1									
68岁												
69岁												
70岁												
71岁				1	1							
72岁												
73岁							1	1				
74岁												
75岁												
76岁							1		1			
77岁							1	1				
78岁												
79岁												
80岁												
81岁												
82岁												
83岁												
84岁												
85+							1		1			

2－8b 农村6岁及以上残疾人分年龄、性别的受教育程度

单位：人

年龄	残疾人			不识字			未上过学		
	合计	男	女	小计	男	女	小计	男	女
总计	**4432**	**2305**	**2127**	**2024**	**632**	**1392**	**62**	**30**	**32**
6岁	26	16	10	16	12	4			
7岁	17	8	9	10	4	6			
8岁	20	15	5	4	3	1			
9岁	20	6	14	4		4			
10岁	21	13	8	4	3	1			
11岁	17	10	7	2	2				
12岁	25	18	7	4	2	2			
13岁	24	15	9	3	2	1			
14岁	30	22	8	9	8	1			
15岁	27	16	11	8	3	5			
16岁	24	18	6	5	4	1			
17岁	19	15	4	1	1				
18岁	27	15	12	10	6	4			
19岁	23	14	9	9	6	3			
20岁	19	8	11	7	2	5			
21岁	29	17	12	12	6	6			
22岁	17	9	8	7	2	5			
23岁	25	17	8	9	7	2			
24岁	21	14	7	8	5	3			
25岁	20	8	12	10	3	7			
26岁	34	21	13	13	7	6			
27岁	23	12	11	8	5	3			
28岁	25	15	10	11	8	3			
29岁	32	20	12	10	5	5			
30岁	43	23	20	18	7	11	1	1	

2－8b 续表 1

单位：人

年 龄	残疾人			不识字			未上过学		
	小计	男	女	小计	男	女	小计	男	女
31岁	38	19	19	13	5	8			
32岁	40	26	14	16	7	9			
33岁	43	23	20	14	3	11			
34岁	40	29	11	13	7	6			
35岁	38	25	13	10	6	4			
36岁	55	34	21	17	7	10			
37岁	64	40	24	20	10	10			
38岁	56	40	16	19	13	6			
39岁	54	28	26	15	9	6			
40岁	53	24	29	8	1	7			
41岁	73	35	38	21	9	12			
42岁	65	39	26	14	4	10			
43岁	65	39	26	15	7	8			
44岁	25	14	11	6	2	4			
45岁	40	20	20	15	2	13			
46岁	52	30	22	11	3	8			
47岁	50	27	23	16	4	12	1		1
48岁	61	31	30	19	9	10	1		1
49岁	67	42	25	25	12	13			
50岁	42	25	17	11	4	7	3	1	2
51岁	72	37	35	22	6	16	1	1	
52岁	58	43	15	18	10	8			
53岁	79	45	34	18	5	13	1		1
54岁	61	35	26	17	2	15	1	1	
55岁	66	41	25	26	10	16	1	1	
56岁	78	40	38	25	10	15	1		1
57岁	66	39	27	19	8	11	3	2	1
58岁	65	36	29	23	6	17			

2-8b 续表 2

单位：人

年 龄	残疾人			不识字			未上过学		
	小计	男	女	小计	男	女	小计	男	女
59岁	66	29	37	24	4	20			
60岁	71	44	27	26	8	18			
61岁	54	30	24	20	5	15	1		1
62岁	56	37	19	16	5	11			
63岁	50	27	23	22	9	13	1		1
64岁	73	40	33	34	7	27	1		1
65岁	81	43	38	35	6	29			
66岁	63	34	29	29	9	20	2		2
67岁	86	40	46	50	15	35			
68岁	75	35	40	45	13	32	3	1	2
69岁	90	40	50	54	11	43	1		1
70岁	85	45	40	50	17	33			
71岁	90	48	42	48	16	32	1	1	
72岁	104	50	54	69	22	47	3	2	1
73岁	103	48	55	60	17	43	4	2	2
74岁	111	56	55	65	19	46	3	2	1
75岁	89	41	48	51	7	44	2	2	
76岁	95	43	52	63	18	45	2	2	
77岁	81	34	47	62	19	43	2	1	1
78岁	99	41	58	66	14	52	3	1	2
79岁	76	33	43	52	12	40	1	1	
80岁	98	37	61	70	12	58	4	4	
81岁	68	24	44	45	7	38	2		2
82岁	71	34	37	48	12	36	2	2	
83岁	65	23	42	48	10	38			
84岁	52	17	35	37	8	29	3		3
85+	206	61	145	167	36	131	7	2	5

2－8b 续表 3

单位：人

年 龄	小 学			初 中			高 中		
	小计	男	女	小计	男	女	小计	男	女
总 计	**1704**	**1126**	**578**	**519**	**413**	**106**	**91**	**76**	**15**
6岁	10	4	6						
7岁	7	4	3						
8岁	16	12	4						
9岁	16	6	10						
10岁	17	10	7						
11岁	15	8	7						
12岁	21	16	5						
13岁	16	10	6	5	3	2			
14岁	11	7	4	10	7	3			
15岁	11	7	4	7	5	2	1	1	
16岁	6	4	2	10	8	2	3	2	1
17岁	5	4	1	8	6	2	5	4	1
18岁	10	4	6	6	4	2	1	1	
19岁	6	4	2	6	3	3			
20岁	8	2	6	4	4				
21岁	9	6	3	6	4	2	2	1	1
22岁	6	4	2	3	2	1			
23岁	4	1	3	10	8	2	2	1	1
24岁	10	6	4	2	2				
25岁	6	3	3	4	2	2			
26岁	9	6	3	12	8	4			
27岁	9	5	4	6	2	4			
28岁	8	3	5	5	4	1			
29岁	10	6	4	12	9	3			
30岁	14	9	5	10	6	4			

2-8b 续表 4

单位：人

年龄	小学			初中			高中		
	小计	男	女	小计	男	女	小计	男	女
31岁	15	5	10	8	7	1	2	2	
32岁	7	4	3	15	14	1	1	1	
33岁	19	13	6	8	6	2	2	1	1
34岁	15	12	3	9	7	2	3	3	
35岁	15	8	7	11	9	2	2	2	
36岁	23	13	10	11	11		2	2	
37岁	27	18	9	13	8	5	3	3	
38岁	21	13	8	13	12	1	3	2	1
39岁	30	13	17	8	5	3	1	1	
40岁	34	14	20	11	9	2			
41岁	31	13	18	18	10	8	3	3	
42岁	26	15	11	22	17	5	1	1	
43岁	29	18	11	16	12	4	5	2	3
44岁	11	6	5	4	3	1	2	1	1
45岁	14	9	5	5	4	1	6	5	1
46岁	23	13	10	13	10	3	5	4	1
47岁	17	8	9	11	10	1	3	3	
48岁	25	9	16	13	10	3	1	1	
49岁	29	17	12	9	9		3	3	
50岁	22	14	8	4	4		2	2	
51岁	36	22	14	10	5	5	3	3	
52岁	30	24	6	9	9		1		1
53岁	50	32	18	6	5	1	3	2	1
54岁	34	24	10	9	8	1			
55岁	32	24	8	6	5	1	1	1	
56岁	45	24	21	4	3	1	1	1	
57岁	37	23	14	7	6	1			
58岁	29	18	11	11	10	1	1	1	

2－8b 续表 5

单位：人

年 龄	小 学			初 中			高 中		
	小计	男	女	小计	男	女	小计	男	女
59岁	34	20	14	7	4	3	1	1	
60岁	34	25	9	10	10		1	1	
61岁	24	17	7	8	7	1			
62岁	28	20	8	9	9		2	2	
63岁	24	16	8	3	2	1			
64岁	32	27	5	4	4		2	2	
65岁	36	28	8	9	8	1	1	1	
66岁	26	19	7	3	3		2	2	
67岁	33	22	11	3	3				
68岁	25	19	6	1	1		1	1	
69岁	29	23	6	4	4				
70岁	28	21	7	7	7				
71岁	34	26	8	5	3	2			
72岁	28	23	5	2	1	1	1	1	
73岁	34	25	9	4	3	1	1	1	
74岁	42	34	8	1	1				
75岁	31	27	4	5	5				
76岁	27	20	7	2	2		1	1	
77岁	13	10	3	3	3				
78岁	24	21	3	4	4		2	1	1
79岁	18	15	3	5	5				
80岁	2[illegible]	19	3	2	2				
81岁	17	13	4	3	3		1	1	
82岁	17	16	1	3	3				
83岁	17	13	4						
84岁	11	8	3				1	1	
85＋	30	22	8	2	1	1			

2－8b 续表 6

单位：人

年龄	中专			大学专科			大学本科			研究生		
	小计	男	女	小计	男	女	小计	男	女	小计	男	女
总　计	**27**	**25**	**2**	**4**	**2**	**2**	**1**	**1**				
6岁												
7岁												
8岁												
9岁												
10岁												
11岁												
12岁												
13岁												
14岁												
15岁												
16岁												
17岁												
18岁												
19岁	2	1	1									
20岁												
21岁												
22岁	1	1										
23岁												
24岁	1	1										
25岁												
26岁												
27岁												
28岁				1		1						
29岁												
30岁												

2－8b 续表 7

单位：人

年 龄	中 专			大学专科			大学本科			研究生		
	小计	男	女	小计	男	女	小计	男	女	小计	男	女
31岁												
32岁	1		1									
33岁												
34岁												
35岁												
36岁	1	1		1		1						
37岁	1	1										
38岁												
39岁												
40岁												
41岁												
42岁	1	1					1	1				
43岁												
44岁	2	2										
45岁												
46岁												
47岁	2	2										
48岁	2	2										
49岁	1	1										
50岁												
51岁												
52岁												
53岁	1	1										
54岁												
55岁												
56岁	2	2										
57岁												
58岁	1	1										

2-8b 续表 8

单位：人

年龄	中专			大学专科			大学本科			研究生		
	小计	男	女	小计	男	女	小计	男	女	小计	男	女
59岁												
60岁												
61岁	1	1										
62岁	1	1										
63岁												
64岁												
65岁												
66岁	1	1										
67岁												
68岁												
69岁	1	1		1	1							
70岁												
71岁	2	2										
72岁	1	1										
73岁												
74岁												
75岁												
76岁												
77岁	1	1										
78岁												
79岁												
80岁												
81岁												
82岁				1	1							
83岁												
84岁												
85+												

2-9 各地区6岁及以上残疾人分性别的受教育程度

单位：人

地区	残疾人			不识字			未上过学		
	合计	男	女	小计	男	女	小计	男	女
总计	**5173**	**2663**	**2510**	**2280**	**698**	**1582**	**74**	**34**	**40**
青山湖区	204	94	110	66	18	48	2	1	1
南昌县	196	83	113	98	23	75	5		5
新建县	213	110	103	106	34	72	2	2	
昌江区	201	107	94	75	23	52	3	2	1
湘东区	187	108	79	43	17	26	3	2	1
修水县	184	109	75	64	22	42	7	3	4
永修县	211	105	106	112	39	73	1		1
分宜县	253	131	122	162	70	92	3	3	
余江县	228	102	126	109	23	86	4	4	
信丰县	215	120	95	94	26	68			
于都县	250	150	100	97	29	68	5	3	2
兴国县	235	128	107	63	12	51	1	1	
瑞金市	247	135	112	134	39	95	1		1
南康市	263	124	139	119	29	90	7	2	5
吉安县	223	112	111	94	27	67	4	2	2
永丰县	193	111	82	108	44	64			
井冈山市	225	111	114	106	27	79			
上高县	186	83	103	90	22	68	1		1
高安市	179	84	95	55	14	41	17	3	14
临川区	258	126	132	115	31	84	1	1	
南城县	211	112	99	93	34	59	2	1	1
金溪县	219	104	115	100	32	68	1	1	
上饶县	202	104	98	86	32	54	2	1	1
婺源县	190	110	80	91	31	60	2	2	

2-9 续表 1

单位：人

地区	小学			初中			高中		
	小计	男	女	小计	男	女	小计	男	女
总计	**1957**	**1259**	**698**	**659**	**512**	**147**	**141**	**113**	**28**
青山湖区	58	29	29	41	20	21	19	14	5
南昌县	63	36	27	25	20	5	4	3	1
新建县	76	49	27	24	20	4	5	5	
昌江区	92	59	33	19	15	4	8	6	2
湘东区	104	63	41	33	23	10	3	2	1
修水县	87	61	26	23	20	3	2	2	
永修县	64	44	20	29	17	12	4	4	
分宜县	67	43	24	19	13	6	2	2	
余江县	90	58	32	16	12	4	7	4	3
信丰县	85	64	21	30	24	6	5	5	
于都县	111	83	28	29	27	2	3	3	
兴国县	125	77	48	42	34	8	4	4	
瑞金市	62	49	13	42	39	3	8	8	
南康市	91	56	35	37	30	7	3	1	2
吉安县	90	56	34	30	23	7	4	3	1
永丰县	61	46	15	20	17	3	3	3	
井冈山市	69	45	24	36	29	7	11	8	3
上高县	53	30	23	29	20	9	12	10	2
高安市	70	40	30	26	18	8	6	6	
临川区	106	65	41	27	21	6	7	6	1
南城县	87	53	34	24	21	3	3	2	1
金溪县	92	53	39	17	12	5	8	5	3
上饶县	84	48	36	22	19	3	5	3	2
婺源县	70	52	18	19	18	1	5	4	1

2-9 续表 2

单位：人

地区	中专			大学专科			大学本科			研究生		
	小计	男	女	小计	男	女	小计	男	女	小计	男	女
总计	**40**	**33**	**7**	**12**	**7**	**5**	**10**	**7**	**3**			
青山湖区	4	1	3	5	4	1	9	7	2			
南昌县	1	1										
新建县												
昌江区	4	2	2									
湘东区				1	1							
修水县	1	1										
永修县	1	1										
分宜县												
余江县	1	1					1		1			
信丰县	1	1										
于都县	4	4		1	1							
兴国县												
瑞金市												
南康市	6	6										
吉安县	1	1										
永丰县	1	1										
井冈山市	2	2		1		1						
上高县	1	1										
高安市	2	2		3	1	2						
临川区	2	2										
南城县	2	1	1									
金溪县	1	1										
上饶县	2	1	1	1		1						
婺源县	3	3										

2－10　各地区15岁及以上残疾人分性别的文盲人口

单位：人，%

地　区	残疾人口			文盲人口			文盲人口占残疾人口的比例		
	合计	男	女	小计	男	女	总比例	男	女
总　计	**4943**	**2522**	**2421**	**2211**	**654**	**1557**	**44.73**	**25.93**	**64.31**
青山湖区	199	91	108	64	17	47	32.16	18.68	43.52
南昌县	191	81	110	95	21	74	49.74	25.93	67.27
新建县	197	104	93	102	32	70	51.78	30.77	75.27
昌江区	193	101	92	75	23	52	38.86	22.77	56.52
湘东区	180	104	76	42	16	26	23.33	15.38	34.21
修水县	181	106	75	63	21	42	34.81	19.81	56.00
永修县	201	99	102	107	36	71	53.23	36.36	69.61
分宜县	244	125	119	158	67	91	64.75	53.60	76.47
余江县	219	97	122	106	21	85	48.40	21.65	69.67
信丰县	203	109	94	91	24	67	44.83	22.02	71.28
于都县	227	136	91	92	26	66	40.53	19.12	72.53
兴国县	224	121	103	60	11	49	26.79	9.09	47.57
瑞金市	240	131	109	131	37	94	54.58	28.24	86.24
南康市	250	117	133	112	25	87	44.80	21.37	65.41
吉安县	215	105	110	91	24	67	42.33	22.86	60.91
永丰县	185	108	77	106	44	62	57.30	40.74	80.52
井冈山市	212	103	109	100	24	76	47.17	23.30	69.72
上高县	179	79	100	89	21	68	49.72	26.58	68.00
高安市	170	79	91	49	10	39	28.82	12.66	42.86
临川区	252	124	128	113	30	83	44.84	24.19	64.84
南城县	204	109	95	92	33	59	45.10	30.28	62.11
金溪县	210	96	114	99	31	68	47.14	32.29	59.65
上饶县	185	92	93	85	31	54	45.95	33.70	58.06
婺源县	182	105	77	89	29	60	48.90	27.62	77.92

2－10a　各地区城镇15岁及以上残疾人分性别的文盲人口

单位：人，%

地　区	残疾人口			文盲人口			文盲人口占残疾人口的比例		
	合计	男	女	小计	男	女	总比例	男	女
总　计	**711**	**340**	**371**	**243**	**58**	**185**	**34.18**	**17.06**	**49.87**
青山湖区	129	58	71	31	7	24	24.03	12.07	33.80
南昌县	44	20	24	14	3	11	31.82	15.00	45.83
新建县	35	20	15	16	6	10	45.71	30.00	66.67
昌江区	32	14	18	10	2	8	31.25	14.29	44.44
湘东区									
修水县	28	16	12	7	4	3	25.00	25.00	25.00
永修县									
分宜县									
余江县	12	3	9	6		6	50.00		66.67
信丰县									
于都县									
兴国县									
瑞金市									
南康市	33	12	21	14	1	13	42.42	8.33	61.90
吉安县	60	27	33	26	10	16	43.33	37.04	48.48
永丰县	20	14	6	6	2	4	30.00	14.29	66.67
井冈山市	56	29	27	21	5	16	37.50	17.24	59.26
上高县	97	48	49	37	7	30	38.14	14.58	61.22
高安市	41	18	23	8	1	7	19.51	5.56	30.43
临川区	68	36	32	28	7	21	41.18	19.44	65.63
南城县	22	10	12	7	1	6	31.82	10.00	50.00
金溪县	34	15	19	12	2	10	35.29	13.33	52.63
上饶县									
婺源县									

2－10b 各地区农村15岁及以上残疾人分性别的文盲人口

单位：人，%

地区	残疾人口			文盲人口			文盲人口占残疾人口的比例		
	合计	男	女	小计	男	女	总比例	男	女
总计	**4232**	**2182**	**2050**	**1968**	**596**	**1372**	**46.50**	**27.31**	**66.93**
青山湖区	70	33	37	33	10	23	47.14	30.30	62.16
南昌县	147	61	86	81	18	63	55.10	29.51	73.26
新建县	162	84	78	86	26	60	53.09	30.95	76.92
昌江区	161	87	74	65	21	44	40.37	24.14	59.46
湘东区	180	104	76	42	16	26	23.33	15.38	34.21
修水县	153	90	63	56	17	39	36.60	18.89	61.90
永修县	201	99	102	107	36	71	53.23	36.36	69.61
分宜县	244	125	119	158	67	91	64.75	53.60	76.47
余江县	207	94	113	100	21	79	48.31	22.34	69.91
信丰县	203	109	94	91	24	67	44.83	22.02	71.28
于都县	227	136	91	92	26	66	40.53	19.12	72.53
兴国县	224	121	103	60	11	49	26.79	9.09	47.57
瑞金市	240	131	109	131	37	94	54.58	28.24	86.24
南康市	217	105	112	98	24	74	45.16	22.86	66.07
吉安县	155	78	77	65	14	51	41.94	17.95	66.23
永丰县	165	94	71	100	42	58	60.61	44.68	81.69
井冈山市	156	74	82	79	19	60	50.64	25.68	73.17
上高县	82	31	51	52	14	38	63.41	45.16	74.51
高安市	129	61	68	41	9	32	31.78	14.75	47.06
临川区	184	88	96	85	23	62	46.20	26.14	64.58
南城县	182	99	83	85	32	53	46.70	32.32	63.86
金溪县	176	81	95	87	29	58	49.43	35.80	61.05
上饶县	185	92	93	85	31	54	45.95	33.70	58.06
婺源县	182	105	77	89	29	60	48.90	27.62	77.92

2-11 15岁及以上残疾人分年龄、性别的文盲人口

单位：人，%

年龄	残疾人口			文盲人口			文盲人口占残疾人口的比例		
	合计	男	女	小计	男	女	总比例	男	女
总计	**4943**	**2522**	**2421**	**2211**	**654**	**1557**	**44.73**	**25.93**	**64.31**
15-19	**142**	**90**	**52**	**40**	**24**	**16**	**28.17**	**26.67**	**30.77**
15岁	30	17	13	9	4	5	30.00	23.53	38.46
16岁	33	25	8	7	5	2	21.21	20.00	25.00
17岁	24	16	8	3	2	1	12.50	12.50	12.50
18岁	29	17	12	10	6	4	34.48	35.29	33.33
19岁	26	15	11	11	7	4	42.31	46.67	36.36
20-24	**131**	**75**	**56**	**48**	**26**	**22**	**36.64**	**34.67**	**39.29**
20岁	19	8	11	7	2	5	36.84	25.00	45.45
21岁	31	18	13	13	7	6	41.94	38.89	46.15
22岁	22	12	10	8	3	5	36.36	25.00	50.00
23岁	36	22	14	11	8	3	30.56	36.36	21.43
24岁	23	15	8	9	6	3	39.13	40.00	37.50
25-29	**168**	**100**	**68**	**60**	**32**	**28**	**35.71**	**32.00**	**41.18**
25岁	21	9	12	10	3	7	47.62	33.33	58.33
26岁	38	21	17	15	7	8	39.47	33.33	47.06
27岁	29	16	13	9	5	4	31.03	31.25	30.77
28岁	36	25	11	13	10	3	36.11	40.00	27.27
29岁	44	29	15	13	7	6	29.55	24.14	40.00
30-34	**228**	**134**	**94**	**78**	**32**	**46**	**34.21**	**23.88**	**48.94**
30岁	46	24	22	19	8	11	41.30	33.33	50.00
31岁	43	21	22	13	5	8	30.23	23.81	36.36
32岁	45	28	17	17	7	10	37.78	25.00	58.82
33岁	49	28	21	16	5	11	32.65	17.86	52.38
34岁	45	33	12	13	7	6	28.89	21.21	50.00
35-39	**306**	**189**	**117**	**87**	**47**	**40**	**28.43**	**24.87**	**34.19**
35岁	44	28	16	11	6	5	25.00	21.43	31.25
36岁	63	41	22	17	7	10	26.98	17.07	45.45

2-11 续表 1

单位：人，%

年 龄	残疾人口			文盲人口			文盲人口占残疾人口的比例		
	合计	男	女	小计	男	女	总比例	男	女
37岁	74	42	32	22	10	12	29.73	23.81	37.50
38岁	65	47	18	21	15	6	32.31	31.91	33.33
39岁	60	31	29	16	9	7	26.67	29.03	24.14
40-44	**334**	**182**	**152**	**72**	**27**	**45**	**21.56**	**14.84**	**29.61**
40岁	59	27	32	11	3	8	18.64	11.11	25.00
41岁	83	43	40	21	9	12	25.30	20.93	30.00
42岁	83	50	33	17	6	11	20.48	12.00	33.33
43岁	75	44	31	17	7	10	22.67	15.91	32.26
44岁	34	18	16	6	2	4	17.65	11.11	25.00
45-49	**329**	**185**	**144**	**95**	**31**	**64**	**28.88**	**16.76**	**44.44**
45岁	52	26	26	18	2	16	34.62	7.69	61.54
46岁	61	34	27	12	3	9	19.67	8.82	33.33
47岁	63	35	28	20	5	15	31.75	14.29	53.57
48岁	77	43	34	20	9	11	25.97	20.93	32.35
49岁	76	47	29	25	12	13	32.89	25.53	44.83
50-54	**368**	**212**	**156**	**96**	**29**	**67**	**26.09**	**13.68**	**42.95**
50岁	48	26	22	12	4	8	25.00	15.38	36.36
51岁	81	40	41	24	6	18	29.63	15.00	43.90
52岁	77	55	22	21	12	9	27.27	21.82	40.91
53岁	94	52	42	21	5	16	22.34	9.62	38.10
54岁	68	39	29	18	2	16	26.47	5.13	55.17
55-59	**394**	**222**	**172**	**129**	**43**	**86**	**32.74**	**19.37**	**50.00**
55岁	76	50	26	28	11	17	36.84	22.00	65.38
56岁	90	48	42	25	10	15	27.78	20.83	35.71
57岁	73	45	28	21	10	11	28.77	22.22	39.29
58岁	76	42	34	27	7	20	35.53	16.67	58.82
59岁	79	37	42	28	5	23	35.44	13.51	54.76
60-64	**353**	**197**	**156**	**130**	**35**	**95**	**36.83**	**17.77**	**60.90**
60岁	78	47	31	28	9	19	35.90	19.15	61.29

2-11 续表 2

单位：人，%

年 龄	残疾人口			文盲人口			文盲人口占残疾人口的比例		
	合计	男	女	小计	男	女	总比例	男	女
61岁	58	31	27	21	5	16	36.21	16.13	59.26
62岁	65	39	26	18	5	13	27.69	12.82	50.00
63岁	65	35	30	26	9	17	40.00	25.71	56.67
64岁	87	45	42	37	7	30	42.53	15.56	71.43
65-69	**459**	**217**	**242**	**236**	**57**	**179**	**51.42**	**26.27**	**73.97**
65岁	94	46	48	38	6	32	40.43	13.04	66.67
66岁	71	39	32	31	9	22	43.66	23.08	68.75
67岁	101	47	54	56	16	40	55.45	34.04	74.07
68岁	88	38	50	50	14	36	56.82	36.84	72.00
69岁	105	47	58	61	12	49	58.10	25.53	84.48
70-74	**569**	**274**	**295**	**334**	**97**	**237**	**58.70**	**35.40**	**80.34**
70岁	98	49	49	59	19	40	60.20	38.78	81.63
71岁	101	53	48	51	16	35	50.50	30.19	72.92
72岁	120	56	64	76	22	54	63.33	39.29	84.38
73岁	118	53	65	67	18	49	56.78	33.96	75.38
74岁	132	63	69	81	22	59	61.36	34.92	85.51
75-79	**510**	**221**	**289**	**335**	**80**	**255**	**65.69**	**36.20**	**88.24**
75岁	107	49	58	61	10	51	57.01	20.41	87.93
76岁	111	50	61	74	22	52	66.67	44.00	85.25
77岁	89	39	50	68	22	46	76.40	56.41	92.00
78岁	117	47	70	74	14	60	63.25	29.79	85.71
79岁	86	36	50	58	12	46	67.44	33.33	92.00
80-84	**408**	**152**	**256**	**278**	**54**	**224**	**68.14**	**35.53**	**87.50**
80岁	108	41	67	75	14	61	69.44	34.15	91.04
81岁	79	28	51	54	9	45	68.35	32.14	88.24
82岁	81	35	46	52	12	40	64.20	34.29	86.96
83岁	82	30	52	55	11	44	67.07	36.67	84.62
84岁	58	18	40	42	8	34	72.41	44.44	85.00
85+	**244**	**72**	**172**	**193**	**40**	**153**	**79.10**	**55.56**	**88.95**

2－12 15岁及以上残疾人分年龄、性别的婚姻状况

单位：人

年龄	残疾人			未婚			初婚有配偶		
	合计	男	女	小计	男	女	小计	男	女
总计	**4943**	**2522**	**2421**	**611**	**512**	**99**	**2802**	**1563**	**1239**
15-19	**142**	**90**	**52**	**141**	**90**	**51**	**1**		**1**
15岁	30	17	13	30	17	13			
16岁	33	25	8	33	25	8			
17岁	24	16	8	24	16	8			
18岁	29	17	12	29	17	12			
19岁	26	15	11	25	15	10	1		1
20-24	**131**	**75**	**56**	**87**	**64**	**23**	**43**	**10**	**33**
20岁	19	8	11	15	8	7	4		4
21岁	31	18	13	25	18	7	6		6
22岁	22	12	10	11	8	3	11	4	7
23岁	36	22	14	22	17	5	13	4	9
24岁	23	15	8	14	13	1	9	2	7
25-29	**168**	**100**	**68**	**74**	**62**	**12**	**90**	**37**	**53**
25岁	21	9	12	9	9		12		12
26岁	38	21	17	16	12	4	22	9	13
27岁	29	16	13	14	11	3	13	5	8
28岁	36	25	11	18	17	1	17	7	10
29岁	44	29	15	17	13	4	26	16	10
30-34	**228**	**134**	**94**	**63**	**59**	**4**	**147**	**66**	**81**
30岁	46	24	22	19	18	1	24	5	19
31岁	43	21	22	14	12	2	27	8	19
32岁	45	28	17	8	8		33	19	14
33岁	49	28	21	14	13	1	30	12	18
34岁	45	33	12	8	8		33	22	11
35-39	**306**	**189**	**117**	**62**	**59**	**3**	**220**	**121**	**99**
35岁	44	28	16	5	5		35	22	13
36岁	63	41	22	13	11	2	46	28	18

2-12 续表 1

单位：人

年龄	残疾人			未婚			初婚有配偶		
	合计	男	女	小计	男	女	小计	男	女
37岁	74	42	32	16	15	1	51	25	26
38岁	65	47	18	17	17		45	29	16
39岁	60	31	29	11	11		43	17	26
40-44	**334**	**182**	**152**	**50**	**49**	**1**	**253**	**119**	**134**
40岁	59	27	32	10	10		44	15	29
41岁	83	43	40	14	14		63	26	37
42岁	83	50	33	10	10		65	35	30
43岁	75	44	31	11	11		60	31	29
44岁	34	18	16	5	4	1	21	12	9
45-49	**329**	**185**	**144**	**31**	**30**	**1**	**263**	**138**	**125**
45岁	52	26	26	4	3	1	41	19	22
46岁	61	34	27	2	2		55	30	25
47岁	63	35	28	6	6		47	24	23
48岁	77	43	34	8	8		61	31	30
49岁	76	47	29	11	11		59	34	25
50-54	**368**	**212**	**156**	**26**	**26**		**285**	**161**	**124**
50岁	48	26	22	7	7		35	17	18
51岁	81	40	41	3	3		69	35	34
52岁	77	55	22	7	7		59	42	17
53岁	94	52	42	5	5		75	40	35
54岁	68	39	29	4	4		47	27	20
55-59	**394**	**222**	**172**	**29**	**28**	**1**	**319**	**181**	**138**
55岁	76	50	26	6	6		68	44	24
56岁	90	48	42	8	8		66	35	31
57岁	73	45	28	7	7		59	36	23
58岁	76	42	34	3	2	1	58	35	23
59岁	79	37	42	5	5		68	31	37
60-64	**353**	**197**	**156**	**14**	**14**		**262**	**153**	**109**
60岁	78	47	31	1	1		64	39	25
61岁	58	31	27	4	4		40	22	18
62岁	65	39	26	1	1		51	35	16

2-12 续表 2

单位：人

年龄	残疾人			未婚			初婚有配偶		
	合计	男	女	小计	男	女	小计	男	女
63岁	65	35	30	4	4		48	26	22
64岁	87	45	42	4	4		59	31	28
65-69	**459**	**217**	**242**	**18**	**17**	**1**	**287**	**160**	**127**
65岁	94	46	48	3	3		65	37	28
66岁	71	39	32	3	3		50	32	18
67岁	101	47	54	7	6	1	60	33	27
68岁	88	38	50				57	28	29
69岁	105	47	58	5	5		55	30	25
70-74	**569**	**274**	**295**	**8**	**7**	**1**	**291**	**187**	**104**
70岁	98	49	49	2	1	1	54	30	24
71岁	101	53	48	1	1		61	38	23
72岁	120	56	64	1	1		67	44	23
73岁	118	53	65	2	2		49	32	17
74岁	132	63	69	2	2		60	43	17
75-79	**510**	**221**	**289**	**6**	**6**		**204**	**137**	**67**
75岁	107	49	58	3	3		51	31	20
76岁	111	50	61	1	1		40	28	12
77岁	89	39	50				41	27	14
78岁	117	47	70	2	2		39	26	13
79岁	86	36	50				33	25	8
80-84	**408**	**152**	**256**	**2**	**1**	**1**	**104**	**67**	**37**
80岁	108	41	67	2	1	1	29	18	11
81岁	79	28	51				23	13	10
82岁	81	35	46				23	17	6
83岁	82	30	52				18	14	4
84岁	58	18	40				11	5	6
85+	**244**	**72**	**172**				**33**	**26**	**7**

2-12 续表 3

单位：人

年龄	再婚有配偶			离婚			丧偶		
	小计	男	女	小计	男	女	小计	男	女
总计	**182**	**83**	**99**	**68**	**57**	**11**	**1280**	**307**	**973**
15-19									
15岁									
16岁									
17岁									
18岁									
19岁									
20-24				**1**	**1**				
20岁									
21岁									
22岁									
23岁				1	1				
24岁									
25-29	**3**		**3**	**1**	**1**				
25岁									
26岁									
27岁	2		2						
28岁				1	1				
29岁	1		1						
30-34	**10**	**2**	**8**	**6**	**5**	**1**	**2**	**2**	
30岁	2		2				1	1	
31岁	1		1	1	1				
32岁	3	1	2	1		1			
33岁	2		2	2	2		1	1	
34岁	2	1	1	2	2				
35-39	**7**	**1**	**6**	**11**	**6**	**5**	**6**	**2**	**4**
35岁	1		1	1		1	2	1	1
36岁	2		2	2	2				

2-12 续表 4

单位：人

年 龄	再婚有配偶			离 婚			丧 偶		
	小计	男	女	小计	男	女	小计	男	女
37岁	1		1	4	2	2	2		2
38岁	1		1	1	1		1		1
39岁	2	1	1	3	1	2	1	1	
40-44	**12**	**3**	**9**	**7**	**6**	**1**	**12**	**5**	**7**
40岁	4	1	3	1	1				
41岁	4	2	2	1	1		1		1
42岁	2		2	2	2		4	3	1
43岁	1		1	1	1		2	1	1
44岁	1		1	2	1	1	5	1	4
45-49	**13**	**6**	**7**	**7**	**6**	**1**	**15**	**5**	**10**
45岁	3	1	2	3	2	1	1	1	
46岁				1	1		3	1	2
47岁	5	3	2	2	2		3		3
48岁	2	2		1	1		5	1	4
49岁	3		3				3	2	1
50-54	**16**	**7**	**9**	**12**	**9**	**3**	**29**	**9**	**20**
50岁	1		1				5	2	3
51岁	1		1	4	1	3	4	1	3
52岁	3	1	2	4	4		4	1	3
53岁	3	2	1	2	2		9	3	6
54岁	8	4	4	2	2		7	2	5
55-59	**14**	**5**	**9**	**3**	**3**		**29**	**5**	**24**
55岁	2		2						
56岁	6	2	4	1	1		9	2	7
57岁	2	1	1	1	1		4		4
58岁	4	2	2	1	1		10	2	8
59岁							6	1	5
60-64	**10**	**7**	**3**	**6**	**6**		**61**	**17**	**44**
60岁	2	1	1	1	1		10	5	5
61岁	2	2		1	1		11	2	9
62岁	2	2					11	1	10

2-12 续表 5

单位：人

年龄	再婚有配偶			离婚			丧偶		
	小计	男	女	小计	男	女	小计	男	女
63岁	3	1	2	1	1		9	3	6
64岁	1	1		3	3		20	6	14
65-69	**23**	**6**	**17**	**3**	**3**		**128**	**31**	**97**
65岁	2	1	1	1	1		23	4	19
66岁	4		4				14	4	10
67岁	5		5	1	1		28	7	21
68岁	4	2	2	1	1		26	7	19
69岁	8	3	5				37	9	28
70-74	**24**	**15**	**9**	**5**	**5**		**241**	**60**	**181**
70岁	5	3	2	2	2		35	13	22
71岁	3	2	1	2	2		34	10	24
72岁	3	2	1	1	1		48	8	40
73岁	12	8	4				55	11	44
74岁	1		1				69	18	51
75-79	**25**	**13**	**12**	**3**	**3**		**272**	**62**	**210**
75岁	8	3	5	1	1		44	11	33
76岁	4	1	3				66	20	46
77岁	2	1	1	1	1		45	10	35
78岁	6	4	2	1	1		69	14	55
79岁	5	4	1				48	7	41
80-84	**18**	**12**	**6**	**3**	**3**		**281**	**69**	**212**
80岁	4	3	1	1	1		72	18	54
81岁	7	3	4	1	1		48	11	37
82岁	4	3	1	1	1		53	14	39
83岁	1	1					63	15	48
84岁	2	2					45	11	34
85+	**7**	**6**	**1**				**204**	**40**	**164**

2－13 残疾人分年龄、性别的经济活动人口

单位：人

年龄	残疾人口			在业人口			不在业人口		
	合计	男	女	小计	男	女	小计	男	女
总计	**4943**	**2522**	**2421**	**1846**	**1243**	**603**	**3097**	**1279**	**1818**
15-19	**142**	**90**	**52**	**32**	**21**	**11**	**110**	**69**	**41**
15岁	30	17	13	4	4		26	13	13
16岁	33	25	8	3	1	2	30	24	6
17岁	24	16	8	8	6	2	16	10	6
18岁	29	17	12	6	4	2	23	13	10
19岁	26	15	11	11	6	5	15	9	6
20-24	**131**	**75**	**56**	**60**	**40**	**20**	**71**	**35**	**36**
20岁	19	8	11	7	3	4	12	5	7
21岁	31	18	13	10	9	1	21	9	12
22岁	22	12	10	13	10	3	9	2	7
23岁	36	22	14	17	10	7	19	12	7
24岁	23	15	8	13	8	5	10	7	3
25-29	**168**	**100**	**68**	**84**	**51**	**33**	**84**	**49**	**35**
25岁	21	9	12	8	4	4	13	5	8
26岁	38	21	17	17	9	8	21	12	9
27岁	29	16	13	13	9	4	16	7	9
28岁	36	25	11	18	11	7	18	14	4
29岁	44	29	15	28	18	10	16	11	5
30-34	**228**	**134**	**94**	**130**	**80**	**50**	**98**	**54**	**44**
30岁	46	24	22	27	16	11	19	8	11
31岁	43	21	22	25	12	13	18	9	9
32岁	45	28	17	24	16	8	21	12	9
33岁	49	28	21	25	12	13	24	16	8
34岁	45	33	12	29	24	5	16	9	7
35-39	**306**	**189**	**117**	**201**	**133**	**68**	**105**	**56**	**49**
35岁	44	28	16	29	21	8	15	7	8
36岁	63	41	22	44	32	12	19	9	10

2-13 续表 1

单位：人

年龄	残疾人口			在业人口			不在业人口		
	合计	男	女	小计	男	女	小计	男	女
37岁	74	42	32	42	24	18	32	18	14
38岁	65	47	18	41	31	10	24	16	8
39岁	60	31	29	45	25	20	15	6	9
40-44	**334**	**182**	**152**	**224**	**128**	**96**	**110**	**54**	**56**
40岁	59	27	32	35	13	22	24	14	10
41岁	83	43	40	58	33	25	25	10	15
42岁	83	50	33	56	35	21	27	15	12
43岁	75	44	31	55	32	23	20	12	8
44岁	34	18	16	20	15	5	14	3	11
45-49	**329**	**185**	**144**	**233**	**148**	**85**	**96**	**37**	**59**
45岁	52	26	26	37	20	17	15	6	9
46岁	61	34	27	43	29	14	18	5	13
47岁	63	35	28	46	30	16	17	5	12
48岁	77	43	34	55	33	22	22	10	12
49岁	76	47	29	52	36	16	24	11	13
50-54	**368**	**212**	**156**	**253**	**172**	**81**	**115**	**40**	**75**
50岁	48	26	22	29	19	10	19	7	12
51岁	81	40	41	56	35	21	25	5	20
52岁	77	55	22	54	40	14	23	15	8
53岁	94	52	42	69	46	23	25	6	19
54岁	68	39	29	45	32	13	23	7	16
55-59	**394**	**222**	**172**	**242**	**158**	**84**	**152**	**64**	**88**
55岁	76	50	26	56	39	17	20	11	9
56岁	90	48	42	58	34	24	32	14	18
57岁	73	45	28	47	31	16	26	14	12
58岁	76	42	34	47	33	14	29	9	20
59岁	79	37	42	34	21	13	45	16	29

2-13 续表 2

单位：人

年龄	残疾人口			在业人口			不在业人口		
	合计	男	女	小计	男	女	小计	男	女
60-64	**353**	**197**	**156**	**160**	**127**	**33**	**193**	**70**	**123**
60岁	78	47	31	44	35	9	34	12	22
61岁	58	31	27	31	22	9	27	9	18
62岁	65	39	26	33	25	8	32	14	18
63岁	65	35	30	23	20	3	42	15	27
64岁	87	45	42	29	25	4	58	20	38
65-69	**459**	**217**	**242**	**113**	**89**	**24**	**346**	**128**	**218**
65岁	94	46	48	32	24	8	62	22	40
66岁	71	39	32	21	20	1	50	19	31
67岁	101	47	54	22	16	6	79	31	48
68岁	88	38	50	23	18	5	65	20	45
69岁	105	47	58	15	11	4	90	36	54
70-74	**569**	**274**	**295**	**88**	**74**	**14**	**481**	**200**	**281**
70岁	98	49	49	21	17	4	77	32	45
71岁	101	53	48	20	15	5	81	38	43
72岁	120	56	64	18	17	1	102	39	63
73岁	118	53	65	15	13	2	103	40	63
74岁	132	63	69	14	12	2	118	51	67
75-79	**510**	**221**	**289**	**20**	**18**	**2**	**490**	**203**	**287**
75岁	107	49	58	9	7	2	98	42	56
76岁	111	50	61	4	4		107	46	61
77岁	89	39	50	2	2		87	37	50
78岁	117	47	70	3	3		114	44	70
79岁	86	36	50	2	2		84	34	50
80-84	**408**	**152**	**256**	**5**	**3**	**2**	**403**	**149**	**254**
80岁	108	41	67	4	3	1	104	38	66
81岁	79	28	51				79	28	51
82岁	81	35	46				81	35	46
83岁	82	30	52	1		1	81	30	51
84岁	58	18	40				58	18	40
85+	**244**	**72**	**172**	**1**	**1**		**243**	**71**	**172**

2－13a　城镇残疾人分年龄、性别的经济活动人口

单位：人

年　龄	残疾人口			在业人口			不在业人口		
	合计	男	女	小计	男	女	小计	男	女
总　计	**711**	**340**	**371**	**202**	**136**	**66**	**509**	**204**	**305**
15-19	**22**	**12**	**10**	**3**	**1**	**2**	**19**	**11**	**8**
15岁	3	1	2				3	1	2
16岁	9	7	2	2	1	1	7	6	1
17岁	5	1	4				5	1	4
18岁	2	2					2	2	
19岁	3	1	2	1		1	2	1	1
20-24	**20**	**10**	**10**	**10**	**7**	**3**	**10**	**3**	**7**
20岁									
21岁	2	1	1	2	1	1			
22岁	5	3	2	3	3		2		2
23岁	11	5	6	5	3	2	6	2	4
24岁	2	1	1				2	1	1
25-29	**34**	**24**	**10**	**17**	**12**	**5**	**17**	**12**	**5**
25岁	1	1					1	1	
26岁	4		4	2		2	2		2
27岁	6	4	2	4	3	1	2	1	1
28岁	11	10	1	3	3		8	7	1
29岁	12	9	3	8	6	2	4	3	1
30-34	**24**	**14**	**10**	**11**	**7**	**4**	**13**	**7**	**6**
30岁	3	1	2	2	1	1	1		1
31岁	5	2	3				5	2	3
32岁	5	2	3	2		2	3	2	1
33岁	6	5	1	3	2	1	3	3	
34岁	5	4	1	4	4		1		1
35-39	**39**	**22**	**17**	**27**	**16**	**11**	**12**	**6**	**6**
35岁	6	3	3	5	3	2	1		1
36岁	8	7	1	6	5	1	2	2	

2-13a 续表 1

单位：人

年 龄	残疾人口			在业人口			不在业人口		
	合计	男	女	小计	男	女	小计	男	女
37岁	10	2	8	6	2	4	4		4
38岁	9	7	2	5	4	1	4	3	1
39岁	6	3	3	5	2	3	1	1	
40-44	**53**	**31**	**22**	**31**	**19**	**12**	**22**	**12**	**10**
40岁	6	3	3	1	1		5	2	3
41岁	10	8	2	6	5	1	4	3	1
42岁	18	11	7	13	8	5	5	3	2
43岁	10	5	5	5	2	3	5	3	2
44岁	9	4	5	6	3	3	3	1	2
45-49	**59**	**35**	**24**	**29**	**21**	**8**	**30**	**14**	**16**
45岁	12	6	6	8	3	5	4	3	1
46岁	9	4	5	2	2		7	2	5
47岁	13	8	5	6	5	1	7	3	4
48岁	16	12	4	8	8		8	4	4
49岁	9	5	4	5	3	2	4	2	2
50-54	**56**	**27**	**29**	**27**	**19**	**8**	**29**	**8**	**21**
50岁	6	1	5	1		1	5	1	4
51岁	9	3	6	3	2	1	6	1	5
52岁	19	12	7	14	11	3	5	1	4
53岁	15	7	8	7	4	3	8	3	5
54岁	7	4	3	2	2		5	2	3
55-59	**53**	**37**	**16**	**27**	**23**	**4**	**26**	**14**	**12**
55岁	10	9	1	7	6	1	3	3	
56岁	12	8	4	6	6		6	2	4
57岁	7	6	1	6	5	1	1	1	
58岁	11	6	5	6	5	1	5	1	4
59岁	13	8	5	2	1	1	11	7	4
60-64	**49**	**19**	**30**	**11**	**7**	**4**	**38**	**12**	**26**
60岁	7	3	4	2	2		5	1	4

2-13a 续表 2

单位：人

年 龄	残疾人口			在业人口			不在业人口		
	合计	男	女	小计	男	女	小计	男	女
61岁	4	1	3	1		1	3	1	2
62岁	9	2	7	2		2	7	2	5
63岁	15	8	7	4	4		11	4	7
64岁	14	5	9	2	1	1	12	4	8
65-69	**64**	**25**	**39**	**3**		**3**	**61**	**25**	**36**
65岁	13	3	10	2		2	11	3	8
66岁	8	5	3				8	5	3
67岁	15	7	8				15	7	8
68岁	13	3	10				13	3	10
69岁	15	7	8	1		1	14	7	7
70-74	**76**	**27**	**49**	**3**	**2**	**1**	**73**	**25**	**48**
70岁	13	4	9				13	4	9
71岁	11	5	6	1	1		10	4	6
72岁	16	6	10				16	6	10
73岁	15	5	10				15	5	10
74岁	21	7	14	2	1	1	19	6	13
75-79	**70**	**29**	**41**	**1**	**1**		**69**	**28**	**41**
75岁	18	8	10	1	1		17	7	10
76岁	16	7	9				16	7	9
77岁	8	5	3				8	5	3
78岁	18	6	12				18	6	12
79岁	10	3	7				10	3	7
80-84	**54**	**17**	**37**	**2**	**1**	**1**	**52**	**16**	**36**
80岁	10	4	6	1	1		9	3	6
81岁	11	4	7				11	4	7
82岁	10	1	9				10	1	9
83岁	17	7	10	1		1	16	7	9
84岁	6	1	5				6	1	5
85+	**38**	**11**	**27**				**38**	**11**	**27**

2－13b 农村残疾人分年龄、性别的经济活动人口

单位：人

年 龄	残疾人口			在业人口			不在业人口		
	合计	男	女	小计	男	女	小计	男	女
总 计	**4232**	**2182**	**2050**	**1644**	**1107**	**537**	**2588**	**1075**	**1513**
15－19	**120**	**78**	**42**	**29**	**20**	**9**	**91**	**58**	**33**
15岁	27	16	11	4	4		23	12	11
16岁	24	18	6	1		1	23	18	5
17岁	19	15	4	8	6	2	11	9	2
18岁	27	15	12	6	4	2	21	11	10
19岁	23	14	9	10	6	4	13	8	5
20－24	**111**	**65**	**46**	**50**	**33**	**17**	**61**	**32**	**29**
20岁	19	8	11	7	3	4	12	5	7
21岁	29	17	12	8	8		21	9	12
22岁	17	9	8	10	7	3	7	2	5
23岁	25	17	8	12	7	5	13	10	3
24岁	21	14	7	13	8	5	8	6	2
25－29	**134**	**76**	**58**	**67**	**39**	**28**	**67**	**37**	**30**
25岁	20	8	12	8	4	4	12	4	8
26岁	34	21	13	15	9	6	19	12	7
27岁	23	12	11	9	6	3	14	6	8
28岁	25	15	10	15	8	7	10	7	3
29岁	32	20	12	20	12	8	12	8	4
30－34	**204**	**120**	**84**	**119**	**73**	**46**	**85**	**47**	**38**
30岁	43	23	20	25	15	10	18	8	10
31岁	38	19	19	25	12	13	13	7	6
32岁	40	26	14	22	16	6	18	10	8
33岁	43	23	20	22	10	12	21	13	8
34岁	40	29	11	25	20	5	15	9	6
35－39	**267**	**167**	**100**	**174**	**117**	**57**	**93**	**50**	**43**
35岁	38	25	13	24	18	6	14	7	7
36岁	55	34	21	38	27	11	17	7	10

2-13b 续表 1

单位：人

年 龄	残疾人口			在业人口			不在业人口		
	合计	男	女	小计	男	女	小计	男	女
37岁	64	40	24	36	22	14	28	18	10
38岁	56	40	16	36	27	9	20	13	7
39岁	54	28	26	40	23	17	14	5	9
40-44	**281**	**151**	**130**	**193**	**109**	**84**	**88**	**42**	**46**
40岁	53	24	29	34	12	22	19	12	7
41岁	73	35	38	52	28	24	21	7	14
42岁	65	39	26	43	27	16	22	12	10
43岁	65	39	26	50	30	20	15	9	6
44岁	25	14	11	14	12	2	11	2	9
45-49	**270**	**150**	**120**	**204**	**127**	**77**	**66**	**23**	**43**
45岁	40	20	20	29	17	12	11	3	8
46岁	52	30	22	41	27	14	11	3	8
47岁	50	27	23	40	25	15	10	2	8
48岁	61	31	30	47	25	22	14	6	8
49岁	67	42	25	47	33	14	20	9	11
50-54	**312**	**185**	**127**	**226**	**153**	**73**	**86**	**32**	**54**
50岁	42	25	17	28	19	9	14	6	8
51岁	72	37	35	53	33	20	19	4	15
52岁	58	43	15	40	29	11	18	14	4
53岁	79	45	34	62	42	20	17	3	14
54岁	61	35	26	43	30	13	18	5	13
55-59	**341**	**185**	**156**	**215**	**135**	**80**	**126**	**50**	**76**
55岁	66	41	25	49	33	16	17	8	9
56岁	78	40	38	52	28	24	26	12	14
57岁	66	39	27	41	26	15	25	13	12
58岁	65	36	29	41	28	13	24	8	16
59岁	66	29	37	32	20	12	34	9	25
60-64	**304**	**178**	**126**	**149**	**120**	**29**	**155**	**58**	**97**
60岁	71	44	27	42	33	9	29	11	18

2-13b 续表 2

单位：人

年 龄	残疾人口			在业人口			不在业人口		
	合计	男	女	小计	男	女	小计	男	女
61岁	54	30	24	30	22	8	24	8	16
62岁	56	37	19	31	25	6	25	12	13
63岁	50	27	23	19	16	3	31	11	20
64岁	73	40	33	27	24	3	46	16	30
65-69	**395**	**192**	**203**	**110**	**89**	**21**	**285**	**103**	**182**
65岁	81	43	38	30	24	6	51	19	32
66岁	63	34	29	21	20	1	42	14	28
67岁	86	40	46	22	16	6	64	24	40
68岁	75	35	40	23	18	5	52	17	35
69岁	90	40	50	14	11	3	76	29	47
70-74	**493**	**247**	**246**	**85**	**72**	**13**	**408**	**175**	**233**
70岁	85	45	40	21	17	4	64	28	36
71岁	90	48	42	19	14	5	71	34	37
72岁	104	50	54	18	17	1	86	33	53
73岁	103	48	55	15	13	2	88	35	53
74岁	111	56	55	12	11	1	99	45	54
75-79	**440**	**192**	**248**	**19**	**17**	**2**	**421**	**175**	**246**
75岁	89	41	48	8	6	2	81	35	46
76岁	95	43	52	4	4		91	39	52
77岁	81	34	47	2	2		79	32	47
78岁	99	41	58	3	3		96	38	58
79岁	76	33	43	2	2		74	31	43
80-84	**354**	**135**	**219**	**3**	**2**	**1**	**351**	**133**	**218**
80岁	98	37	61	3	2	1	95	35	60
81岁	68	24	44				68	24	44
82岁	71	34	37				71	34	37
83岁	65	23	42				65	23	42
84岁	52	17	35				52	17	35
85+	**206**	**61**	**145**	**1**	**1**		**205**	**60**	**145**

2－14 残疾人分年龄、性别的职业状况

单位：人

年 龄	在业残疾人			国家机关、党群组织、企业、事业单位负责人			专业技术人员			办事人员和有关人员		
	合计	男	女	合计	男	女	合计	男	女	小计	男	女
总 计	**1846**	**1243**	**603**	**14**	**10**	**4**	**34**	**28**	**6**	**10**	**7**	**3**
15-19	32	21	11	1		1				2	2	
20-24	60	40	20	1		1	1	1				
25-29	84	51	33				2	1	1	2		2
30-34	130	80	50	1		1						
35-39	201	133	68	2	2		5	3	2	2	1	1
40-44	224	128	96	4	3	1	7	5	2	2	2	
45-49	233	148	85	3	3		5	5		1	1	
50-54	253	172	81				2	1	1	1	1	
55-59	242	158	84	1	1		9	9				
60-64	160	127	33				3	3				
65+	227	185	42	1	1							

2－14 续表

单位：人

年 龄	商业、服务业人员			农、林、牧、渔、水利业生产人员			生产、运输设备操作人员及有关人员			不便分类的其他从业人员		
	小计	男	女	小计	男	女	小计	男	女	合计	男	女
总 计	**137**	**101**	**36**	**1451**	**930**	**521**	**199**	**166**	**33**	**1**	**1**	
15-19	3	2	1	16	11	5	10	6	4			
20-24	14	9	5	31	19	12	13	11	2			
25-29	11	9	2	55	30	25	14	11	3			
30-34	10	8	2	96	53	43	23	19	4			
35-39	16	14	2	138	82	56	38	31	7			
40-44	20	13	7	163	82	81	27	22	5	1	1	
45-49	18	12	6	174	99	75	32	28	4			
50-54	14	9	5	214	141	73	22	20	2			
55-59	14	14		209	126	83	9	8	1			
60-64	4	2	2	146	115	31	7	7				
65+	13	9	4	209	172	37	4	3	1			

2－15　残疾人分性别、受教育程度的职业状况

单位：人

受教育程度	在业残疾人			国家机关、党群组织、企业、事业单位负责人			专业技术人员			办事人员和有关人员		
	合计	男	女	小计	男	女	小计	男	女	小计	男	女
总　计	**1846**	**1243**	**603**	**14**	**10**	**4**	**34**	**28**	**6**	**10**	**7**	**3**
不识字	450	214	236	1	1							
未上过学	18	10	8									
小　学	896	622	274	4	2	2	4	2	2	1	1	
初　中	376	311	65	6	5	1	8	8		5	5	
高　中	76	63	13	2	1	1	7	6	1	1	1	
中　专	18	17	1				9	8	1			
大学专科	8	3	5	1	1		2	1	1	3		3
大学本科	4	3	1				4	3	1			
研究生												

2－15　续表

单位：人

受教育程度	商业、服务业人员			农、林、牧、渔、水利业生产人员			生产、运输设备操作人员及有关人员			不便分类的其他从业人员		
	小计	男	女	小计	男	女	小计	男	女	小计	男	女
总　计	**137**	**101**	**36**	**1451**	**930**	**521**	**199**	**166**	**33**	**1**	**1**	
不识字	20	12	8	404	187	217	25	14	11			
未上过学	1	1		17	9	8						
小　学	53	39	14	758	511	247	76	67	9			
初　中	48	38	10	231	188	43	77	66	11	1	1	
高　中	11	8	3	35	29	6	20	18	2			
中　专	3	3		5	5		1	1				
大学专科	1		1	1	1							
大学本科												
研究生												

2－16 各地区残疾人分性别的未工作状况

单位：人

地　区	未工作残疾人			在校学生			离退休		
	合计	男	女	小计	男	女	小计	男	女
总　计	**3097**	**1279**	**1818**	**44**	**32**	**12**	**210**	**150**	**60**
青山湖区	151	59	92				59	27	32
南昌县	143	46	97				5	3	2
新建县	132	59	73	1	1		6	6	
昌江区	118	48	70	1	1		15	6	9
湘东区	124	65	59				6	5	1
修水县	103	46	57	2		2			
永修县	120	48	72	3	3				
分宜县	172	68	104	1		1	4	4	
余江县	132	50	82	4	3	1	2	2	
信丰县	120	52	68	3	2	1	6	6	
于都县	147	74	73	2	2		12	12	
兴国县	136	72	64	2	1	1	6	6	
瑞金市	158	63	95	2	2		4	3	1
南康市	158	66	92	1		1	11	11	
吉安县	121	41	80	1	1		5	3	2
永丰县	112	58	54	3	3		3	3	
井冈山市	134	51	83	3	2	1	11	10	1
上高县	122	45	77	2		2	17	14	3
高安市	101	36	65	1	1		4	3	1
临川区	163	63	100	2	2		18	13	5
南城县	102	39	63	1	1		1	1	
金溪县	123	46	77	3	3		8	5	3
上饶县	111	46	65	3	1	2	5	5	
婺源县	94	38	56	3	3		2	2	

2-16 续表 1

单位：人

地 区	料理家务			丧失劳动能力			毕业后未工作		
	小计	男	女	小计	男	女	小计	男	女
总 计	**744**	**123**	**621**	**2005**	**902**	**1103**	**11**	**6**	**5**
青山湖区	32	5	27	51	21	30	1		1
南昌县	50	11	39	85	30	55			
新建县	14	2	12	107	46	61	3	3	
昌江区	34	7	27	63	29	34			
湘东区	28	9	19	77	41	36			
修水县	22	2	20	77	43	34	1	1	
永修县	16	1	15	99	43	56	1		1
分宜县	52	12	40	115	52	63			
余江县	32	1	31	90	40	50			
信丰县	42	9	33	67	33	34			
于都县	31	5	26	97	50	47			
兴国县	19	6	13	109	59	50			
瑞金市	43	6	37	105	50	55			
南康市	42	10	32	102	44	58	1		1
吉安县	27	3	24	84	31	53			
永丰县	24	6	18	77	43	34	1		1
井冈山市	32	9	23	84	28	56	1		1
上高县	41	4	37	60	26	34	1	1	
高安市	22	6	16	66	19	47	1	1	
临川区	42	4	38	97	40	57			
南城县	25	1	24	74	36	38			
金溪县	28	2	26	76	29	47			
上饶县	25	1	24	76	38	38			
婺源县	21	1	20	67	31	36			

2-16 续表 2

单位：人

地 区	因单位原因失去原工作			因本人原因失去原工作			承包土地被征用			其 他		
	小计	男	女	小计	男	女	小计	男	女	小计	男	女
总 计	**14**	**13**	**1**	**14**	**12**	**2**	**5**	**5**		**50**	**36**	**14**
青山湖区				2	2		3	3		3	1	2
南昌县	1	1		1	1					1		1
新建县				1	1							
昌江区	3	3					1	1		1	1	
湘东区				4	3	1				9	7	2
修水县										1		1
永修县										1	1	
分宜县												
余江县										4	4	
信丰县	1	1								1	1	
于都县	3	3								2	2	
兴国县												
瑞金市										4	2	2
南康市				1	1							
吉安县	1	1								3	2	1
永丰县										4	3	1
井冈山市				1	1					2	1	1
上高县										1		1
高安市	3	3		1		1				3	3	
临川区				1	1		1	1		2	2	
南城县	1		1									
金溪县	1	1		2	2					5	4	1
上饶县										2	1	1
婺源县										1	1	

2－16a　各地区城镇残疾人分性别的未工作状况

单位：人

地　区	未工作残疾人			在校学生			离退休		
	合计	男	女	小计	男	女	小计	男	女
总　计	**509**	**204**	**305**	**8**	**6**	**2**	**131**	**75**	**56**
青山湖区	95	35	60				55	25	30
南昌县	32	10	22				3	1	2
新建县	32	18	14				4	4	
昌江区	25	9	16				14	5	9
湘东区									
修水县	17	8	9	1		1			
永修县									
分宜县									
余江县	10	2	8				1	1	
信丰县									
于都县									
兴国县									
瑞金市									
南康市	21	5	16				1	1	
吉安县	33	12	21				3	1	2
永丰县	12	7	5	2	2				
井冈山市	39	20	19	2	2		8	7	1
上高县	68	28	40	1		1	15	12	3
高安市	30	12	18	1	1		4	3	1
临川区	57	27	30				17	12	5
南城县	10	1	9				1	1	
金溪县	28	10	18	1	1		5	2	3
上饶县									
婺源县									

2-16a 续表 1

单位：人

地区	料理家务			丧失劳动能力			毕业后未工作		
	小计	男	女	小计	男	女	小计	男	女
总　计	**108**	**12**	**96**	**231**	**87**	**144**	**5**	**4**	**1**
青山湖区	15	1	14	23	9	14			
南昌县	8	1	7	19	6	13			
新建县	2		2	25	13	12	1	1	
昌江区	4	1	3	4		4			
湘东区									
修水县	6	2	4	8	5	3	1	1	
永修县									
分宜县									
余江县	3		3	6	1	5			
信丰县									
于都县									
兴国县									
瑞金市									
南康市	6		6	13	4	9	1		1
吉安县	7	1	6	21	8	13			
永丰县	2		2	5	3	2			
井冈山市	6	2	4	21	7	14			
上高县	20	1	19	30	14	16	1	1	
高安市	8	2	6	12	2	10	1	1	
临川区	12	1	11	25	11	14			
南城县	1		1	8		8			
金溪县	8		8	11	4	7			
上饶县									
婺源县									

2－16a 续表 2

单位：人

地 区	因单位原因失去原工作			因本人原因失去原工作			承包土地被征用			其 他		
	小计	男	女	小计	男	女	小计	男	女	小计	男	女
总 计	**8**	**8**		**4**	**3**	**1**	**2**	**2**		**12**	**7**	**5**
青山湖区										2		2
南昌县	1	1		1	1							
新建县												
昌江区	2	2					1	1				
湘东区												
修水县										1		1
永修县												
分宜县												
余江县												
信丰县												
于都县												
兴国县												
瑞金市												
南康市												
吉安县	1	1								1	1	
永丰县										3	2	1
井冈山市				1	1					1	1	
上高县										1		1
高安市	3	3		1		1						
临川区							1	1		2	2	
南城县												
金溪县	1	1		1	1					1	1	
上饶县												
婺源县												

2－16b 各地区农村残疾人分性别的未工作状况

单位：人

地区	未工作残疾人			在校学生			离退休		
	合计	男	女	小计	男	女	小计	男	女
总 计	**2588**	**1075**	**1513**	**36**	**26**	**10**	**79**	**75**	**4**
青山湖区	56	24	32				4	2	2
南昌县	111	36	75				2	2	
新建县	100	41	59	1	1		2	2	
昌江区	93	39	54	1	1		1	1	
湘东区	124	65	59				6	5	1
修水县	86	38	48	1		1			
永修县	120	48	72	3	3				
分宜县	172	68	104	1		1	4	4	
余江县	122	48	74	4	3	1	1	1	
信丰县	120	52	68	3	2	1	6	6	
于都县	147	74	73	2	2		12	12	
兴国县	136	72	64	2	1	1	6	6	
瑞金市	158	63	95	2	2		4	3	1
南康市	137	61	76	1		1	10	10	
吉安县	88	29	59	1	1		2	2	
永丰县	100	51	49	1	1		3	3	
井冈山市	95	31	64	1		1	3	3	
上高县	54	17	37	1		1	2	2	
高安市	71	24	47						
临川区	106	36	70	2	2		1	1	
南城县	92	38	54	1	1				
金溪县	95	36	59	2	2		3	3	
上饶县	111	46	65	3	1	2	5	5	
婺源县	94	38	56	3	3		2	2	

2－16b 续表 1

单位：人

地区	料理家务			丧失劳动能力			毕业后未工作		
	小计	男	女	小计	男	女	小计	男	女
总 计	**636**	**111**	**525**	**1774**	**815**	**959**	**6**	**2**	**4**
青山湖区	17	4	13	28	12	16	1		1
南昌县	42	10	32	66	24	42			
新建县	12	2	10	82	33	49	2	2	
昌江区	30	6	24	59	29	30			
湘东区	28	9	19	77	41	36			
修水县	16		16	69	38	31			
永修县	16	1	15	99	43	56	1		1
分宜县	52	12	40	115	52	63			
余江县	29	1	28	84	39	45			
信丰县	42	9	33	67	33	34			
于都县	31	5	26	97	50	47			
兴国县	19	6	13	109	59	50			
瑞金市	43	6	37	105	50	55			
南康市	36	10	26	89	40	49			
吉安县	20	2	18	63	23	40			
永丰县	22	6	16	72	40	32	1		1
井冈山市	26	7	19	63	21	42	1		1
上高县	21	3	18	30	12	18			
高安市	14	4	10	54	17	37			
临川区	30	3	27	72	29	43			
南城县	24	1	23	66	36	30			
金溪县	20	2	18	65	25	40			
上饶县	25	1	24	76	38	38			
婺源县	21	1	20	67	31	36			

2-16b 续表 2

单位：人

地区	因单位原因失去原工作			因本人原因失去原工作			承包土地被征用			其他		
	小计	男	女	小计	男	女	小计	男	女	小计	男	女
总计	**6**	**5**	**1**	**10**	**9**	**1**	**3**	**3**		**38**	**29**	**9**
青山湖区				2	2		3	3		1	1	
南昌县										1		1
新建县				1	1							
昌江区	1	1								1	1	
湘东区				4	3	1				9	7	2
修水县												
永修县										1	1	
分宜县												
余江县										4	4	
信丰县	1	1								1	1	
于都县	3	3								2	2	
兴国县												
瑞金市										4	2	2
南康市				1	1							
吉安县										2	1	1
永丰县										1	1	
井冈山市										1		1
上高县												
高安市										3	3	
临川区				1	1							
南城县	1		1									
金溪县				1	1					4	3	1
上饶县										2	1	1
婺源县										1	1	

2－17 残疾人分年龄、性别的未工作状况

单位：人

年 龄	未工作残疾人			在校学生			离退休		
	合计	男	女	小计	男	女	小计	男	女
总 计	**3097**	**1279**	**1818**	**44**	**32**	**12**	**210**	**150**	**60**
15-19	110	69	41	42	31	11			
20-24	71	35	36						
25-29	84	49	35	1	1				
30-34	98	54	44				1	1	
35-39	105	56	49				1	1	
40-44	110	54	56						
45-49	96	37	59	1		1	2	2	
50-54	115	40	75				5	1	4
55-59	152	64	88				13	7	6
60-64	193	70	123				22	12	10
65-69	346	128	218				40	28	12
70-74	481	200	281				51	39	12
75-79	490	203	287				40	32	8
80-84	403	149	254				22	18	4
85+	243	71	172				13	9	4

2－17 续表 1

单位：人

年 龄	料理家务			丧失劳动能力			毕业后未工作		
	小计	男	女	小计	男	女	小计	男	女
总 计	**744**	**123**	**621**	**2005**	**902**	**1103**	**11**	**6**	**5**
15-19	5	1	4	50	31	19	6	3	3
20-24	15	2	13	49	29	20	2	1	1
25-29	14	1	13	60	40	20	1	1	
30-34	27	6	21	65	43	22			
35-39	21	3	18	71	41	30			
40-44	30	6	24	75	43	32			
45-49	34	1	33	52	27	25	1	1	
50-54	38	1	37	67	33	34			
55-59	44	7	37	88	44	44			
60-64	84	12	72	83	42	41			
65-69	116	16	100	187	81	106			
70-74	143	30	113	281	125	156			
75-79	99	24	75	348	145	203			
80-84	59	11	48	315	119	196	1		1
85+	15	2	13	214	59	155			

2－17 续表 2

单位：人

年 龄	因单位原因失去原工作			因本人原因失去原工作			承包土地被征用			其 他		
	小计	男	女	小计	男	女	小计	男	女	小计	男	女
总 计	**14**	**13**	**1**	**14**	**12**	**2**	**5**	**5**		**50**	**36**	**14**
15-19										7	3	4
20-24				3	1	2				2	2	
25-29										8	6	2
30-34	1		1	2	2					2	2	
35-39	2	2		2	2		1	1		7	6	1
40-44	2	2		1	1					2	2	
45-49	1	1		2	2					3	3	
50-54	4	4								1	1	
55-59	3	3		2	2					2	1	1
60-64				1	1					3	3	
65-69							1	1		2	2	
70-74	1	1		1	1		1	1		3	3	
75-79							1	1		2	1	1
80-84							1	1		5		5
85+										1	1	

2－17a 城镇残疾人分年龄、性别的未工作状况

单位：人

年 龄	未工作残疾人			在校学生			离退休		
	合计	男	女	小计	男	女	小计	男	女
总 计	**509**	**204**	**305**	**8**	**6**	**2**	**131**	**75**	**56**
15-19	19	11	8	7	5	2			
20-24	10	3	7						
25-29	17	12	5	1	1				
30-34	13	7	6				1	1	
35-39	12	6	6						
40-44	22	12	10						
45-49	30	14	16				1	1	
50-54	29	8	21				5	1	4
55-59	26	14	12				7	2	5
60-64	38	12	26				17	7	10
65-69	61	25	36				28	16	12
70-74	73	25	48				29	17	12
75-79	69	28	41				21	15	6
80-84	52	16	36				11	8	3
85+	38	11	27				11	7	4

2－17a　续表 1

单位：人

年龄	料理家务			丧失劳动能力			毕业后未工作		
	小计	男	女	小计	男	女	小计	男	女
总计	**108**	**12**	**96**	**231**	**87**	**144**	**5**	**4**	**1**
15-19				7	4	3	3	2	1
20-24	3		3	6	3	3			
25-29	2	1	1	10	7	3	1	1	
30-34	3		3	9	6	3			
35-39	3		3	7	4	3			
40-44	6	1	5	13	8	5			
45-49	8		8	17	9	8	1	1	
50-54	10		10	12	5	7			
55-59	7	2	5	7	5	2			
60-64	11	3	8	10	2	8			
65-69	13	1	12	19	7	12			
70-74	19	2	17	24	5	19			
75-79	11	1	10	36	11	25			
80-84	10	1	9	29	7	22			
85+	2		2	25	4	21			

2－17a　续表 2

单位：人

年龄	因单位原因失去原工作			因本人原因失去原工作			承包土地被征用			其他		
	小计	男	女	小计	男	女	小计	男	女	小计	男	女
总计	**8**	**8**		**4**	**3**	**1**	**2**	**2**		**12**	**7**	**5**
15-19										2		2
20-24				1		1						
25-29										3	2	1
30-34												
35-39	2	2										
40-44	1	1		1	1					1	1	
45-49	1	1								2	2	
50-54	2	2										
55-59	2	2		2	2					1	1	
60-64												
65-69										1	1	
70-74							1	1				
75-79							1	1				
80-84										2		2
85+												

2－17b 农村残疾人分年龄、性别的未工作状况

单位：人

年龄	未工作残疾人			在校学生			离退休		
	合计	男	女	小计	男	女	小计	男	女
总计	**2588**	**1075**	**1513**	**36**	**26**	**10**	**79**	**75**	**4**
15-19	91	58	33	35	26	9			
20-24	61	32	29						
25-29	67	37	30						
30-34	85	47	38						
35-39	93	50	43				1	1	
40-44	88	42	46						
45-49	66	23	43	1		1	1	1	
50-54	86	32	54						
55-59	126	50	76				6	5	1
60-64	155	58	97				5	5	
65-69	285	103	182				12	12	
70-74	408	175	233				22	22	
75-79	421	175	246				19	17	2
80-84	351	133	218				11	10	1
85+	205	60	145				2	2	

2－17b 续表 1

单位：人

年龄	料理家务			丧失劳动能力			毕业后未工作		
	小计	男	女	小计	男	女	小计	男	女
总计	**636**	**111**	**525**	**1774**	**815**	**959**	**6**	**2**	**4**
15-19	5	1	4	43	27	16	3	1	2
20-24	12	2	10	43	26	17	2	1	1
25-29	12		12	50	33	17			
30-34	24	6	18	56	37	19			
35-39	18	3	15	64	37	27			
40-44	24	5	19	62	35	27			
45-49	26	1	25	35	18	17			
50-54	28	1	27	55	28	27			
55-59	37	5	32	81	39	42			
60-64	73	9	64	73	40	33			
65-69	103	15	88	168	74	94			
70-74	124	28	96	257	120	137			
75-79	88	23	65	312	134	178			
80-84	49	10	39	286	112	174	1		1
85+	13	2	11	189	55	134			

2-17b 续表 2

单位：人

年龄	因单位原因失去原工作			因本人原因失去原工作			承包土地被征用			其他		
	小计	男	女	小计	男	女	小计	男	女	小计	男	女
总计	**6**	**5**	**1**	**10**	**9**	**1**	**3**	**3**		**38**	**29**	**9**
15-19										5	3	2
20-24				2	1	1				2	2	
25-29										5	4	1
30-34	1		1	2	2					2	2	
35-39				2	2		1	1		7	6	1
40-44	1	1								1	1	
45-49				2	2					1	1	
50-54	2	2								1	1	
55-59	1	1								1		1
60-64				1	1					3	3	
65-69							1	1		1	1	
70-74	1	1		1	1					3	3	
75-79										2	1	1
80-84							1	1		3		3
85+										1	1	

2-18 各地区分性别、未工作残疾人的主要生活来源

单位：人

地 区	未工作残疾人			离退休金			领取基本生活费		
	合计	男	女	小计	男	女	小计	男	女
总 计	**3097**	**1279**	**1818**	**216**	**152**	**64**	**145**	**84**	**61**
青山湖区	151	59	92	59	27	32	14	6	8
南昌县	143	46	97	6	3	3	7	4	3
新建县	132	59	73	6	6		14	8	6
昌江区	118	48	70	15	6	9	6	4	2
湘东区	124	65	59	6	5	1	3	2	1
修水县	103	46	57				4	2	2
永修县	120	48	72	2	1	1			
分宜县	172	68	104	4	4		5	4	1
余江县	132	50	82	2	2		14	13	1
信丰县	120	52	68	6	6		2	1	1
于都县	147	74	73	12	12		2	2	
兴国县	136	72	64	6	6		3	2	1
瑞金市	158	63	95	4	3	1	6	4	2
南康市	158	66	92	11	11		8	5	3
吉安县	121	41	80	5	3	2	4	1	3
永丰县	112	58	54	4	3	1	7	3	4
井冈山市	134	51	83	11	10	1	4	1	3
上高县	122	45	77	17	14	3	4	1	3
高安市	101	36	65	4	3	1	7	3	4
临川区	163	63	100	21	15	6	17	9	8
南城县	102	39	63	1	1		2	1	1
金溪县	123	46	77	8	5	3	8	4	4
上饶县	111	46	65	4	4		2	2	
婺源县	94	38	56	2	2		2	2	

2-18 续表

单位：人

地　区	家庭其他成员供养			财产性收入			保险收入			其　他		
	小计	男	女	小计	男	女	小计	男	女	小计	男	女
总　计	**2663**	**994**	**1669**	**8**	**3**	**5**	**2**		**2**	**63**	**46**	**17**
青山湖区	74	23	51	1	1					3	2	1
南昌县	129	38	91							1	1	
新建县	107	42	65							5	3	2
昌江区	95	36	59							2	2	
湘东区	113	56	57							2	2	
修水县	97	42	55							2	2	
永修县	116	45	71							2	2	
分宜县	163	60	103									
余江县	116	35	81									
信丰县	112	45	67									
于都县	130	57	73	1	1					2	2	
兴国县	126	63	63							1	1	
瑞金市	134	49	85							14	7	7
南康市	137	48	89							2	2	
吉安县	110	36	74							2	1	1
永丰县	93	46	47							8	6	2
井冈山市	115	40	75	1		1	1		1	2		2
上高县	95	27	68	2		2	1		1	3	3	
高安市	86	26	60	1	1					3	3	
临川区	121	37	84	2		2				2	2	
南城县	99	37	62									
金溪县	104	36	68							3	1	2
上饶县	103	38	65							2	2	
婺源县	88	32	56							2	2	

2－19 分年龄、性别、未工作残疾人的主要生活来源

单位：人

年 龄	未工作残疾人			离退休金			领取基本生活费		
	合计	男	女	小计	男	女	小计	男	女
总 计	**3097**	**1279**	**1818**	**216**	**152**	**64**	**145**	**84**	**61**
15-19	110	69	41						
20-24	71	35	36				1	1	
25-29	84	49	35				3	3	
30-34	98	54	44	1	1		5	4	1
35-39	105	56	49	1	1		8	6	2
40-44	110	54	56				12	7	5
45-49	96	37	59	2	2		9	6	3
50-54	115	40	75	5	1	4	14	5	9
55-59	152	64	88	13	7	6	9	5	4
60-64	193	70	123	24	13	11	7	6	1
65-69	346	128	218	40	28	12	13	8	5
70-74	481	200	281	52	39	13	15	9	6
75-79	490	203	287	41	31	10	21	12	9
80-84	403	149	254	23	19	4	19	10	9
85+	243	71	172	14	10	4	9	2	7

2－19 续表

单位：人

年 龄	家庭其他成员供养			财产性收入			保险收入			其 他		
	小计	男	女	小计	男	女	小计	男	女	小计	男	女
总 计	**2663**	**994**	**1669**	**8**	**3**	**5**	**2**		**2**	**63**	**46**	**17**
15-19	110	69	41									
20-24	68	34	34	1		1	1		1			
25-29	74	41	33							7	5	2
30-34	88	46	42							4	3	1
35-39	90	44	46				1		1	5	5	
40-44	93	42	51	1	1					4	4	
45-49	81	25	56							4	4	
50-54	90	28	62							6	6	
55-59	125	47	78							5	5	
60-64	161	51	110							1		1
65-69	288	89	199	1	1					4	2	2
70-74	408	149	259							6	3	3
75-79	415	152	263	2	1	1				11	7	4
80-84	354	119	235	3		3				4	1	3
85+	218	58	160							2	1	1

2－19a　城镇分年龄、性别、未工作残疾人的主要生活来源

单位：人

年　龄	未工作残疾人			离退休金			领取基本生活费		
	合计	男	女	小计	男	女	小计	男	女
总　计	**509**	**204**	**305**	**134**	**77**	**57**	**53**	**23**	**30**
15–19	19	11	8						
20–24	10	3	7				1	1	
25–29	17	12	5				2	2	
30–34	13	7	6	1	1		2	2	
35–39	12	6	6				3	2	1
40–44	22	12	10				7	3	4
45–49	30	14	16	1	1		5	4	1
50–54	29	8	21	5	1	4	10	3	7
55–59	26	14	12	7	2	5	2	1	1
60–64	38	12	26	18	7	11	1		1
65–69	61	25	36	28	16	12	3	1	2
70–74	73	25	48	29	17	12	4	1	3
75–79	69	28	41	21	15	6	3	1	2
80–84	52	16	36	12	9	3	7	2	5
85+	38	11	27	12	8	4	3		3

2－19a　续表

单位：人

年　龄	家庭其他成员供养			财产性收入			保险收入			其　他		
	小计	男	女	小计	男	女	小计	男	女	小计	男	女
总　计	**303**	**94**	**209**	**4**	**1**	**3**	**1**		**1**	**14**	**9**	**5**
15–19	19	11	8									
20–24	8	2	6	1		1						
25–29	12	8	4							3	2	1
30–34	8	3	5							2	1	1
35–39	8	4	4				1		1			
40–44	12	6	6	1	1					2	2	
45–49	23	8	15							1	1	
50–54	13	3	10							1	1	
55–59	15	9	6							2	2	
60–64	19	5	14									
65–69	29	8	21							1		1
70–74	39	7	32							1		1
75–79	43	12	31	1		1				1		1
80–84	32	5	27	1		1						
85+	23	3	20									

2－19b　农村分年龄、性别、未工作残疾人的主要生活来源

单位：人

年　龄	未工作残疾人			离退休金			领取基本生活费		
	合计	男	女	小计	男	女	小计	男	女
总　计	**2588**	**1075**	**1513**	**82**	**75**	**7**	**92**	**61**	**31**
15-19	91	58	33						
20-24	61	32	29						
25-29	67	37	30				1	1	
30-34	85	47	38				3	2	1
35-39	93	50	43	1	1		5	4	1
40-44	88	42	46				5	4	1
45-49	66	23	43	1	1		4	2	2
50-54	86	32	54				4	2	2
55-59	126	50	76	6	5	1	7	4	3
60-64	155	58	97	6	6		6	6	
65-69	285	103	182	12	12		10	7	3
70-74	408	175	233	23	22	1	11	8	3
75-79	421	175	246	20	16	4	18	11	7
80-84	351	133	218	11	10	1	12	8	4
85+	205	60	145	2	2		6	2	4

2－19b　续表

单位：人

年　龄	家庭其他成员供养			财产性收入			保险收入			其　他		
	小计	男	女	小计	男	女	小计	男	女	小计	男	女
总　计	**2360**	**900**	**1460**	**4**	**2**	**2**	**1**		**1**	**49**	**37**	**12**
15-19	91	58	33									
20-24	60	32	28				1		1			
25-29	62	33	29							4	3	1
30-34	80	43	37							2	2	
35-39	82	40	42							5	5	
40-44	81	36	45							2	2	
45-49	58	17	41							3	3	
50-54	77	25	52							5	5	
55-59	110	38	72							3	3	
60-64	142	46	96							1		1
65-69	259	81	178	1	1					3	2	1
70-74	369	142	227							5	3	2
75-79	372	140	232	1	1					10	7	3
80-84	322	114	208	2		2				4	1	3
85+	195	55	140							2	1	1

2－20　0－14岁残疾儿童及其家庭基本情况

指　　标	单 位	数 量
0－14岁残疾儿童总人数	人	367
有残疾儿童的家庭户	户	356
残疾类别		
视力残疾人	人	21
听力残疾人	人	18
言语残疾人	人	27
肢体残疾人	人	63
智力残疾人	人	151
精神残疾人	人	6
多重残疾人	人	81
性别		
男	人	232
女	人	135
性别比(以女性为100)		172
年龄		
0-5岁	人	137
6岁	人	28
7-14岁	人	202
民族		
汉族	人	366
少数民族	人	1
户口性质		
农业	人	325
非农业	人	33
户口待定	人	9
受教育程度		
未上过学	人	1
小学	人	144
初中	人	15
在校生接受义务教育情况		
普通教育学校普通班	人	143
普通教育学校特教班	人	3
特殊教育学校	人	8
其他	人	12
残疾儿童家庭户2005年人均收入水平		
户人均收入	元	2397
城市	元	3003
农村	元	2317
人均收入在0-683元之间	户	15
人均收入在684-994元之间	户	19

2-21 15岁及以上残疾妇女及其家庭基本情况

指　标	单 位	数 量
15岁及以上残疾妇女总人数	人	2421
有残疾妇女的家庭户	户	2351
残疾类别		
视力残疾人	人	545
听力残疾人	人	510
言语残疾人	人	25
肢体残疾人	人	671
智力残疾人	人	158
精神残疾人	人	201
多重残疾人	人	311
年龄		
15-49岁	人	683
50-59岁	人	328
60-74岁	人	693
75-89岁	人	676
90岁及以上	人	41
民族		
汉族	人	2413
少数民族	人	8
户口性质		
农业	人	2141
非农业	人	279
户口待定	人	1
文盲人口	人	1557
受教育程度		
未上过学	人	39
小学	人	640
初中	人	142

2－21 续表

指　　标	单 位	数 量
高中	人	28
中专	人	7
大学专科	人	5
大学本科	人	3
研究生	人	
婚姻状况		
未婚	人	99
初婚有配偶	人	1239
再婚有配偶	人	99
离婚	人	11
丧偶	人	973
当前工作状况		
当前有工作	人	603
当前无工作	人	1818
当前无工作者主要生活来源		
离退休金	人	64
领取基本生活费	人	61
家庭其他成员供养	人	1669
财产性收入	人	5
保险收入	人	2
其他	人	17
残疾妇女家庭户2005年人均收入水平		
户人均收入	元	2568
城市	元	3413
农村	元	2433
人均收入在0-683元之间	户	169
人均收入在684-994元之间	户	120

2－22　60岁及以上老年残疾人及其家庭基本情况

指　标	单 位	数 量
60岁及以上老年残疾人总数	人	2543
有老年残疾人的家庭户	户	2378
残疾类别		
视力残疾人	人	626
听力残疾人	人	832
言语残疾人	人	17
肢体残疾人	人	635
智力残疾人	人	40
精神残疾人	人	59
多重残疾人	人	334
性别		
男	人	1133
女	人	1410
性别比(以女性为100)		80
年龄		
60-74岁	人	1381
75-89岁	人	1105
90岁及以上	人	57
民族		
汉族	人	2536
少数民族	人	7
户口性质		
农业	人	2198
非农业	人	345
户口待定	人	
文盲人口	人	1506
受教育程度		
未上过学	人	57
小学	人	798

2－22 续表

指　　标	单 位	数 量
初中	人	135
高中	人	25
中专	人	14
大学专科	人	3
大学本科	人	5
研究生	人	
婚姻状况		
未婚	人	48
初婚有配偶	人	1181
再婚有配偶	人	107
离婚	人	20
丧偶	人	1187
当前工作状况		
当前有工作	人	387
当前无工作	人	2156
当前无工作者主要生活来源		
离退休金	人	194
领取基本生活费	人	84
家庭其他成员供养	人	1844
财产性收入	人	6
保险收入	人	
其他	人	28
老年残疾人家庭户2005年人均收入水平		
户人均收入	元	2555
城市	元	3629
农村	元	2396
人均收入在0-683元之间	户	176
人均收入在684-994元之间	户	143

第三部分　残疾人的残疾类别、等级和主要致残原因

3－1　各地区残疾人分残疾类别、残疾等级分布

单位：人

地　区	视力残疾					听力残疾				
	小计	一级	二级	三级	四级	小计	一级	二级	三级	四级
总　计	**875**	**159**	**71**	**94**	**551**	**1197**	**114**	**132**	**503**	**448**
青山湖区	42	3	5		34	39	3	1	11	24
南昌县	48	4	3	8	33	30	2	4	4	20
新建县	57	12	8	5	32	36	1	7	26	2
昌江区	28		4	5	19	59	1	2	23	33
湘东区	11	3	1	1	6	51	3	3	24	21
修水县	20	4		2	14	45	19	12	13	1
永修县	29	4	1	7	17	54	13	2	24	15
分宜县	35	12	2	3	18	80	7	12	44	17
余江县	34	8	5	1	20	57	1	4	18	34
信丰县	24	2	1	6	15	56		4	22	30
于都县	40	4	5	1	30	89	3	5	33	48
兴国县	28	6	2	1	19	58	10	14	25	9
瑞金市	37	9	1	5	22	51	1	3	27	20
南康市	68	5	2	10	51	38	1	1	13	23
吉安县	36	14	2		20	58	3	4	21	30
永丰县	24	8	4	5	7	47	11	8	19	9
井冈山市	46	8	4	3	31	27	3	6	16	2
上高县	28	2	4	4	18	36	1	2	10	23
高安市	38	7	6	9	16	31	8	4	16	3
临川区	67	12	4	5	46	66	6	6	30	24
南城县	40	17	2	4	17	40	3	9	24	4
金溪县	41	5	1	4	31	58	11	12	24	11
上饶县	33	3	1	4	25	49	3	5	18	23
婺源县	21	7	3	1	10	42		2	18	22

3-1 续表 1

单位：人

地区	言语残疾					肢体残疾				
	小计	一级	二级	三级	四级	小计	一级	二级	三级	四级
总 计	**90**	**22**	**9**	**24**	**35**	**1599**	**72**	**134**	**363**	**1030**
青山湖区	5	2	1	1	1	65		8	8	49
南昌县	3		2		1	77	2	8	31	36
新建县	4	1	2		1	69	3	4	11	51
昌江区	3			2	1	70	1	4	14	51
湘东区	2	1			1	65	5	14	9	37
修水县	3	2			1	69	10	6	19	34
永修县	7	1		2	4	53	4	3	8	38
分宜县	3			1	2	79	4	6	16	53
余江县	3	1		2		74	4	4	15	51
信丰县	4	1		1	2	58	2	8	8	40
于都县	6	1		1	4	47	1	5	12	29
兴国县	10	1	2	3	4	72	1	3	24	44
瑞金市	1				1	76	11	7	15	43
南康市	1				1	75	5	10	8	52
吉安县	2	1		1		61			6	55
永丰县	12	3		7	2	56		5	25	26
井冈山市	3	1			2	68	5	6	14	43
上高县	3	2		1		82	2	5	11	64
高安市	5			2	3	52	3	5	11	33
临川区						66	1	6	22	37
南城县						80		3	35	42
金溪县	3	1	1		1	69	4	8	20	37
上饶县	2	1			1	57	3	5	9	40
婺源县	5	2	1		2	59	1	1	12	45

3－1　续表 2

单位：人

地　区	智力残疾					精神残疾				
	小计	一级	二级	三级	四级	小计	一级	二级	三级	四级
总　计	**469**	**51**	**54**	**157**	**207**	**367**	**103**	**47**	**68**	**149**
青山湖区	17	2	2	4	9	21	8	2	1	10
南昌县	14	2	6	5	1	15	7	4	2	2
新建县	26	12	1	9	4	11	4	1	4	2
昌江区	11		2	3	6	6		1		5
湘东区	21	2	1	10	8	18	4	6	4	4
修水县	8		3	3	2	23	3	3	8	9
永修县	39	8	6	12	13	23	9		3	11
分宜县	9		2	2	5	14	7	4	1	2
余江县	26			6	20	17	4	1	2	10
信丰县	19	2	2	4	11	18	7	1	3	7
于都县	20	1	2	6	11	15	9	3		3
兴国县	16	3	3	1	9	31	5	1	14	11
瑞金市	13	1	2	4	6	17	2	2	4	9
南康市	27	1	1	12	13	19	3	4	5	7
吉安县	15		2	5	8	13	2	4		7
永丰县	37	6	2	11	18	13	6	1	1	5
井冈山市	27		1	15	11	13	3	2		8
上高县	9	1	2	2	4	4	2	1		1
高安市	23	6	5	7	5	13	3	1	3	6
临川区	13		1	4	8	12	5		1	6
南城县	20	1	2	10	7	11	2	1	2	6
金溪县	13	3	2	4	4	13	8	2	1	2
上饶县	28		3	10	15	20		1	5	14
婺源县	18		1	8	9	7		1	4	2

3-1 续表 3

单位：人

地 区	多重残疾				
	小计	一级	二级	三级	四级
总 计	**713**	**310**	**110**	**192**	**101**
青山湖区	19	6	4	4	5
南昌县	11	6	1	1	3
新建县	14	6	1	7	
昌江区	27	6	5	11	5
湘东区	22	9	6	3	4
修水县	21	13	3	2	3
永修县	19	12	4	2	1
分宜县	34	16	7	9	2
余江县	36	19	4	7	6
信丰县	39	14	10	9	6
于都县	43	12	8	10	13
兴国县	26	11	2	10	3
瑞金市	61	23	6	16	16
南康市	41	7	4	17	13
吉安县	40	23	3	10	4
永丰县	14	7	3	4	
井冈山市	45	23	5	17	
上高县	24	12	3	8	1
高安市	23	16	2	5	
临川区	41	15	11	11	4
南城县	24	12	3	9	
金溪县	27	19	2	5	1
上饶县	17	7	4	4	2
婺源县	45	16	9	11	9

3－1a　各地区城镇残疾人分残疾类别、残疾等级的分布

单位：人

地　区	视力残疾					听力残疾				
	小计	一级	二级	三级	四级	小计	一级	二级	三级	四级
总　计	**129**	**18**	**17**	**14**	**80**	**140**	**12**	**12**	**57**	**59**
青山湖区	26	1	5		20	26	1	1	10	14
南昌县	7	1	1		5	7		2	3	2
新建县	8	2			6	9		1	8	
昌江区	6		2		4	7			4	3
湘东区										
修水县	3	1		1	1	8	6	1	1	
永修县										
分宜县										
余江县	1	1				4			1	3
信丰县										
于都县										
兴国县										
瑞金市										
南康市	8			4	4	3			2	1
吉安县	10	6	2		2	12	2	1	3	6
永丰县	1			1		2	1			1
井冈山市	13	2	2		9	4			2	2
上高县	12	1	2	2	7	24	1	1	7	15
高安市	7	1	1	2	3	4			3	1
临川区	16	1	1	1	13	19	1	2	6	10
南城县	3	1		1	1	3		1	2	
金溪县	8		1	2	5	8		2	5	1
上饶县										
婺源县										

3-1a 续表 1

单位：人

地 区	言语残疾					肢体残疾				
	小计	一级	二级	三级	四级	小计	一级	二级	三级	四级
总 计	**10**	**2**	**2**	**3**	**3**	**284**	**7**	**32**	**64**	**181**
青山湖区	4	1	1	1	1	45		7	6	32
南昌县						20		3	10	7
新建县	1		1			12	1		3	8
昌江区						15		2	3	10
湘东区										
修水县						13		3	4	6
永修县										
分宜县										
余江县						5				5
信丰县										
于都县										
兴国县										
瑞金市										
南康市						14	1	3	1	9
吉安县	1			1		19			1	18
永丰县	1			1		8		1	4	3
井冈山市	1				1	21	1	2	6	12
上高县						47	2	4	6	35
高安市	1				1	21	2	1	5	13
临川区						20		3	8	9
南城县						9		2	4	3
金溪县	1	1				15		1	3	11
上饶县										
婺源县										

3－1a 续表 2

单位：人

地 区	智力残疾					精神残疾				
	小计	一级	二级	三级	四级	小计	一级	二级	三级	四级
总 计	**55**	**9**	**12**	**17**	**17**	**48**	**17**	**3**	**3**	**25**
青山湖区	8	2	1	2	3	11	1	1	1	8
南昌县	5		3	2		5	4	1		
新建县	4	3		1						
昌江区	2				2	2				2
湘东区										
修水县	2		2							
永修县										
分宜县										
余江县										
信丰县										
于都县										
兴国县										
瑞金市										
南康市	3	1		1	1	3	1			2
吉安县	4			3	1	3	2			1
永丰县	3	1		1	1	5	2			3
井冈山市	5			3	2	5	1	1		3
上高县	6	1	2	1	2	2	2			
高安市	3		1	2		5	1			4
临川区	3			1	2	3	1		1	1
南城县	3		1		2	3	1		1	1
金溪县	4	1	2		1	1	1			
上饶县										
婺源县										

3－1a 续表 3

单位：人

地 区	多重残疾				
	小计	一级	二级	三级	四级
总 计	**87**	**46**	**9**	**21**	**11**
青山湖区	12	3	3	1	5
南昌县	3	2			1
新建县	3		1	2	
昌江区	2	1		1	
湘东区					
修水县	2	2			
永修县					
分宜县					
余江县	3	1			2
信丰县					
于都县					
兴国县					
瑞金市					
南康市	4	1		3	
吉安县	14	11	1	2	
永丰县	2	1	1		
井冈山市	14	8	1	5	
上高县	9	4		4	1
高安市	5	3		2	
临川区	9	4	2	1	2
南城县	4	4			
金溪县	1	1			
上饶县					
婺源县					

3－1b 各地区农村残疾人分残疾类别、残疾等级的分布

单位：人

地区	视力残疾					听力残疾				
	小计	一级	二级	三级	四级	小计	一级	二级	三级	四级
总计	**746**	**141**	**54**	**80**	**471**	**1057**	**102**	**120**	**446**	**389**
青山湖区	16	2			14	13	2		1	10
南昌县	41	3	2	8	28	23	2	2	1	18
新建县	49	10	8	5	26	27	1	6	18	2
昌江区	22		2	5	15	52	1	2	19	30
湘东区	11	3	1	1	6	51	3	3	24	21
修水县	17	3		1	13	37	13	11	12	1
永修县	29	4	1	7	17	54	13	2	24	15
分宜县	35	12	2	3	18	80	7	12	44	17
余江县	33	7	5	1	20	53	1	4	17	31
信丰县	24	2	1	6	15	56		4	22	30
于都县	40	4	5	1	30	89	3	5	33	48
兴国县	28	6	2	1	19	58	10	14	25	9
瑞金市	37	9	1	5	22	51	1	3	27	20
南康市	60	5	2	6	47	35	1	1	11	22
吉安县	26	8			18	46	1	3	18	24
永丰县	23	8	4	4	7	45	10	8	19	8
井冈山市	33	6	2	3	22	23	3	6	14	
上高县	16	1	2	2	11	12		1	3	8
高安市	31	6	5	7	13	27	8	4	13	2
临川区	51	11	3	4	33	47	5	4	24	14
南城县	37	16	2	3	16	37	3	8	22	4
金溪县	33	5		2	26	50	11	10	19	10
上饶县	33	3	1	4	25	49	3	5	18	23
婺源县	21	7	3	1	10	42		2	18	22

3－1b 续表 1

单位：人

地 区	言语残疾					肢体残疾				
	小计	一级	二级	三级	四级	小计	一级	二级	三级	四级
总 计	**80**	**20**	**7**	**21**	**32**	**1315**	**65**	**102**	**299**	**849**
青山湖区	1	1				20		1	2	17
南昌县	3		2		1	57	2	5	21	29
新建县	3	1	1		1	57	2	4	8	43
昌江区	3			2	1	55	1	2	11	41
湘东区	2	1			1	65	5	14	9	37
修水县	3	2			1	56	10	3	15	28
永修县	7	1		2	4	53	4	3	8	38
分宜县	3			1	2	79	4	6	16	53
余江县	3	1		2		69	4	4	15	46
信丰县	4	1		1	2	58	2	8	8	40
于都县	6	1		1	4	47	1	5	12	29
兴国县	10	1	2	3	4	72	1	3	24	44
瑞金市	1				1	76	11	7	15	43
南康市	1				1	61	4	7	7	43
吉安县	1	1				42			5	37
永丰县	11	3		6	2	48		4	21	23
井冈山市	2	1			1	47	4	4	8	31
上高县	3	2		1		35		1	5	29
高安市	4			2	2	31	1	4	6	20
临川区						46	1	3	14	28
南城县						71		1	31	39
金溪县	2		1		1	54	4	7	17	26
上饶县	2	1			1	57	3	5	9	40
婺源县	5	2	1		2	59	1	1	12	45

3－1b 续表 2

单位：人

地区	智力残疾					精神残疾				
	小计	一级	二级	三级	四级	小计	一级	二级	三级	四级
总　计	**414**	**42**	**42**	**140**	**190**	**319**	**86**	**44**	**65**	**124**
青山湖区	9		1	2	6	10	7	1		2
南昌县	9	2	3	3	1	10	3	3	2	2
新建县	22	9	1	8	4	11	4	1	4	2
昌江区	9		2	3	4	4		1		3
湘东区	21	2	1	10	8	18	4	6	4	4
修水县	6		1	3	2	23	3	3	8	9
永修县	39	8	6	12	13	23	9		3	11
分宜县	9		2	2	5	14	7	4	1	2
余江县	26			6	20	17	4	1	2	10
信丰县	19	2	2	4	11	18	7	1	3	7
于都县	20	1	2	6	11	15	9	3		3
兴国县	16	3	3	1	9	31	5	1	14	11
瑞金市	13	1	2	4	6	17	2	2	4	9
南康市	24		1	11	12	16	2	4	5	5
吉安县	11		2	2	7	10		4		6
永丰县	34	5	2	10	17	8	4	1	1	2
井冈山市	22		1	12	9	8	2	1		5
上高县	3			1	2	2		1		1
高安市	20	6	4	5	5	8	2	1	3	2
临川区	10		1	3	6	9	4			5
南城县	17	1	1	10	5	8	1	1	1	5
金溪县	9	2		4	3	12	7	2	1	2
上饶县	28		3	10	15	20		1	5	14
婺源县	18		1	8	9	7		1	4	2

3-1b 续表 3

单位：人

地 区	多重残疾				
	小计	一级	二级	三级	四级
总 计	**626**	**264**	**101**	**171**	**90**
青山湖区	7	3	1	3	
南昌县	8	4	1	1	2
新建县	11	6		5	
昌江区	25	5	5	10	5
湘东区	22	9	6	3	4
修水县	19	11	3	2	3
永修县	19	12	4	2	1
分宜县	34	16	7	9	2
余江县	33	18	4	7	4
信丰县	39	14	10	9	6
于都县	43	12	8	10	13
兴国县	26	11	2	10	3
瑞金市	61	23	6	16	16
南康市	37	6	4	14	13
吉安县	26	12	2	8	4
永丰县	12	6	2	4	
井冈山市	31	15	4	12	
上高县	15	8	3	4	
高安市	18	13	2	3	
临川区	32	11	9	10	2
南城县	20	8	3	9	
金溪县	26	18	2	5	1
上饶县	17	7	4	4	2
婺源县	45	16	9	11	9

3－2 残疾人分残疾类别、残疾等级的年龄构成

单位：人

年 龄	视力残疾					听力残疾				
	小计	一级	二级	三级	四级	小计	一级	二级	三级	四级
总 计	**875**	**159**	**71**	**94**	**551**	**1197**	**114**	**132**	**503**	**448**
0岁	1				1					
1岁						1	1			
2岁						2	1		1	
3岁	1				1	2		2		
4岁	4				4					
5岁	1				1					
6岁	2				2	1	1			
7岁						1				1
8岁						3			1	2
9岁	1	1				2				2
10岁						1				1
11岁	3				3					
12岁	3				3					
13岁	2				2	2			2	
14岁	3		1	1	1	3			2	1
15岁	1				1					
16岁						2				2
17岁	2		1		1					
18岁										
19岁	1				1	1				1
20岁						1	1			
21岁	1				1					
22岁	2				2	1				1
23岁	1		1			3	1		2	
24岁										
25岁	1				1					
26岁						2		1		1

3－2 续表 1

单位：人

年 龄	视力残疾					听力残疾				
	小计	一级	二级	三级	四级	小计	一级	二级	三级	四级
27岁						1		1		
28岁	3	1			2	1				1
29岁	3		1	2						
30岁	2	1			1	1			1	
31岁	2				2	4		1	1	2
32岁	5	1			4	3		2	1	
33岁	1				1	6	2		2	2
34岁	3				3	3	1			2
35岁	4			1	3	4		1	2	1
36岁	4			1	3	5	1		3	1
37岁	7	2			5	6	2	1	2	1
38岁	2				2	5	3			2
39岁	5			1	4	6	1	1	4	
40岁	2	1		1		7		1		6
41岁	9	1	2	1	5	8			1	7
42岁	15	3	2	2	8	7	1		3	3
43岁	7	2	1		4	14	3	1	5	5
44岁	1				1	5			2	3
45岁	6	2		1	3	7	2	1	2	2
46岁	4	2			2	11	2		1	8
47岁	8	2	1		5	12		2	4	6
48岁	10	3		1	6	14	2	2	5	5
49岁	5	1		2	2	16		1	7	8
50岁	6			1	5	10	2	5	2	1
51岁	9	2	2	2	3	17	1	4	6	6
52岁	7	1	1	1	4	20	3	1	5	11
53岁	19	1	1	2	15	19	1	1	8	9
54岁	9		2	1	6	15	1	1	9	4

3-2 续表 2

单位：人

年　龄	视力残疾					听力残疾				
	小计	一级	二级	三级	四级	小计	一级	二级	三级	四级
55岁	14	3		2	9	18	1	1	7	9
56岁	14	1	2	1	10	27	2	5	11	9
57岁	8	2	1		5	21	2	1	8	10
58岁	14	1	1	2	10	18	2	5	8	3
59岁	11	4	1	1	5	26	3	2	8	13
60岁	12	3	1	2	6	30	1	4	10	15
61岁	10		1	1	8	15			9	6
62岁	13	1	1		11	26	3	4	9	10
63岁	13	4	1	1	7	12	2		4	6
64岁	14	4	1	2	7	18	2	1	8	7
65岁	24	3	3	1	17	28	2	6	11	9
66岁	19	1	1	2	15	17	1		6	10
67岁	34	10	2	4	18	22	1	1	11	9
68岁	21	2	2		17	29	1	5	13	10
69岁	21	3	1	2	15	29	3	2	13	11
70岁	27	5	2	4	16	31		3	15	13
71岁	29	5		1	23	42	6	3	16	17
72岁	35	4	2	4	25	45	5	3	19	18
73岁	29	2	4	2	21	34	3	3	13	15
74岁	38	5	4	3	26	45	2	4	17	22
75岁	26	9	2	5	10	39	3		22	14
76岁	22	3	1	4	14	55	2	6	28	19
77岁	21	3	2	3	13	26	3	3	10	10
78岁	33	3	3	7	20	35	1	1	22	11
79岁	30	5	2	3	20	26		4	16	6
80岁	27	4	1	4	18	42	7	5	21	9
81岁	26	7	3	2	14	21	2	4	11	4
82岁	25	8	2	2	13	27	1	3	15	8
83岁	20	5	4	1	10	30	3	4	15	8
84岁	15	6	1	1	7	21	2	4	8	7
85+	42	16	3	6	17	87	15	15	35	22

3-2 续表 3

单位：人

年 龄	言语残疾					肢体残疾				
	小计	一级	二级	三级	四级	小计	一级	二级	三级	四级
总 计	**90**	**22**	**9**	**24**	**35**	**1599**	**72**	**134**	**363**	**1030**
0岁						1			1	
1岁						3			1	2
2岁						3				3
3岁	6			4	2	2				2
4岁	6	1		3	2	2	1			1
5岁	1			1		2			1	1
6岁	2				2	2				2
7岁	3	2			1	8		2		6
8岁	1				1	4	1			3
9岁	1				1	6		1		5
10岁						3				3
11岁	2		1		1	3				3
12岁	3	2			1	8	1	1		6
13岁	1			1		5			1	4
14岁	1				1	11	1	1	2	7
15岁	4	1		1	2	8	1	1	2	4
16岁	2			1	1	13	1		2	10
17岁	2	2				11	1	1	3	6
18岁	1			1		7		1		6
19岁						5	1	1		3
20岁	1	1				5	1		3	1
21岁						10		2	3	5
22岁						9			2	7
23岁	2			1	1	7			1	6
24岁	1		1			5	1			4
25岁						5	1			4
26岁	1				1	11	1	2	3	5

3-2 续表 4

单位：人

年 龄	言语残疾					肢体残疾				
	小计	一级	二级	三级	四级	小计	一级	二级	三级	四级
27岁	1		1			9		1	5	3
28岁						11		3	1	7
29岁						21	1	1	5	14
30岁	1				1	15	1	1	5	8
31岁	1			1		13		2	6	5
32岁	1		1			19			10	9
33岁						11	1	2	3	5
34岁						20	1		11	8
35岁						19		2	5	12
36岁	3	2			1	24	1	2	4	17
37岁	1				1	30	5	1	4	20
38岁	1	1				29	1	1	6	21
39岁	4	1		1	2	26		1	9	16
40岁						24	1	4	4	15
41岁	2	1			1	27	1	2	8	16
42岁	1				1	35	1		12	22
43岁						31	2	2	6	21
44岁						17		1	2	14
45岁	1			1		25	3		6	16
46岁						32		2	8	22
47岁	2				2	25		2	8	15
48岁	2	1			1	30		1	7	22
49岁	2	1	1			26		1	2	23
50岁						17			5	12
51岁	3			3		33	1	2	3	27
52岁						29	2	2	7	18
53岁	1				1	37		2	8	27
54岁	1	1				29	1	1	4	23

3-2 续表 5

单位：人

年龄	言语残疾					肢体残疾				
	小计	一级	二级	三级	四级	小计	一级	二级	三级	四级
55岁	1			1		25			8	17
56岁	2	2				32		2	7	23
57岁	1				1	26		2	4	20
58岁						28	2	3	6	17
59岁						30	3	2	10	15
60岁	1				1	26		1	4	21
61岁	1				1	19		1	3	15
62岁						18		2	2	14
63岁	3	2	1			29		2	5	22
64岁	2			1	1	34		4	8	22
65岁	1				1	31	2	3	3	23
66岁						21		3	5	13
67岁						30		2	11	17
68岁						23		3	4	16
69岁	1			1		33	4	2	6	21
70岁	1		1			25		2	7	16
71岁	1			1		23		6	7	10
72岁						23	3	3	4	13
73岁						43	4	7	12	20
74岁	1		1			28	1	2	8	17
75岁						28	1	7	6	14
76岁						16	1	2	5	8
77岁	1				1	22	3	6	3	10
78岁	1				1	25	2	3	3	17
79岁						19	2	1	8	8
80岁						21	2	2	3	14
81岁						15	2	3	2	8
82岁	1		1			13		1	4	8
83岁	1			1		15	1	1	3	10
84岁						10	1		3	6
85+	1	1				45	3	4	10	28

3-2 续表 6

单位：人

年 龄	智力残疾					精神残疾				
	小计	一级	二级	三级	四级	小计	一级	二级	三级	四级
总 计	**469**	**51**	**54**	**157**	**207**	**367**	**103**	**47**	**68**	**149**
0岁	17	1		7	9					
1岁	12		1	1	10					
2岁	8			3	5					
3岁	7	1		1	5					
4岁	8			1	7					
5岁	13	1		5	7	1				1
6岁	15	1	2	2	10					
7岁	6	2	1		3					
8岁	8	2	1	2	3	2			1	1
9岁	9	1		2	6					
10岁	11	2	1	3	5	1				1
11岁	7			3	4					
12岁	9	1	1	3	4					
13岁	12	5	1	3	3					
14岁	9	5	1	1	2	2	1			1
15岁	7	1		2	4	2			1	1
16岁	6	1	1	1	3	1				1
17岁	4	1		2	1	1		1		
18岁	5			4	1	3		1	1	1
19岁	9		2	7		2				2
20岁	6		1	2	3	2	1		1	
21岁	6		1	2	3	4	1		2	1
22岁	5		2	1	2	1				1
23岁	5		1	2	2	6	4			2
24岁	9	2	1	1	5	1		1		
25岁	5		1	2	2	4	2		1	1
26岁	7		1	3	3	9	2	2	1	4

3-2 续表 7

单位：人

年 龄	智力残疾					精神残疾				
	小计	一级	二级	三级	四级	小计	一级	二级	三级	四级
27岁	8	1	1	2	4	5	2	2		1
28岁	9	1		2	6	6	1	1	1	3
29岁	9	2	2	3	2	7	2		2	3
30岁	10	1		4	5	5	1	2	1	1
31岁	10		3	6	1	8	1	2		5
32岁	4		1	1	2	5	2	1		2
33岁	12	1	2	6	3	11	4		3	4
34岁	7	1		3	3	8		1	4	3
35岁	6	1		4	1	8	2	3		3
36岁	7			5	2	15	3	1	2	9
37岁	9		1	3	5	13	3	3	3	4
38岁	10	1	2	6	1	9	1	1	3	4
39岁	7	1		2	4	6	2		2	2
40岁	8		2	2	4	12	2	1	3	6
41岁	10	1	1	7	1	15	3	3	1	8
42岁	4	2			2	16	2	1	2	11
43岁	7	1		3	3	11	3	1	3	4
44岁	2		1		1	4	1			3
45岁	7		2	1	4	3	1			2
46岁	4			3	1	7	1	1	3	2
47岁	7	1	3	2	1	4		2		2
48岁	3	1			2	10	5		2	3
49岁	7		2	1	4	7	1		1	5
50岁	1				1	10	3		2	5
51岁	5			2	3	9	3	1	3	2
52岁	6			2	4	9	2		2	5
53岁	4		1	1	2	6	3	1		2
54岁	2				2	6		3	1	2

3－2 续表 8

单位：人

年 龄	智力残疾					精神残疾				
	小计	一级	二级	三级	四级	小计	一级	二级	三级	四级
55岁	3				3	2	1		1	
56岁	1			1		2			1	1
57岁	6	1	1	2	2	6		1	2	3
58岁										
59岁	1			1		1	1			
	3		1	1	1	4	2	1		1
60岁	2		1		1	3			2	1
61岁						2			2	
62岁	4	2	1		1	7	5	1		1
63岁										
64岁						4	2	1		1
65岁	1	1				2		1		1
66岁	3			2	1					
67岁	1			1		2	2			
68岁										
69岁						2	2			
	2			1	1	2	2			
70岁						4	1		2	1
71岁	2	1	1							
72岁	1			1		1	1			
73岁										
74岁	1			1						
	1				1	1				1
75岁						2	1		1	
76岁										
77岁	1		1							
78岁										
79岁	4	1	1		2	4	3			1
80岁	29	3	4	12	10	38	13	8	8	9
81岁	24	3	3	11	7	31	14	6	4	7
82岁	17	1	3	9	4	31	13	3	8	7
83岁	14		8	4	2	21	12	3	3	3
84岁	16	1	6	7	2	21	13	4	1	3
85+	59	14	17	21	7	71	46	12	6	7

3-2 续表 9

单位：人

年 龄	多重残疾				
	小计	一级	二级	三级	四级
总 计	**713**	**310**	**110**	**192**	**101**
0岁					
1岁	1	1			
2岁	7	3		1	3
3岁	6	6			
4岁	10	7		1	2
5岁	9	3	2	4	
6岁	6	4	2		
7岁	5	3	1	1	
8岁	6	2	2	1	1
9岁	3	2	1		
10岁	7	3	3		1
11岁	6	3	3		
12岁	5	3	1		1
13岁	4	2	1	1	
14岁	6	6			
15岁	8	3	1	4	
16岁	9	6	1	1	1
17岁	4	1	2	1	
18岁	13	2	3	5	3
19岁	8	5		3	
20岁	4		3	1	
21岁	10	7	3		
22岁	4	3	1		
23岁	12	6	2	4	
24岁	7	2	1	2	2
25岁	6	2	1	2	1
26岁	8	5		3	

3－2 续表 10

单位：人

年 龄	多重残疾				
	小计	一级	二级	三级	四级
27岁	5	2	2	1	
28岁	6		4	2	
29岁	4	3	1		
30岁	12	6	3	3	
31岁	5	5			
32岁	8	5	2		1
33岁	8	6		2	
34岁	4	1	1	2	
35岁	3	3			
36岁	5	3	2		
37岁	8	4	2	2	
38岁	9	8		1	
39岁	6	4	2		
40岁	6	4		2	
41岁	12	10	1	1	
42岁	5	4	1		
43岁	5	2	1		2
44岁	5	3	2		
45岁	3	2		1	
46岁	3	2			1
47岁	5	5			
48岁	8	6	1		1
49岁	13	6	2	3	2
50岁	4	2	1		1
51岁	5	1	1	2	1
52岁	6	4		2	
53岁	8	4	1	1	2
54岁	6	3	1	2	

3-2 续表 11

单位：人

年 龄	多重残疾				
	小计	一级	二级	三级	四级
55岁	7	4	1	1	1
56岁	6	1		3	2
57岁	5	2	1	2	
58岁	3	1	1	1	
59岁	7	5	1	1	
60岁	4	2		1	1
61岁	7	3		4	
62岁	3	1		1	1
63岁	5	2	1	2	
64岁	7	3	2	2	
65岁	8	1	1	5	1
66岁	7	3	1	3	
67岁	10	4		2	4
68岁	13	5		4	4
69岁	10	3		5	2
70岁	10	4	1	1	4
71岁	6	1	1	1	3
72岁	14	4	2	3	5
73岁	9	1	3	2	3
74岁	17	3	2	9	3
75岁	12	1	3	3	5
76岁	14	3	1	6	4
77岁	15	2	2	7	4
78岁	21	5	1	8	7
79岁	9	3		5	1
80岁	17	4	1	8	4
81岁	15	4		6	5
82岁	13	4	3	5	1
83岁	16	6	3	5	2
84岁	11	2	5	3	1
85+	61	25	8	21	7

3－2a　残疾人分残疾类别、残疾等级的年龄构成(男性)

单位：人

年　龄	视力残疾					听力残疾				
	小计	一级	二级	三级	四级	小计	一级	二级	三级	四级
总　计	**323**	**57**	**20**	**22**	**224**	**679**	**54**	**81**	**288**	**256**
0岁	1				1					
1岁										
2岁										
3岁						1		1		
4岁	4				4					
5岁	1				1					
6岁	1				1					
7岁						1				1
8岁						2			1	1
9岁						1				1
10岁										
11岁										
12岁	3				3					
13岁	2				2	2			2	
14岁	2		1		1	3			2	1
15岁	1				1					
16岁						2				2
17岁	2		1		1					
18岁										
19岁										
20岁										
21岁	1				1					
22岁	2				2	1				1
23岁	1		1			2			2	
24岁										
25岁										
26岁						2		1		1

3-2a 续表 1

单位：人

年龄	视力残疾					听力残疾				
	小计	一级	二级	三级	四级	小计	一级	二级	三级	四级
27岁						1		1		
28岁	2				2					
29岁	1			1						
30岁										
31岁	1				1	3		1	1	1
32岁	3				3	3		2	1	
33岁						3			2	1
34岁	2				2	2	1			1
35岁	2				2	3		1	2	
36岁	3			1	2	3			3	
37岁	4	1			3	4	1	1	1	1
38岁	1				1	4	2			2
39岁	4			1	3	3		1	2	
40岁						4		1		3
41岁	5	1	1	1	2	3			1	2
42岁	7	1	2		4	6	1		2	3
43岁	4	1			3	6	1		2	3
44岁	1				1	3			1	2
45岁	1				1	5	2	1	1	1
46岁	2	1			1	5	2			3
47岁	5	2			3	7		1	2	4
48岁	5	1			4	5		1	2	2
49岁	2	1		1		10			4	6
50岁	2				2	7	1	4	2	
51岁	4	1	1		2	11	1	3	4	3
52岁	5	1	1	1	2	13		1	4	8
53岁	6	1	1		4	12		1	6	5
54岁	7		2		5	12	1	1	8	2

3－2a 续表 2

单位：人

年 龄	视力残疾					听力残疾				
	小计	一级	二级	三级	四级	小计	一级	二级	三级	四级
55岁	9	2		1	6	14	1	1	4	8
56岁	5				5	19	2	4	9	4
57岁	4	1			3	12	2	1	3	6
58岁	8	1	1		6	12	2	4	5	1
59岁	4	1			3	12	2	1	2	7
60岁	6	2			4	20		4	5	11
61岁	2				2	11			5	6
62岁	7	1			6	14	1	3	5	5
63岁	6	2		1	3	10	1		4	5
64岁	6	3	1		2	13	2	1	7	3
65岁	8	1		1	6	13		3	5	5
66岁	10		1	1	8	10			4	6
67岁	15	7		1	7	15	1	1	7	6
68岁	7	1			6	18		3	9	6
69岁	4	1			3	15	2	1	6	6
70岁	12	1		2	9	17		2	9	6
71岁	11	1		1	9	25	3	2	11	9
72岁	12	1		1	10	23	2		10	11
73岁	10	1			9	22	3	1	7	11
74岁	10	3	1		6	28	1	3	11	13
75岁	7	3		1	3	22	1		12	9
76岁	6	1			5	31	1	3	18	9
77岁	5	2	1		2	16	2		7	7
78岁	6		1	2	3	19		1	13	5
79岁	7	1			6	17		1	11	5
80岁	8			2	6	18	1	4	10	3
81岁	12	3		2	7	12	2	2	5	3
82岁	6	2	2		2	13		2	9	2
83岁	2				2	14	2	1	7	4
84岁	3	2			1	7	1	2	1	3
85+	5	1	1		3	32	6	7	9	10

3－2a 续表 3

单位：人

年 龄	言语残疾					肢体残疾				
	小计	一级	二级	三级	四级	小计	一级	二级	三级	四级
总 计	**61**	**12**	**5**	**18**	**26**	**903**	**38**	**64**	**204**	**597**
0岁						1			1	
1岁						1				1
2岁						2				2
3岁	5			3	2	1				1
4岁	6	1		3	2	2	1			1
5岁	1			1		2			1	1
6岁	2				2	1				1
7岁	2	1			1	4		1		3
8岁	1				1	3	1			2
9岁	1				1	2				2
10岁						2				2
11岁	2		1		1	1				1
12岁	1	1				7	1	1		5
13岁	1			1		2			1	1
14岁	1				1	7		1	1	5
15岁	3			1	2	5	1		2	2
16岁	1				1	9	1		2	6
17岁	2	2				6	1	1	1	3
18岁	1			1		6		1		5
19岁						4	1	1		2
20岁						3			3	
21岁						5		1	1	3
22岁						5			2	3
23岁						6			1	5
24岁						4	1			3
25岁						3	1			2
26岁	1				1	6		1	2	3

3－2a 续表 4

单位：人

年龄	言语残疾					肢体残疾				
	小计	一级	二级	三级	四级	小计	一级	二级	三级	四级
27岁	1		1			6		1	3	2
28岁						7		2	1	4
29岁						18	1	1	5	11
30岁						8	1		2	5
31岁						8			5	3
32岁						13			8	5
33岁						7	1	2	2	2
34岁						16	1		7	8
35岁						17		2	4	11
36岁	2	2				18		2	3	13
37岁	1				1	16	5		2	9
38岁	1	1				23	1	1	5	16
39岁	3			1	2	12			4	8
40岁						11	1	1	2	7
41岁	2	1			1	14		1	4	9
42岁	1				1	22	1		6	15
43岁						20		2	6	12
44岁						10		1		9
45岁	1			1		14	1		3	10
46岁						21		1	3	17
47岁	1				1	16		1	4	11
48岁	2	1			1	21		1	6	14
49岁	2	1	1			16		1	2	13
50岁						11			3	8
51岁	1			1		18		1	2	15
52岁						22	2		7	13
53岁	1				1	24		1	3	20
54岁						15	1	1	2	11

3－2a 续表 5

单位：人

年龄	言语残疾					肢体残疾				
	小计	一级	二级	三级	四级	小计	一级	二级	三级	四级
55岁	1			1		16			5	11
56岁	1	1				17			5	12
57岁						19		1	3	15
58岁						15	1	2	3	9
59岁						14	1	1	7	5
60岁	1				1	16		1	2	13
61岁						12			3	9
62岁						13		1	2	10
63岁	1		1			12		1	1	10
64岁	2			1	1	17			4	13
65岁						21	1	2	2	16
66岁						14		2	3	9
67岁						9		1	2	6
68岁						8			1	7
69岁	1			1		20	1	1	4	14
70岁						11			4	7
71岁	1			1		14		2	4	8
72岁						12	3		3	6
73岁						18	2	3	3	10
74岁						11		2	3	6
75岁						11		3	2	6
76岁						6		2	2	2
77岁	1				1	9		1	1	7
78岁						11	1	2	1	7
79岁						7		1	2	4
80岁						11	2	1	1	7
81岁						2				2
82岁	1		1			7			4	3
83岁	1			1		9		1	2	6
84岁						5			2	3
85+						12	1	2	1	8

3－2a 续表 6

单位：人

年 龄	智力残疾					精神残疾				
	小计	一级	二级	三级	四级	小计	一级	二级	三级	四级
总 计	**249**	**24**	**26**	**87**	**112**	**164**	**43**	**22**	**33**	**66**
0岁	10	1		5	4					
1岁	6		1		5					
2岁	4			2	2					
3岁	5				5					
4岁	4				4					
5岁	10	1		2	7					
6岁	9	1	1	1	6					
7岁	2		1		1					
8岁	5	1		2	2	2			1	1
9岁	2			1	1					
10岁	7	1		2	4	1				1
11岁	5			2	3					
12岁	7	1	1	2	3					
13岁	7	2		2	3					
14岁	6	3	1		2	1				1
15岁	3	1			2	1			1	
16岁	6	1	1	1	3					
17岁	2	1		1		1		1		
18岁	1			1		1				1
19岁	6		1	5						
20岁	2			1	1	1	1			
21岁	4		1	2	1	1				1
22岁	1		1							
23岁	2				2	4	3			1
24岁	6	2		1	3	1		1		
25岁						3	2		1	
26岁	4		1	1	2	5	1	1	1	2

3-2a 续表 7

单位：人

年龄	智力残疾					精神残疾				
	小计	一级	二级	三级	四级	小计	一级	二级	三级	四级
27岁	4	1		2	1	2		1		1
28岁	7	1		2	4	3		1	1	1
29岁	4		2	2		5	1		1	3
30岁	4			2	2	3	1		1	1
31岁	3		1	2		3	1	1		1
32岁	2		1	1		2		1		1
33岁	8	1	1	4	2	7	3		2	2
34岁	5	1		3	1	6		1	2	3
35岁	2			1	1	2		2		
36岁	5			3	2	8	1	1	2	4
37岁	6		1	3	2	5	1	2	1	1
38岁	6		1	4	1	5	1			4
39岁	3			1	2	4			2	2
40岁	1		1			7	1	1	3	2
41岁	6	1		5		7	2	1	1	3
42岁	1				1	8		1	1	6
43岁	6			3	3	5	3	1		1
44岁	1		1			1				1
45岁	2		1		1	2	1			1
46岁	3			2	1	1			1	
47岁						2		1		1
48岁	2	1			1	4	2		1	1
49岁	5		2	1	2	2			1	1
50岁						4	1		2	1
51岁						4	1		1	2
52岁	6			2	4	4			1	3
53岁	3		1		2	1	1			
54岁	2				2	2		1		1

3－2a 续表 8

单位：人

年龄	智力残疾					精神残疾				
	小计	一级	二级	三级	四级	小计	一级	二级	三级	四级
55岁						4	3			1
56岁	2			1	1	2	1			1
57岁	3		1	2		2	1			1
58岁	3			2	1	2				2
59岁	1		1			2	1	1		
60岁	1				1					
61岁	1	1								
62岁	3				3	1	1			
63岁	1			1						
64岁	2			2		3		1		2
65岁										
66岁	1				1	2	1			1
67岁	2		1		1	1			1	
68岁						2			2	
69岁						3	2	1		
70岁						1	1			
71岁										
72岁	1	1				1				1
73岁	1				1					
74岁	1			1		1	1			
75岁						1	1			
76岁	1				1					
77岁						2			1	1
78岁										
79岁	1			1						
80岁										
81岁										
82岁						2	1		1	
83岁										
84岁										
85+	1				1	1	1			

3－2a 续表 9

单位：人

年 龄	多重残疾				
	小计	一级	二级	三级	四级
总 计	**375**	**162**	**62**	**101**	**50**
0岁					
1岁	1	1			
2岁	6	2		1	3
3岁	5	5			
4岁	5	3		1	1
5岁	7	1	2	4	
6岁	4	3	1		
7岁	4	3		1	
8岁	4	1	2	1	
9岁					
10岁	5	3	2		
11岁	4	1	3		
12岁	2	1	1		
13岁	2	2			
14岁	5	5			
15岁	4	2		2	
16岁	7	4	1	1	1
17岁	3	1	2		
18岁	8	1	3	3	1
19岁	5	2		3	
20岁	2		2		
21岁	7	5	2		
22岁	3	2	1		
23岁	7	3	2	2	
24岁	4	1		1	2
25岁	3	1		2	
26岁	3	3			

3－2a 续表 10

单位：人

年 龄	多重残疾				
	小计	一级	二级	三级	四级
27岁	9	4	3	2	
28岁	3	3			
29岁	5	3	1		1
	3	2		1	
30岁	2		1	1	
31岁					
32岁	2	2			
33岁	2	1	1		
34岁	6	3	2	1	
	7	6		1	
35岁	2	1	1		
36岁					
37岁	4	2		2	
38岁	6	6			
39岁	5	4	1		
	3	1	1		1
40岁	2	1	1		
41岁					
42岁	1	1			
43岁	2	1			1
44岁	4	4			
	4	3			1
45岁	10	5	2	2	1
46岁					
47岁	2		1		1
48岁	2			1	1
49岁	5	3		2	
	5	3		1	1
50岁	1	1			
51岁	193	110	32	32	19
52岁	150	82	22	27	19
53岁	185	102	19	40	24
54岁	148	81	27	18	22

3－2a 续表 11

单位：人

年 龄	多重残疾				
	小计	一级	二级	三级	四级
55岁	6	3	1	1	1
56岁	2	1		1	
57岁	5	2	1	2	
58岁	2		1	1	
59岁	4	3		1	
60岁	3	1		1	1
61岁	5	3		2	
62岁	1			1	
63岁	5	2	1	2	
64岁	2		1	1	
65岁	4		1	3	
66岁	2			2	
67岁	5	1		2	2
68岁	3	1		1	1
69岁	4	1		2	1
70岁	8	3		1	4
71岁	2			1	1
72岁	7	1	2	2	2
73岁	2	1		1	
74岁	12	2	1	7	2
75岁	8	1	2	2	3
76岁	6	2		2	2
77岁	6			3	3
78岁	11	3	1	3	4
79岁	4	2		2	
80岁	4			3	1
81岁	2	1			1
82岁	6	1	3	2	
83岁	4	1		2	1
84岁	3	1	1	1	
85+	21	8	1	8	4

3－2b 残疾人分残疾类别、残疾等级的年龄构成(女性)

单位：人

年 龄	视力残疾					听力残疾				
	小计	一级	二级	三级	四级	小计	一级	二级	三级	四级
总 计	**552**	**102**	**51**	**72**	**327**	**518**	**60**	**51**	**215**	**192**
0岁										
1岁						1	1			
2岁						2	1		1	
3岁	1				1	1		1		
4岁										
5岁										
6岁	1				1	1	1			
7岁										
8岁						1				1
9岁	1	1				1				1
10岁						1				1
11岁	3				3					
12岁										
13岁										
14岁	1			1						
15岁										
16岁										
17岁										
18岁										
19岁	1				1	1				1
20岁						1	1			
21岁										
22岁										
23岁						1	1			
24岁										
25岁	1				1					
26岁										

3-2b 续表 1

单位：人

年 龄	视力残疾					听力残疾				
	小计	一级	二级	三级	四级	小计	一级	二级	三级	四级
27岁										
28岁	1	1				1				1
29岁	2		1	1						
30岁	2	1			1	1			1	
31岁	1				1	1				1
32岁	2	1			1					
33岁	1				1	3	2			1
34岁	1				1	1				1
35岁	2			1	1	1				1
36岁	1				1	2	1			1
37岁	3	1			2	2	1		1	
38岁	1				1	1	1			
39岁	1				1	3	1		2	
40岁	2	1		1		3				3
41岁	4		1		3	5				5
42岁	8	2		2	4	1			1	
43岁	3	1	1		1	8	2	1	3	2
44岁						2			1	1
45岁	5	2		1	2	2			1	1
46岁	2	1			1	6			1	5
47岁	3		1		2	5		1	2	2
48岁	5	2		1	2	9	2	1	3	3
49岁	3			1	2	6		1	3	2
50岁	4			1	3	3	1	1		1
51岁	5	1	1	2	1	6		1	2	3
52岁	2				2	7	3		1	3
53岁	13			2	11	7	1		2	4
54岁	2			1	1	3			1	2

3－2b 续表 2

单位：人

年 龄	视力残疾					听力残疾				
	小计	一级	二级	三级	四级	小计	一级	二级	三级	四级
55岁	5	1		1	3	4			3	1
56岁	9	1	2	1	5	8		1	2	5
57岁	4	1	1		2	9			5	4
58岁	6			2	4	6		1	3	2
59岁	7	3	1	1	2	14	1	1	6	6
60岁	6	1	1	2	2	10	1		5	4
61岁	8		1	1	6	4			4	
62岁	6		1		5	12	2	1	4	5
63岁	7	2	1		4	2	1			1
64岁	8	1		2	5	5			1	4
65岁	16	2	3		11	15	2	3	6	4
66岁	9	1		1	7	7	1		2	4
67岁	19	3	2	3	11	7			4	3
68岁	14	1	2		11	11	1	2	4	4
69岁	17	2	1	2	12	14	1	1	7	5
70岁	15	4	2	2	7	14		1	6	7
71岁	18	4			14	17	3	1	5	8
72岁	23	3	2	3	15	22	3	3	9	7
73岁	19	1	4	2	12	12		2	6	4
74岁	28	2	3	3	20	17	1	1	6	9
75岁	19	6	2	4	7	17	2		10	5
76岁	16	2	1	4	9	24	1	3	10	10
77岁	16	1	1	3	11	10	1	3	3	3
78岁	27	3	2	5	17	16	1		9	6
79岁	23	4	2	3	14	9		3	5	1
80岁	19	4	1	2	12	24	6	1	11	6
81岁	14	4	3		7	9		2	6	1
82岁	19	6		2	11	14	1	1	6	6
83岁	18	5	4	1	8	16	1	3	8	4
84岁	12	4	1	1	6	14	1	2	7	4
85+	37	15	2	6	14	55	9	8	26	12

3－2b 续表 3

单位：人

年龄	言语残疾					肢体残疾				
	小计	一级	二级	三级	四级	小计	一级	二级	三级	四级
总 计	**29**	**10**	**4**	**6**	**9**	**696**	**34**	**70**	**159**	**433**
0岁										
1岁						2			1	1
2岁						1				1
3岁	1			1		1				1
4岁										
5岁										
6岁						1				1
7岁	1	1				4		1		3
8岁						1				1
9岁						4		1		3
10岁						1				1
11岁						2				2
12岁	2	1			1	1				1
13岁						3				3
14岁						4	1		1	2
15岁	1	1				3		1		2
16岁	1			1		4				4
17岁						5			2	3
18岁						1				1
19岁						1				1
20岁	1	1				2	1			1
21岁						5		1	2	2
22岁						4				4
23岁	2			1	1	1				1
24岁	1		1			1				1
25岁						2				2
26岁						5	1	1	1	2

3－2b 续表 4

单位：人

年 龄	言语残疾					肢体残疾				
	小计	一级	二级	三级	四级	小计	一级	二级	三级	四级
27岁						3			2	1
28岁						4		1		3
29岁						3				3
30岁	1				1	7		1	3	3
31岁	1			1		5		2	1	2
32岁	1		1			6			2	4
33岁						4			1	3
34岁						4			4	
35岁						2			1	1
36岁	1				1	6	1		1	4
37岁						14		1	2	11
38岁						6			1	5
39岁	1	1				14		1	5	8
40岁						13		3	2	8
41岁						13	1	1	4	7
42岁						13			6	7
43岁						11	2			9
44岁						7			2	5
45岁						11	2		3	6
46岁						11		1	5	5
47岁	1				1	9		1	4	4
48岁						9			1	8
49岁						10				10
50岁						6			2	4
51岁	2			2		15	1	1	1	12
52岁						7		2		5
53岁						13		1	5	7
54岁	1	1				14			2	12

3－2b 续表 5

单位：人

年龄	言语残疾					肢体残疾				
	小计	一级	二级	三级	四级	小计	一级	二级	三级	四级
55岁						9			3	6
56岁	1	1				15		2	2	11
57岁	1				1	7		1	1	5
58岁						13	1	1	3	8
59岁						16	2	1	3	10
60岁						10			2	8
61岁	1				1	7		1		6
62岁						5		1		4
63岁	2	2				17		1	4	12
64岁						17		4	4	9
65岁	1				1	10	1	1	1	7
66岁						7		1	2	4
67岁						21		1	9	11
68岁						15		3	3	9
69岁						13	3	1	2	7
70岁	1		1			14		2	3	9
71岁						9		4	3	2
72岁						11		3	1	7
73岁						25	2	4	9	10
74岁	1		1			17	1		5	11
75岁						17	1	4	4	8
76岁						10	1		3	6
77岁						13	3	5	2	3
78岁	1				1	14	1	1	2	10
79岁						12	2		6	4
80岁						10		1	2	7
81岁						13	2	3	2	6
82岁						6		1		5
83岁						6	1		1	4
84岁						5	1		1	3
85+	1	1				33	2	2	9	20

3－2b 续表 6

单位：人

年 龄	智力残疾					精神残疾				
	小计	一级	二级	三级	四级	小计	一级	二级	三级	四级
总 计	**220**	**27**	**28**	**70**	**95**	**203**	**60**	**25**	**35**	**83**
0岁	7			2	5					
1岁	6			1	5					
2岁	4			1	3					
3岁	2	1		1						
4岁	4			1	3					
5岁	3			3		1				1
6岁	6		1	1	4					
7岁	4	2			2					
8岁	3	1	1		1					
9岁	7	1		1	5					
10岁	4	1	1	1	1					
11岁	2			1	1					
12岁	2			1	1					
13岁	5	3	1	1						
14岁	3	2		1		1	1			
15岁	4			2	2	1				1
16岁						1				1
17岁	2			1	1					
18岁	4			3	1	2		1	1	
19岁	3		1	2		2				2
20岁	4		1	1	2	1			1	
21岁	2				2	3	1		2	
22岁	4		1	1	2	1				1
23岁	3		1	2		2	1			1
24岁	3		1		2					
25岁	5		1	2	2	1				1
26岁	3			2	1	4	1	1		2

3-2b 续表 7

单位：人

年 龄	智力残疾					精神残疾				
	小计	一级	二级	三级	四级	小计	一级	二级	三级	四级
27岁	4		1		3	3	2	1		
28岁	2				2	3	1			2
29岁	5	2		1	2	2	1		1	
30岁	6	1		2	3	2		2		
31岁	7		2	4	1	5		1		4
32岁	2				2	3	2			1
33岁	4		1	2	1	4	1		1	2
34岁	2				2	2			2	
35岁	4	1		3		6	2	1		3
36岁	2			2		7	2			5
37岁	3				3	8	2	1	2	3
38岁	4	1	1	2		4		1	3	
39岁	4	1		1	2	2	2			
40岁	7		1	2	4	5	1			4
41岁	4		1	2	1	8	1	2		5
42岁	3	2			1	8	2		1	5
43岁	1	1				6			3	3
44岁	1				1	3	1			2
45岁	5		1	1	3	1				1
46岁	1			1		6	1	1	2	2
47岁	7	1	3	2	1	2		1		1
48岁	1				1	6	3		1	2
49岁	2				2	5	1			4
50岁	1				1	6	2			4
51岁	5			2	3	5	2	1	2	
52岁						5	2		1	2
53岁	1			1		5	2	1		2
54岁						4		2	1	1

3－2b 续表 8

单位：人

年龄	智力残疾					精神残疾				
	小计	一级	二级	三级	四级	小计	一级	二级	三级	四级
55岁	4	1		2	1	3		1		2
56岁	1		1			4	1			3
57岁	1			1		6	2		4	
58岁	4				4	4	2	1	1	
59岁						2		2		
60岁						4	2			2
61岁	1			1		4	2	1		1
62岁						1			1	
63岁						2			1	1
64岁	4	1	1		2	3			2	1
65岁	1			1		1	1			
66岁	2		1	1		2	1	1		
67岁						2			1	1
68岁										
69岁	4	2	1		1	4	3			1
70岁						3	1	1		1
71岁										
72岁						1		1		
73岁	2			2						
74岁						1	1			
75岁						1	1			
76岁	1			1		2	2			
77岁						2	1		1	
78岁	2	1	1							
79岁						1	1			
80岁	1			1						
81岁	1				1	1				1
82岁										
83岁										
84岁	1		1							
85+	3	1	1		1	3	2			1

3-2b 续表 9

单位：人

年 龄	多重残疾				
	小计	一级	二级	三级	四级
总 计	**338**	**148**	**48**	**91**	**51**
0岁					
1岁					
2岁	1	1			
3岁	1	1			
4岁	5	4			1
5岁	2	2			
6岁	2	1	1		
7岁	1		1		
8岁	2	1			1
9岁	3	2	1		
10岁	2		1		1
11岁	2	2			
12岁	3	2			1
13岁	2		1	1	
14岁	1	1			
15岁	4	1	1	2	
16岁	2	2			
17岁	1			1	
18岁	5	1		2	2
19岁	3	3			
20岁	2		1	1	
21岁	3	2	1		
22岁	1	1			
23岁	5	3		2	
24岁	3	1	1	1	
25岁	3	1	1		1
26岁	5	2		3	

3－2b 续表 10

单位：人

年龄	多重残疾				
	小计	一级	二级	三级	四级
27岁	3	2		1	
28岁					
29岁	3	2	1		
30岁	3	2		1	
31岁	2	2			
32岁	3	2	1		
33岁	5	4		1	
34岁	2	1		1	
35岁	1	1			
36岁	3	2	1		
37岁	2	1		1	
38岁	2	2			
39岁	4	3	1		
40岁	2	2			
41岁	6	4	1	1	
42岁					
43岁	2	1			1
44岁	3	2	1		
45岁	2	1		1	
46岁	1	1			
47岁	1	1			
48岁	4	3	1		
49岁	3	1		1	1
50岁	2	2			
51岁	3	1	1	1	
52岁	1	1			
53岁	3	1	1		1
54岁	5	2	1	2	

3－2b 续表 11

单位：人

年 龄	多重残疾				
	小计	一级	二级	三级	四级
55岁	1	1			
56岁	4			2	2
57岁					
58岁	1	1			
59岁	3	2	1		
60岁	1	1			
61岁	2			2	
62岁	2	1			1
63岁					
64岁	5	3	1	1	
65岁	4	1		2	1
66岁	5	3	1	1	
67岁	5	3			2
68岁	10	4		3	3
69岁	6	2		3	1
70岁	2	1	1		
71岁	4	1	1		2
72岁	7	3		1	3
73岁	7		3	1	3
74岁	5	1	1	2	1
75岁	4		1	1	2
76岁	8	1	1	4	2
77岁	9	2	2	4	1
78岁	10	2		5	3
79岁	5	1		3	1
80岁	13	4	1	5	3
81岁	13	3		6	4
82岁	7	3		3	1
83岁	12	5	3	3	1
84岁	8	1	4	2	1
85+	40	17	7	13	3

3－3 各地区多重残疾人分残疾类别、残疾等级的分布

单位：人

地 区	视力残疾					听力残疾				
	小计	一级	二级	三级	四级	小计	一级	二级	三级	四级
总 计	**234**	**50**	**11**	**26**	**147**	**417**	**149**	**50**	**140**	**78**
青山湖区	6				6	11	3	1	4	3
南昌县	4	1			3	7	2	1		4
新建县	6	2			4	11	3	2	6	
昌江区	6			1	5	12	3		7	2
湘东区	2		1	1		11	4	2	2	3
修水县	5	1			4	14	7	2	3	2
永修县	4			3	1	13	8	3	2	
分宜县	7	3		1	3	17	9	1	6	1
余江县	5	4			1	16	3	3	7	3
信丰县	11	3	2	1	5	18	6		7	5
于都县	28	4	1	2	21	32	4	7	10	11
兴国县	5			1	4	13	5	1	6	1
瑞金市	30	7		1	22	39	10	4	13	12
南康市	24	2	1	3	18	17			11	6
吉安县	13	4	2	2	5	27	9	3	10	5
永丰县	4			1	3	9	5	2	2	
井冈山市	8	4			4	25	15	3	7	
上高县	10	5		3	2	17	4	1	5	7
高安市	7	1		2	4	17	11		6	
临川区	21	5	3		13	24	5	6	7	6
南城县	5			2	3	12	7		4	1
金溪县	6	2			4	19	13	1	5	
上饶县	6	1		1	4	9	4	2	2	1
婺源县	11	1	1	1	8	27	9	5	8	5

3-3 续表 1

单位：人

地区	言语残疾					肢体残疾				
	小计	一级	二级	三级	四级	小计	一级	二级	三级	四级
总计	**303**	**196**	**45**	**37**	**25**	**282**	**28**	**33**	**74**	**147**
青山湖区	7	6	1			10		2	1	7
南昌县	4	1	2	1		4		1	2	1
新建县	4	3	1			4			2	2
昌江区	13	3	5	2	3	13		1	4	8
湘东区	10	6	3		1	9		2	1	6
修水县	10	9		1		7	3	1		3
永修县	13	11	1	1		6	1		1	4
分宜县	23	9	8	3	3	10	4	1	2	3
余江县	12	9	2	1		14	1	3	2	8
信丰县	14	8	1	3	2	15		5	5	5
于都县	13	7	1	1	4	13		1	5	7
兴国县	12	8	2	2		17	5	1	4	7
瑞金市	14	12		2		36	6	3	8	19
南康市	12	5		4	3	16	2	1	6	7
吉安县	19	13	1	4	1	10				10
永丰县	7	6	1			3			2	1
井冈山市	24	14	4	3	3	18	4	1	3	10
上高县	11	8	1	1	1	6			3	3
高安市	13	8	3	2		5		3		2
临川区	13	6	2	3	2	16		1	10	5
南城县	16	11	2	3		10			4	6
金溪县	15	14	1			10	1	2	2	5
上饶县	9	6	2		1	9	1	2	2	4
婺源县	15	13	1		1	21		2	5	14

3-3 续表 2

单位：人

地 区	智力残疾					精神残疾				
	小计	一级	二级	三级	四级	小计	一级	二级	三级	四级
总 计	**234**	**54**	**49**	**84**	**47**	**78**	**31**	**15**	**16**	**16**
青山湖区	4	2	1	1		1		1		
南昌县	3	2		1						
新建县	2	1		1		3	1		1	1
昌江区	9	2	2	3	2	4	1	1	1	1
湘东区	8		1	5	2	5	2	1	1	1
修水县	8	1	5	1	1	4	3	1		
永修县	7	5		2		1	1			
分宜县	11	1	2	6	2	2	2			
余江县	18	2	5	6	5	11	6	1		4
信丰县	17	2	8	5	2	6	1		5	
于都县	6	2	2	2		2	1	1		
兴国县	10	4	2	1	3	3	1		1	1
瑞金市	15	4	2	5	4	5	1	3	1	
南康市	16	4	1	4	7	2		1	1	
吉安县	13	3	2	4	4	6	4			2
永丰县	5	1		2	2	1			1	
井冈山市	22	4	2	13	3	2	1		1	
上高县	7	1	1	5		2	1	1		
高安市	5	3		1	1	3	1	2		
临川区	11	1	3	6	1	3	2			1
南城县	8	2	3	3						
金溪县	6	2	2	1	1					
上饶县	4	1	1	1	1					
婺源县	19	4	4	5	6	12	2	2	3	5

3－3a 各地区城镇多重残疾人分残疾类别、残疾等级的分布

单位：人

地区	视力残疾					听力残疾				
	小计	一级	二级	三级	四级	小计	一级	二级	三级	四级
总计	**26**	**6**	**1**	**2**	**17**	**51**	**20**	**8**	**15**	**8**
青山湖区	5				5	6		1	2	3
南昌县	1				1	3	1	1		1
新建县	2				2	2			2	
昌江区						1			1	
湘东区										
修水县						2	2			
永修县										
分宜县										
余江县	1	1								
信丰县										
于都县										
兴国县										
瑞金市										
南康市	3	1		1	1	2			2	
吉安县	3	1	1		1	12	6	2	4	
永丰县	2			1	1	1		1		
井冈山市	1	1				6	4	1	1	
上高县	4	2			2	6	2		1	3
高安市	1				1	2	1		1	
临川区	3				3	5	1	2	1	1
南城县						2	2			
金溪县						1	1			
上饶县										
婺源县										

3－3a 续表 1

单位：人

地区	言语残疾					肢体残疾				
	小计	一级	二级	三级	四级	小计	一级	二级	三级	四级
总计	**39**	**28**	**2**	**7**	**2**	**34**	**2**	**5**	**11**	**16**
青山湖区	3	3				7		2	1	4
南昌县	1	1				1			1	
新建县	1		1							
昌江区	1	1				1			1	
湘东区										
修水县	1	1								
永修县										
分宜县										
余江县						2				2
信丰县										
于都县										
兴国县										
瑞金市										
南康市	1			1		1			1	
吉安县	8	6		1	1	5				5
永丰县						1			1	
井冈山市	10	5	1	3	1	7	2	1	1	3
上高县	4	3		1		3			2	1
高安市	2	1		1		2		2		
临川区	2	2				3			2	1
南城县	4	4				1			1	
金溪县	1	1								
上饶县										
婺源县										

3－3a 续表 2

单位：人

地区	智力残疾					精神残疾				
	小计	一级	二级	三级	四级	小计	一级	二级	三级	四级
总计	**29**	**10**	**2**	**13**	**4**	**8**	**6**	**1**		**1**
青山湖区	3	2	1			1		1		
南昌县										
新建县						1				1
昌江区	1	1								
湘东区										
修水县	1		1							
永修县										
分宜县										
余江县	2				2	1	1			
信丰县										
于都县										
兴国县										
瑞金市										
南康市	1			1						
吉安县	3	1		2		2	2			
永丰县	1	1								
井冈山市	7	2		4	1					
上高县	2			2		1	1			
高安市	3	2			1					
临川区	4			4		2	2			
南城县	1	1								
金溪县										
上饶县										
婺源县										

3－3b 各地区农村多重残疾人分残疾类别、残疾等级的分布

单位：人

地区	视力残疾					听力残疾				
	小计	一级	二级	三级	四级	小计	一级	二级	三级	四级
总　计	**208**	**44**	**10**	**24**	**130**	**366**	**129**	**42**	**125**	**70**
青山湖区	1				1	5	3		2	
南昌县	3	1			2	4	1			3
新建县	4	2			2	9	3	2	4	
昌江区	6			1	5	11	3		6	2
湘东区	2		1	1		11	4	2	2	3
修水县	5	1			4	12	5	2	3	2
永修县	4			3	1	13	8	3	2	
分宜县	7	3		1	3	17	9	1	6	1
余江县	4	3			1	16	3	3	7	3
信丰县	11	3	2	1	5	18	6		7	5
于都县	28	4	1	2	21	32	4	7	10	11
兴国县	5			1	4	13	5	1	6	1
瑞金市	30	7		1	22	39	10	4	13	12
南康市	21	1	1	2	17	15			9	6
吉安县	10	3	1	2	4	15	3	1	6	5
永丰县	2				2	8	5	1	2	
井冈山市	7	3			4	19	11	2	6	
上高县	6	3		3		11	2	1	4	4
高安市	6	1		2	3	15	10		5	
临川区	18	5	3		10	19	4	4	6	5
南城县	5			2	3	10	5		4	1
金溪县	6	2			4	18	12	1	5	
上饶县	6	1		1	4	9	4	2	2	1
婺源县	11	1	1	1	8	27	9	5	8	5

3-3b 续表 1

单位：人

地 区	言语残疾					肢体残疾				
	小计	一级	二级	三级	四级	小计	一级	二级	三级	四级
总 计	**264**	**168**	**43**	**30**	**23**	**248**	**26**	**28**	**63**	**131**
青山湖区	4	3	1			3				3
南昌县	3		2	1		3		1	1	1
新建县	3	3				4			2	2
昌江区	12	2	5	2	3	12		1	3	8
湘东区	10	6	3		1	9		2	1	6
修水县	9	8		1		7	3	1		3
永修县	13	11	1	1		6	1		1	4
分宜县	23	9	8	3	3	10	4	1	2	3
余江县	12	9	2	1		12	1	3	2	6
信丰县	14	8	1	3	2	15		5	5	5
于都县	13	7	1	1	4	13		1	5	7
兴国县	12	8	2	2		17	5	1	4	7
瑞金市	14	12		2		36	6	3	8	19
南康市	11	5		3	3	15	2	1	5	7
吉安县	11	7	1	3		5				5
永丰县	7	6	1			2			1	1
井冈山市	14	9	3		2	11	2		2	7
上高县	7	5	1		1	3			1	2
高安市	11	7	3	1		3		1		2
临川区	11	4	2	3	2	13		1	8	4
南城县	12	7	2	3		9			3	6
金溪县	14	13	1			10	1	2	2	5
上饶县	9	6	2		1	9	1	2	2	4
婺源县	15	13	1		1	21		2	5	14

3－3b　续表 2

单位：人

地　区	智力残疾					精神残疾				
	小计	一级	二级	三级	四级	小计	一级	二级	三级	四级
总　计	**205**	**44**	**47**	**71**	**43**	**70**	**25**	**14**	**16**	**15**
青山湖区	1			1						
南昌县	3	2		1						
新建县	2	1		1		2	1		1	
昌江区	8	1	2	3	2	4	1	1	1	1
湘东区	8		1	5	2	5	2	1	1	1
修水县	7	1	4	1	1	4	3	1		
永修县	7	5		2		1	1			
分宜县	11	1	2	6	2	2	2			
余江县	16	2	5	6	3	10	5	1		4
信丰县	17	2	8	5	2	6	1		5	
于都县	6	2	2	2		2	1	1		
兴国县	10	4	2	1	3	3	1		1	1
瑞金市	15	4	2	5	4	5	1	3	1	
南康市	15	4	1	3	7	2		1	1	
吉安县	10	2	2	2	4	4	2			2
永丰县	4			2	2	1			1	
井冈山市	15	2	2	9	2	2	1		1	
上高县	5	1	1	3		1		1		
高安市	2	1		1		3	1	2		
临川区	7	1	3	2	1	1				1
南城县	7	1	3	3						
金溪县	6	2	2	1	1					
上饶县	4	1	1	1	1					
婺源县	19	4	4	5	6	12	2	2	3	5

3－4　多重残疾人分残疾类别、残疾等级的年龄构成

单位：人

年　龄	视力残疾					听力残疾				
	小计	一级	二级	三级	四级	小计	一级	二级	三级	四级
总　计	**234**	**50**	**11**	**26**	**147**	**417**	**149**	**50**	**140**	**78**
0岁										
1岁	1				1					
2岁										
3岁	1			1		2	1	1		
4岁						3	3			
5岁										
6岁										
7岁										
8岁	1				1	1		1		
9岁						3	2	1		
10岁	1				1	1	1			
11岁						1		1		
12岁						1	1			
13岁						2		1		1
14岁	1				1	2	2			
15岁						3	2		1	
16岁	1				1	4	2		2	
17岁	2	1			1	2		1	1	
18岁	1				1	2			2	
19岁						2	1		1	
20岁										
21岁						5	3	1	1	
22岁						4	2	1	1	
23岁						5	5			
24岁						2	2			
25岁						2	2			
26岁						3	3			

3－4 续表 1

单位：人

年 龄	视力残疾					听力残疾				
	小计	一级	二级	三级	四级	小计	一级	二级	三级	四级
27岁						2	2			
28岁	1				1	1		1		
29岁						2	2			
30岁						5	4	1		
31岁						4	4			
32岁						3	3			
33岁						4	3	1		
34岁						3	1	1	1	
35岁						1	1			
36岁										
37岁						3	2	1		
38岁						6	6			
39岁						3	3			
40岁	1			1		3	2	1		
41岁						8	7	1		
42岁						2	2			
43岁						3	2		1	
44岁						3	2		1	
45岁						2	2			
46岁						3	2			1
47岁						5	4	1		
48岁	1			1		6	5	1		
49岁	2				2	7	4	2	1	
50岁	1				1	4	2	1		1
51岁	1				1	3	1		2	
52岁	1	1				2	2			
53岁	2				2	7	3	1		3
54岁						4	1	1	1	1

3-4 续表 2

单位：人

年 龄	视力残疾					听力残疾				
	小计	一级	二级	三级	四级	小计	一级	二级	三级	四级
55岁	2				2	6	4		1	1
56岁	2	1		1		4			3	1
57岁	2			1	1	4	2		2	
58岁						2	1		1	
59岁	1				1	6	4	1	1	
60岁	2	1			1	2	1		1	
61岁	2	1			1	6		1	3	2
62岁	1				1	1	1			
63岁	1				1	2		1	1	
64岁	4	1			3	3	2	1		
65岁	4				4	5		1	4	
66岁	1				1	5	1		4	
67岁	4				4	5	2		1	2
68岁	6	1		2	3	6	4		1	1
69岁	7		1		6	8	2		3	3
70岁	5	2			3	7	2		3	2
71岁	4				4	4		1	1	2
72岁	10	3			7	10	1	3	3	3
73岁	6		1		5	6	1	1	2	2
74岁	11	2	1	2	6	12		2	6	4
75岁	10		1	1	8	6		1	3	2
76岁	7	1		1	5	11	1		6	4
77岁	9	1		1	7	11	1	1	5	4
78岁	14	1	1	1	11	17	2		7	8
79岁	5	2		3		6			3	3
80岁	14	3		3	8	13		2	6	5
81岁	9	2			7	12	2		5	5
82岁	11	2	4	1	4	12	1		7	4
83岁	10	3			7	11	3	2	5	1
84岁	8	2	1	2	3	10		4	3	3
85+	43	19	1	4	19	55	7	6	33	9

3-4 续表 3

单位：人

年 龄	言语残疾					肢体残疾				
	小计	一级	二级	三级	四级	小计	一级	二级	三级	四级
总 计	**303**	**196**	**45**	**37**	**25**	**282**	**28**	**33**	**74**	**147**
0岁										
1岁						1			1	
2岁	1			1		5	1	1	1	2
3岁	4	4				4	3	1		
4岁	8	7		1		5	3			2
5岁	9	3	1	4	1	2	1	1		
6岁	6	4	1		1	3	1		1	1
7岁	4	3		1		2		1	1	
8岁	3	2		1		4	1	2		1
9岁	3	2	1							
10岁	4	1	2		1	5			1	4
11岁	2	2				4		2	1	1
12岁	5	2	1	1	1	1				1
13岁	3	1	1	1		2		1	1	
14岁	6	5			1	1	1			
15岁	5	2	1	1	1	3				3
16岁	6	5	1			3	1		1	1
17岁	3	1	1	1						
18岁	7	2	1	3	1	6				6
19岁	6	5		1		4			4	
20岁	2		1	1		2		1		1
21岁	7	6		1		3	2		1	
22岁	4	3	1							
23岁	8	5	2	1		3			2	1
24岁	5	2		2	1	3		1	1	1
25岁	4	2	1		1	1				1
26岁	5	4		1						

3-4 续表 4

单位：人

年龄	言语残疾					肢体残疾				
	小计	一级	二级	三级	四级	小计	一级	二级	三级	四级
27岁	4	2	1	1		2		1		1
28岁	3		2		1	2			1	1
29岁	4	2	1		1	1	1			
30岁	9	6	2	1		3			1	2
31岁	4	4				1				1
32岁	7	4	2	1		1				1
33岁	7	5		2		2	1			1
34岁	2	1		1		2				2
35岁	3	3				1				1
36岁	1	1				3	1		2	
37岁	4	2	1	1		1			1	
38岁	7	7				3	1			2
39岁	4	4				1			1	
40岁	5	4			1	3			1	2
41岁	9	9				4		1	2	1
42岁	4	3	1			2		1		1
43岁	5	1	2		2	1				1
44岁	3	2	1			1			1	
45岁	2	2				1				1
46岁	2	2				1				1
47岁	5	5								
48岁	7	5	1	1		1				1
49岁	8	5	1	1	1	4		1	1	2
50岁	1	1				1			1	
51岁	2	1	1			2				2
52岁	3	3				2				2
53岁	4	3	1			2			1	1
54岁	3	1	1	1		3	1	1		1

3-4 续表 5

单位：人

年 龄	言语残疾					肢体残疾				
	小计	一级	二级	三级	四级	小计	一级	二级	三级	四级
55岁	4	3		1		1			1	
56岁	1				1	2			1	1
57岁	2	2				1			1	
58岁	2		1		1	1		1		
59岁	5	5				2		1		1
60岁	1	1				1				1
61岁	2	1		1		3		1	1	1
62岁	2	1		1		2				2
63岁	2	1		1		2			1	1
64岁	2	2				3			2	1
65岁	3		1		2	3	1		1	1
66岁	3	1	2			3		1		2
67岁	5	4			1	6	2	1		3
68岁	3	2			1	8			2	6
69岁	3	2			1	2			2	
70岁	4	2	1		1	4		1		3
71岁	1	1				3			1	2
72岁	1		1			6		1		5
73岁	2	1	1			3			1	2
74岁						13		1	4	8
75岁	3	1		1	1	6	1	1		4
76岁	1		1			6				6
77岁	2	1			1	8		1	4	3
78岁	3	1	2			6	1		1	4
79岁						6	1		2	3
80岁	1	1				11	1		4	6
81岁						8			2	6
82岁	1		1			2			1	1
83岁						11		2	3	6
84岁						5			2	3
85+	2	2				26	2	5	8	11

3-4 续表 6

单位：人

年 龄	智力残疾					精神残疾				
	小计	一级	二级	三级	四级	小计	一级	二级	三级	四级
总 计	**234**	**54**	**49**	**84**	**47**	**78**	**31**	**15**	**16**	**16**
0岁										
1岁	1	1								
2岁	7	2		2	3	1				1
3岁	6	3	1	1	1	1	1			
4岁	9	5			4	1		1		
5岁	9	2	2	4	1					
6岁	6	3	2	1		1	1			
7岁	5	1	1	3		2	1		1	
8岁	5		1	1	3					
9岁										
10岁	7	3	2	1	1	3	1			2
11岁	4	1	1		2	1	1			
12岁	4	2	1		1					
13岁	2	1	1							
14岁	4	4								
15岁	6	1	1	3	1	3			2	1
16岁	5	3		1	1	1	1			
17岁	1			1		1	1			
18岁	9	1	2	2	4	3		1	1	1
19岁	6	4		2		1			1	
20岁	4		1	2	1					
21岁	5	1	3	1		2		2		
22岁										
23岁	6			5	1	2	1		1	
24岁	4			3	1	1				1
25岁	4			1	3	1			1	
26岁	5	1		3	1	3	1		2	

3-4 续表 7

单位：人

年 龄	智力残疾					精神残疾				
	小计	一级	二级	三级	四级	小计	一级	二级	三级	四级
27岁	4		2	2		1	1			
28岁	6		1	5		1			1	
29岁	1	1				1				1
30岁	7		1	5	1					
31岁						1	1			
32岁	5	1	2	1	1	2	1			1
33岁	4	1	1	2						
34岁	2			2						
35岁	2	1	1							
36岁	4		2	1	1	2	2			
37岁	5		1	4		3	2	1		
38岁	2		1	1		1	1			
39岁	3		3			1		1		
40岁	2		1	1						
41岁	7	1	2	3	1	2	1		1	
42岁	2	1	1			1	1			
43岁	1				1					
44岁	1	1				2	1	1		
45岁	1			1						
46岁										
47岁										
48岁	3			2	1					
49岁	4	1	1	1	1	2		1		1
50岁	2			2		1		1		
51岁	2				2					
52岁	3	1		2		1			1	
53岁	1				1					
54岁						2		1	1	

3-4 续表 8

单位：人

年 龄	智力残疾					精神残疾				
	小计	一级	二级	三级	四级	小计	一级	二级	三级	四级
55岁	1		1			1		1		
56岁	2			1	1	1			1	
57岁	3		1	1	1					
58岁	1		1							
59岁										
60岁	1				1	1		1		
61岁						1	1			
62岁										
63岁	2		1	1		1	1			
64岁						2	1	1		
65岁	2			2		2			1	1
66岁	1		1			2	2			
67岁	1			1						
68岁	1			1		2				2
69岁	1			1						
70岁										
71岁										
72岁	2	1		1						
73岁	1		1							
74岁	1	1								
75岁	1	1								
76岁	2		1	1		2	1			1
77岁	2	1	1			1		1		
78岁	3			1	2	3			1	2
79岁						1	1			
80岁	2				2					
81岁						2	1			1
82岁						1	1			
83岁	3	1	2			2	1	1		
84岁										
85+	3	1		1	1	1	1			

3－5　残疾(含多重)人分残疾类别、残疾等级的残疾发现年龄

单位：人

残疾发现年龄	视力残疾					听力残疾				
	小计	一级	二级	三级	四级	小计	一级	二级	三级	四级
总　计	**1109**	**209**	**82**	**120**	**698**	**1614**	**263**	**182**	**643**	**526**
0岁	36	5	5	2	24	52	38	5	6	3
1岁	13	3	1	3	6	50	33	8	8	1
2岁	11	2	1		8	25	18	3	1	3
3岁	10	5	1	1	3	38	27	4	5	2
4岁	9	3		3	3	19	8	2	6	3
5岁	11	4			7	16	10	2	2	2
6岁	9	5	1		3	24	5		10	9
7岁	11	5	1	2	3	10	2	2	3	3
8岁	9	1			8	14	2	3	5	4
9岁	1				1	10	4		3	3
10岁	10	1		2	7	21	4	8	5	4
11岁	5	1		1	3	9	3		3	3
12岁	4			1	3	11	2	1	6	2
13岁	3			1	2	10	2	2	2	4
14岁	3	1			2	9		4	3	2
15岁	2		1	1		9	1	2	3	3
16岁	1				1	6	1		3	2
17岁	1	1				3			1	2
18岁	4	1		2	1	6	1		2	3
19岁	2	2				3		2		1
20岁	5	1	1		3	8	2	1	3	2
21岁	5	1		1	3	6		1	4	1
22岁	4	1			3	7		3	2	2
23岁	1		1			2	1		1	
24岁	1			1		5	1	1	2	1
25岁	5		1	1	3	2		1		1
26岁						6			6	

3－5 续表 1

单位：人

残疾发现年龄	视力残疾					听力残疾				
	小计	一级	二级	三级	四级	小计	一级	二级	三级	四级
27岁	4	2			2	3			3	
28岁	3			1	2	5		1	4	
29岁	4			1	3	6	1	1		4
30岁	2				2	8	1		5	2
31岁	5			2	3	2			1	1
32岁	4	2		1	1	9	3	1	2	3
33岁	4	1	1		2	12	4	1	3	4
34岁	2	1			1	9	2	1	2	4
35岁	7	2		1	4	9	2	1	4	2
36岁	5	1			4	8	1	1		6
37岁	4			1	3	9		1	6	2
38岁	1	1				10	1	2	4	3
39岁	4	1	1		2	4		2	2	
40岁	5	1	1	1	2	8	1		2	5
41岁	7	2	1		4	11	2		2	7
42岁	6	1			5	10	1		2	7
43岁	3		1		2	12	3	1	3	5
44岁	10	3			7	7	1	2	3	1
45岁	10	1	1	1	7	16	1	3	7	5
46岁	11	2	2	1	6	17	2		6	9
47岁	8			3	5	15	1	3	6	5
48岁	8	2		1	5	15	3		6	6
49岁	11	1	2	1	7	17	3	5	6	3
50岁	12	2	2		8	28	2	3	18	5
51岁	8			1	7	11			8	3
52岁	6	3			3	13	2		3	8
53岁	12	2	1	3	6	8			5	3
54岁	12	4	1	2	5	18	1	1	6	10

3-5 续表 2

单位：人

残疾发现年龄	视力残疾					听力残疾				
	小计	一级	二级	三级	四级	小计	一级	二级	三级	四级
55岁	13	1	1	2	9	17	1	1	5	10
56岁	12	2		1	9	17		2	9	6
57岁	5				5	19			12	7
58岁	18	4		1	13	23	3	3	7	10
59岁	15	4	1	1	9	26	3	1	10	12
60岁	16	4	2	1	9	24	5		10	9
61岁	18	2	2	1	13	21	1	3	8	9
62岁	22	6	2	2	12	29	3	5	13	8
63岁	24	3	1	4	16	27	3	4	12	8
64岁	26	2	2	2	20	20	4	2	9	5
65岁	27	3	4	1	19	33	3	3	13	14
66岁	23	5	1	1	16	29	3	3	9	14
67岁	29	5	4	3	17	34	4	4	12	14
68岁	36	6	1		29	43	1	2	21	19
69岁	37	6	5	2	24	36		7	16	13
70岁	33	4	2	4	23	39	3	5	18	13
71岁	41	4	3	5	29	50	1	11	16	22
72岁	31	5	2	5	19	37		3	18	16
73岁	29	4	2	2	21	46		2	26	18
74岁	33	5	2	5	21	36		2	16	18
75岁	28	3		4	21	39	3	7	16	13
76岁	35	6		4	25	38	1	2	21	14
77岁	31	5	2	8	16	35	4	4	12	15
78岁	30	7	5	4	14	39	2	5	20	12
79岁	19	2	2	3	12	27	1	1	17	8
80岁	34	4	3	4	23	23	2	1	14	6
81岁	25	7	3	1	14	27		1	18	8
82岁	16	4		2	10	29	2	5	16	6
83岁	9	7		1	1	20	1	4	10	5
84岁	13	5		1	7	14	1	1	6	6
85+	27	6	2	2	17	36	5	3	19	9

3－5 续表 3

单位：人

残疾发现年龄	言语残疾					肢体残疾				
	小计	一级	二级	三级	四级	小计	一级	二级	三级	四级
总　计	**393**	**218**	**54**	**61**	**60**	**1881**	**100**	**167**	**437**	**1177**
0岁	72	49	7	10	6	140	13	13	33	81
1岁	55	36	5	7	7	120	4	9	39	68
2岁	47	29	4	6	8	79	2	5	17	55
3岁	90	53	11	15	11	81	4	5	19	53
4岁	38	14	8	8	8	36	3	1	6	26
5岁	17	7	4	3	3	33	2		11	20
6岁	6	2	2	2		37	3	2	11	21
7岁	7	5		1	1	25			5	20
8岁	5	2	1	1	1	16	2	1	4	9
9岁	2	2				17		1	2	14
10岁	4			2	2	21	1	2	2	16
11岁	3	2		1		10		2	1	7
12岁	2			1	1	9		1	1	7
13岁						15			1	14
14岁	1				1	15			3	12
15岁	2	2				17			4	13
16岁						17			4	13
17岁						11		1	4	6
18岁	1				1	11		1	2	8
19岁						11		2	5	4
20岁	1				1	22	1	1	2	18
21岁						12		1	1	10
22岁						18	1	1	4	12
23岁						8	1		1	6
24岁	2	1	1			23		1	4	18
25岁	1		1			14	1	1	3	9
26岁	1				1	15	1	3	5	6

3-5 续表 4

单位：人

残疾发现年龄	言语残疾					肢体残疾				
	小计	一级	二级	三级	四级	小计	一级	二级	三级	四级
27岁						15			4	11
28岁						14	2	1	3	8
29岁						13			5	8
30岁						21	2		5	14
31岁						24	2	2	6	14
32岁	1	1				10		1	2	7
33岁						12		3	1	8
34岁						16	1		7	8
35岁						9	1		1	7
36岁						13		1	4	8
37岁						15	1	2	1	11
38岁						9	1		1	7
39岁	1	1				21	1	3	3	14
40岁	2		1		1	20	1	1	1	17
41岁	1	1				16		3	3	10
42岁						6			2	4
43岁						14		3	2	9
44岁						11	1	1	2	7
45岁	1		1			17		3	3	11
46岁						14			6	8
47岁	1		1			18	1	1	1	15
48岁						16	1	2	5	8
49岁	1	1				21	1	5	4	11
50岁	1			1		23	2	1	7	13
51岁						27		1	4	22
52岁						18			5	13
53岁						27		4	2	21
54岁						27		1	6	20

3-5 续表 5

单位：人

残疾发现年龄	言语残疾					肢体残疾				
	小计	一级	二级	三级	四级	小计	一级	二级	三级	四级
55岁						19		2	4	13
56岁	1		1			21	2	2	6	11
57岁	1	1				31	3	2	9	17
58岁	1	1				16		2	4	10
59岁	2	1		1		30		5	10	15
60岁						19	2	1	2	14
61岁	1				1	23		1	6	16
62岁						17	1	3	5	8
63岁	1	1				18	3	4	2	9
64岁						15		1	4	10
65岁	2	1			1	20	2	1	2	15
66岁	1				1	18		1	2	15
67岁	1		1			25		3	7	15
68岁	2		1		1	28	2	9	11	6
69岁	1		1			25	2	3	6	14
70岁	1				1	21	2	2	5	12
71岁						17	1	5	3	8
72岁						20	3	5	4	8
73岁	1				1	21	2	1	5	13
74岁	2		2			19	2	2	3	12
75岁	2	1		1		20	1	3	6	10
76岁	1				1	17	2	2	8	5
77岁						23	5		4	14
78岁	1		1			12			4	8
79岁						16	2	2	5	7
80岁	1	1				14	2	3	5	4
81岁	1			1		10			2	8
82岁	1	1				10		2	5	3
83岁						6	1	1		4
84岁	1	1				5	1			4
85+	1	1				25	2	6	8	9

3－5 续表 6

单位：人

残疾发现年龄	智力残疾					精神残疾				
	小计	一级	二级	三级	四级	小计	一级	二级	三级	四级
总 计	**703**	**105**	**103**	**241**	**254**	**445**	**134**	**62**	**84**	**165**
0岁	120	31	22	41	26	9	7		1	1
1岁	96	16	10	32	38	12	6	1	2	3
2岁	69	11	9	29	20	11	4	3	1	3
3岁	65	12	8	22	23	6	2		3	1
4岁	51	7	7	23	14	7		3	1	3
5岁	45	6	7	12	20					
6岁	43	1	7	17	18	2			2	
7岁	27		4	7	16	2		1	1	
8岁	15	1	1	6	7	3			1	2
9岁	13			5	8	4	4			
10岁	15	1	4	3	7	2	1	1		
11岁	12	1	1	5	5	4	2	1		1
12岁	4		1	1	2	4	2	1		1
13岁	6	1	1	2	2	8	4	1	1	2
14岁	4		2	2		6	2	1		3
15岁	5			3	2	8	2		3	3
16岁	4	1		1	2	10	3	2	1	4
17岁	1			1		17	4	3	4	6
18岁	3			2	1	11	2	1	2	6
19岁	1				1	8	2	2		4
20岁	4				4	15	4	1	2	8
21岁	4			1	3	11	3	1	2	5
22岁	2			1	1	11	1	3	2	5
23岁	1				1	11	3	4		4
24岁	2		1		1	9	2		2	5
25岁						15	1	4	2	8
26岁	2		1	1		9	3		2	4

3－5 续表 7

单位：人

残疾发现年龄	智力残疾					精神残疾				
	小计	一级	二级	三级	四级	小计	一级	二级	三级	四级
27岁	1				1	14	4		2	8
28岁						12	5		2	5
29岁	1			1		12	2	2	4	4
30岁	2		1		1	8	2	1	2	3
31岁						9	2	2	2	3
32岁	2		1	1		10	4		4	2
33岁	2			1	1	14	4	2	4	4
34岁	2		1		1	11	4	1	3	3
35岁	1				1	7	4	1	1	1
36岁	2	1			1	4	1	2		1
37岁						8	2		1	5
38岁	1			1		4	2			2
39岁	2	1			1	3	2	1		
40岁	1				1	8	2	1	1	4
41岁	2		1		1	6	3			3
42岁	2			1	1	9	3	1	2	3
43岁						2			1	1
44岁	2			2		5			2	3
45岁						4		1	1	2
46岁	5	1	1		3	4	3		1	
47岁	3			2	1	3	1		1	1
48岁						5			3	2
49岁	2	1			1	2	1	1		
50岁	1		1			3	1			2
51岁	1			1		2	1			1
52岁	3	1		2		4		1	3	
53岁	2			1	1	3		1		2
54岁	3		1	1	1	4		1	2	1

3－5 续表 8

单位：人

残疾发现年龄	智力残疾					精神残疾				
	小计	一级	二级	三级	四级	小计	一级	二级	三级	四级
55岁	1	1				2	1		1	
56岁	1				1	5	1	2		2
57岁						2		1		1
58岁	2				2	5	2			3
59岁	3		1		2					
60岁	2	1			1					
61岁	1		1			2	1	1		
62岁	2		1		1	1				1
63岁	2	1	1			4	1		1	2
64岁	2			2						
65岁	3	2			1	2		1		1
66岁	1	1				2	1	1		
67岁	2			2		2			1	1
68岁	1			1		2	1			1
69岁	4	2	1	1		2	1	1		
70岁	1				1	2	1			1
71岁						2			1	1
72岁										
73岁	2		1	1		1		1		
74岁						1	1			
75岁	2				2	3	1		1	1
76岁	1				1	2	1			1
77岁	2	1		1		1			1	
78岁	1			1						
79岁						2		1	1	
80岁	1				1	1				1
81岁	1		1							
82岁	2		2			2	2			
83岁										
84岁	3	1		1	1					
85+	3	1	1		1	2	2			

3－6　视力残疾(含多重)人分城乡、残疾等级的主要致残原因

单位：人

致残主要原因	合计			残疾一级		
	合计	城镇	农村	小计	城镇	农村
视力残疾(含多重)人	**1109**	**155**	**954**	**209**	**24**	**185**
致残原因一						
遗传、先天异常或发育障碍	64	11	53	14	4	10
白内障	696	81	615	102	8	94
青光眼	35	5	30	18	2	16
沙眼	12	1	11	4		4
角膜病	69	9	60	28	4	24
视神经病变	30	5	25	11	2	9
视网膜、色素膜病变	82	22	60	11	1	10
屈光不正	32	7	25	2	1	1
弱视	17	2	15			
外伤	18	4	14	4		4
中毒						
其他	35	6	29	8	2	6
原因不明	19	2	17	7		7
致残原因二						
遗传、先天异常或发育障碍						
白内障	3	2	1	2	2	
青光眼	23	4	19	11	1	10
沙眼	3		3			
角膜病	47	6	41	9	1	8
视神经病变	12	2	10	5	1	4
视网膜、色素膜病变	65	8	57	19	1	18
屈光不正	50	15	35	4		4
弱视	24	7	17	2	1	1
外伤	22	4	18	4	1	3
中毒						
其他						
原因不明						

3－6 续表

单位：人

致残主要原因	残疾二级			残疾三级			残疾四级		
	小计	城镇	农村	小计	城镇	农村	小计	城镇	农村
视力残疾(含多重)人	**82**	**18**	**64**	**120**	**16**	**104**	**698**	**97**	**601**
致残原因一									
遗传、先天异常或发育障碍	3		3	7		7	40	7	33
白内障	51	9	42	79	12	67	464	52	412
青光眼	2		2	2		2	13	3	10
沙眼	1		1				7	1	6
角膜病	6	4	2	8	1	7	27		27
视神经病变	6		6	3		3	10	3	7
视网膜、色素膜病变	7	2	5	6		6	58	19	39
屈光不正	2	1	1	3	1	2	25	4	21
弱视				1		1	16	2	14
外伤				3	1	2	11	3	8
中毒									
其他	3	1	2	7	1	6	17	2	15
原因不明	1	1		1		1	10	1	9
致残原因二									
遗传、先天异常或发育障碍									
白内障							1		1
青光眼	1		1	3	1	2	8	2	6
沙眼				2		2	1		1
角膜病	6	1	5	4	1	3	28	3	25
视神经病变				1		1	6	1	5
视网膜、色素膜病变	4	2	2	5	1	4	37	4	33
屈光不正	3	2	1	2		2	41	13	28
弱视	2	1	1	4	1	3	16	4	12
外伤	3	1	2	1		1	14	2	12
中毒									
其他									
原因不明									

3－7 听力残疾(含多重)人分城乡、残疾等级的主要致残原因

单位：人

致残主要原因	合计			残疾一级		
	合计	城镇	农村	小计	城镇	农村
听力残疾(含多重)人	**1614**	**191**	**1423**	**263**	**32**	**231**
致残原因一						
遗传	62	12	50	31	6	25
母孕期病毒感染	10	1	9	4	1	3
传染性疾病	30		30	17		17
自身免疫缺陷性疾病	4	1	3			
全身性疾病	62	9	53	12	1	11
中耳炎	218	28	190	19	2	17
老年性耳聋	792	73	719	54	3	51
早产和低体重	2		2	1		1
新生儿窒息	1		1			
高胆红素血症						
药物中毒	48	11	37	19	4	15
创伤或意外伤害	65	8	57	17	2	15
噪声和爆震	23	5	18	4	1	3
其他	41	4	37	20	1	19
原因不明	256	39	217	65	11	54
致残原因二						
遗传	1		1			
母孕期病毒感染	1		1	1		1
传染性疾病	1		1	1		1
自身免疫缺陷性疾病						
全身性疾病						
中耳炎	7		7	1		1
老年性耳聋	84	6	78	6	1	5
早产和低体重						
新生儿窒息						
高胆红素血症						
药物中毒	9	3	6	2	2	
创伤或意外伤害	16	1	15	4		4
噪声和爆震	12		12	2		2
其他						
原因不明						

3－7 续表

单位：人

致残主要原因	残疾二级			残疾三级			残疾四级		
	小计	城镇	农村	小计	城镇	农村	小计	城镇	农村
听力残疾(含多重)人	**182**	**20**	**162**	**643**	**72**	**571**	**526**	**67**	**459**
致残原因一									
遗传	12	2	10	10	2	8	9	2	7
母孕期病毒感染	3		3	3		3			
传染性疾病	5		5	5		5	3		3
自身免疫缺陷性疾病				2	1	1	2		2
全身性疾病	5	2	3	16	1	15	29	5	24
中耳炎	32	2	30	90	13	77	77	11	66
老年性耳聋	72	8	64	367	29	338	299	33	266
早产和低体重				1		1			
新生儿窒息	1		1						
高胆红素血症									
药物中毒	6		6	19	7	12	4		4
创伤或意外伤害	10	1	9	23	2	21	15	3	12
噪声和爆震	3		3	9	3	6	7	1	6
其他	2		2	7	3	4	12		12
原因不明	31	5	26	91	11	80	69	12	57
致残原因二									
遗传							1		1
母孕期病毒感染									
传染性疾病									
自身免疫缺陷性疾病									
全身性疾病									
中耳炎				3		3	3		3
老年性耳聋	12		12	39	4	35	27	1	26
早产和低体重									
新生儿窒息									
高胆红素血症									
药物中毒	2		2	1		1	4	1	3
创伤或意外伤害				6		6	6	1	5
噪声和爆震				4		4	6		6
其他									
原因不明									

3－8　言语残疾(含多重)人分城乡、残疾等级的主要致残原因

单位：人

致残主要原因	合计			残疾一级		
	合计	城镇	农村	小计	城镇	农村
言语残疾(含多重)人	**393**	**49**	**344**	**218**	**30**	**188**
致残原因一						
唐氏综合症	3		3	2		2
脑性瘫痪	27	4	23	19	2	17
新生儿病理性黄疸	1		1			
早产、低体重和过期产	6	2	4	2		2
腭裂	13	2	11	1		1
智力低下	47	4	43	17	3	14
脑梗死	15	5	10	5	3	2
脑出血	9		9	4		4
脑炎	34	2	32	24	1	23
脑囊虫病						
喉、舌疾病术后	1		1			
听力障碍	75	9	66	61	9	52
帕金森氏病						
多发性硬化						
脊髓侧索硬化	1		1			
脑外伤	5	1	4	5	1	4
产伤	1		1			
孤独症						
癫痫						
CO中毒						
其他	78	13	65	41	8	33
原因不明	77	7	70	37	3	34
致残原因二						
唐氏综合症						
脑性瘫痪						
新生儿病理性黄疸						
早产、低体重和过期产						
腭裂						
智力低下	5	1	4	1		1
脑梗死	1		1	1		1
脑出血						
脑炎	5		5	1		1
脑囊虫病						
喉、舌疾病术后						
听力障碍	6		6	4		4
帕金森氏病	1		1			
多发性硬化						
脊髓侧索硬化						
脑外伤						
产伤	5	1	4	3	1	2
孤独症	1		1			
癫痫	1		1	1		1
CO中毒	1		1	1		1
其他						
原因不明						

3－8 续表

单位：人

致残主要原因	残疾二级			残疾三级			残疾四级		
	小计	城镇	农村	小计	城镇	农村	小计	城镇	农村
言语残疾(含多重)人	**54**	**4**	**50**	**61**	**10**	**51**	**60**	**5**	**55**
致残原因一									
唐氏综合症							1		1
脑性瘫痪	2		2	6	2	4			
新生儿病理性黄疸							1		1
早产、低体重和过期产				4	2	2			
腭裂	1		1	2	1	1	9	1	8
智力低下	13		13	11		11	6	1	5
脑梗死	5	1	4	3	1	2	2		2
脑出血	3		3				2		2
脑炎	5	1	4	3		3	2		2
脑囊虫病									
喉、舌疾病术后				1		1			
听力障碍	7		7	5		5	2		2
帕金森氏病									
多发性硬化									
脊髓侧索硬化							1		1
脑外伤									
产伤				1		1			
孤独症									
癫痫									
CO中毒									
其他	8		8	14	3	11	15	2	13
原因不明	10	2	8	11	1	10	19	1	18
致残原因二									
唐氏综合症									
脑性瘫痪									
新生儿病理性黄疸									
早产、低体重和过期产									
腭裂									
智力低下	1		1	2	1	1	1		1
脑梗死									
脑出血									
脑炎	2		2	2		2			
脑囊虫病									
喉、舌疾病术后									
听力障碍	1		1				1		1
帕金森氏病	1		1						
多发性硬化									
脊髓侧索硬化									
脑外伤									
产伤				1		1	1		1
孤独症	1		1						
癫痫									
CO中毒									
其他									
原因不明									

3－9 肢体残疾(含多重)人分城乡、残疾等级的主要致残原因

单位：人

致残主要原因	合计			残疾一级		
	合计	城镇	农村	小计	城镇	农村
肢体残疾(含多重)人	**1881**	**318**	**1563**	**100**	**9**	**91**
致残原因一						
脑性瘫痪	57	8	49	15		15
发育畸形	89	9	80	2		2
侏儒症	20	1	19			
其他先天性或发育障碍	21	3	18	2		2
脊髓灰质炎	198	42	156	5		5
脑血管疾病	252	52	200	33	3	30
周围血管疾病	4		4			
肿瘤	8	1	7			
骨关节病	292	25	267	8	2	6
地方病						
脊髓疾病	19	4	15	1		1
工伤	94	22	72	5		5
交通事故	94	20	74	2		2
脊髓损伤	14	6	8	7	2	5
脑外伤	14	1	13			
其他外伤	424	72	352	1		1
结核性感染	19	2	17			
化脓性感染	27	4	23			
中毒	3	1	2			
其他	137	35	102	13	2	11
原因不明	95	10	85	6		6
致残原因二						
脑性瘫痪						
发育畸形	2		2			
侏儒症						
其他先天性或发育障碍						
脊髓灰质炎						
脑血管疾病						
周围血管疾病	1		1			
肿瘤						
骨关节病	5	1	4			
地方病	1		1			
脊髓疾病						
工伤	2		2			
交通事故						
脊髓损伤	3		3	2		2
脑外伤	6	3	3			
其他外伤	19	1	18	1		1
结核性感染	2	1	1			
化脓性感染	6		6	1		1
中毒						
其他						
原因不明						

3-9 续表

单位：人

致残主要原因	残疾二级			残疾三级			残疾四级		
	小计	城镇	农村	小计	城镇	农村	小计	城镇	农村
肢体残疾(含多重)人	**167**	**37**	**130**	**437**	**75**	**362**	**1177**	**197**	**980**
致残原因一									
脑性瘫痪	11	3	8	13	2	11	18	3	15
发育畸形	5		5	16	1	15	66	8	58
侏儒症	1		1	1		1	18	1	17
其他先天性或发育障碍	2	1	1	1		1	16	2	14
脊髓灰质炎	13	1	12	64	10	54	116	31	85
脑血管疾病	62	14	48	77	19	58	80	16	64
周围血管疾病				1		1	3		3
肿瘤	1		1	1		1	6	1	5
骨关节病	16	3	13	55	2	53	213	18	195
地方病									
脊髓疾病	2	1	1	10	2	8	6	1	5
工伤	5	1	4	14	3	11	70	18	52
交通事故	6	1	5	17	5	12	69	14	55
脊髓损伤	3	2	1	2	1	1	2	1	1
脑外伤	5	1	4	4		4	5		5
其他外伤	15	5	10	98	20	78	310	47	263
结核性感染	1	1		7	1	6	11		11
化脓性感染				9	1	8	18	3	15
中毒	1		1				2	1	1
其他	10	1	9	30	7	23	84	25	59
原因不明	8	2	6	17	1	16	64	7	57
致残原因二									
脑性瘫痪									
发育畸形	1		1	1		1			
侏儒症									
其他先天性或发育障碍									
脊髓灰质炎									
脑血管疾病									
周围血管疾病							1		1
肿瘤									
骨关节病	1		1	2	1	1	2		2
地方病	1		1						
脊髓疾病									
工伤							2		2
交通事故									
脊髓损伤	1		1						
脑外伤	2	1	1	3	1	2	1	1	
其他外伤	1	1		8		8	9		9
结核性感染							2	1	1
化脓性感染	1		1				4		4
中毒									
其他									
原因不明									

3－10　智力残疾(含多重)人分城乡、残疾等级的主要致残原因

单位：人

致残主要原因	合　计			残疾一级		
	合计	城镇	农村	小计	城镇	农村
智力残疾(含多重)人	**703**	**84**	**619**	**105**	**19**	**86**
致残原因一						
遗传	96	10	86	23	3	20
脑疾病	208	18	190	47	6	41
内分泌障碍	1		1			
惊厥性疾病	25	5	20	2		2
新生儿窒息	13	4	9	4	3	1
早产、低体重和过期产	20	2	18	2		2
发育畸形	7	1	6	2		2
营养不良	6		6			
母孕期外伤及物理伤害	3	1	2	1	1	
产伤	3	1	2	1	1	
工伤	2	1	1			
交通事故	12	3	9	1	1	
其他外伤	20	2	18			
中毒与过敏反应	1	1				
不良社会文化因素	22	3	19	1		1
其他	66	8	58	5	2	3
原因不明	198	24	174	16	2	14
致残原因二						
遗传	1		1	1		1
脑疾病	8		8	1		1
内分泌障碍						
惊厥性疾病	7	1	6	3		3
新生儿窒息	9	2	7	1	1	
早产、低体重和过期产	7		7	2		2
发育畸形	3		3			
营养不良	4	1	3			
母孕期外伤及物理伤害						
产伤	2	1	1			
工伤						
交通事故	1		1	1		1
其他外伤	2		2	1		1
中毒与过敏反应						
不良社会文化因素	4		4	2		2
其他						
原因不明						

3－10 续表

单位：人

致残主要原因	残疾二级			残疾三级			残疾四级		
	小计	城镇	农村	小计	城镇	农村	小计	城镇	农村
智力残疾(含多重)人	**103**	**14**	**89**	**241**	**30**	**211**	**254**	**21**	**233**
致残原因一									
遗传	13	2	11	30	3	27	30	2	28
脑疾病	29	2	27	72	8	64	60	2	58
内分泌障碍							1		1
惊厥性疾病	5	1	4	13	3	10	5	1	4
新生儿窒息	1		1	3	1	2	5		5
早产、低体重和过期产	2		2	7		7	9	2	7
发育畸形	1		1	1	1		3		3
营养不良				1		1	5		5
母孕期外伤及物理伤害	1		1	1		1			
产伤	1		1				1		1
工伤	1	1					1		1
交通事故	1		1	5	1	4	5	1	4
其他外伤	3	1	2	8	1	7	9		9
中毒与过敏反应				1	1				
不良社会文化因素				3		3	18	3	15
其他	13		13	31	4	27	17	2	15
原因不明	32	7	25	65	7	58	85	8	77
致残原因二									
遗传									
脑疾病	2		2	2		2	3		3
内分泌障碍									
惊厥性疾病	1	1		2		2	1		1
新生儿窒息	4		4	3	1	2	1		1
早产、低体重和过期产				2		2	3		3
发育畸形	1		1	1		1	1		1
营养不良				2		2	2	1	1
母孕期外伤及物理伤害									
产伤				2	1	1			
工伤									
交通事故									
其他外伤				1		1			
中毒与过敏反应									
不良社会文化因素							2		2
其他									
原因不明									

3－11　精神残疾(含多重)人分城乡、残疾等级的主要致残原因

单位：人、人次

致残主要原因	合计			残疾一级		
	合计	城镇	农村	小计	城镇	农村
精神残疾(含多重)人	**445**	**56**	**389**	**134**	**23**	**111**
致残原因一						
痴呆	43	10	33	25	6	19
其他器质性精神障碍	22	2	20	8	2	6
使用精神活性物质所致的障碍	8		8	1		1
精神分裂症	214	29	185	74	14	60
妄想性障碍	12	3	9	1		1
分裂情感性障碍	24	2	22	5		5
其他精神病性障碍	19	1	18	4		4
心境障碍	8	2	6			
神经症性障碍	33	1	32	5		5
行为综合症	6	1	5			
人格障碍	2		2			
孤独症	2		2			
癫痫	31	5	26	3	1	2
其他	10		10	5		5
原因不明	11		11	3		3
致残原因二						
痴呆	1	1				
其他器质性精神障碍	2		2	2		2
使用精神活性物质所致的障碍						
精神分裂症	4	1	3	3	1	2
妄想性障碍						
分裂情感性障碍	7		7	4		4
其他精神病性障碍	6	1	5	2	1	1
心境障碍						
神经症性障碍						
行为综合症	2		2			
人格障碍						
孤独症	2	1	1			
癫痫	3		3	2		2
其他						
原因不明						

3-11 续表

单位：人、人次

致残主要原因	残疾二级			残疾三级			残疾四级		
	小计	城镇	农村	小计	城镇	农村	小计	城镇	农村
精神残疾(含多重)人	**62**	**4**	**58**	**84**	**3**	**81**	**165**	**26**	**139**
致残原因一									
痴呆	5		5	5	1	4	8	3	5
其他器质性精神障碍	6		6	5		5	3		3
使用精神活性物质所致的障碍	1		1	2		2	4		4
精神分裂症	30	2	28	44	1	43	66	12	54
妄想性障碍	2		2	2		2	7	3	4
分裂情感性障碍	5		5	4		4	10	2	8
其他精神病性障碍	2		2	5		5	8	1	7
心境障碍				2		2	6	2	4
神经症性障碍	2		2	3		3	23	1	22
行为综合症	1	1		1		1	4		4
人格障碍							2		2
孤独症							2		2
癫痫	4	1	3	8	1	7	16	2	14
其他	1		1	2		2	2		2
原因不明	3		3	1		1	4		4
致残原因二									
痴呆							1	1	
其他器质性精神障碍									
使用精神活性物质所致的障碍									
精神分裂症	1		1						
妄想性障碍									
分裂情感性障碍				3		3			
其他精神病性障碍	3		3				1		1
心境障碍									
神经症性障碍									
行为综合症	1		1				1		1
人格障碍									
孤独症							2	1	1
癫痫	1		1						
其他									
原因不明									

3－12　视力残疾(含多重)人分年龄、性别的主要致残原因

单位：人

年　龄	遗传、先天异常或发育障碍		白内障		青光眼		沙　眼		角膜病	
	男	女	男	女	男	女	男	女	男	女
总　计	**41**	**23**	**241**	**458**	**12**	**46**	**9**	**6**	**47**	**69**
0岁			1							
1岁	1									
2岁										
3岁	1									
4岁	2									
5岁	1									
6岁	1									
7岁										
8岁	1									
9岁		1								
10岁										
11岁		1								
12岁	2									
13岁										
14岁	2	1								
15岁	1									
16岁	1									
17岁	3		1							
18岁										
19岁										1
20岁										
21岁									1	
22岁	1								1	
23岁									1	
24岁										
25岁						1				
26岁										
27岁										

3－12 续表 1

单位：人

年龄	遗传、先天异常或发育障碍		白内障		青光眼		沙眼		角膜病	
	男	女	男	女	男	女	男	女	男	女
28岁	1			1						
29岁	1									
30岁		2								
31岁	1	1								
32岁	1								1	1
33岁										
34岁									1	
35岁		2							1	
36岁			1							
37岁	2	1								
38岁	1									
39岁	3	1								
40岁		1								
41岁				1						
42岁	1	1		2					3	1
43岁	1	1								
44岁	1									
45岁		1								
46岁		1	1	1						
47岁	1		1							
48岁	1	1				2				
49岁	2								1	1
50岁			1	2						
51岁				1					1	
52岁			3	1						
53岁		1	1	4	1				1	1
54岁			3	1		1				
55岁			3			2			2	3
56岁	1		1	5				1	3	4

3-12 续表 2

单位：人

年 龄	遗传、先天异常或发育障碍		白内障		青光眼		沙 眼		角膜病	
	男	女	男	女	男	女	男	女	男	女
57岁			3	2		1	1			
58岁			5	3	1				1	1
59岁	2		2	1		1			1	1
60岁			3	3	1	2			2	2
61岁			2	6						
62岁			5	4	1		1			
63岁			2	4		3	1		3	
64岁	1		4	6		1			1	
65岁		1	7	12		2			2	2
66岁			7	7		1	1		2	2
67岁		1	10	16	1	3			2	1
68岁			5	11		2	1		2	4
69岁		1	6	16		1				3
70岁	1	1	13	10		3		1		3
71岁			10	16	1					1
72岁			14	20	2	1		1	1	3
73岁			10	17		3		1	1	2
74岁	1		14	25	1	4				1
75岁			12	17		3			1	4
76岁			8	16					2	1
77岁			6	20					2	1
78岁	1		13	25		1				5
79岁		1	8	22	1	1				1
80岁			11	28			1			2
81岁			9	18	1	3	1		2	
82岁			11	21		1			1	2
83岁		1	5	21		1				2
84岁			2	15			1	1	2	5
85+			17	57	1	2	1	1	2	8

3－12 续表 3

单位：人

年 龄	视神经病变		视网膜、色素膜病变		屈光不正		弱 视	
	男	女	男	女	男	女	男	女
总 计	**20**	**22**	**60**	**87**	**36**	**46**	**21**	**20**
0岁								
1岁								
2岁								
3岁						1		1
4岁							2	
5岁								
6岁								1
7岁								
8岁							1	
9岁								
10岁								1
11岁				1				1
12岁					1			
13岁							2	
14岁			1					
15岁								
16岁								
17岁							1	
18岁					1		1	
19岁								
20岁								
21岁					1			
22岁							1	
23岁								
24岁								
25岁								
26岁								
27岁								

3－12 续表 4

单位：人

年龄	视神经病变		视网膜、色素膜病变		屈光不正		弱视	
	男	女	男	女	男	女	男	女
28岁			2		1		2	1
29岁		1				1		1
30岁				1		1		
31岁					1			
32岁					2		1	1
33岁								
34岁					1	1	1	
35岁			1		1	1		1
36岁			1		1			
37岁	1	1		2	1			1
38岁								
39岁						1	1	
40岁		1	1					
41岁			1	1			1	1
42岁	1			4	1		1	
43岁			1	1	1			
44岁								
45岁	1							1
46岁			1		1			
47岁		1	1	1	2	1		
48岁		1	1	1	1		1	
49岁			1	2				1
50岁	1			2				
51岁	1		1	2	1	1		
52岁	1		1	1	1	1	1	
53岁	1	1	1	3		5		2
54岁	1		1		2			
55岁	2	2	4	1	3		2	1
56岁						1		

3-12 续表 5

单位：人

年 龄	视神经病变		视网膜、色素膜病变		屈光不正		弱 视	
	男	女	男	女	男	女	男	女
57岁		1	1					
58岁	2		2	1	2	1		
59岁		1		2	1	1		
60岁		1	1	1	1			
61岁			1	3		1		
62岁			1	2		1		1
63岁	2			1	2	1	1	
64岁		2	2		1			
65岁		1	1	1		1	1	
66岁			2		1			
67岁	3		2	3	1	1		
68岁			2	2	1	2		
69岁			1	4				1
70岁		2	2			1		1
71岁			2	6		2		1
72岁				5		3		1
73岁		1	1	6		1		
74岁			4	6		2		
75岁				4				
76岁		1	2			2		
77岁		1	2	3				
78岁			2	5	1	3		
79岁			3	3	1	2		
80岁	1		3					
81岁	2		1	1				
82岁			1	1		1		
83岁				1		1		
84岁		1						
85+		2	1	3		4		

3－12 续表 6

单位：人

年 龄	外 伤		中 毒		其 他		原因不明	
	男	女	男	女	男	女	男	女
总 计	**21**	**19**			**16**	**19**	**4**	**15**
0岁								
1岁								
2岁								
3岁								
4岁								
5岁								
6岁								
7岁								
8岁								
9岁								
10岁								
11岁								
12岁								
13岁	1							
14岁								
15岁								
16岁								
17岁								
18岁								
19岁								
20岁								
21岁								
22岁								
23岁								
24岁								
25岁								
26岁								
27岁								

3－12 续表 7

单位：人

年龄	外伤		中毒		其他		原因不明	
	男	女	男	女	男	女	男	女
28岁								
29岁								
30岁								
31岁								
32岁								
33岁		1						
34岁								
35岁								
36岁	1							1
37岁							1	
38岁								1
39岁					1			
40岁								
41岁	1				2	1		
42岁	1					1		
43岁	1	2						
44岁								
45岁						2		1
46岁								1
47岁	1					1		
48岁	1					1		
49岁	1							
50岁	1				1	1		
51岁		1			1	1		1
52岁		1						1
53岁					2	1		
54岁								
55岁								
56岁	1				1	1		

3-12 续表 8

单位：人

年 龄	外 伤		中 毒		其 他		原因不明	
	男	女	男	女	男	女	男	女
57岁	1							
58岁						1		
59岁		1				1		1
60岁								1
61岁								
62岁								
63岁		1						
64岁	1	2			1			1
65岁						1		2
66岁							1	
67岁	2				2		1	
68岁					1	1		
69岁		1						
70岁	1				2			
71岁	1							1
72岁	1					2		
73岁	1							
74岁	1	2				1		
75岁					1		1	
76岁						1		
77岁	1	1						
78岁		1						
79岁						1		
80岁		1						
81岁		3						1
82岁		1			1			1
83岁								
84岁	1							
85+								1

3－13　听力残疾(含多重)人分年龄、性别的主要致残原因

单位：人

年　龄	遗　传		母孕期病毒感染		传染性疾病		自身免疫缺陷性疾病	
	男	女	男	女	男	女	男	女
总　计	**33**	**30**	**8**	**3**	**15**	**16**	**2**	**2**
0岁								
1岁								
2岁								
3岁		1						
4岁						1		
5岁								
6岁		1						
7岁								
8岁	2	1						
9岁		3						
10岁		1						
11岁			1					
12岁								
13岁	1							
14岁	1	1						
15岁	1							
16岁		1						
17岁	1							
18岁								
19岁		1						
20岁								
21岁			2					
22岁	1		1					
23岁	1							
24岁								
25岁					1			
26岁	1			1				
27岁		1						

3－13 续表 1

单位：人

年龄	遗传		母孕期病毒感染		传染性疾病		自身免疫缺陷性疾病	
	男	女	男	女	男	女	男	女
28岁								
29岁						1		
30岁	2	1						
31岁		1				2		
32岁		1	1		1			
33岁	2	2						
34岁	1							
35岁	1	1						
36岁								
37岁								
38岁	1	1			1	1		
39岁						1		
40岁	1					1		
41岁					1			
42岁					1			
43岁	2	1				1		
44岁	1							
45岁								1
46岁		1			1	1		
47岁	2		1			1		
48岁		1			1			
49岁	1	1			4			
50岁	1			1	1	1		
51岁			1					
52岁								
53岁	1					1		
54岁								
55岁	2	1						
56岁								

3－13 续表 2

单位：人

年 龄	遗 传		母孕期病毒感染		传染性疾病		自身免疫缺陷性疾病	
	男	女	男	女	男	女	男	女
57岁		1			1			
58岁	1				1			
59岁	1			1				1
60岁	1		1					
61岁								
62岁						3		
63岁	2							
64岁		1					1	
65岁							1	
66岁		2						
67岁								
68岁		1						
69岁								
70岁								
71岁					1			
72岁		1						
73岁		1						
74岁								
75岁								
76岁								
77岁								
78岁								
79岁						1		
80岁								
81岁								
82岁								
83岁								
84岁	1							
85+								

3－13 续表 3

单位：人

年 龄	全身性疾病		中耳炎		老年性耳聋		早产和低体重	
	男	女	男	女	男	女	男	女
总 计	**33**	**29**	**133**	**92**	**444**	**432**	**1**	**1**
0岁								
1岁								
2岁								
3岁			1					
4岁								
5岁								
6岁								
7岁			1					
8岁		1				1		
9岁			1					
10岁								
11岁								
12岁								
13岁			1					
14岁			1					
15岁								
16岁								
17岁			1					
18岁								
19岁				1				
20岁				1				
21岁								
22岁			1					
23岁	1		1		1			
24岁			1					
25岁								
26岁								
27岁								

3-13 续表 4

单位：人

年 龄	全身性疾病		中耳炎		老年性耳聋		早产和低体重	
	男	女	男	女	男	女	男	女
28岁								
29岁								
30岁								
31岁			3	1				
32岁			1					
33岁			1	1				
34岁			2	1				
35岁			1	1				
36岁			2	1				
37岁	1		1			1		
38岁			2					
39岁				2				
40岁			4	2	1			
41岁	1		2	1		1		
42岁	1		2	1				
43岁	1		3	4				
44岁				2	1			
45岁			1					
46岁		1	1	3	1			
47岁			2	2	1			
48岁		2	2	1		1		
49岁	1		4	2	1			
50岁			3	2				
51岁	1		2	4		2		1
52岁			5	1	2	3		
53岁			3	4	2	1		
54岁		1	2	1	1			
55岁			6		3	2	1	
56岁	1	1	6	1	5	4		

3-13 续表 5

单位：人

年 龄	全身性疾病		中耳炎		老年性耳聋		早产和低体重	
	男	女	男	女	男	女	男	女
57岁		1	5	1	3	1		
58岁			4	4	3	2		
59岁			3	6	7	5		
60岁	1		4	4	7	3		
61岁			2	2	7	4		
62岁		1	5	3	6	4		
63岁	1		1		4	1		
64岁		1			7	4		
65岁	2	2	1	1	10	9		
66岁		1	1		8	7		
67岁		2	6		7	5		
68岁				4	17	7		
69岁	3	2	1		12	13		
70岁	1		2	2	15	11		
71岁	1	2	5	3	19	12		
72岁	1	2	4	2	20	21		
73岁	1		1	2	18	14		
74岁	2	2	3	1	29	15		
75岁	2		1		25	15		
76岁	2		1	4	32	23		
77岁	2	1	1	2	15	13		
78岁	1		1		24	23		
79岁	2				16	11		
80岁	2	1	1	1	16	30		
81岁		1	4	2	12	18		
82岁		1	1	1	17	17		
83岁	1	1	2		13	24		
84岁					8	19		
85+		2	3	7	48	85		

3-13 续表 6

单位：人

年 龄	新生儿窒息		高胆红素血症		药物中毒		创伤或意外伤害	
	男	女	男	女	男	女	男	女
总 计	**1**				**31**	**26**	**48**	**33**
0岁								
1岁								
2岁								
3岁								
4岁							1	
5岁								
6岁								
7岁								
8岁								
9岁						1		
10岁							1	
11岁								
12岁								
13岁	1				1			
14岁					1			
15岁						1		
16岁							1	
17岁								
18岁						1		
19岁						1		
20岁								1
21岁					2			
22岁					2			
23岁						2		
24岁								
25岁								
26岁							1	
27岁							1	

3－13 续表 7

单位：人

年 龄	新生儿窒息		高胆红素血症		药物中毒		创伤或意外伤害	
	男	女	男	女	男	女	男	女
28岁								
29岁						1		
30岁					1			
31岁					1			
32岁					1			
33岁						2	1	1
34岁								
35岁					1			
36岁								
37岁					1		1	
38岁							1	
39岁							1	1
40岁						1	1	1
41岁						2		2
42岁							1	
43岁					1	1	1	1
44岁							1	
45岁							3	
46岁						1		
47岁								1
48岁						2	1	1
49岁					1		1	
50岁					1	1	2	
51岁					2	1	3	
52岁					1		1	
53岁					2			1
54岁						1	4	
55岁					1		1	1
56岁					1			

3-13 续表 8

单位：人

年 龄	新生儿窒息		高胆红素血症		药物中毒		创伤或意外伤害	
	男	女	男	女	男	女	男	女
57岁							1	1
58岁							2	
59岁								2
60岁					1	1	2	
61岁							2	1
62岁						1		1
63岁								
64岁							1	
65岁					1		2	
66岁								
67岁					2			
68岁							2	2
69岁							1	1
70岁					1			
71岁								1
72岁								1
73岁								1
74岁						1	2	2
75岁								2
76岁					1	2	1	2
77岁								
78岁							1	
79岁								1
80岁					2		1	1
81岁								
82岁								1
83岁					1	1		1
84岁					1	1		
85+							1	1

3-13 续表 9

单位：人

年 龄	噪声和爆震		其 他		原因不明	
	男	女	男	女	男	女
总 计	**30**	**5**	**27**	**14**	**146**	**110**
0岁						
1岁				1		
2岁						2
3岁					1	1
4岁				1		
5岁						
6岁						
7岁						
8岁						
9岁						
10岁						
11岁						
12岁						1
13岁						1
14岁					1	
15岁						1
16岁			1		3	
17岁						
18岁					1	
19岁						
20岁						
21岁						1
22岁						1
23岁			1			1
24岁						1
25岁						1
26岁			1			1
27岁						1

3-13 续表 10

单位：人

年 龄	噪声和爆震		其 他		原因不明	
	男	女	男	女	男	女
28岁					1	1
29岁						
30岁						2
31岁			1		1	
32岁					1	
33岁	1					1
34岁					1	1
35岁						
36岁					1	1
37岁					3	1
38岁			3			1
39岁	2			1	1	
40岁						
41岁			1		2	3
42岁					3	
43岁			1			2
44岁					1	2
45岁	2			1		1
46岁		1			4	
47岁			1		5	3
48岁					4	4
49岁			1		3	4
50岁					1	1
51岁					3	1
52岁	1		1		5	3
53岁			2		7	4
54岁	1				5	3
55岁	1		1		4	1
56岁	1		1		7	6

3-13 续表 11

单位：人

年 龄	噪声和爆震		其 他		原因不明	
	男	女	男	女	男	女
57岁	1		1		5	4
58岁	1				3	2
59岁				1	6	3
60岁			1		7	2
61岁					5	
62岁	1			1	5	
63岁					5	1
64岁				1	4	1
65岁		1			1	4
66岁	1		1		1	2
67岁	2		1	1	1	3
68岁			1		1	2
69岁			1	1	4	2
70岁	3				3	3
71岁	1	1	1		2	2
72岁	1			1	4	3
73岁	1	1	1		2	
74岁	2		1		4	2
75岁	1				1	2
76岁	1				2	3
77岁			1	1	2	2
78岁	1				1	1
79岁					2	
80岁	1			1	1	1
81岁	1					1
82岁				1	2	1
83岁		1			2	
84岁			1			2
85+	2			1	1	2

3-14 言语残疾(含多重)人分年龄、性别的主要致残原因

单位：人

年 龄	唐氏综合症		脑性瘫痪		新生儿病理性黄疸		早产、低体重和过期产		腭 裂	
	男	女	男	女	男	女	男	女	男	女
总 计	**2**	**1**	**19**	**8**	**1**		**6**		**8**	**5**
0岁										
1岁										
2岁							1			
3岁		1	2				1			
4岁				2			1			
5岁	1		1	2			1			
6岁			3						1	
7岁			4							
8岁							1			
9岁										
10岁										
11岁									1	
12岁				1						1
13岁										
14岁					1				1	
15岁			2							
16岁									1	
17岁									1	
18岁			2	1			1			
19岁										
20岁										
21岁			1							
22岁			1							
23岁			1							1
24岁										1
25岁										
26岁									1	
27岁										

3-14 续表 1

单位：人

年龄	唐氏综合症		脑性瘫痪		新生儿病理性黄疸		早产、低体重和过期产		腭裂	
	男	女	男	女	男	女	男	女	男	女
28岁										
29岁			1							
30岁										
31岁										1
32岁										
33岁										
34岁										
35岁	1									
36岁										1
37岁										
38岁			1							
39岁				1						
40岁										
41岁									1	
42岁										
43岁										
44岁										
45岁										
46岁										
47岁										
48岁										
49岁										
50岁										
51岁				1						
52岁										
53岁										
54岁										
55岁										
56岁										

3-14 续表 2

单位：人

年 龄	唐氏综合症		脑性瘫痪		新生儿病理性黄疸		早产、低体重和过期产		腭 裂	
	男	女	男	女	男	女	男	女	男	女
57岁										
58岁										
59岁										
60岁										
61岁										
62岁										
63岁										
64岁										
65岁										
66岁										
67岁										
68岁										
69岁										
70岁									1	
71岁										
72岁										
73岁										
74岁										
75岁										
76岁										
77岁										
78岁										
79岁										
80岁										
81岁										
82岁										
83岁										
84岁										
85+										

3-14 续表 3

单位：人

年龄	智力低下		脑梗死		脑出血		脑炎	
	男	女	男	女	男	女	男	女
总计	**1**	**1**						**1**
0岁	4							
1岁	1	1						
2岁	2							
3岁			1				1	
4岁								
5岁	1	1					1	
6岁								1
7岁	1							1
8岁								1
9岁	3						1	
10岁		1						
11岁	1	1					1	
12岁							1	
13岁	1	2						
14岁	2	1					1	
15岁		2						
16岁								1
17岁								
18岁	2						1	
19岁							1	
20岁								1
21岁		1					1	
22岁	1							
23岁	19	12					13	4
24岁	16	8					8	6
25岁	21	9					8	1
26岁	5	8		1			7	3
27岁	11	7					5	4

3-14 续表 4

单位：人

年 龄	智力低下		脑梗死		脑出血		脑 炎	
	男	女	男	女	男	女	男	女
28岁	1						1	
29岁								1
30岁	2						1	
31岁								
32岁	1	1						
33岁							1	
34岁								1
35岁	1							
36岁								
37岁	1						2	
38岁	1							
39岁								
40岁							1	1
41岁	1				1		1	
42岁					1		1	
43岁		1					1	1
44岁								
45岁								
46岁							1	
47岁								
48岁		1						1
49岁		1					3	1
50岁								
51岁	1	1						
52岁							1	
53岁								
54岁				1				
55岁		1						
56岁								1

3-14 续表 5

单位：人

年龄	智力低下		脑梗死		脑出血		脑炎	
	男	女	男	女	男	女	男	女
57岁	1							
58岁			1					
59岁								
60岁								
61岁					1			
62岁			1					
63岁		1	1					
64岁								
65岁			1					1
66岁				1				
67岁		1			1			1
68岁								
69岁					1			
70岁				2				
71岁				1				
72岁					1			
73岁		1						
74岁								
75岁				1	1	1		
76岁								
77岁								
78岁				2	1			
79岁								
80岁				1				
81岁								
82岁		1						
83岁			1					
84岁								
85+			1					

3-14 续表 6

单位：人

年龄	脑囊虫病		喉、舌疾病术后		听力障碍		帕金森氏病		多发性硬化	
	男	女	男	女	男	女	男	女	男	女
总计			**1**		**42**	**39**		**1**		
0岁										
1岁										
2岁										
3岁										
4岁					1					
5岁										
6岁										
7岁										
8岁						1				
9岁						3				
10岁										
11岁					1					
12岁										
13岁					1	1				
14岁					1	1				
15岁					2	2				
16岁					1	1				
17岁										
18岁						1				
19岁						1				
20岁										
21岁					2	1				
22岁						1				
23岁					2	1				
24岁					1					
25岁						2				
26岁						1				
27岁										

3-14 续表 7

单位：人

年 龄	脑囊虫病		喉、舌疾病术后		听力障碍		帕金森氏病		多发性硬化	
	男	女	男	女	男	女	男	女	男	女
28岁										
29岁						2				
30岁					1					
31岁						2				
32岁					1	1				
33岁					1	2				
34岁						1				
35岁						1				
36岁										
37岁					3					
38岁										
39岁										
40岁										
41岁					3	2				
42岁										
43岁										
44岁										
45岁						1				
46岁										
47岁					3					
48岁					3	2				
49岁					3					
50岁						1				
51岁										
52岁					1					
53岁					1	1				
54岁								1		
55岁					1					
56岁					1					

3-14 续表 8

单位：人

年龄	脑囊虫病		喉、舌疾病术后		听力障碍		帕金森氏病		多发性硬化	
	男	女	男	女	男	女	男	女	男	女
57岁										
58岁					1					
59岁					2					
60岁					1					
61岁						1				
62岁										
63岁										
64岁						1				
65岁										
66岁										
67岁										
68岁						1				
69岁					1	1				
70岁					2					
71岁			1							
72岁										
73岁										
74岁										
75岁										
76岁					1					
77岁										
78岁										
79岁										
80岁										
81岁										
82岁						1				
83岁										
84岁										
85+						1				

3-14 续表 9

单位：人

年龄	脊髓侧索硬化		脑外伤		产伤		孤独症	
	男	女	男	女	男	女	男	女
总计	**1**		**3**	**2**	**6**			**1**
0岁								
1岁								
2岁								
3岁								
4岁					1			
5岁					2			
6岁								
7岁				1	1			
8岁								
9岁								
10岁								1
11岁								
12岁								
13岁								
14岁								
15岁								
16岁								
17岁								
18岁								
19岁								
20岁								
21岁								
22岁					1			
23岁								
24岁								
25岁								
26岁								
27岁					1			

3-14 续表 10

单位：人

年 龄	脊髓侧索硬化		脑外伤		产 伤		孤独症	
	男	女	男	女	男	女	男	女
28岁								
29岁								
30岁								
31岁								
32岁								
33岁								
34岁								
35岁			1					
36岁								
37岁								
38岁								
39岁								
40岁	1			1				
41岁								
42岁			1					
43岁								
44岁								
45岁								
46岁								
47岁								
48岁								
49岁			1					
50岁								
51岁								
52岁								
53岁								
54岁								
55岁								
56岁								

3-14 续表 11

单位：人

年 龄	脊髓侧索硬化		脑外伤		产 伤		孤独症	
	男	女	男	女	男	女	男	女
57岁								
58岁								
59岁								
60岁								
61岁								
62岁								
63岁								
64岁								
65岁								
66岁								
67岁								
68岁								
69岁								
70岁								
71岁								
72岁								
73岁								
74岁								
75岁								
76岁								
77岁								
78岁								
79岁								
80岁								
81岁								
82岁								
83岁								
84岁								
85+								

3-14 续表 12

单位：人

年龄	癫痫		CO中毒		其他		原因不明	
	男	女	男	女	男	女	男	女
总计	**1**		**1**		**43**	**35**	**50**	**27**
0岁								
1岁								
2岁								
3岁			1		1	1	2	
4岁					2	1	5	
5岁							1	
6岁					1	1		
7岁	1				1			
8岁							1	
9岁							1	
10岁					1			
11岁							1	
12岁						1	2	1
13岁					1			
14岁								
15岁					1	1	1	
16岁					1	1		
17岁					1	1	1	
18岁							1	
19岁					1	1		1
20岁								1
21岁					2			
22岁					1		1	
23岁					1	1		1
24岁							1	2
25岁					1			
26岁					1			1
27岁					1	1		1

3-14 续表 13

单位：人

年龄	癫痫		CO中毒		其他		原因不明	
	男	女	男	女	男	女	男	女
28岁					1			
29岁								1
30岁					1	1	2	2
31岁							2	
32岁					1	1	1	1
33岁						1		2
34岁								
35岁								
36岁					2		1	
37岁								
38岁					4	1		1
39岁					1	2	3	1
40岁							1	
41岁					1	1	1	
42岁					1		1	
43岁					1		1	
44岁					2			1
45岁					1		1	
46岁						1		
47岁							2	2
48岁					2	1		
49岁					1	1		
50岁								
51岁						3		
52岁							1	
53岁					1		2	
54岁						1	1	1
55岁					2		1	
56岁						1		

3-14 续表 14

单位：人

年 龄	癫 痫		CO中毒		其 他		原因不明	
	男	女	男	女	男	女	男	女
57岁						1	1	
58岁								
59岁					1	1		1
60岁							1	
61岁						1		
62岁						1		
63岁					1		1	1
64岁					1	1	1	
65岁						1		1
66岁						1		1
67岁						1		1
68岁							1	1
69岁							1	
70岁								
71岁								
72岁								
73岁							1	
74岁								1
75岁								
76岁								
77岁						1	2	
78岁							1	
79岁								
80岁								
81岁								
82岁							1	
83岁								
84岁								
85+						1		

3－15　肢体残疾(含多重)人分年龄、性别的主要致残原因

单位：人

年龄	脑性瘫痪		发育畸形		侏儒症		其他先天性或发育障碍	
	男	女	男	女	男	女	男	女
总计	**41**	**16**	**48**	**43**	**7**	**13**	**16**	**5**
0岁								
1岁	1			2				
2岁	4		1	1				
3岁	4		1	1				
4岁	1	1						
5岁	1	1						
6岁	3							1
7岁	4	1		1				
8岁	3					1		
9岁			1	1				2
10岁	3	1						
11岁	1	1						
12岁							1	
13岁	1		1					
14岁			2	1				
15岁	2			3			1	
16岁	1		1	1				
17岁			3	2	1			
18岁	1	1				2	1	
19岁	1			1			2	
20岁			1		1			
21岁	1	1		1			1	
22岁	1	1				1		
23岁	1	1	2			1	1	
24岁	1							
25岁			1	1	1			
26岁							1	
27岁					1			1

3－15　续表 1

单位：人

年龄	脑性瘫痪		发育畸形		侏儒症		其他先天性或发育障碍	
	男	女	男	女	男	女	男	女
28岁								
29岁	1		2					
30岁		1	2	1				
31岁	1					1		
32岁			2					
33岁								
34岁			1					
35岁			2					
36岁		1			1			
37岁				1				
38岁	2		4	2	1			
39岁		1	3	2		1		
40岁			1	2			1	
41岁						1	1	
42岁		1	2		1	1		
43岁	1		2	2				
44岁						1	2	
45岁		1	1	1		2		
46岁				1			1	
47岁				1				
48岁			3	1				
49岁			1				1	
50岁								1
51岁				2				
52岁				1				
53岁			2	1			1	
54岁		1		1				
55岁								
56岁								

3－15 续表 2

单位：人

年龄	脑性瘫痪		发育畸形		侏儒症		其他先天性或发育障碍	
	男	女	男	女	男	女	男	女
57岁			1					
58岁								
59岁				1				
60岁								
61岁								
62岁				1				
63岁								
64岁				1				
65岁								
66岁								
67岁				1				
68岁								
69岁			3					
70岁								
71岁								
72岁								
73岁			2					
74岁				1				
75岁								
76岁							1	
77岁						1		
78岁								
79岁		1						
80岁				1				
81岁								
82岁	1							
83岁				2				
84岁								
85+								

3-15 续表 3

单位：人

年 龄	脊髓灰质炎		脑血管疾病		周围血管疾病		肿 瘤	
	男	女	男	女	男	女	男	女
总 计	**123**	**75**	**139**	**113**	**5**		**5**	**3**
0岁								
1岁								
2岁								
3岁								
4岁								
5岁	2							
6岁								
7岁								
8岁								
9岁		1						
10岁								
11岁	1							
12岁		1						
13岁					1			
14岁	3	1						
15岁	1							
16岁	3	1						
17岁	1							
18岁	2							
19岁		1						
20岁	1							
21岁		1						
22岁	1	1						
23岁		1	1					
24岁	1	1	1					
25岁	1							
26岁		1						
27岁	2	2						

3-15 续表 4

单位：人

年　龄	脊髓灰质炎		脑血管疾病		周围血管疾病		肿　瘤	
	男	女	男	女	男	女	男	女
28岁	4	1						
29岁	9	1						
30岁	1	3		1				
31岁	4	1						
32岁	1	3						
33岁	2	1						
34岁	4	2	1					
35岁	5							
36岁	6	2						
37岁	3	7						
38岁	5	1	1					
39岁	3	1						
40岁	3	2						
41岁	3	5	1					
42岁	6	6	1					
43岁	5	3	1					
44岁	3	3						
45岁	3	1	1					
46岁	4	4						
47岁	5	1		1				
48岁	2	2		1				
49岁	3	1	5					
50岁	2	1	1	1				
51岁		2	3	1	2			
52岁	1	1	2	2			1	
53岁	5		3	2				
54岁	3			2				
55岁	1		1	1				
56岁	1		3	3			1	

3－15　续表 5

单位：人

年　龄	脊髓灰质炎		脑血管疾病		周围血管疾病		肿　瘤	
	男	女	男	女	男	女	男	女
57岁	3	1	4	2			1	
58岁	1	1	6	2				1
59岁		2	9	7				
60岁			1	2			1	
61岁	1		2	1				
62岁			5	1				
63岁		1	2	4				
64岁		1	3	7			1	
65岁	1		5	2				
66岁	1		2	3				
67岁			6	4				
68岁		1	2	3				1
69岁			6	3				
70岁			6	4				
71岁			6	3				
72岁			6	5				
73岁			2	6				
74岁			8	4				
75岁			6	9	1			
76岁			3					
77岁			5	8				
78岁			6	3				
79岁		1	1	5				
80岁			4	2	1			
81岁			4	3				
82岁			1					
83岁			2					
84岁			1					
85+			3	5				1

3-15 续表 6

单位：人

年龄	骨关节病		地方病		脊髓疾病		工伤	
	男	女	男	女	男	女	男	女
总计	**118**	**179**	**1**		**14**	**5**	**77**	**19**
0岁								
1岁								
2岁								
3岁								
4岁								
5岁								
6岁								
7岁			1					
8岁								
9岁								
10岁	1							
11岁		1						
12岁								
13岁	1							
14岁		1			1			
15岁					1			
16岁	1							
17岁		1						
18岁							1	
19岁							1	
20岁								
21岁	1	1			1			1
22岁							2	
23岁							1	
24岁	1							
25岁		1						
26岁	1							
27岁								

3－15　续表 7

单位：人

年　龄	骨关节病		地方病		脊髓疾病		工　伤	
	男	女	男	女	男	女	男	女
28岁								
29岁	1						1	
30岁							3	
31岁		2						
32岁	2	1					3	
33岁							1	
34岁	1	1						
35岁	1						1	
36岁	2						2	
37岁		2					2	
38岁	1	1			1		3	
39岁	2	1					1	1
40岁	1	1			1		2	1
41岁		2					2	1
42岁	1					1	1	
43岁	5	3						
44岁							1	
45岁							2	1
46岁							3	1
47岁						1	2	
48岁	1	2			2		4	1
49岁		2					4	1
50岁	1	2					1	
51岁		2					2	
52岁	3	1			2		2	
53岁	3	2					5	2
54岁		6						
55岁	3	1					1	
56岁	3	4			1		2	

3-15 续表 8

单位：人

年 龄	骨关节病		地方病		脊髓疾病		工 伤	
	男	女	男	女	男	女	男	女
57岁	2	2					1	
58岁	2	4					1	1
59岁	1	4				1	2	
60岁	5	4			1		1	
61岁	2	4					1	
62岁	3	2						1
63岁		4					1	1
64岁	5	2					1	
65岁	4	6					2	
66岁	4	1						
67岁	2	10					1	1
68岁	4	7					1	
69岁	2	4			1	1	1	
70岁	1	6					2	
71岁	3	3						1
72岁	5	4						1
73岁	3	7					2	
74岁	3	4						
75岁		4						
76岁	1	6					1	
77岁	4	4						
78岁		3						
79岁	5	3						
80岁	4	6				1	1	
81岁		9			1			1
82岁	3	2					1	
83岁	4	5						
84岁	2	3			1			
85+	7	15					1	2

3－15　续表 9

单位：人

年　龄	交通事故		脊髓损伤		脑外伤		其他外伤		结核性感染	
	男	女	男	女	男	女	男	女	男	女
总　计	**65**	**29**	**13**	**4**	**13**	**7**	**238**	**205**	**16**	**5**
0岁					1					
1岁										
2岁						1				
3岁										
4岁	1									
5岁										
6岁							1			
7岁							2	1		
8岁	1						1	1		
9岁							1			
10岁	1							1		
11岁						2				
12岁	1						2	1		
13岁		1						1		
14岁		1					1			
15岁	2									
16岁							3	2	2	
17岁							1	2		
18岁							4	1		
19岁					1				2	
20岁					1		1			
21岁							2	1		
22岁								1	1	
23岁	1									
24岁							1	1		
25岁			1							
26岁	1	1		1			2	1		
27岁							3			

3-15 续表 10

单位：人

年龄	交通事故		脊髓损伤		脑外伤		其他外伤		结核性感染	
	男	女	男	女	男	女	男	女	男	女
28岁		2					1			
29岁		1					2	1	1	
30岁	1		1			1	2	2	1	
31岁							4	1		
32岁	1						2	2		
33岁			1		1		1	1		
34岁	4	1				1	3		1	
35岁	1						5	1	1	
36岁	1						5	1		
37岁	2	1	3				2	1	1	
38岁	2	1	1				4	1		
39岁							2	1		
40岁	2		1				2	2		
41岁	4	1					2	4		
42岁	3		1		2		6	3	1	
43岁	1	1			1		4	2	1	
44岁	1						4	3		
45岁	1						4	3	1	
46岁	2	2				1	9	1		1
47岁	1	1					6	2		
48岁							9	1		
49岁	2	1			1		4	4		
50岁	2						4	1		
51岁	2	2					6	5		
52岁	2						6	2	1	
53岁		1			1		6	4		
54岁	1	1	2		2	1	4	4		
55岁	2	1			1		5	1		
56岁	1		1				3	5		2

3－15 续表 11

单位：人

年龄	交通事故		脊髓损伤		脑外伤		其他外伤		结核性感染	
	男	女	男	女	男	女	男	女	男	女
57岁							5	1		
58岁	2						4	2		
59岁	1	1					1	1		
60岁	1	1					5	2		
61岁							5	1		
62岁	1						4	1		
63岁	2		1				3	7		
64岁	2						3	6	1	
65岁							4	2		
66岁	2			1			4	2		
67岁				1			1	6		1
68岁	1						2	5		1
69岁		1					6	3		
70岁	1						1	2		
71岁							1	4		
72岁	1	1					1	3		
73岁					1		4	11		
74岁	1						6	8	1	
75岁		1					5	6		
76岁		1					1	5		
77岁		1					3	2		
78岁	2						4	6		
79岁							4	3		
80岁							4	7		
81岁	1							6		
82岁							1	3		
83岁				1			4	6		
84岁							1	3		
85+		2					9	18		

3－15 续表 12

单位：人

年 龄	化脓性感染		中 毒		其 他		原因不明	
	男	女	男	女	男	女	男	女
总 计	**19**	**14**	**1**	**2**	**73**	**64**	**48**	**47**
0岁								
1岁					1			
2岁					1			
3岁								
4岁						1	2	1
5岁								
6岁								
7岁								1
8岁					1			
9岁								
10岁							1	
11岁					2			
12岁					1		2	
13岁						2		
14岁					1			
15岁								1
16岁					1			
17岁						1		
18岁								
19岁								
20岁						2		
21岁					1			
22岁								
23岁								
24岁					1			
25岁								
26岁					1			1
27岁					1			1

3－15 续表 13

单位：人

年 龄	化脓性感染		中 毒		其 他		原因不明	
	男	女	男	女	男	女	男	女
28岁	1	2			3			
29岁					1		1	
30岁								
31岁								
32岁					1	1	1	
33岁		1			2	1	1	
34岁					2	1		
35岁					1	1	2	
36岁					1	1	1	3
37岁		1			4	1		1
38岁	1							
39岁		1			1	4		3
40岁	1			1		3		1
41岁					1	1	1	1
42岁						1		
43岁	1							
44岁	1					1		
45岁					1	2		1
46岁	1				2	1		
47岁			1		1	2		
48岁		1					1	
49岁								1
50岁						1		
51岁		1			4	1	2	
52岁					2		1	1
53岁						1	1	
54岁	2				1		1	1
55岁				1	1	2	2	2
56岁						3	1	1

3－15 续表 14

单位：人

年 龄	化脓性感染		中 毒		其 他		原因不明	
	男	女	男	女	男	女	男	女
57岁					1		2	1
58岁					1	2		
59岁						1	1	
60岁		1					2	
61岁					2		2	1
62岁					1			
63岁					3		2	
64岁	2					2		
65岁	3				3	1		1
66岁					1	2	2	
67岁		1				1	2	
68岁						2		1
69岁							2	2
70岁		1			2		1	2
71岁					2		3	1
72岁	2				1	1	1	
73岁	1				2	2	2	2
74岁	1	1			2	1		2
75岁					1	1		
76岁					1	1		1
77岁					1	1	1	
78岁	1				1	1	1	3
79岁					1	1		1
80岁							1	1
81岁		1				2		
82岁		1			1	1		
83岁		1			1		1	
84岁	1					2	1	1
85+					4	4		6

3－16　智力残疾(含多重)人分年龄、性别的主要致残原因

单位：人

年　龄	遗　传		脑疾病		内分泌障碍		惊厥性疾病		新生儿窒息	
	男	女	男	女	男	女	男	女	男	女
总　计	**56**	**41**	**118**	**98**	**1**		**17**	**15**	**17**	**5**
0岁	1		1	2						
1岁	1		1	1					3	
2岁	1		2	1					1	1
3岁	2	1	2						1	
4岁		1	1	3						
5岁	2		8	2			1	1	2	
6岁	2	1	1	1					4	1
7岁		2	3				1		2	1
8岁	1	2	2	1						
9岁		3			1					
10岁	3		5	3					1	
11岁			2	1						
12岁		1						1		
13岁	4	2	1	3						1
14岁	2		3	3			1			
15岁	1		3	3				3		
16岁		1	3				3		1	
17岁			1				1	2		
18岁	1	3	2	3			1		1	
19岁	4	1	5							
20岁			1	1					1	
21岁	1		3	1			1	2		
22岁		1		2						
23岁	1		1	1						1
24岁	4		2	1						
25岁	1	2		2			1			
26岁	2	3	1	1						
27岁				1			2	1		

3-16 续表 1

单位：人

年龄	遗传		脑疾病		内分泌障碍		惊厥性疾病		新生儿窒息	
	男	女	男	女	男	女	男	女	男	女
28岁			6	1			2			
29岁	2	2	2	1				1		
30岁	1	1	3	1			1			
31岁	1	1		1						
32岁	2		2	1						
33岁	2		3	1			1	1		
34岁	3		2	2						
35岁	2		2	3						
36岁	1		1	1						
37岁	1		1	2						
38岁		1	6	1						
39岁			1	3						
40岁			2	3						
41岁	1		3	3				1		
42岁				3						
43岁	1	1	3	1			1			
44岁	1			2						
45岁			1	2						
46岁	1		1	1						
47岁				5						
48岁				1						
49岁		1	2	2				1		
50岁		1		1						
51岁		1		2						
52岁			3							
53岁	1	1	2							
54岁										
55岁		4								
56岁			1	2						

3－16 续表 2

单位：人

年 龄	遗 传		脑疾病		内分泌障碍		惊厥性疾病		新生儿窒息	
	男	女	男	女	男	女	男	女	男	女
57岁			2							
58岁	1			2						
59岁										
60岁			1							
61岁										
62岁	1									
63岁			1							
64岁				1						
65岁		1		1						
66岁		1	1							
67岁			2							
68岁				1						
69岁			1	2				1		
70岁										
71岁										
72岁			1	1						
73岁			1	1						
74岁			1							
75岁			1							
76岁		1	1							
77岁				1						
78岁			1	3						
79岁										
80岁			1							
81岁				1						
82岁										
83岁				1						
84岁										
85+			2							

3-16 续表 3

单位：人

年 龄	早产、低体重和过期产		发育畸形		营养不良		母孕期外伤及物理伤害	
	男	女	男	女	男	女	男	女
总 计	**16**	**11**	**4**	**6**	**7**	**3**	**2**	**1**
0岁	4	3				1		
1岁	2	2		1				
2岁	4	1			1		1	
3岁		1						
4岁	1	2						
5岁								
6岁	1							
7岁								
8岁	2		1	1				
9岁								
10岁		1		1	1			
11岁								
12岁								
13岁					1			
14岁	1		1		1			
15岁								
16岁								
17岁								
18岁								
19岁								
20岁						1		
21岁					1			
22岁							1	
23岁								
24岁				1				
25岁								
26岁			1		1			1
27岁								

3－16　续表 4

单位：人

年　龄	早产、低体重和过期产		发育畸形		营养不良		母孕期外伤及物理伤害	
	男	女	男	女	男	女	男	女
28岁								
29岁								
30岁								
31岁				1				
32岁								
33岁								
34岁								
35岁								
36岁	1		1					
37岁								
38岁		1						
39岁				1				
40岁								
41岁								
42岁								
43岁								
44岁								
45岁								
46岁								
47岁								
48岁								
49岁								
50岁								
51岁								
52岁								
53岁								
54岁								
55岁								
56岁								

3-16 续表 5

单位：人

年龄	早产、低体重和过期产		发育畸形		营养不良		母孕期外伤及物理伤害	
	男	女	男	女	男	女	男	女
57岁								
58岁								
59岁								
60岁								
61岁								
62岁					1			
63岁								
64岁						1		
65岁								
66岁								
67岁								
68岁								
69岁								
70岁								
71岁								
72岁								
73岁								
74岁								
75岁								
76岁								
77岁								
78岁								
79岁								
80岁								
81岁								
82岁								
83岁								
84岁								
85+								

3-16 续表 6

单位：人

年 龄	产 伤		工 伤		交通事故		其他外伤	
	男	女	男	女	男	女	男	女
总 计	**4**	**1**	**1**	**1**	**10**	**3**	**14**	**8**
0岁								
1岁								
2岁		1						
3岁							2	
4岁	1							
5岁								
6岁								
7岁	1							
8岁	1					1		
9岁								
10岁								
11岁					1	1		
12岁					2		1	
13岁								
14岁								
15岁							1	1
16岁								
17岁								
18岁								1
19岁								
20岁							1	
21岁								
22岁								
23岁								
24岁								
25岁								
26岁								
27岁	1						2	

3-16 续表 7

单位：人

年 龄	产 伤		工 伤		交通事故		其他外伤	
	男	女	男	女	男	女	男	女
28岁					1			
29岁								
30岁								1
31岁								
32岁								
33岁							1	
34岁				1				
35岁								
36岁								
37岁							1	
38岁							1	
39岁								
40岁								
41岁								
42岁					1			
43岁								
44岁								
45岁								
46岁					1			
47岁								1
48岁								
49岁			1		3			
50岁								
51岁								
52岁					1		1	
53岁								
54岁								
55岁								
56岁								

3－16 续表 8

单位：人

年 龄	产 伤		工 伤		交通事故		其他外伤	
	男	女	男	女	男	女	男	女
57岁						1		
58岁							1	
59岁								
60岁								
61岁								
62岁								
63岁								
64岁							1	1
65岁								
66岁								
67岁								
68岁								
69岁								
70岁								
71岁								
72岁								
73岁								
74岁							1	
75岁								
76岁								1
77岁								
78岁								
79岁								
80岁								
81岁								
82岁								
83岁								2
84岁								
85+								

3-16 续表9

单位：人

年 龄	中毒与过敏反应		不良社会文化因素		其 他		原因不明	
	男	女	男	女	男	女	男	女
总 计	**1**		**18**	**8**	**29**	**37**	**105**	**93**
0岁						1	5	2
1岁						2	3	1
2岁			1	1		1	1	
3岁			1				2	1
4岁			3	1	1		2	2
5岁			1	1			5	2
6岁			2				5	5
7岁				1	1	1		1
8岁					1		2	
9岁							1	4
10岁					1		2	2
11岁			1		2	1	2	
12岁					2	2	4	
13岁			1				2	
14岁					1		3	
15岁			1				1	1
16岁							5	
17岁							1	1
18岁					1	1	1	2
19岁					2			4
20岁					1	2		2
21岁					1		1	1
22岁								1
23岁					3	2		2
24岁					1	2	1	1
25岁								3
26岁							1	1
27岁						2	1	3

3－16 续表 10

单位：人

年龄	中毒与过敏反应		不良社会文化因素		其他		原因不明	
	男	女	男	女	男	女	男	女
28岁						1	4	
29岁					1			1
30岁					2		3	4
31岁							2	4
32岁						1	1	2
33岁			1		1	1	2	3
34岁					1		1	
35岁					1			1
36岁						2	3	1
37岁				1	1	1	5	1
38岁							1	1
39岁						2	3	1
40岁				1		1	1	2
41岁				1			5	3
42岁					1		1	
43岁			1				1	
44岁								
45岁						1	1	3
46岁								
47岁								2
48岁			3	1		1		
49岁							2	1
50岁			1					
51岁						2	1	1
52岁	1						3	
53岁								1
54岁			1				1	
55岁								1
56岁							2	

3-16 续表 11

单位：人

年龄	中毒与过敏反应		不良社会文化因素		其他		原因不明	
	男	女	男	女	男	女	男	女
57岁							4	
58岁							1	3
59岁							1	
60岁					1			
61岁						1	1	
62岁							1	
63岁					1		1	
64岁						1	1	1
65岁								1
66岁								2
67岁					1			
68岁								
69岁								1
70岁								
71岁								
72岁								1
73岁								2
74岁								
75岁								
76岁								1
77岁						1		
78岁								1
79岁							1	
80岁								2
81岁								
82岁								
83岁						1		
84岁								1
85+						3		2

3－17 精神残疾(含多重)人分年龄、性别的主要致残原因

单位：人

年 龄	痴 呆		其他器质性精神障碍		使用精神活性物质所致的障碍		精神分裂症	
	男	女	男	女	男	女	男	女
总 计	**22**	**22**	**11**	**13**	**8**		**97**	**121**
0岁								
1岁								
2岁								
3岁	1							
4岁								
5岁								
6岁	1							
7岁								
8岁								
9岁								
10岁	1							
11岁				1				1
12岁								
13岁								
14岁								1
15岁			1				1	
16岁	1							1
17岁							2	
18岁								2
19岁								1
20岁							1	
21岁		1					2	3
22岁								1
23岁		1	1				4	2
24岁							1	
25岁							2	
26岁	1						5	4
27岁							1	1

3－17 续表 1

单位：人

年 龄	痴 呆		其他器质性精神障碍		使用精神活性物质所致的障碍		精神分裂症	
	男	女	男	女	男	女	男	女
28岁	1						3	1
29岁			1				3	2
30岁							1	2
31岁			1				3	1
32岁	1	1		2			1	1
33岁	1						4	2
34岁			1	1			3	1
35岁			1				1	4
36岁				1			2	3
37岁		2					3	5
38岁			1	1			2	2
39岁	1						3	2
40岁							6	2
41岁		2					6	5
42岁							3	4
43岁	1		1	1			3	3
44岁							1	2
45岁					1		1	1
46岁					1			3
47岁					1			1
48岁				1			4	3
49岁					1			2
50岁							5	2
51岁							3	4
52岁					1		2	2
53岁				1			1	3
54岁				1			1	3
55岁	1		1				3	1
56岁							1	2

3－17 续表 2

单位：人

年 龄	痴 呆		其他器质性精神障碍		使用精神活性物质所致的障碍		精神分裂症	
	男	女	男	女	男	女	男	女
57岁		1		1	1		1	4
58岁								4
59岁	1							1
60岁								2
61岁								4
62岁					1			
63岁	1							1
64岁			1				1	2
65岁								2
66岁	1	1					1	3
67岁		1					1	
68岁	1	1					1	1
69岁		1	1		1		2	2
70岁							1	2
71岁								
72岁	1							1
73岁								
74岁	1							1
75岁							1	1
76岁		1		1				2
77岁	1	2						
78岁	1	2						
79岁		1						
80岁								
81岁	1	1						
82岁	1	1		1				
83岁								1
84岁								
85+	1	2						1

3-17 续表 3

单位：人

年 龄	妄想性障碍		分裂情感性障碍		其他精神病性障碍		心境障碍	
	男	女	男	女	男	女	男	女
总 计	**4**	**8**	**13**	**18**	**14**	**11**	**4**	**4**
0岁								
1岁								
2岁								
3岁								
4岁								
5岁								
6岁								
7岁								
8岁								
9岁								
10岁								
11岁								
12岁								
13岁								
14岁								
15岁								
16岁								
17岁								
18岁							1	
19岁		1						
20岁				1				
21岁					1			
22岁								
23岁								
24岁								
25岁								
26岁			1			1		
27岁			1					

3－17 续表 4

单位：人

年 龄	妄想性障碍		分裂情感性障碍		其他精神病性障碍		心境障碍	
	男	女	男	女	男	女	男	女
28岁			1	1				
29岁				1				
30岁			2					
31岁				3	1			
32岁						1		
33岁	1	1	1		1	1		
34岁			1					
35岁				1				
36岁	1		2	3	3			
37岁		1	1		1			
38岁								
39岁			1					
40岁			1					
41岁					1			
42岁	1	1		3	1		1	
43岁								
44岁								
45岁								
46岁						1		1
47岁					1	1		
48岁				1				1
49岁							1	
50岁		1				1		
51岁								
52岁		1			1			
53岁								
54岁				1	1	2		
55岁								1
56岁		1		1				

3－17 续表 5

单位：人

年 龄	妄想性障碍		分裂情感性障碍		其他精神病性障碍		心境障碍	
	男	女	男	女	男	女	男	女
57岁								
58岁								
59岁	1				1			
60岁						1		
61岁								
62岁				1				
63岁						1		
64岁					1			
65岁			1					
66岁								
67岁								
68岁								
69岁								1
70岁								
71岁								
72岁								
73岁								
74岁								
75岁								
76岁								
77岁							1	
78岁								
79岁				1				
80岁								
81岁								
82岁								
83岁		1						
84岁								
85+						1		

3－17 续表 6

单位：人

年 龄	神经症性障碍		行为综合症		人格障碍		孤独症	
	男	女	男	女	男	女	男	女
总 计	**7**	**26**	**3**	**5**	**1**	**1**	**3**	**1**
0岁								
1岁								
2岁							1	
3岁								
4岁								
5岁								
6岁								
7岁								
8岁			1					
9岁								
10岁		1					1	1
11岁								
12岁								
13岁								
14岁								
15岁								
16岁								
17岁								
18岁								
19岁								
20岁								
21岁								
22岁								
23岁								
24岁								
25岁				1				
26岁								
27岁		1		1				

3－17 续表 7

单位：人

年　龄	神经症性障碍		行为综合症		人格障碍		孤独症	
	男	女	男	女	男	女	男	女
28岁		1						
29岁								
30岁								
31岁								
32岁	1						1	
33岁								
34岁								
35岁								
36岁				1				
37岁	1	1						
38岁	1			1				
39岁								
40岁		3						
41岁		2						
42岁		2			1			
43岁		1						
44岁		2						
45岁								
46岁		1						
47岁								
48岁								
49岁		1						
50岁		2						
51岁		1						
52岁	1							
53岁								
54岁								
55岁		1						
56岁	1	1						

3－17 续表 8

单位：人

年 龄	神经症性障碍		行为综合症		人格障碍		孤独症	
	男	女	男	女	男	女	男	女
57岁								
58岁	2		1					
59岁		1						
60岁		1						
61岁								
62岁								
63岁								
64岁		1	1					
65岁								
66岁								
67岁		1						
68岁								
69岁								
70岁				1				
71岁								
72岁								
73岁								
74岁								
75岁								
76岁								
77岁		1						
78岁								
79岁								
80岁								
81岁						1		
82岁								
83岁								
84岁								
85+								

3-17 续表 9

单位：人

年龄	癫痫		其他		原因不明	
	男	女	男	女	男	女
总计	**14**	**20**	**5**	**5**	**7**	**4**
0岁						
1岁						
2岁						
3岁						
4岁				1		
5岁		1				
6岁						
7岁		1	1			
8岁	1					
9岁						
10岁	1					
11岁						
12岁						
13岁						
14岁	1					
15岁		3				
16岁						
17岁						
18岁	2		1			
19岁	1					
20岁						
21岁						
22岁						
23岁		1				
24岁	1					
25岁			2			
26岁				1		
27岁				2		

3－17　续表 10

单位：人

年龄	癫痫		其他		原因不明	
	男	女	男	女	男	女
28岁						
29岁					1	
30岁						
31岁		1				
32岁						
33岁	1	1				
34岁					1	
35岁						1
36岁	1	1				1
37岁					1	
38岁	2					
39岁						
40岁						
41岁	1	1				
42岁	2					
43岁						1
44岁		1				
45岁						
46岁						
47岁						
48岁		1		1		
49岁		3			1	
50岁						
51岁					1	
52岁		2				
53岁		1				
54岁						
55岁						
56岁					1	

3－17 续表 11

单位：人

年 龄	癫 痫		其 他		原因不明	
	男	女	男	女	男	女
57岁						
58岁						
59岁						
60岁						1
61岁					1	
62岁						
63岁						
64岁		1				
65岁						
66岁						
67岁						
68岁						
69岁						
70岁						
71岁						
72岁						
73岁						
74岁						
75岁						
76岁						
77岁						
78岁						
79岁						
80岁						
81岁						
82岁			1			
83岁						
84岁						
85+		1				

第四部分　残疾人的活动和参与、义务教育、社会保障、接受服务及主要需求

4-1 各地区18岁及以上视力残疾人分残疾等级的生活自理状况

单位：人

地区	无障碍/无适用				轻度障碍			
	残疾一级	残疾二级	残疾三级	残疾四级	残疾一级	残疾二级	残疾三级	残疾四级
总 计	**10**	**21**	**48**	**369**	**35**	**31**	**32**	**135**
青山湖区				25	2	1		7
南昌县		1	3	27		1	4	6
新建县				2	11	8	5	29
昌江区		1	5	17		2		1
湘东区	1	1		6	1		1	
修水县			1	12				2
永修县	1		6	16	3	1	1	
分宜县		2	1	13	1			4
余江县	1	5		18	1		1	1
信丰县			4	13		1	2	2
于都县		1		1		3	1	15
兴国县	1			16	3	2		1
瑞金市			4	21	4	1		1
南康市	1	1	9	42	1	1		6
吉安县				2		1		12
永丰县			1	3	1		3	4
井冈山市	2	2	2	27	2	1	1	3
上高县		1	4	17	1	2		
高安市						5	9	13
临川区	1	4	3	40	1		1	4
南城县				1				14
金溪县			2	27	1		1	1
上饶县		1	3	18			1	6
婺源县	2	1		5	2	1	1	3

4-1 续表 1

单位：人

地　区	中度障碍				重度障碍			
	残疾一级	残疾二级	残疾三级	残疾四级	残疾一级	残疾二级	残疾三级	残疾四级
总　计	**39**	**10**	**12**	**26**	**40**	**6**	**1**	**1**
青山湖区		3		2				
南昌县	2	1	1		1			
新建县	1							
昌江区						1		
湘东区	1							
修水县	1		1		1			
永修县								
分宜县	3		1		5		1	
余江县	3				3			
信丰县	1				1			
于都县	1			9	3	1		1
兴国县	2		1					
瑞金市	4				1			
南康市	3		1	2				
吉安县	1	1		6	4			
永丰县	1	3	1		6	1		
井冈山市	2	1			1			
上高县	1			1				
高安市	5	1		2	2			
临川区	2		1	1	5			
南城县			4	2	3	2		
金溪县	3		1		1	1		
上饶县					2			
婺源县	2			1	1			

4-1 续表 2

单位：人

地 区	极重度障碍/不能完成			
	残疾一级	残疾二级	残疾三级	残疾四级
总 计	**34**	**1**		
青山湖区	1	1		
南昌县	1			
新建县				
昌江区				
湘东区				
修水县	2			
永修县				
分宜县	2			
余江县				
信丰县				
于都县				
兴国县				
瑞金市				
南康市				
吉安县	9			
永丰县				
井冈山市	1			
上高县				
高安市				
临川区	3			
南城县	14			
金溪县				
上饶县	1			
婺源县				

4-2 各地区18岁及以上视力残疾人分残疾等级的生活活动状况

单位：人

地 区	无障碍/无适用				轻度障碍			
	残疾一级	残疾二级	残疾三级	残疾四级	残疾一级	残疾二级	残疾三级	残疾四级
总 计		**2**		**30**	**3**	**8**	**16**	**273**
青山湖区				1				23
南昌县				3				19
新建县								
昌江区							2	15
湘东区					1			4
修水县								5
永修县							2	11
分宜县				3		1		12
余江县				1	1	2		16
信丰县							2	8
于都县								8
兴国县								4
瑞金市							3	17
南康市				2			2	23
吉安县								10
永丰县								2
井冈山市				2				4
上高县						1	1	16
高安市						3		9
临川区		1		18			2	17
南城县								11
金溪县		1						11
上饶县							2	22
婺源县					1	1		6

4-2 续表 1

单位：人

地区	中度障碍				重度障碍			
	残疾一级	残疾二级	残疾三级	残疾四级	残疾一级	残疾二级	残疾三级	残疾四级
总计	**15**	**30**	**50**	**155**	**47**	**13**	**21**	**44**
青山湖区	1	1		7	1	2		2
南昌县		1	7	9	2	1	1	2
新建县					1	1	4	7
昌江区		3	3	3				
湘东区	1	1		1			1	1
修水县				7			1	2
永修县	2	1	4	4	2		1	1
分宜县	2	1		2	1		2	
余江县	1	3		2			1	
信丰县		1	4	7				
于都县		3	1	13	2	2		5
兴国县				10	3	1	1	3
瑞金市	3	1	1	5	6			
南康市	1	2	7	23	3		1	2
吉安县	1	1		8	1	1		2
永丰县	1		3	5	1	3	2	
井冈山市		1		9	5	2	1	11
上高县		2	3	2	2			
高安市		3	9	4	5			2
临川区	1	3	1	8	6		1	2
南城县			2	6			2	
金溪县			2	16	1		2	1
上饶县		1	2	2				
婺源县	1	1	1	2	5			1

4-2 续表 2

单位：人

地 区	极重度障碍/不能完成			
	残疾一级	残疾二级	残疾三级	残疾四级
总 计	**93**	**16**	**6**	**29**
青山湖区	1	2		1
南昌县	2	1		
新建县	11	7	1	24
昌江区		1		
湘东区	1			
修水县	4		1	
永修县				
分宜县	8		1	
余江县	6			
信丰县	2			
于都县	2			
兴国县	3	1		
瑞金市				
南康市	1			
吉安县	12			
永丰县	6	1		
井冈山市	3	1	2	4
上高县				
高安市	2			
临川区	5		1	
南城县	17	2		
金溪县	4			
上饶县	3			
婺源县				

4－3 各地区18岁及以上视力残疾人分残疾等级的社会参与状况

单位：人

地区	无障碍/无适用				轻度障碍			
	残疾一级	残疾二级	残疾三级	残疾四级	残疾一级	残疾二级	残疾三级	残疾四级
总　计	**1**	**1**	**1**	**48**	**8**	**13**	**24**	**290**
青山湖区					1			20
南昌县							4	25
新建县					1			
昌江区						1	3	13
湘东区				3				2
修水县				4				8
永修县				2			2	11
分宜县						2		13
余江县				4	1	2		15
信丰县							2	4
于都县				2				6
兴国县								14
瑞金市								9
南康市							6	31
吉安县								11
永丰县								4
井冈山市				3		1		8
上高县								14
高安市						2	1	10
临川区		1	1	29	2	3	2	14
南城县								13
金溪县							2	24
上饶县							1	14
婺源县	1			1	3	2	1	7

4-3 续表 1

单位：人

地区	中度障碍				重度障碍			
	残疾一级	残疾二级	残疾三级	残疾四级	残疾一级	残疾二级	残疾三级	残疾四级
总　计	**25**	**34**	**57**	**160**	**77**	**19**	**11**	**33**
青山湖区		4		13	1	1		1
南昌县		3	4	8	3			
新建县	3	3	4	9	5	4	1	22
昌江区		2	2	4		1		1
湘东区	1	1	1	1	2			
修水县	2		2	1	2			1
永修县	3	1	4	2	1		1	1
分宜县	1			3	7		3	1
余江县	1	3	1		2			
信丰县			4	11	1	1		
于都县		3	1	14	4	2		4
兴国县	1	2	1	3	4			
瑞金市	3	1	4	13	6			
南康市	2	2	3	19	3		1	
吉安县		2		8	6			1
永丰县	1		5	3	7	4		
井冈山市	3	1	1	19	5	2	2	
上高县		1	3	4	2	2	1	
高安市		4	8	4	5			1
临川区	2		2	2	4			
南城县			4	4		1		
金溪县	1			4	3	1	2	
上饶县		1	3	10	2			
婺源县	1			1	2			

4－3 续表 2

单位：人

地 区	极重度障碍/不能完成			
	残疾一级	残疾二级	残疾三级	残疾四级
总 计	**47**	**2**		
青山湖区	1			
南昌县	1			
新建县	3	1		
昌江区				
湘东区				
修水县				
永修县				
分宜县	3			
余江县	4			
信丰县	1			
于都县				
兴国县	1			
瑞金市				
南康市				
吉安县	8			
永丰县				
井冈山市				
上高县				
高安市	2			
临川区	4			
南城县	17	1		
金溪县	1			
上饶县	1			
婺源县				

4－4 各地区18岁及以上听力残疾人分残疾等级的理解和交流状况

单位：人

地 区	无障碍/无适用				轻度障碍			
	残疾一级	残疾二级	残疾三级	残疾四级	残疾一级	残疾二级	残疾三级	残疾四级
总 计	**4**	**7**	**36**	**63**	**22**	**45**	**211**	**275**
青山湖区				7	1		6	16
南昌县						1	3	8
新建县			2			1	4	1
昌江区			3	13			12	11
湘东区					1	1	19	21
修水县	1	1	3	1	9	7	5	
永修县			1		2	1	7	3
分宜县					1	7	30	13
余江县			2	3		3	11	15
信丰县				6		1	8	17
于都县							3	36
兴国县		1	3	5		5	7	2
瑞金市		1	1	4	1	1	12	11
南康市							1	15
吉安县			1	4			14	22
永丰县				1		1	2	6
井冈山市			4	1		4	11	1
上高县							4	21
高安市					1		5	3
临川区			3	3	1	3	16	18
南城县		1	2		1	3	10	4
金溪县	3	3	10	9	4	5	10	
上饶县								18
婺源县			1	6		1	11	13

4-4 续表 1

单位：人

地　区	中度障碍				重度障碍			
	残疾一级	残疾二级	残疾三级	残疾四级	残疾一级	残疾二级	残疾三级	残疾四级
总　计	**31**	**46**	**202**	**89**	**33**	**25**	**38**	**11**
青山湖区	2	1	4	1			1	
南昌县		2	1	10	1	1		2
新建县	1	3	20			3		
昌江区		1	6	7				1
湘东区		2	5		1			
修水县	6	2	2		2		3	
永修县	1	1	4	7	5		6	4
分宜县	5	5	14	4	1			
余江县		1	5	15	1			1
信丰县		3	14	5				
于都县			24	11		4	6	
兴国县		5	8	2	9	3	7	
瑞金市		1	14	5				
南康市			10	8		1	1	
吉安县	2	4	5	3	1		1	
永丰县	1	2	7	1	4	2	6	1
井冈山市	3	1	1			1		
上高县			5	2	1	2	1	
高安市	4	4	11		3			
临川区	1	1	9	3	2	1	2	
南城县	2	4	12			1		
金溪县	3	2	2			1		
上饶县			13	3	2	5	4	1
婺源县		1	6	2				1

4－4 续表 2

单位：人

地 区	极重度障碍/不能完成			
	残疾一级	残疾二级	残疾三级	残疾四级
总 计	**21**	**7**	**10**	**1**
青山湖区				
南昌县				
新建县				
昌江区	1	1	1	
湘东区	1			
修水县				
永修县	4		5	1
分宜县				
余江县				
信丰县				
于都县	3	1		
兴国县	1			
瑞金市				
南康市	1			
吉安县				
永丰县	6	3	4	
井冈山市				
上高县				
高安市				
临川区	2	1		
南城县				
金溪县	1	1		
上饶县	1			
婺源县				

4－5　各地区18岁及以上听力残疾人分残疾等级的生活自理状况

单位：人

地　区	无障碍/无适用				轻度障碍			
	残疾一级	残疾二级	残疾三级	残疾四级	残疾一级	残疾二级	残疾三级	残疾四级
总　计	**66**	**82**	**350**	**340**	**25**	**35**	**106**	**87**
青山湖区	3	1	10	23			1	1
南昌县		2	3	9	1	1	1	6
新建县		2	1		1	2	18	1
昌江区		2	18	28			3	4
湘东区	1	3	22	19	2		2	2
修水县	17	9	11	1	1	1	2	
永修县	3	2	18	11	4		4	3
分宜县	7	10	42	16		2	1	1
余江县	1	2	15	27		2	3	5
信丰县		4	18	25			4	3
于都县			5	7	1	3	19	40
兴国县	4	10	14	5	1	2	2	4
瑞金市	1	1	18	20		1	8	
南康市			7	16		1	3	7
吉安县	3	1	18	28		3	3	
永丰县	6	4	13	8	3	4	4	1
井冈山市	3	5	15	2		1		
上高县	1		5	17		1		3
高安市	3	3	11	2	4	1	5	1
临川区	2	4	23	23	3	2	7	1
南城县		5	14	4	2	3	9	
金溪县	8	7	20	9	2	5	2	
上饶县	3	3	13	21			3	1
婺源县		2	16	19			2	3

4－5　续表 1

单位：人

地　区	中度障碍				重度障碍			
	残疾一级	残疾二级	残疾三级	残疾四级	残疾一级	残疾二级	残疾三级	残疾四级
总　计	**13**	**7**	**36**	**12**	**3**	**6**	**5**	
青山湖区								
南昌县		1		5				
新建县		2	7			1		
昌江区	1		1					
湘东区								
修水县								
永修县	3		1	1	1			
分宜县			1					
余江县				2				
信丰县								
于都县	1		8			2	1	
兴国县	3	2	8		2		1	
瑞金市		1	1					
南康市	1		2					
吉安县				1				
永丰县	1		1				1	
井冈山市			1					
上高县		1	4	3			1	
高安市	1							
临川区	1							
南城县	1		1			1		
金溪县								
上饶县						2	1	
婺源县								

4－5 续表 2

单位：人

地 区	极重度障碍/不能完成			
	残疾一级	残疾二级	残疾三级	残疾四级
总 计	**4**			
青山湖区				
南昌县				
新建县				
昌江区				
湘东区				
修水县				
永修县	1			
分宜县				
余江县				
信丰县				
于都县	1			
兴国县				
瑞金市				
南康市				
吉安县				
永丰县	1			
井冈山市				
上高县				
高安市				
临川区				
南城县				
金溪县	1			
上饶县				
婺源县				

4－6 各地区18岁及以上听力残疾人分残疾等级的与人相处状况

单位：人

地 区	无障碍/无适用				轻度障碍			
	残疾一级	残疾二级	残疾三级	残疾四级	残疾一级	残疾二级	残疾三级	残疾四级
总 计	**10**	**20**	**73**	**94**	**16**	**39**	**214**	**257**
青山湖区			2	12	2	1	9	12
南昌县							2	8
新建县						2	6	1
昌江区				8			10	12
湘东区		1	3	3		1	18	16
修水县	3	3		1	4	2	7	
永修县			2		3		6	4
分宜县					2	7	37	15
余江县			1	5		4	12	19
信丰县		1	2	5			3	12
于都县							10	41
兴国县			3	5	1	6	8	2
瑞金市	1	2	10	11		1	12	8
南康市			1	3				16
吉安县		1	3	6			11	16
永丰县							5	6
井冈山市		2	7	1		3	7	1
上高县							4	22
高安市					1			2
临川区			9	9		3	13	15
南城县	1	2	11	1	1	5	13	3
金溪县	5	8	11	8	2	2	8	1
上饶县				1			3	19
婺源县			8	15		2	10	6

4-6 续表 1

单位：人

地 区	中度障碍				重度障碍			
	残疾一级	残疾二级	残疾三级	残疾四级	残疾一级	残疾二级	残疾三级	残疾四级
总 计	**26**	**42**	**167**	**71**	**36**	**24**	**37**	**17**
青山湖区	1							
南昌县		2	1	10	1	2	1	2
新建县	1	3	20			2		
昌江区			10	11		1	1	1
湘东区	1	1	3	2				
修水县	6	5	5		3		1	
永修县	1	2	1	1	3		11	10
分宜县	4	5	7	2				
余江县			5	10	1			
信丰县		3	13	11			4	
于都县		2	18	6	1	2	5	
兴国县	2	7	10	1	7	1	4	1
瑞金市			5	1				
南康市			10	4		1	1	
吉安县		1	7	7	3	2		
永丰县	3	5	10	2	4	1	2	1
井冈山市	1	1	2		2			
上高县	1	1	5	1		1	1	
高安市		1	14	1	5	3	2	
临川区	3	2	7		3	1	1	
南城县	1	1				1		
金溪县	1		3		2	1		
上饶县			11		1	5	3	2
婺源县				1				

4-6 续表 2

单位：人

地 区	极重度障碍/不能完成			
	残疾一级	残疾二级	残疾三级	残疾四级
总 计	**23**	**5**	**6**	
青山湖区				
南昌县				
新建县				
昌江区	1	1	1	
湘东区	2			
修水县	2			
永修县	5		3	
分宜县	1			
余江县				
信丰县				
于都县	2	1		
兴国县				
瑞金市				
南康市	1			
吉安县				
永丰县	4	2	2	
井冈山市				
上高县				
高安市	2			
临川区				
南城县				
金溪县	1	1		
上饶县	2			
婺源县				

4－7　各地区18岁及以上听力残疾人分残疾等级的生活活动状况

单位：人

地　区	无障碍/无适用				轻度障碍			
	残疾一级	残疾二级	残疾三级	残疾四级	残疾一级	残疾二级	残疾三级	残疾四级
总　计	**13**	**29**	**90**	**104**	**33**	**35**	**180**	**210**
青山湖区	1		1	6		1	5	15
南昌县						2	2	5
新建县		1	1				2	1
昌江区		1	10	15		1	5	8
湘东区	1		3	4	1	2	18	12
修水县	1	4	3	1	13	5	6	
永修县	1				1	1	8	3
分宜县					3	5	18	12
余江县		2	5	6	1		9	15
信丰县		1	6	8		1	8	13
于都县							5	33
兴国县	1	5	7	5		6	2	1
瑞金市	1	1	8	9			8	8
南康市							3	15
吉安县				1	1		13	19
永丰县				2	1	1	2	3
井冈山市	1	2	9	2	2	2	6	
上高县				1	1		5	17
高安市		1		1	2		7	2
临川区		1	8	14	2	2	14	9
南城县		4	12	4	2	2	11	
金溪县	5	6	10	7	1	1	10	2
上饶县	1		1	8	2	2	8	12
婺源县			6	10		1	5	5

4-7 续表 1

单位：人

地区	中度障碍				重度障碍			
	残疾一级	残疾二级	残疾三级	残疾四级	残疾一级	残疾二级	残疾三级	残疾四级
总　计	**22**	**39**	**165**	**103**	**23**	**14**	**46**	**17**
青山湖区	2		4	3				
南昌县	1	1	1	12		1	1	1
新建县	1	2	22			4	1	
昌江区			5	8			1	1
湘东区		1	3	5				
修水县	1	1	3		2		1	
永修县	2	1	8	8	4		3	3
分宜县	3	6	24	4	1	1		
余江县		2	4	13				
信丰县		2	7	7			1	
于都县	1	3	20	12	1	1	8	2
兴国县	2	1	6	1	5	1	10	2
瑞金市		2	9	3			2	
南康市			7	8	1	1	2	
吉安县	2	3	5	7		1	2	2
永丰县	4	2	9	3			3	
井冈山市		1	1					
上高县		1	4	5		1	1	
高安市	1	3	9		5			
临川区	1	2	7	1	2	1	1	
南城县		2	1		1			
金溪县	1	2			1	1	1	
上饶县			2			1	5	2
婺源县		1	4	3			3	4

4－7 续表 2

单位：人

地 区	极重度障碍/不能完成			
	残疾一级	残疾二级	残疾三级	残疾四级
总 计	**20**	**13**	**16**	**5**
青山湖区			1	
南昌县				2
新建县				
昌江区	1		1	
湘东区	1			
修水县	1			
永修县	4		4	1
分宜县			2	1
余江县				
信丰县				
于都县	1	1		
兴国县	2	1		
瑞金市				
南康市				
吉安县			1	
永丰县	6	5	5	1
井冈山市		1		
上高县				
高安市				
临川区	1			
南城县		1		
金溪县	3	2	1	
上饶县		2	1	
婺源县				

4－8 各地区18岁及以上听力残疾人分残疾等级的社会参与状况

单位：人

地 区	无障碍/无适用				轻度障碍			
	残疾一级	残疾二级	残疾三级	残疾四级	残疾一级	残疾二级	残疾三级	残疾四级
总 计	**5**	**7**	**29**	**40**	**19**	**44**	**225**	**308**
青山湖区				1			4	18
南昌县							3	8
新建县							3	
昌江区			1	2			13	23
湘东区			3	7	1	2	20	14
修水县				1	1	4	4	
永修县			1		3	1	5	4
分宜县					3	9	36	14
余江县		1	3	8	1	2	11	22
信丰县			1	2		1	9	17
于都县							1	36
兴国县			1	2		5	7	5
瑞金市			2	4			9	10
南康市							2	18
吉安县							13	25
永丰县						1	4	6
井冈山市			5	1	1	5	9	1
上高县				1			2	21
高安市					1	1	8	3
临川区					2	4	27	24
南城县		1			1	2	9	4
金溪县	5	5	10	5	5	5	10	4
上饶县							1	17
婺源县			2	6		2	15	14

4-8 续表 1

单位：人

地区	中度障碍				重度障碍			
	残疾一级	残疾二级	残疾三级	残疾四级	残疾一级	残疾二级	残疾三级	残疾四级
总　计	**34**	**50**	**185**	**82**	**40**	**25**	**55**	**8**
青山湖区	1	1	6	5	2		1	
南昌县	1	4		8			1	4
新建县	1	3	21	1		4	2	
昌江区		2	7	7	1		1	
湘东区	1	1	1		1			
修水县	8	4	4		7	2	5	
永修县	1	1	8	9	7		9	2
分宜县	3	3	8	3	1			
余江县		1	4	4				
信丰县		3	12	9				
于都县		1	20	11		3	12	
兴国县	2	4	9	2	8	5	8	
瑞金市		3	14	5	1		2	1
南康市	1	1	9	5			1	
吉安县	2	3	7	4	1	1	1	
永丰县	2	3	11	2	4	2	1	
井冈山市	1	1	2		1			
上高县	1	2	8	1				
高安市	4	3	8		3			
临川区	3	1	2		1	1	1	
南城县	1	4	13		1	2	2	
金溪县	1	1	1			1	1	
上饶县			10	4	1	4	6	1
婺源县				2			1	

4-8 续表 2

单位：人

地区	极重度障碍/不能完成			
	残疾一级	残疾二级	残疾三级	残疾四级
总计	**13**	**4**	**3**	**1**
青山湖区				
南昌县				
新建县				
昌江区				
湘东区				
修水县	2			
永修县	1			
分宜县				
余江县				
信丰县				
于都县	3	1		
兴国县				
瑞金市				
南康市				
吉安县				
永丰县	5	2	3	1
井冈山市				
上高县				
高安市				
临川区				
南城县				
金溪县				
上饶县	2	1		
婺源县				

4－9　各地区18岁及以上言语残疾人分残疾等级的理解和交流状况

单位：人

地　区	无障碍/无适用				轻度障碍			
	残疾一级	残疾二级	残疾三级	残疾四级	残疾一级	残疾二级	残疾三级	残疾四级
总　计			**3**	**11**	**3**	**3**	**5**	**5**
青山湖区							1	1
南昌县						1		
新建县				1		1		
昌江区			1					
湘东区				1				
修水县				1				
永修县							1	
分宜县								
余江县								
信丰县				2			1	
于都县								
兴国县			2	3		1		
瑞金市				1				
南康市				1				
吉安县								
永丰县								1
井冈山市				1	1			
上高县					2		1	
高安市							1	2
临川区								
南城县								
金溪县								
上饶县								
婺源县								1

4-9 续表 1

单位：人

地区	中度障碍				重度障碍			
	残疾一级	残疾二级	残疾三级	残疾四级	残疾一级	残疾二级	残疾三级	残疾四级
总计	**4**	**3**	**5**	**3**	**6**	**1**		**1**
青山湖区		1			1			
南昌县		1						
新建县		1						
昌江区								
湘东区								
修水县	1							
永修县					1			
分宜县			1					
余江县			1		1			
信丰县	1							
于都县								1
兴国县								
瑞金市								
南康市								
吉安县	1							
永丰县			3		2			
井冈山市								
上高县								
高安市								
临川区								
南城县								
金溪县				1		1		
上饶县	1			1				
婺源县				1	1			

4－9 续表 2

单位：人

地　区	极重度障碍/不能完成			
	残疾一级	残疾二级	残疾三级	残疾四级
总　计	**1**	**1**		
青山湖区				
南昌县				
新建县				
昌江区				
湘东区				
修水县				
永修县				
分宜县				
余江县				
信丰县				
于都县				
兴国县				
瑞金市				
南康市				
吉安县				
永丰县				
井冈山市				
上高县				
高安市				
临川区				
南城县				
金溪县	1			
上饶县				
婺源县		1		

4－10 各地区18岁及以上言语残疾人分残疾等级的生活自理状况

单位：人

地 区	无障碍/无适用				轻度障碍			
	残疾一级	残疾二级	残疾三级	残疾四级	残疾一级	残疾二级	残疾三级	残疾四级
总 计	**11**	**3**	**12**	**19**	**1**	**3**		
青山湖区	1			1				
南昌县		1				1		
新建县				1		2		
昌江区			1					
湘东区				1				
修水县				1	1			
永修县			1					
分宜县			1					
余江县	1		1					
信丰县	1		1	2				
于都县								
兴国县		1	2	3				
瑞金市				1				
南康市				1				
吉安县	1							
永丰县	2		3	1				
井冈山市	1			1				
上高县	2		1					
高安市			1	2				
临川区								
南城县								
金溪县				1				
上饶县	1			1				
婺源县	1	1		2				

4－10 续表 1

单位：人

地 区	中度障碍				重度障碍			
	残疾一级	残疾二级	残疾三级	残疾四级	残疾一级	残疾二级	残疾三级	残疾四级
总 计		**1**			**1**	**1**	**1**	**1**
青山湖区		1					1	
南昌县								
新建县								
昌江区								
湘东区								
修水县								
永修县					1			
分宜县								
余江县								
信丰县								
于都县								1
兴国县								
瑞金市								
南康市								
吉安县								
永丰县								
井冈山市								
上高县								
高安市								
临川区								
南城县								
金溪县						1		
上饶县								
婺源县								

4－10　续表 2

单位：人

地　区	极重度障碍/不能完成			
	残疾一级	残疾二级	残疾三级	残疾四级
总　计	**1**			
青山湖区				
南昌县				
新建县				
昌江区				
湘东区				
修水县				
永修县				
分宜县				
余江县				
信丰县				
于都县				
兴国县				
瑞金市				
南康市				
吉安县				
永丰县				
井冈山市				
上高县				
高安市				
临川区				
南城县				
金溪县	1			
上饶县				
婺源县				

4－11 各地区18岁及以上言语残疾人分残疾等级的与人相处状况

单位：人

地区	无障碍/无适用				轻度障碍			
	残疾一级	残疾二级	残疾三级	残疾四级	残疾一级	残疾二级	残疾三级	残疾四级
总计	**2**		**1**	**4**	**1**	**2**	**3**	**9**
青山湖区								
南昌县						1		
新建县						1		1
昌江区								
湘东区				1				
修水县				1				
永修县							1	
分宜县								
余江县								
信丰县				1			1	1
于都县								
兴国县							1	2
瑞金市				1				
南康市								1
吉安县								
永丰县								
井冈山市	1							
上高县	1		1		1			
高安市								2
临川区								
南城县								
金溪县								1
上饶县								
婺源县								1

4-11 续表 1

单位：人

地　区	中度障碍				重度障碍			
	残疾一级	残疾二级	残疾三级	残疾四级	残疾一级	残疾二级	残疾三级	残疾四级
总　计	**2**	**2**	**6**	**6**	**7**	**4**	**3**	
青山湖区				1	1	1	1	
南昌县		1						
新建县		1						
昌江区							1	
湘东区								
修水县					1			
永修县								
分宜县			1					
余江县					1		1	
信丰县	1							
于都县								
兴国县			1	1		1		
瑞金市								
南康市								
吉安县					1			
永丰县			3	1	1			
井冈山市				1				
上高县								
高安市			1					
临川区								
南城县								
金溪县					1	1		
上饶县	1			1				
婺源县				1	1	1		

4－11 续表 2

单位：人

地 区	极重度障碍/不能完成			
	残疾一级	残疾二级	残疾三级	残疾四级
总 计	**2**			**1**
青山湖区				
南昌县				
新建县				
昌江区				
湘东区				
修水县				
永修县	1			
分宜县				
余江县				
信丰县				
于都县				1
兴国县				
瑞金市				
南康市				
吉安县				
永丰县	1			
井冈山市				
上高县				
高安市				
临川区				
南城县				
金溪县				
上饶县				
婺源县				

4－12　各地区18岁及以上言语残疾人分残疾等级的生活活动状况

单位：人

地　区	无障碍/无适用				轻度障碍			
	残疾一级	残疾二级	残疾三级	残疾四级	残疾一级	残疾二级	残疾三级	残疾四级
总　计	**3**		**4**	**9**	**3**	**4**	**5**	**9**
青山湖区								1
南昌县						2		
新建县						1		1
昌江区			1					
湘东区								1
修水县								1
永修县			1					
分宜县							1	
余江县								
信丰县	1			2				
于都县								
兴国县			1	3		1	1	
瑞金市				1				
南康市				1				
吉安县					1			
永丰县					1		2	1
井冈山市	1							1
上高县	1		1		1			
高安市				1			1	1
临川区								
南城县								
金溪县								
上饶县								1
婺源县				1				1

4－12 续表 1

单位：人

地 区	中度障碍				重度障碍			
	残疾一级	残疾二级	残疾三级	残疾四级	残疾一级	残疾二级	残疾三级	残疾四级
总 计	**3**	**1**	**2**	**1**	**2**	**2**	**2**	
青山湖区					1	1	1	
南昌县								
新建县		1						
昌江区								
湘东区								
修水县	1							
永修县								
分宜县								
余江县	1						1	
信丰县			1					
于都县								
兴国县								
瑞金市								
南康市								
吉安县								
永丰县	1		1					
井冈山市								
上高县								
高安市								
临川区								
南城县								
金溪县				1				
上饶县					1			
婺源县						1		

4－12 续表 2

单位：人

地　区	极重度障碍/不能完成			
	残疾一级	残疾二级	残疾三级	残疾四级
总　计	**3**	**1**		**1**
青山湖区				
南昌县				
新建县				
昌江区				
湘东区				
修水县				
永修县	1			
分宜县				
余江县				
信丰县				
于都县				1
兴国县				
瑞金市				
南康市				
吉安县				
永丰县				
井冈山市				
上高县				
高安市				
临川区				
南城县				
金溪县	1	1		
上饶县				
婺源县	1			

4－13　各地区18岁及以上言语残疾人分残疾等级的社会参与状况

单位：人

地　区	无障碍/无适用				轻度障碍			
	残疾一级	残疾二级	残疾三级	残疾四级	残疾一级	残疾二级	残疾三级	残疾四级
总　计	**1**			**1**	**1**	**2**	**5**	**9**
青山湖区							1	
南昌县						2		
新建县								1
昌江区							1	
湘东区								
修水县								1
永修县								
分宜县							1	
余江县								
信丰县				1				1
于都县								
兴国县								2
瑞金市								
南康市								1
吉安县								
永丰县							1	
井冈山市	1							1
上高县					1		1	
高安市								1
临川区								
南城县								
金溪县								
上饶县								
婺源县								1

4-13 续表 1

单位：人

地区	中度障碍				重度障碍			
	残疾一级	残疾二级	残疾三级	残疾四级	残疾一级	残疾二级	残疾三级	残疾四级
总　计	**6**	**2**	**8**	**8**	**3**	**2**		**2**
青山湖区				1	1	1		
南昌县								
新建县		2						
昌江区								
湘东区				1				
修水县	1							
永修县			1					
分宜县								
余江县			1		1			
信丰县	1		1					
于都县								1
兴国县			2	1				
瑞金市				1				
南康市								
吉安县	1							
永丰县	1		2	1	1			
井冈山市								
上高县	1							
高安市			1	1				
临川区								
南城县								
金溪县				1				
上饶县	1			1				
婺源县						1		1

4－13 续表 2

单位：人

地　区	极重度障碍/不能完成			
	残疾一级	残疾二级	残疾三级	残疾四级
总　计	**3**	**2**		
青山湖区				
南昌县				
新建县				
昌江区				
湘东区				
修水县				
永修县	1			
分宜县				
余江县				
信丰县				
于都县				
兴国县		1		
瑞金市				
南康市				
吉安县				
永丰县				
井冈山市				
上高县				
高安市				
临川区				
南城县				
金溪县	1	1		
上饶县				
婺源县	1			

4－14 各地区18岁及以上肢体残疾人分残疾等级的身体移动状况

单位：人

地 区	无障碍/无适用				轻度障碍			
	残疾一级	残疾二级	残疾三级	残疾四级	残疾一级	残疾二级	残疾三级	残疾四级
总 计	**2**	**7**	**60**	**387**	**1**	**10**	**82**	**365**
青山湖区				6				31
南昌县		1	1	14			17	20
新建县	1		3	35		1	4	6
昌江区			2	20			7	26
湘东区			1	16			2	6
修水县		1	6	11		1	1	5
永修县				17	1		1	5
分宜县		1	3	15		1	5	22
余江县			3	11		1	3	16
信丰县		1	1	14		1	4	18
于都县			5	13		1	2	9
兴国县							2	23
瑞金市		1	1	22		1	2	13
南康市				24			3	12
吉安县			4	16				18
永丰县			3	5			3	5
井冈山市	1	1	8	30				6
上高县			3	41		1	5	15
高安市			1	2				19
临川区			4	17			9	9
南城县						1		40
金溪县			5	14			4	19
上饶县		1	1	20		1	7	10
婺源县			5	24			1	12

4－14 续表 1

单位：人

地 区	中度障碍				重度障碍			
	残疾一级	残疾二级	残疾三级	残疾四级	残疾一级	残疾二级	残疾三级	残疾四级
总 计		**15**	**146**	**179**	**2**	**59**	**52**	**27**
青山湖区			4	9		7	4	1
南昌县		1	9	1			1	
新建县		2	3	1		1		1
昌江区		2	1	3		2	3	1
湘东区		1	3	10		6	1	2
修水县			4	14	1	2	6	
永修县			5	12		1	1	
分宜县		2	4	13		2	4	2
余江县			6	19	1	1	1	2
信丰县			2	5			1	
于都县		2	3	3		2	2	
兴国县			11	14		1	9	2
瑞金市			8	4		3	3	1
南康市			3	11		5	2	1
吉安县				13			2	5
永丰县			13	12		4	3	2
井冈山市		1	4	6		3	1	
上高县		1	2	3		1	1	
高安市			8	8		3	2	2
临川区		2	7	8		4	1	
南城县			35			2		
金溪县		1	8	1		7	2	1
上饶县				5		2		1
婺源县			3	4			2	3

4－14 续表 2

单位：人

地 区	极重度障碍/不能完成			
	残疾一级	残疾二级	残疾三级	残疾四级
总 计	**60**	**36**	**10**	**4**
青山湖区		1		
南昌县	1	5	2	
新建县	2		1	
昌江区	1			
湘东区	5	7	1	1
修水县	9	1		1
永修县	3	2		1
分宜县	2			
余江县	3	1		
信丰县	2	5		
于都县	1			
兴国县	1	2	1	
瑞金市	10	2	1	
南康市	4	3		
吉安县				1
永丰县		1	1	
井冈山市	4	1	1	
上高县	2	2		
高安市	3	2		
临川区	1			
南城县				
金溪县	4			
上饶县	1		1	
婺源县	1	1	1	

4－15 各地区18岁及以上肢体残疾人分残疾等级的生活自理状况

单位：人

地区	无障碍/无适用				轻度障碍			
	残疾一级	残疾二级	残疾三级	残疾四级	残疾一级	残疾二级	残疾三级	残疾四级
总 计	**1**	**6**	**58**	**450**	**5**	**14**	**127**	**419**
青山湖区							1	36
南昌县			8	24		1	15	9
新建县	1	1	6	39	1	1	2	3
昌江区			2	37			8	13
湘东区			2	10		2	3	18
修水县			2	14			6	10
永修县				5		1	5	22
分宜县			5	29		2	9	16
余江县				14			7	30
信丰县		1	2	34	1		4	3
于都县		2	5	15		1	3	9
兴国县			1	5			9	32
瑞金市		1	5	33		1	10	7
南康市				19			7	26
吉安县				7			1	31
永丰县			1	2			4	15
井冈山市		1	9	39	3	3	4	3
上高县			3	43			6	15
高安市				3				27
临川区			2	12		1	10	14
南城县				1				39
金溪县				10			5	23
上饶县			4	22		1	2	10
婺源县			1	33			6	8

4－15 续表 1

单位：人

地 区	中度障碍				重度障碍			
	残疾一级	残疾二级	残疾三级	残疾四级	残疾一级	残疾二级	残疾三级	残疾四级
总 计	**4**	**35**	**137**	**82**	**9**	**64**	**26**	**11**
青山湖区		3	4	11		5	3	
南昌县			5	2		6	2	
新建县	1	2	2	1				
昌江区		1	3		1	3		
湘东区	1	4	3	5		6		2
修水县		2	5	6	1	3	4	1
永修县			2	7	1	2		1
分宜县		2		6	1	1	2	1
余江县			5	3		3	1	1
信丰县		1	2			4		
于都县		1	4	1		1		
兴国县		1	5	2		2	8	
瑞金市	1	5			2			
南康市		3	1	3	2	5		
吉安县			5	13				2
永丰县		2	18	7		3		
井冈山市						2	1	
上高县	1	1	1	1		3	1	
高安市			10	1		5	1	
临川区		4	7	7		1	2	1
南城县			35			3		
金溪县		2	14	1	1	4		1
上饶县		1	3	3		1		1
婺源县			3	2		1	1	

4-15 续表 2

单位：人

地区	极重度障碍/不能完成			
	残疾一级	残疾二级	残疾三级	残疾四级
总 计	**46**	**8**	**2**	
青山湖区				
南昌县	1			
新建县			1	
昌江区				
湘东区	4	2		
修水县	9			
永修县	3			
分宜县	1	1		
余江县	4			
信丰县	1	1		
于都县	1			
兴国县	1			
瑞金市	7			
南康市	2			
吉安县				
永丰县				
井冈山市	2			
上高县	1	1		
高安市	3			
临川区	1			
南城县				
金溪县	3	2		
上饶县	1	1		
婺源县	1		1	

4－16　各地区18岁及以上肢体残疾人分残疾等级的生活活动状况

单位：人

地　区	无障碍/无适用				轻度障碍			
	残疾一级	残疾二级	残疾三级	残疾四级	残疾一级	残疾二级	残疾三级	残疾四级
总　计				**24**		**1**	**37**	**482**
青山湖区								8
南昌县				3			12	23
新建县				3			1	24
昌江区							2	46
湘东区								
修水县								1
永修县								2
分宜县				5			3	26
余江县								12
信丰县				1				31
于都县				2			3	5
兴国县							1	20
瑞金市				1			1	25
南康市								24
吉安县								5
永丰县								5
井冈山市				1			4	24
上高县				2			2	41
高安市								20
临川区				2			2	16
南城县								39
金溪县							1	32
上饶县						1	5	22
婺源县				4				31

4-16 续表 1

单位：人

地　区	中度障碍				重度障碍			
	残疾一级	残疾二级	残疾三级	残疾四级	残疾一级	残疾二级	残疾三级	残疾四级
总　计	**1**	**9**	**183**	**349**	**4**	**57**	**98**	**81**
青山湖区			2	34		7	5	5
南昌县		1	12	7		1	4	2
新建县			5	15	2	3	2	
昌江区			7	4		3	2	
湘东区			1	20		2	2	12
修水县			4	26		5	12	2
永修县			6	32		2	1	
分宜县	1	1	7	17		4	5	4
余江县			4	26			7	8
信丰县		1	5	5	1		1	
于都县		2	6	17	1	2	3	1
兴国县			8	15		2	12	3
瑞金市		1	5	12		2	7	2
南康市			2	10			5	11
吉安县				24			4	18
永丰县		2	17	17		2	6	2
井冈山市			5	11		2	4	2
上高县		1	6	16			2	
高安市			8	10		4	3	1
临川区			12	14		6	7	1
南城县			35			3		1
金溪县			17	2		6	1	1
上饶县			2	9		1	1	4
婺源县			7	6			2	1

4-16 续表 2

单位：人

地 区	极重度障碍/不能完成			
	残疾一级	残疾二级	残疾三级	残疾四级
总 计	**60**	**60**	**32**	**26**
青山湖区		1	1	
南昌县	1	5	2	
新建县	1	1	3	1
昌江区	1	1	2	
湘东区	5	12	5	3
修水县	10		1	2
永修县	4	1		1
分宜县	1	1	1	
余江县	4	3	2	2
信丰县	1	6	2	
于都县		1		
兴国县	1	1	2	1
瑞金市	10	4	2	
南康市	4	8	1	3
吉安县			2	6
永丰县		1		
井冈山市	5	4	1	4
上高县	2	4	1	
高安市	3	1		
临川区	1			1
南城县				
金溪县	4	2		
上饶县	1	2	1	1
婺源县	1	1	3	1

4－17 各地区18岁及以上肢体残疾人分残疾等级的社会参与状况

单位：人

地区	无障碍/无适用				轻度障碍			
	残疾一级	残疾二级	残疾三级	残疾四级	残疾一级	残疾二级	残疾三级	残疾四级
总　计		**1**	**6**	**55**	**1**	**5**	**100**	**607**
青山湖区								27
南昌县				2		1	13	24
新建县				2			1	20
昌江区							1	42
湘东区								6
修水县			1	3		1	10	22
永修县				2			5	26
分宜县				3			5	26
余江县				5			8	34
信丰县				1			1	32
于都县			1	5			7	15
兴国县			2	6			13	32
瑞金市				5				24
南康市				1			1	27
吉安县				2				20
永丰县								8
井冈山市			1	2	1	3	10	37
上高县							1	29
高安市								10
临川区				11			16	23
南城县							1	39
金溪县							1	29
上饶县		1	1	5			5	20
婺源县							1	35

4-17 续表 1

单位：人

地区	中度障碍				重度障碍			
	残疾一级	残疾二级	残疾三级	残疾四级	残疾一级	残疾二级	残疾三级	残疾四级
总　计	**13**	**44**	**185**	**256**	**18**	**68**	**51**	**40**
青山湖区		3	5	19		5	3	1
南昌县			11	8		6	6	1
新建县		1	7	17	2	2	1	4
昌江区			9	8		3	2	
湘东区	1	4	1	14	4	10	7	15
修水县	6	3	4	5	1	1	2	1
永修县		2	2	6	1	1		
分宜县		1	4	20		4	6	3
余江县		1	4	7	2	2	1	1
信丰县		1	4	4		4	3	
于都县		2	4	5		3		
兴国县		1	7		1	2	1	1
瑞金市		3	11	11	2	3	2	
南康市	2	6	6	20	2	2	1	
吉安县			4	26			2	5
永丰县		3	22	16		2	1	
井冈山市	4	3	3	3				
上高县		1	9	30	1	4	1	
高安市		1	10	19	1	3	1	2
临川区		6	4				1	
南城县		1	33			2	1	1
金溪县			14	5	1	7	4	
上饶县		1	2	8		2	1	3
婺源县			5	5			4	2

4－17 续表 2

单位：人

地区	极重度障碍/不能完成			
	残疾一级	残疾二级	残疾三级	残疾四级
总计	**33**	**9**	**8**	**4**
青山湖区				
南昌县	1			
新建县	1	1	2	
昌江区	1	1	1	
湘东区				
修水县	3			
永修县	3			1
分宜县	2	1	1	
余江县	2			1
信丰县	2	2		
于都县	1			
兴国县				
瑞金市	8	1	2	
南康市				
吉安县				
永丰县				
井冈山市				
上高县	1			
高安市	2	1		
临川区	1			
南城县				
金溪县	3	1		1
上饶县	1			
婺源县	1	1	2	1

4－18　各地区18岁及以上智力残疾人分残疾等级的理解和交流状况

单位：人

地　区	无障碍/无适用				轻度障碍			
	残疾一级	残疾二级	残疾三级	残疾四级	残疾一级	残疾二级	残疾三级	残疾四级
总　计			**2**	**7**			**8**	**69**
青山湖区							1	5
南昌县			1				1	1
新建县			1				1	
昌江区				2				
湘东区								
修水县								1
永修县								5
分宜县								1
余江县				2				1
信丰县				1				6
于都县								2
兴国县								8
瑞金市								
南康市								2
吉安县				1				5
永丰县								10
井冈山市							2	5
上高县				1				2
高安市								1
临川区								3
南城县								3
金溪县								
上饶县							3	6
婺源县								2

4-18 续表 1

单位：人

地 区	中度障碍				重度障碍			
	残疾一级	残疾二级	残疾三级	残疾四级	残疾一级	残疾二级	残疾三级	残疾四级
总 计	**1**	**6**	**66**	**27**	**4**	**20**	**31**	**7**
青山湖区		1						
南昌县							1	
新建县	1	1	3		1		2	
昌江区			2	2		2		
湘东区			1	1	1	1	5	2
修水县				1			2	
永修县		1	10	1	1	3		
分宜县		1	2	2				
余江县			1	2			2	2
信丰县		2	3	1				
于都县			2	2				
兴国县			1			1		
瑞金市						1	4	
南康市			4	3			4	3
吉安县			1			1		
永丰县			8	2		1		
井冈山市			10				1	
上高县			1			1	1	
高安市			4	3	1	4	2	
临川区				1			2	
南城县			6			2		
金溪县			1	2			2	
上饶县			1	3		2	2	
婺源县			5	1		1	1	

4－18 续表 2

单位：人

地 区	极重度障碍/不能完成			
	残疾一级	残疾二级	残疾三级	残疾四级
总 计	**21**	**18**	**8**	**6**
青山湖区	1	1		
南昌县	1	6	1	
新建县	4			1
昌江区				
湘东区			2	4
修水县		1	1	
永修县	5			
分宜县		1		
余江县				
信丰县	2			
于都县				
兴国县	1	2		
瑞金市	1			1
南康市			2	
吉安县			1	
永丰县	5	1		
井冈山市				
上高县		1		
高安市		1		
临川区		1	1	
南城县				
金溪县	1	2		
上饶县		1		
婺源县				

4－19 各地区18岁及以上智力残疾人分残疾等级的身体移动状况

单位：人

地 区	无障碍/无适用				轻度障碍			
	残疾一级	残疾二级	残疾三级	残疾四级	残疾一级	残疾二级	残疾三级	残疾四级
总 计	**22**	**37**	**108**	**110**	**2**	**3**	**5**	**5**
青山湖区		1	1	5	1	1		
南昌县	1	4	4	1				
新建县	5	1	6	1				
昌江区		2	2	4				
湘东区	1	1	6	5			1	2
修水县			2	1		1	1	1
永修县	6	4	10	6				
分宜县		2	2	3				
余江县			3	7				
信丰县		2	3	8	1			
于都县			2	4				
兴国县	1	3	1	8				
瑞金市	1	1	4	1				
南康市			10	7				
吉安县		1	2	6				
永丰县	5	1	8	12		1		
井冈山市			13	5				
上高县		2	2	3				
高安市	1	5	6	4				
临川区		1	3	4				
南城县			3	1			3	2
金溪县	1	2	3	2				
上饶县		3	6	9				
婺源县		1	6	3				

4－19　续表 1

单位：人

地　区	中度障碍				重度障碍			
	残疾一级	残疾二级	残疾三级	残疾四级	残疾一级	残疾二级	残疾三级	残疾四级
总　计	**1**	**3**	**2**	**1**		**1**		
青山湖区								
南昌县		1				1		
新建县	1		1					
昌江区								
湘东区			1					
修水县								
永修县								
分宜县								
余江县								
信丰县								
于都县								
兴国县								
瑞金市								
南康市				1				
吉安县								
永丰县								
井冈山市								
上高县								
高安市								
临川区								
南城县		2						
金溪县								
上饶县								
婺源县								

4－19 续表 2

单位：人

地 区	极重度障碍/不能完成			
	残疾一级	残疾二级	残疾三级	残疾四级
总 计	**1**			
青山湖区				
南昌县				
新建县				
昌江区				
湘东区				
修水县				
永修县				
分宜县				
余江县				
信丰县	1			
于都县				
兴国县				
瑞金市				
南康市				
吉安县				
永丰县				
井冈山市				
上高县				
高安市				
临川区				
南城县				
金溪县				
上饶县				
婺源县				

4－20　各地区18岁及以上智力残疾人分残疾等级的生活自理状况

单位：人

地　区	无障碍/无适用				轻度障碍			
	残疾一级	残疾二级	残疾三级	残疾四级	残疾一级	残疾二级	残疾三级	残疾四级
总　计	**3**	**8**	**47**	**86**	**6**	**24**	**61**	**28**
青山湖区			1	5		2		
南昌县		2	3	1		1	1	
新建县	2	1	5		1		2	
昌江区		1	2	2		1		2
湘东区	1	1	6	2			1	4
修水县			2	2		1	1	
永修县				5	4	4	10	1
分宜县						1	1	3
余江县				5			3	2
信丰县			2	8		2	1	
于都县			2	4				
兴国县		1	1	7		1		1
瑞金市			1			1	3	1
南康市			2	5			7	3
吉安县				6			2	
永丰县			3	9	1	2	5	3
井冈山市			5	4			8	1
上高县			1	2		2	1	1
高安市		2	5	4		3	1	
临川区				4			2	
南城县							4	3
金溪县			1	1		1	2	1
上饶县			2	7		1	3	2
婺源县			3	3		1	3	

4－20　续表 1

单位：人

地　区	中度障碍				重度障碍			
	残疾一级	残疾二级	残疾三级	残疾四级	残疾一级	残疾二级	残疾三级	残疾四级
总　计	**12**	**9**	**6**	**2**	**2**	**2**	**1**	
青山湖区	1							
南昌县		1				1		
新建县	3			1				
昌江区								
湘东区			1	1				
修水县								
永修县	2							
分宜县		1	1					
余江县								
信丰县					1			
于都县								
兴国县		1						
瑞金市	1							
南康市			1					
吉安县						1		
永丰县	4							
井冈山市								
上高县								
高安市					1			
临川区		1					1	
南城县		2	2					
金溪县	1	1						
上饶县		2	1					
婺源县								

4－20 续表 2

单位：人

地区	极重度障碍/不能完成			
	残疾一级	残疾二级	残疾三级	残疾四级
总计	**3**	**1**		
青山湖区				
南昌县	1	1		
新建县				
昌江区				
湘东区				
修水县				
永修县				
分宜县				
余江县				
信丰县	1			
于都县				
兴国县	1			
瑞金市				
南康市				
吉安县				
永丰县				
井冈山市				
上高县				
高安市				
临川区				
南城县				
金溪县				
上饶县				
婺源县				

4－21　各地区18岁及以上智力残疾人分残疾等级的与人相处状况

单位：人

地　区	无障碍/无适用				轻度障碍			
	残疾一级	残疾二级	残疾三级	残疾四级	残疾一级	残疾二级	残疾三级	残疾四级
总　计			**2**	**8**		**1**	**11**	**66**
青山湖区				1		1	1	4
南昌县								
新建县			1				3	
昌江区				1			1	2
湘东区								
修水县								1
永修县							2	5
分宜县								
余江县				2				5
信丰县								8
于都县								2
兴国县				1				5
瑞金市								
南康市								1
吉安县				1				5
永丰县							1	9
井冈山市			1					4
上高县								2
高安市								1
临川区				1				1
南城县								3
金溪县							1	
上饶县							1	8
婺源县				1			1	

4-21 续表 1

单位：人

地　区	中度障碍				重度障碍			
	残疾一级	残疾二级	残疾三级	残疾四级	残疾一级	残疾二级	残疾三级	残疾四级
总　计	**3**	**7**	**58**	**27**	**8**	**19**	**24**	**7**
青山湖区								
南昌县			1	1		1	1	
新建县	3	1	2		2		1	
昌江区		1	1	1				
湘东区			1				1	1
修水县				1		1	2	
永修县		1	8	1	3	3		
分宜县			2	3				
余江县			1				2	
信丰县			2		1	2	1	
于都县			2	2				
兴国县			1	2		1		
瑞金市			2			1	2	1
南康市			1	3			4	3
吉安县			1			1		
永丰县			7	3	2	2		
井冈山市			9	1			3	
上高县			1	1		2	1	
高安市			3	3		3	3	
临川区								2
南城县			6			2		
金溪县				2				
上饶县		3	3	1			2	
婺源县		1	4	2			1	

4-21 续表 2

单位：人

地 区	极重度障碍/不能完成			
	残疾一级	残疾二级	残疾三级	残疾四级
总 计	**15**	**17**	**20**	**8**
青山湖区	1	1		
南昌县	1	5	2	
新建县	1			1
昌江区		1		
湘东区	1	1	6	6
修水县			1	
永修县	3			
分宜县		2		
余江县				
信丰县	1			
于都县				
兴国县	1	2		
瑞金市	1			
南康市			5	1
吉安县			1	
永丰县	3			
井冈山市				
上高县				
高安市	1	2		
临川区		1	3	
南城县				
金溪县	1	2	2	
上饶县				
婺源县				

4－22　各地区18岁及以上智力残疾人分残疾等级的生活活动状况

单位：人

地　区	无障碍/无适用				轻度障碍			
	残疾一级	残疾二级	残疾三级	残疾四级	残疾一级	残疾二级	残疾三级	残疾四级
总　计			**1**	**11**	**1**		**11**	**67**
青山湖区				4			1	1
南昌县								1
新建县							1	
昌江区							2	3
湘东区								1
修水县								1
永修县							1	3
分宜县							1	
余江县				2				2
信丰县								7
于都县								2
兴国县								8
瑞金市								
南康市								2
吉安县				1				4
永丰县					1		3	12
井冈山市			1					3
上高县								3
高安市								2
临川区				1				3
南城县								2
金溪县								1
上饶县				3			2	5
婺源县								1

4－22 续表 1

单位：人

地 区	中度障碍				重度障碍			
	残疾一级	残疾二级	残疾三级	残疾四级	残疾一级	残疾二级	残疾三级	残疾四级
总 计	**1**	**7**	**50**	**21**	**5**	**18**	**36**	**10**
青山湖区		1						
南昌县			2				1	
新建县		1	2		1		2	
昌江区		1		1		1		
湘东区	1	1	2				5	2
修水县							2	1
永修县		2	8	3	3	2	1	
分宜县				3		1	1	
余江县			1	3			1	
信丰县			1			1	1	1
于都县			2	2				
兴国县			1			1		
瑞金市		1	2				2	1
南康市			1	1			5	3
吉安县				1			1	
永丰县			5		1	2		
井冈山市			5	1			7	1
上高县			2			1		
高安市			3	2		5	3	
临川区							1	
南城县			6	1		2		
金溪县				1			1	
上饶县			3			1		1
婺源县			4	2		1	2	

4－22 续表 2

单位：人

地 区	极重度障碍/不能完成			
	残疾一级	残疾二级	残疾三级	残疾四级
总 计	**19**	**19**	**17**	**7**
青山湖区	1	1		
南昌县	1	6	1	
新建县	5		2	1
昌江区				
湘东区			1	4
修水县		1	1	
永修县	3			
分宜县		1		
余江县			1	
信丰县	2	1	1	
于都县				
兴国县	1	2		
瑞金市	1			
南康市			4	2
吉安县		1	1	
永丰县	3			
井冈山市				
上高县		1		
高安市	1			
临川区		1	2	
南城县				
金溪县	1	2	2	
上饶县		2	1	
婺源县				

4－23 各地区18岁及以上智力残疾人分残疾等级的社会参与状况

单位：人

地 区	无障碍/无适用				轻度障碍			
	残疾一级	残疾二级	残疾三级	残疾四级	残疾一级	残疾二级	残疾三级	残疾四级
总 计				**8**		**1**	**18**	**71**
青山湖区				2			1	3
南昌县								
新建县							1	
昌江区							1	4
湘东区								
修水县								1
永修县							2	4
分宜县							1	1
余江县				2				4
信丰县				1				6
于都县							1	2
兴国县				1				6
瑞金市							1	
南康市							6	7
吉安县								6
永丰县							2	10
井冈山市								3
上高县								
高安市								
临川区								2
南城县								3
金溪县								
上饶县				2		1	2	7
婺源县								2

4-23 续表 1

单位：人

地区	中度障碍				重度障碍			
	残疾一级	残疾二级	残疾三级	残疾四级	残疾一级	残疾二级	残疾三级	残疾四级
总　计	**3**	**9**	**71**	**31**	**8**	**21**	**23**	**4**
青山湖区		1						
南昌县			2	1		2	2	
新建县			6		1	1		
昌江区		1	1			1		
湘东区	1	1	6	4			2	2
修水县			1			1	2	1
永修县	1	2	8	2	3	2		
分宜县			1	2		2		
余江县			1	1			1	
信丰县			3	1	2	2		
于都县			1	2				
兴国县			1	1		2		
瑞金市	1	1	3	1				
南康市			1				3	1
吉安县			1					
永丰县			5	2	2	1	1	
井冈山市			12	2			1	
上高县			2	3				
高安市			2	4		4	4	
临川区				2			2	
南城县			6			2		
金溪县		1	1	2			2	
上饶县		2	3				1	
婺源县			4	1		1	2	

4－23 续表 2

单位：人

地 区	极重度障碍/不能完成			
	残疾一级	残疾二级	残疾三级	残疾四级
总 计	**15**	**13**	**3**	**2**
青山湖区	1	1		
南昌县	1	4		
新建县	5			1
昌江区				
湘东区				1
修水县				
永修县	2			
分宜县				
余江县			1	
信丰县				
于都县				
兴国县	1	1		
瑞金市				
南康市				
吉安县		1	1	
永丰县	3	1		
井冈山市				
上高县		2		
高安市	1	1		
临川区		1	1	
南城县				
金溪县	1	1		
上饶县				
婺源县				

4－24　各地区18岁及以上精神残疾人分残疾等级的理解和交流状况

单位：人

地　区	无障碍/无适用				轻度障碍			
	残疾一级	残疾二级	残疾三级	残疾四级	残疾一级	残疾二级	残疾三级	残疾四级
总　计				**8**		**3**	**16**	**93**
青山湖区				3			1	7
南昌县							1	2
新建县						1		2
昌江区								2
湘东区							1	4
修水县							2	6
永修县							1	9
分宜县								2
余江县							1	6
信丰县				3		1	1	1
于都县								2
兴国县							3	2
瑞金市								5
南康市							1	5
吉安县								5
永丰县								
井冈山市				1				6
上高县						1		1
高安市								4
临川区								4
南城县								3
金溪县							1	1
上饶县				1			3	13
婺源县								1

4－24 续表 1

单位：人

地　区	中度障碍				重度障碍			
	残疾一级	残疾二级	残疾三级	残疾四级	残疾一级	残疾二级	残疾三级	残疾四级
总　计	**7**	**33**	**44**	**41**	**62**	**10**	**6**	**1**
青山湖区		2			2			
南昌县	1	4	1		5			
新建县			2		2		1	
昌江区		1		3				
湘东区	1	5	3		3	1		
修水县		2	4	3	3	1	2	
永修县			2	1	4			
分宜县		3	1		4	1		
余江县	1		1	3	3	1		
信丰县			2	1	6			
于都县	2	1		1	6	1		
兴国县	1	1	10	9	3		1	
瑞金市		2	4	4	1			
南康市	1	2	2	1	2	2	2	
吉安县		4		2	1			
永丰县			1	5	2	1		
井冈山市		2		1	1			
上高县					1			
高安市		1	2	1	3			
临川区			1	2	3			
南城县			2	3	1	1		
金溪县		2		1	6			
上饶县		1	2					
婺源县			4			1		1

4－24 续表 2

单位：人

地 区	极重度障碍/不能完成			
	残疾一级	残疾二级	残疾三级	残疾四级
总 计	**33**			
青山湖区	6			
南昌县				
新建县	2			
昌江区				
湘东区				
修水县				
永修县	5			
分宜县	3			
余江县				
信丰县	1			
于都县	1			
兴国县	1			
瑞金市	1			
南康市				
吉安县	1			
永丰县	4			
井冈山市	2			
上高县	1			
高安市				
临川区	2			
南城县	1			
金溪县	2			
上饶县				
婺源县				

4－25　各地区18岁及以上精神残疾人分残疾等级的身体移动状况

单位：人

地　区	无障碍/无适用				轻度障碍			
	残疾一级	残疾二级	残疾三级	残疾四级	残疾一级	残疾二级	残疾三级	残疾四级
总　计	**40**	**23**	**43**	**122**	**32**	**18**	**16**	**21**
青山湖区	2	1		9	1			1
南昌县		3	2	2	6	1		
新建县		1	1	2	2		2	
昌江区		1		5				
湘东区				4	1	6	4	
修水县	3	1	8	9		2		
永修县	4			7	3		2	3
分宜县	2	2	1	1	3	2		1
余江县	3	1	2	8	1			1
信丰县	6	1	3	4	1			1
于都县					3	1		3
兴国县	1		4	4	3	1	6	7
瑞金市	2	2	4	9				
南康市	1	1	5	3	2	2		3
吉安县	1	2		7		2		
永丰县	4	1	1	5	1			
井冈山市	2	2		8	1			
上高县	1	1		1	1			
高安市	2	1	2	5	1			
临川区	5		1	6				
南城县	1	1	2	6	1			
金溪县				1	1		1	1
上饶县		1	3	14			1	
婺源县			4	2		1		

4－25　续表 1

单位：人

地　区	中度障碍				重度障碍			
	残疾一级	残疾二级	残疾三级	残疾四级	残疾一级	残疾二级	残疾三级	残疾四级
总　计	**24**	**5**	**7**		**4**			
青山湖区	3	1	1		2			
南昌县								
新建县	2							
昌江区								
湘东区	3							
修水县								
永修县	1		1					
分宜县	1				1			
余江县								
信丰县								
于都县	5	1			1			
兴国县	1		4					
瑞金市								
南康市		1						
吉安县								
永丰县	1							
井冈山市								
上高县								
高安市								
临川区								
南城县								
金溪县	7	2						
上饶县			1					
婺源县								

4－25 续表 2

单位：人

地 区	极重度障碍/不能完成			
	残疾一级	残疾二级	残疾三级	残疾四级
总 计	**2**			
青山湖区				
南昌县				
新建县				
昌江区				
湘东区				
修水县				
永修县	1			
分宜县				
余江县				
信丰县				
于都县				
兴国县				
瑞金市				
南康市				
吉安县	1			
永丰县				
井冈山市				
上高县				
高安市				
临川区				
南城县				
金溪县				
上饶县				
婺源县				

4－26　各地区18岁及以上精神残疾人分残疾等级的生活自理状况

单位：人

地　区	无障碍/无适用				轻度障碍			
	残疾一级	残疾二级	残疾三级	残疾四级	残疾一级	残疾二级	残疾三级	残疾四级
总　计	**2**	**7**	**15**	**89**	**34**	**31**	**42**	**54**
青山湖区		1		10	3	1	1	
南昌县			2	2	5	4		
新建县			1	1	1		1	1
昌江区				3				2
湘东区	1		1	3	1	6	3	1
修水县		2	2	7	1		5	2
永修县			3	7	2			3
分宜县	1			2	2	4	1	
余江县		1		7	2		2	2
信丰县				2	3	1	3	3
于都县					1			3
兴国县				1			9	10
瑞金市			1	8	1	2	3	1
南康市			2	4		4	3	2
吉安县		1		5	1	3		2
永丰县				2	2	1	1	3
井冈山市		2		8	2			
上高县					1	1		1
高安市				5	1	1	2	
临川区				3	1		1	3
南城县			2	4	1			2
金溪县				1	3	1	1	1
上饶县				2		1	3	12
婺源县			1	2		1	3	

4－26 续表 1

单位：人

地　区	中度障碍				重度障碍			
	残疾一级	残疾二级	残疾三级	残疾四级	残疾一级	残疾二级	残疾三级	残疾四级
总　计	**34**	**8**	**9**		**25**			
青山湖区	2				2			
南昌县	1							
新建县		1	1		3			
昌江区		1						
湘东区	2							
修水县	1	1	1		1			
永修县	1				3			
分宜县	2				2			
余江县	2							
信丰县	3				1			
于都县	3	2			4			
兴国县	2	1	5		2			
瑞金市					1			
南康市	2				1			
吉安县	1							
永丰县	2				2			
井冈山市	1							
上高县	1							
高安市	2							
临川区	1				2			
南城县	1	1						
金溪县	4	1			1			
上饶县			2					
婺源县								

4－26　续表 2

单位：人

地　区	极重度障碍/不能完成			
	残疾一级	残疾二级	残疾三级	残疾四级
总　计	**7**			
青山湖区	1			
南昌县				
新建县				
昌江区				
湘东区				
修水县				
永修县	3			
分宜县				
余江县				
信丰县				
于都县	1			
兴国县	1			
瑞金市				
南康市				
吉安县				
永丰县				
井冈山市				
上高县				
高安市				
临川区	1			
南城县				
金溪县				
上饶县				
婺源县				

4－27　各地区18岁及以上精神残疾人分残疾等级的与人相处状况

单位：人

地　区	无障碍/无适用				轻度障碍			
	残疾一级	残疾二级	残疾三级	残疾四级	残疾一级	残疾二级	残疾三级	残疾四级
总　计				**9**		**1**	**11**	**76**
青山湖区				1				7
南昌县							2	1
新建县							2	2
昌江区								3
湘东区				2			3	2
修水县							1	3
永修县				1				7
分宜县								
余江县				2				6
信丰县				1				4
于都县								
兴国县								3
瑞金市								6
南康市							1	2
吉安县								3
永丰县								1
井冈山市								3
上高县						1		1
高安市								2
临川区				1				3
南城县							1	2
金溪县							1	1
上饶县								14
婺源县				1				

4-27 续表 1

单位：人

地区	中度障碍				重度障碍			
	残疾一级	残疾二级	残疾三级	残疾四级	残疾一级	残疾二级	残疾三级	残疾四级
总　计	**19**	**28**	**51**	**56**	**59**	**16**	**4**	**2**
青山湖区	1	2	1	2	1			
南昌县	2	4		1	4			
新建县			1		3	1		
昌江区		1		2				
湘东区	1	5	1		3	1		
修水县		2	6	6	2	1	1	
永修县	2		3	2	5			
分宜县	1	3	1	2	4	1		
余江县	2		2		1			1
信丰县		1	2		7		1	
于都县	1	1		3	7	1		
兴国县	2	1	14	8	3			
瑞金市			2	3	1	2	2	
南康市		3	4	4	3	1		
吉安县		1		4	1	3		
永丰县	1		1	4	2	1		
井冈山市				5	1	2		
上高县	1				1			
高安市			2	3	3	1		
临川区	1		1	1	1			1
南城县		1	1	4	2			
金溪县	4	2		1	4			
上饶县			5			1		
婺源县		1	4	1				

4－27 续表 2

单位：人

地区	极重度障碍/不能完成			
	残疾一级	残疾二级	残疾三级	残疾四级
总　计	**24**	**1**		
青山湖区	6			
南昌县				
新建县	1			
昌江区				
湘东区				
修水县	1			
永修县	2			
分宜县	2			
余江县	1	1		
信丰县				
于都县	1			
兴国县				
瑞金市	1			
南康市				
吉安县	1			
永丰县	3			
井冈山市	2			
上高县				
高安市				
临川区	3			
南城县				
金溪县				
上饶县				
婺源县				

4－28 各地区18岁及以上精神残疾人分残疾等级的生活活动状况

单位：人

地区	无障碍/无适用				轻度障碍			
	残疾一级	残疾二级	残疾三级	残疾四级	残疾一级	残疾二级	残疾三级	残疾四级
总计			**1**	**3**				**61**
青山湖区				1				5
南昌县								
新建县								
昌江区								1
湘东区								
修水县								3
永修县								7
分宜县								1
余江县								5
信丰县								3
于都县								2
兴国县			1					
瑞金市								2
南康市								
吉安县								5
永丰县								1
井冈山市								5
上高县								
高安市								
临川区				2				2
南城县								3
金溪县								2
上饶县								13
婺源县								1

4－28　续表 1

单位：人

地　区	中度障碍				重度障碍			
	残疾一级	残疾二级	残疾三级	残疾四级	残疾一级	残疾二级	残疾三级	残疾四级
总　计	**2**	**11**	**35**	**70**	**30**	**27**	**29**	**9**
青山湖区	1	2	1	2	1			2
南昌县						2	2	2
新建县			1	2	1		2	
昌江区				4		1		
湘东区				2	1	6	4	2
修水县		1	3	5		2	5	1
永修县			3	3	2			
分宜县			1	1	1	2		
余江县		1		3	1		1	1
信丰县	1		3	2	6	1		
于都县		1		1	5	1		
兴国县			9	11	3	1	4	
瑞金市			1	6			3	1
南康市		2	1	6	2	2	4	
吉安县		2		2		2		
永丰县				4	1	1	1	
井冈山市				3	1	2		
上高县				1				
高安市			1	5	1	1	1	
临川区			1	2	2			
南城县		1	2	3	2			
金溪县						2	1	
上饶县			5	1		1		
婺源县		1	3	1			1	

4-28 续表 2

单位：人

地 区	极重度障碍/不能完成			
	残疾一级	残疾二级	残疾三级	残疾四级
总 计	**70**	**8**	**1**	
青山湖区	6			
南昌县	6	2		
新建县	3	1		
昌江区				
湘东区	3			
修水县	3			
永修县	7			
分宜县	6	2		
余江县	3		1	
信丰县				
于都县	4			
兴国县	2			
瑞金市	2	2		
南康市	1			
吉安县	2			
永丰县	5			
井冈山市	2			
上高县	2	1		
高安市	2			
临川区	3			
南城县				
金溪县	8			
上饶县				
婺源县				

4－29 各地区18岁及以上精神残疾人分残疾等级的社会参与状况

单位：人

地 区	无障碍/无适用				轻度障碍			
	残疾一级	残疾二级	残疾三级	残疾四级	残疾一级	残疾二级	残疾三级	残疾四级
总 计				**1**		**1**	**1**	**42**
青山湖区								5
南昌县								
新建县								1
昌江区								2
湘东区								1
修水县								3
永修县								
分宜县								
余江县								2
信丰县								1
于都县								1
兴国县								
瑞金市								3
南康市								
吉安县								
永丰县								1
井冈山市								3
上高县						1		
高安市								1
临川区				1				3
南城县							1	1
金溪县								
上饶县								13
婺源县								1

4-29 续表 1

单位：人

地　区	中度障碍				重度障碍			
	残疾一级	残疾二级	残疾三级	残疾四级	残疾一级	残疾二级	残疾三级	残疾四级
总　计	**9**	**14**	**29**	**82**	**63**	**30**	**34**	**18**
青山湖区				3	2	1	1	2
南昌县		2		1	6	2	2	1
新建县	1	1	2	1	2		1	
昌江区		1		3				
湘东区	1	2	3	3	3	4	1	
修水县			3	4	1	3	5	2
永修县			2	7	2		1	3
分宜县	1	1	1	2	4	3		
余江县	1		2	7	3	1		
信丰县				4	6	1	3	
于都县		2		2	6			
兴国县			1	3	2	1	11	8
瑞金市	1	1	2	6	1	1	2	
南康市			4	5	3	4	1	1
吉安县				6	2	4		1
永丰县	1	1	1	4	5			
井冈山市	1	1		5	1	1		
上高县	2			1				
高安市			1	4	2	1	1	
临川区				2	3		1	
南城县			1	5	1	1		
金溪县		1		2	8	1	1	
上饶县			5	1		1		
婺源县		1	1	1			3	

4－29 续表 2

单位：人

地 区	极重度障碍/不能完成			
	残疾一级	残疾二级	残疾三级	残疾四级
总 计	**30**	**1**	**2**	
青山湖区	6	1		
南昌县				
新建县	1			
昌江区				
湘东区				
修水县	2			
永修县	7			
分宜县	2			
余江县				
信丰县	1			
于都县	3			
兴国县	3		2	
瑞金市				
南康市				
吉安县				
永丰县				
井冈山市	1			
上高县				
高安市	1			
临川区	2			
南城县	1			
金溪县				
上饶县				
婺源县				

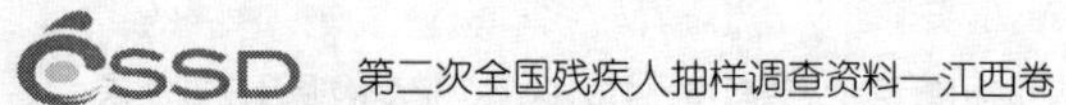

4－30 各地区18岁及以上多重残疾人分残疾等级的理解和交流状况

单位：人

地区	无障碍/无适用				轻度障碍			
	残疾一级	残疾二级	残疾三级	残疾四级	残疾一级	残疾二级	残疾三级	残疾四级
总计	**15**	**6**	**23**	**33**	**23**	**12**	**49**	**33**
青山湖区				4		1	3	1
南昌县				1	1			
新建县			2		2	1	1	
昌江区			3	2	1	1	4	2
湘东区	1	1	1	2		1		1
修水县			1	1	1			2
永修县	1			1	1	1	1	
分宜县	2			2	3		4	
余江县	1	1						
信丰县	1			3			2	2
于都县	2		1	4	1		1	7
兴国县			1	1			1	
瑞金市			1	4	2		4	6
南康市	2			4			1	2
吉安县	1		1	1	2	2	5	2
永丰县		1						
井冈山市	1		1		1	1	3	
上高县					1		5	
高安市					3		1	
临川区	1	3	5	1	1	3		3
南城县	1		2		1		5	
金溪县			1		2		3	1
上饶县	1		1				1	
婺源县			2	2		1	4	4

4－30　续表 1

单位：人

地　区	中度障碍				重度障碍			
	残疾一级	残疾二级	残疾三级	残疾四级	残疾一级	残疾二级	残疾三级	残疾四级
总　计	**76**	**28**	**78**	**24**	**72**	**31**	**25**	**2**
青山湖区			1			3		
南昌县	3			2		1		
新建县			4		2			
昌江区			2		1	3	2	
湘东区	2	1	1		4		1	
修水县		1	1		7	1		
永修县	1				1	2	1	
分宜县	6	3	3		2	1	1	
余江县	5	1	3	3	6	2	2	
信丰县	5	3	4	1	3	2	2	
于都县	1	1	6	2	2	2	1	
兴国县	1		2	1	2	1	3	
瑞金市	6	4	8	3	6	1	2	2
南康市		1	14	7	1	1	1	
吉安县	7		4	1	7	1		
永丰县	2	1	3		3	1	1	
井冈山市	8	2	7		4	1	3	
上高县	3		1	1	3	2	1	
高安市	5	2	3		2			
临川区	4	1	3		2	2	2	
南城县	2	2	1		6	1	1	
金溪县	10				2		1	
上饶县	2	1	2	2	1			
婺源县	3	4	5	1	5	3		

4－30 续表 2

单位：人

地 区	极重度障碍/不能完成			
	残疾一级	残疾二级	残疾三级	残疾四级
总 计	**66**	**13**	**2**	
青山湖区	6			
南昌县	2			
新建县				
昌江区	1			
湘东区	2	1		
修水县	4	1		
永修县	4	1		
分宜县	2	2	1	
余江县	4		1	
信丰县	3			
于都县	1	2		
兴国县	6			
瑞金市	3			
南康市	2	1		
吉安县	4			
永丰县				
井冈山市	4	1		
上高县	3	1		
高安市	3			
临川区	4	1		
南城县				
金溪县	2	2		
上饶县	1			
婺源县	5			

4－31　各地区18岁及以上多重残疾人分残疾等级的身体移动状况

单位：人

地　区	无障碍/无适用				轻度障碍			
	残疾一级	残疾二级	残疾三级	残疾四级	残疾一级	残疾二级	残疾三级	残疾四级
总　计	**172**	**54**	**95**	**63**	**24**	**13**	**39**	**17**
青山湖区	3	2	2	2	1	2	1	1
南昌县	3			3	3			
新建县	4	1	5				1	
昌江区	2	4	8	2	1		2	2
湘东区	6	3	1	2	2		2	1
修水县	7	2	2	3	2			
永修县	7	1	1	1		1		
分宜县	10	4	6	1	1	1		1
余江县	11	3		3	1		2	
信丰县	7	3	3	5	1		3	1
于都县	5	4	4	11			2	1
兴国县	3		2				2	1
瑞金市	8	3	3	10	1	1	5	2
南康市	2	1	13	11		1	2	2
吉安县	18	2	7	2	2		2	1
永丰县	5	1	4					
井冈山市	12	4	11			1	1	
上高县	6	2	3		1	1	4	1
高安市	11	1	4		1			
临川区	9	5	4	3	1	1	3	
南城县	7	2	3		2	1	3	
金溪县	12		2		2	2	3	1
上饶县	4		2					
婺源县	10	6	5	4	2	1	1	2

4-31 续表 1

单位：人

地　区	中度障碍				重度障碍			
	残疾一级	残疾二级	残疾三级	残疾四级	残疾一级	残疾二级	残疾三级	残疾四级
总　计	**16**	**10**	**28**	**11**	**20**	**10**	**13**	**1**
青山湖区			1	2	1			
南昌县								
新建县							1	
昌江区			1					
湘东区						1		
修水县	1				1	1		
永修县		2	1		1			
分宜县	1		2		3	1		
余江县	1	1	1		1		3	
信丰县			1		2	2		
于都县	1	1	3	1				
兴国县	2	1	1	1	1		2	
瑞金市	3		4	3	4	1	3	
南康市			1		1			
吉安县	1			1		1	1	
永丰县		1				1		
井冈山市	2		2		1			
上高县	2							
高安市		1						
临川区	1	3	3	1	1			
南城县			3		1			
金溪县					1			
上饶县	1		1	1		1	1	1
婺源县			3	1	1	1	2	

4－31 续表 2

单位：人

地 区	极重度障碍/不能完成			
	残疾一级	残疾二级	残疾三级	残疾四级
总 计	**20**	**3**	**2**	
青山湖区	1			
南昌县		1		
新建县				
昌江区				
湘东区	1			
修水县	1			
永修县				
分宜县			1	
余江县	2			
信丰县	2		1	
于都县	1			
兴国县	3			
瑞金市	1			
南康市	2	1		
吉安县				
永丰县				
井冈山市	3			
上高县	1			
高安市	1			
临川区		1		
南城县				
金溪县	1			
上饶县				
婺源县				

4－32 各地区18岁及以上多重残疾人分残疾等级的生活自理状况

单位：人

地区	无障碍/无适用				轻度障碍			
	残疾一级	残疾二级	残疾三级	残疾四级	残疾一级	残疾二级	残疾三级	残疾四级
总计	**96**	**23**	**64**	**47**	**68**	**29**	**70**	**33**
青山湖区		1	2	2	3	1	1	1
南昌县	2			1	4			1
新建县	2		2		1		5	
昌江区	2	2	5	2		2	4	1
湘东区	5	1	2	1	1	1	1	2
修水县	3	1	1	2	5	1		
永修县	5	1	1		2			1
分宜县	5	1	4	1	3	4	3	1
余江县	5			1	2	2	1	2
信丰县	4	1	3	6	3	1	3	
于都县	2			4	1	2	5	7
兴国县	1		3		2		2	2
瑞金市	6	2	6	9	6	1	7	5
南康市			7	9	1	1	6	4
吉安县	9	2	4	2	8		3	1
永丰县	5		2			1	2	
井冈山市	8	4	6		1		6	
上高县	3		3		3	2	4	1
高安市	4	1			6	1	2	
临川区	3	3	3	3	5	4	4	
南城县	2		1		4	2	5	
金溪县	10		4	1	2		1	
上饶县	2		2	1	2	1		
婺源县	8	3	3	2	3	2	5	4

4－32 续表 1

单位：人

地 区	中度障碍				重度障碍			
	残疾一级	残疾二级	残疾三级	残疾四级	残疾一级	残疾二级	残疾三级	残疾四级
总 计	**28**	**24**	**35**	**11**	**35**	**12**	**6**	**1**
青山湖区	1	1	1	1		1		1
南昌县				1		1		
新建县		1			1			
昌江区	1		2	1				
湘东区	2	2						
修水县	1	1	1	1	1			
永修县		3	1		1			
分宜县		1	2		6			
余江县	3		3		5	2	1	
信丰县	2	1	2			1		
于都县	2	1	3	2	1	2	1	
兴国县	1	1	2		1			
瑞金市	2	2	1	1	1		1	
南康市	1		2		3	2	1	
吉安县	2		2	1		1	1	
永丰县		2						
井冈山市	2	1	2		4			
上高县	2	1			1			
高安市	1		2		2			
临川区		2	2	1	3			
南城县	3	1	2		1		1	
金溪县	2	2			1			
上饶县			2	1	1			
婺源县		1	3	1	2	2		

4－32　续表 2

单位：人

地　区	极重度障碍/不能完成			
	残疾一级	残疾二级	残疾三级	残疾四级
总　计	**25**	**2**	**2**	
青山湖区	2			
南昌县				
新建县				
昌江区				
湘东区	1			
修水县	2			
永修县				
分宜县	1			
余江县	1		1	
信丰县	3	1		
于都县	1			
兴国县	4			
瑞金市	2			
南康市				
吉安县	2			
永丰县				
井冈山市	3			
上高县	1			
高安市				
临川区	1	1	1	
南城县				
金溪县	1			
上饶县				
婺源县				

4－33　各地区18岁及以上多重残疾人分残疾等级的与人相处状况

单位：人

地　区	无障碍/无适用				轻度障碍			
	残疾一级	残疾二级	残疾三级	残疾四级	残疾一级	残疾二级	残疾三级	残疾四级
总　计	**20**	**10**	**34**	**39**	**19**	**10**	**48**	**32**
青山湖区		1		4			4	1
南昌县	1			1				
新建县	1		2		2	1	1	
昌江区		1	4	3			4	1
湘东区	1	1	1	2		1	1	1
修水县				2		1	1	1
永修县	1	1	1	1			1	
分宜县	1		3		1		2	2
余江县	1	1						2
信丰县	1			2			1	1
于都县	1		1	4	1		1	7
兴国县			1	1				
瑞金市	2		1	8	1		7	5
南康市	2		1	5			1	3
吉安县	2		1	1		1	2	1
永丰县		1			1		1	
井冈山市	4		5		1			
上高县			1	1	4		4	
高安市	1							
临川区	1	3	4	1		2	2	3
南城县			3		1		4	
金溪县			1	1	4		2	
上饶县			1		1		2	
婺源县		1	3	2	2	4	7	4

4－33 续表 1

单位：人

地　区	中度障碍				重度障碍			
	残疾一级	残疾二级	残疾三级	残疾四级	残疾一级	残疾二级	残疾三级	残疾四级
总　计	**59**	**32**	**71**	**17**	**97**	**25**	**18**	**4**
青山湖区		1			2	2		
南昌县	2			1	1			1
新建县	1		4					
昌江区		3	2		3			
湘东区	2	1			4			
修水县	1	2	1		8			
永修县	2	1			3	2		
分宜县	7	1	2		3	1	1	
余江县	3		4	1	9	2		
信丰县	2	2	5	2	6	2	2	1
于都县		1	6	2	4	3	1	
兴国县	1		4	1	3	1	2	
瑞金市	7	3	6	2	5	2	1	
南康市		1	10	3	1	2	3	2
吉安县	5	1	5	2	12	1	2	
永丰县		1	3		3	1		
井冈山市	1	3	7		7	1	2	
上高县	2	1	1		3	1	1	
高安市	5	2	3		3		1	
临川区	4	3	3		4	2	1	
南城县	3	2	2		5	1		
金溪县	8		1		2		1	
上饶县	1	1	1	2	3			
婺源县	2	2	1	1	3	1		

4-33 续表 2

单位：人

地 区	极重度障碍/不能完成			
	残疾一级	残疾二级	残疾三级	残疾四级
总 计	**57**	**13**	**6**	
青山湖区	4			
南昌县	2	1		
新建县				
昌江区			1	
湘东区	2	1	1	
修水县	3			
永修县	2			
分宜县	3	4	1	
余江县	3	1	2	
信丰县	3	1		
于都县	1	1		
兴国县	5			
瑞金市	2			
南康市	2		1	
吉安县	2			
永丰县	1			
井冈山市	5	1		
上高县	1	1		
高安市	4			
临川区	3			
南城县	1			
金溪县	2	2		
上饶县				
婺源县	6			

4－34　各地区18岁及以上多重残疾人分残疾等级的生活活动状况

单位：人

地　区	无障碍/无适用				轻度障碍			
	残疾一级	残疾二级	残疾三级	残疾四级	残疾一级	残疾二级	残疾三级	残疾四级
总　计	**16**	**4**	**10**	**4**	**38**	**10**	**25**	**35**
青山湖区		1					1	1
南昌县					2			1
新建县	2		1				1	
昌江区	1	1	3		1			3
湘东区	1				1			
修水县								
永修县	1	1			3			
分宜县	1		1		2	2	2	2
余江县	1				1	1		2
信丰县				1	3		2	4
于都县	1							4
兴国县					1			2
瑞金市			1	1	4		2	8
南康市			1				1	3
吉安县					2	1	2	2
永丰县	2						1	
井冈山市	2				4	2	2	
上高县	2				2	1	2	1
高安市					3		1	
临川区	1		2	2	1	3	1	
南城县	1		1		4		2	
金溪县					3		1	
上饶县					1		1	
婺源县		1					3	2

4－34 续表 1

单位：人

地区	中度障碍				重度障碍			
	残疾一级	残疾二级	残疾三级	残疾四级	残疾一级	残疾二级	残疾三级	残疾四级
总　计	**48**	**26**	**83**	**40**	**66**	**32**	**41**	**11**
青山湖区		2	3	2	2	1		1
南昌县	3			1				1
新建县		1	2		1		1	
昌江区		1	5			2	3	1
湘东区	3	1		2	1	2	2	1
修水县	1	1	1	2	5	2	1	1
永修县		2	1	1	2			
分宜县	4		3		3	3	2	
余江县	3	1	3	1	2	1		
信丰县	1	1	4	1		2	1	
于都县	2	2	8	8	3	3		1
兴国县	2		3		1	1	3	
瑞金市	1	2	7	5	8	3	4	
南康市			9	8	1	2	5	2
吉安县	6	1	4		9		3	2
永丰县	3	1	2			2	1	
井冈山市	1	1	3		1	1	7	
上高县			4		3		1	
高安市	2	2	3		7			
临川区	3	2	3	2	2	3	3	
南城县	3	2	5		2	1	1	
金溪县	4		4	1	5			
上饶县	2		2	1	2	1		1
婺源县	4	3	4	5	6	2	3	

4－34 续表 2

单位：人

地区	极重度障碍/不能完成			
	残疾一级	残疾二级	残疾三级	残疾四级
总计	**84**	**18**	**18**	**2**
青山湖区	4			1
南昌县	1	1		
新建县	1		2	
昌江区	1			
湘东区	3	1	1	
修水县	6			
永修县	2	1	1	
分宜县	5	1	1	
余江县	9	1	3	
信丰县	8	2	1	
于都县	1		1	
兴国县	5		1	
瑞金市	4		1	1
南康市	4	1		
吉安县	4	1	1	
永丰县				
井冈山市	10	1	2	
上高县	3	2		
高安市	1			
临川区	5	2	1	
南城县				
金溪县	4	2		
上饶县			1	
婺源县	3	2	1	

4－35 各地区18岁及以上多重残疾人分残疾等级的社会参与状况

单位：人

地 区	无障碍/无适用				轻度障碍			
	残疾一级	残疾二级	残疾三级	残疾四级	残疾一级	残疾二级	残疾三级	残疾四级
总 计	**2**		**2**	**3**	**21**	**14**	**52**	**46**
青山湖区						1	1	1
南昌县								1
新建县							2	
昌江区			1			1		3
湘东区	1				1			1
修水县					1			2
永修县							1	1
分宜县					2	1	4	2
余江县							2	2
信丰县							1	5
于都县							1	8
兴国县							4	1
瑞金市				1		2	3	6
南康市					1		3	5
吉安县					4	1	2	1
永丰县					1		3	
井冈山市					3	1	2	
上高县	1				2	1	4	
高安市							2	
临川区			1	2	2	4	5	1
南城县					2		4	
金溪县							4	
上饶县							2	
婺源县					2	2	2	6

4－35 续表 1

单位：人

地 区	中度障碍				重度障碍			
	残疾一级	残疾二级	残疾三级	残疾四级	残疾一级	残疾二级	残疾三级	残疾四级
总 计	**68**	**37**	**82**	**36**	**111**	**29**	**34**	**7**
青山湖区	1	1	3	3	3	2		1
南昌县	4				1			2
新建县	2	1	4		2		1	
昌江区	2	2	7	1	1		3	
湘东区	4	3	1	2	2	1	2	
修水县	1	1	1	1	7	2		
永修县	2	2			2	2	1	
分宜县	2	1	1		7	3	3	
余江县	5	1	3	1	10	2	1	
信丰县	4	3	4	1	5	2	3	
于都县	4	1	7	4	2	3		1
兴国县	1		1		3	1	2	1
瑞金市	6	2	8	7	9	1	3	1
南康市	2	1	10	8	2	2	3	
吉安县	6	1	6	3	9	1	2	
永丰县		3	1		4			
井冈山市	3	3	10		11		2	
上高县	4	1	3	1				
高安市	3	1	2		7	1		
临川区	3	2	2	1	3	2	1	
南城县	2	3	4		4		1	
金溪县	5			1	8	1	1	
上饶县			1	1	4	1		1
婺源县	2	4	3	1	5	2	5	

4-35 续表 2

单位：人

地 区	极重度障碍/不能完成			
	残疾一级	残疾二级	残疾三级	残疾四级
总 计	**50**	**10**	**7**	
青山湖区	2			
南昌县	1	1		
新建县				
昌江区		1		
湘东区	1			
修水县	3		1	
永修县	4			
分宜县	4	1	1	
余江县	1	1		
信丰县	3			
于都县	1	1	1	
兴国县	5			
瑞金市	2		1	
南康市				
吉安县	2			
永丰县				
井冈山市	1	1		
上高县	3	1		
高安市	3			
临川区	4	2	1	
南城县	2			
金溪县	3	1		
上饶县	1		1	
婺源县	4		1	

4－36　各地区视力残疾人分残疾等级的康复形式

单位：人

地　区	机构康复				延伸服务			
	残疾一级	残疾二级	残疾三级	残疾四级	残疾一级	残疾二级	残疾三级	残疾四级
合　计	**73**	**52**	**67**	**451**	**5**	**4**	**3**	**15**
青山湖区	1	1		29				1
南昌县	2	2	8	25		1		
新建县	11	8	5	30				1
昌江区		3	5	19				
湘东区	2	1	1	5				
修水县			2	10				
永修县	4	1	7	17				
分宜县	5	1	2	8				
余江县		3		17		1		
信丰县	2	1	1	14				
于都县	1	5	1	28				
兴国县	5	2		19	1			
瑞金市	3	1	4	20	2			
南康市	2	1	7	48				
吉安县	4	2		9	2			2
永丰县	3	2	5	7				
井冈山市	1	4	1	26				1
上高县		2	2	12				1
高安市	4	5	5	7				2
临川区	6	3	3	37			1	
南城县	7	1	3	12			1	2
金溪县	2		1	23		1	1	1
上饶县	2		4	20		1		4
婺源县	6	3		9				

4－36 续表

单位：人

地 区	社区和家庭服务			
	残疾一级	残疾二级	残疾三级	残疾四级
合 计	**81**	**15**	**24**	**85**
青山湖区	2	4		4
南昌县	2			8
新建县	1			1
昌江区		1		
湘东区	1			1
修水县	4			4
永修县				
分宜县	7	1	1	10
余江县	8	1	1	3
信丰县			5	1
于都县	3			2
兴国县			1	
瑞金市	4		1	2
南康市	3	1	3	3
吉安县	8			9
永丰县	5	2		
井冈山市	7		2	4
上高县	2	2	2	5
高安市	3	1	4	7
临川区	6	1	1	9
南城县	10	1		3
金溪县	3		2	7
上饶县	1			1
婺源县	1		1	1

4－37 各地区视力残疾人分残疾等级的康复内容

单位：人

地区	医疗服务				辅助器具			
	残疾一级	残疾二级	残疾三级	残疾四级	残疾一级	残疾二级	残疾三级	残疾四级
总计	**91**	**52**	**76**	**469**	**39**	**12**	**12**	**69**
青山湖区	1	1		29				1
南昌县	2	2	8	31	1			3
新建县	12	8	5	30				1
昌江区		3	5	18				2
湘东区	1	1	1	6	2			
修水县			2	9				2
永修县	4	1	7	17			1	2
分宜县	8	1	3	10	2	1		7
余江县		3		17	8	2	1	3
信丰县	2	1	1	13		1	1	2
于都县	1	5	1	28	3			3
兴国县	6	2	1	19				
瑞金市	3	1	4	21	6		1	1
南康市	2	1	8	48				
吉安县	11	2		18				1
永丰县	7	3	5	6	1			1
井冈山市	1	3	1	22	5	2	1	13
上高县	1	2	2	17	1	2	2	1
高安市	6	6	9	14	1			2
临川区	6	3	3	33	6	1	2	13
南城县	7	1	3	12	2	1	1	4
金溪县	2		2	21		1	1	2
上饶县	2		4	20		1	1	5
婺源县	6	2	1	10	1			

4－37 续表

单位：人

地 区	康复训练与服务			
	残疾一级	残疾二级	残疾三级	残疾四级
总 计	**34**	**13**	**14**	**51**
青山湖区	2	4		4
南昌县	2	1		
新建县				2
昌江区		4	3	14
湘东区				
修水县	4			3
永修县	1			
分宜县	1			1
余江县				
信丰县			6	4
于都县				3
兴国县				
瑞金市				
南康市	3	1	2	3
吉安县	3			1
永丰县		1		
井冈山市	6	1	2	7
上高县				
高安市				
临川区				
南城县	8			1
金溪县	3		1	8
上饶县	1			
婺源县		1		

4－38　各地区听力残疾人分残疾等级的康复形式

单位：人

地　区	机构康复				延伸服务			
	残疾一级	残疾二级	残疾三级	残疾四级	残疾一级	残疾二级	残疾三级	残疾四级
总　计	**37**	**53**	**191**	**228**	**8**	**5**	**23**	**21**
青山湖区	3	1	11	24				
南昌县	1							
新建县			1	1				
昌江区			1	2				
湘东区	3	3	24	20				
修水县	5	6	4	1	4	1		
永修县	4		9	8			1	
分宜县	1		3	1			4	1
余江县			1	3				
信丰县		4	22	30				
于都县		1						
兴国县	2	8	7	6				
瑞金市	1	2	17	18				
南康市	1	1	12	23				
吉安县		3	9	14	1	1	10	15
永丰县	3	3	2	2	2	1	5	5
井冈山市		1	1					
上高县	1	2	10	23				
高安市	5	3	6	1		1	1	
临川区		3	14	19				
南城县			2					
金溪县	7	10	22	11			1	
上饶县		2	13	21	1	1	1	
婺源县								

4－38 续表

单位：人

地 区	社区和家庭服务			
	残疾一级	残疾二级	残疾三级	残疾四级
总 计	**69**	**74**	**289**	**199**
青山湖区				
南昌县	1	4	4	20
新建县	1	7	25	1
昌江区	1	2	22	31
湘东区				1
修水县	10	5	9	
永修县	9	2	14	7
分宜县	6	12	37	15
余江县	1	4	17	31
信丰县				
于都县	3	4	33	48
兴国县	8	6	18	3
瑞金市		1	10	2
南康市			1	
吉安县	2		2	1
永丰县	6	4	12	2
井冈山市	3	5	15	2
上高县				
高安市	3		9	2
临川区	6	3	16	5
南城县	3	9	22	4
金溪县	4	2	1	
上饶县	2	2	4	2
婺源县		2	18	22

4－39　各地区听力残疾人分残疾等级的康复内容

单位：人

地　区	医疗服务				辅助器具			
	残疾一级	残疾二级	残疾三级	残疾四级	残疾一级	残疾二级	残疾三级	残疾四级
总　计	**35**	**48**	**156**	**193**	**72**	**87**	**356**	**331**
青山湖区	3	1	11	23	3	1	11	23
南昌县		1		1	1	3	4	19
新建县	1	1	3	1		1	3	
昌江区		1	8	10	1	2	21	25
湘东区					3	3	24	21
修水县	4	6	2	1	14	4	7	
永修县	3		9	7	2			1
分宜县	4	6	16	9	5	10	32	9
余江县			2	3	1	4	17	33
信丰县		4	21	30		4	22	29
于都县	1		1		2	5	32	48
兴国县	2	4	4	2	6	8	20	4
瑞金市		3	15	14	1		12	6
南康市			1		1	1	11	23
吉安县	2	2	8	18	1	4	18	27
永丰县	3	3	6	5	11	8	19	9
井冈山市		2			3	2	6	2
上高县	1	2	7	23			3	
高安市	3	2	5	1	6	4	16	2
临川区	2	2	14	14	4	4	16	10
南城县	1	4	8	2	2	5	13	1
金溪县	5	2	10	10	2	8	13	1
上饶县		1	5	19	3	5	18	16
婺源县		1				1	18	22

4－39 续表

单位：人

地 区	康复训练与服务			
	残疾一级	残疾二级	残疾三级	残疾四级
总 计	**25**	**23**	**83**	**42**
青山湖区	3	1	11	21
南昌县	1			
新建县		7	23	1
昌江区				4
湘东区				
修水县	1	2	4	
永修县	8	2	15	7
分宜县				1
余江县		1		
信丰县				
于都县				
兴国县	2	2	1	3
瑞金市				
南康市			1	
吉安县	1			
永丰县	4	4	12	3
井冈山市		2	10	
上高县				
高安市	1		1	1
临川区				
南城县			4	1
金溪县	4	2	1	
上饶县				
婺源县				

4－40 各地区言语残疾人分残疾等级的康复形式

单位：人

地 区	机构康复				延伸服务			
	残疾一级	残疾二级	残疾三级	残疾四级	残疾一级	残疾二级	残疾三级	残疾四级
总 计	**7**	**4**	**8**	**11**	**1**	**1**		**2**
青山湖区	2	1		1				
南昌县		1		1				
新建县					1	1		
昌江区			1	1				
湘东区	1							
修水县	1							
永修县			1	2				
分宜县				1				1
余江县								
信丰县				1				
于都县			1	1				
兴国县	1	2	1					
瑞金市								
南康市								
吉安县			1					
永丰县	1		2	1				1
井冈山市				1				
上高县								
高安市			1	1				
临川区								
南城县								
金溪县								
上饶县								
婺源县	1							

4-40 续表

单位：人

地 区	社区和家庭服务			
	残疾一级	残疾二级	残疾三级	残疾四级
总 计	**14**	**4**	**16**	**22**
青山湖区			1	
南昌县		1		
新建县		1		1
昌江区			1	
湘东区				1
修水县	1			1
永修县	1		1	2
分宜县			1	
余江县	1		2	
信丰县	1		1	1
于都县	1			3
兴国县			2	4
瑞金市				1
南康市				1
吉安县	1			
永丰县	2		5	
井冈山市	1			1
上高县	2		1	
高安市			1	2
临川区				
南城县				
金溪县	1	1		1
上饶县	1			1
婺源县	1	1		2

4-41　各地区言语残疾人分残疾等级的康复内容

单位：人

地区	医疗服务				辅助器具			
	残疾一级	残疾二级	残疾三级	残疾四级	残疾一级	残疾二级	残疾三级	残疾四级
总　计	**8**	**4**	**6**	**13**	**1**	**1**	**3**	**5**
青山湖区	1	1						
南昌县		1		1				
新建县	1	1				1		1
昌江区								
湘东区								
修水县	2							
永修县			1	2			1	3
分宜县				1				
余江县								
信丰县				1			1	
于都县			1	1				
兴国县		1	2	2				
瑞金市				1				
南康市								
吉安县								
永丰县	1		2	1	1		1	
井冈山市	1			1				
上高县	1							
高安市				1				
临川区								
南城县								
金溪县								1
上饶县				1				
婺源县	1							

4-41 续表

单位：人

地 区	康复训练与服务			
	残疾一级	残疾二级	残疾三级	残疾四级
总 计	**17**	**7**	**20**	**28**
青山湖区	1	1	1	1
南昌县		1		
新建县		2		1
昌江区			1	1
湘东区	1			1
修水县	2			1
永修县	1		2	4
分宜县			1	2
余江县	1		2	
信丰县	1		1	1
于都县	1		1	4
兴国县	1	1	1	2
瑞金市				1
南康市				1
吉安县	1		1	
永丰县	3		6	2
井冈山市				2
上高县	1		1	
高安市			2	2
临川区				
南城县				
金溪县	1	1		
上饶县	1			
婺源县	1	1		2

4－42 各地区肢体残疾人分残疾等级的康复形式

单位：人

地 区	机构康复				延伸服务			
	残疾一级	残疾二级	残疾三级	残疾四级	残疾一级	残疾二级	残疾三级	残疾四级
总 计	**24**	**39**	**141**	**392**	**18**	**11**	**33**	**59**
青山湖区		1	3	4				
南昌县	2	3	15	18				
新建县	2		2	4			3	3
昌江区	1	4	11	43				
湘东区				1				1
修水县					10	6	18	34
永修县	2	3	6	34				
分宜县	2	6	15	46	1		1	3
余江县	2	1	8	25				
信丰县		1	5	16				
于都县		1	5	8				
兴国县	1	2	13	20			1	
瑞金市	6	2	6	14	5	3	7	10
南康市		2	3	14		2		1
吉安县			6	39				
永丰县		1	3	3				
井冈山市	1	1	2					2
上高县	1	1	3	19				
高安市			1	4				
临川区	1	6	20	28				
南城县		1	2					
金溪县				2	2		2	
上饶县	3	2	2	17			1	4
婺源县		1	10	33				1

4－42 续表

单位：人

地 区	社区和家庭服务			
	残疾一级	残疾二级	残疾三级	残疾四级
总 计	**30**	**84**	**189**	**579**
青山湖区		7	5	45
南昌县		5	16	18
新建县	1	4	6	44
昌江区			3	8
湘东区	5	14	9	35
修水县			1	
永修县	2		2	4
分宜县	1			4
余江县	2	3	7	26
信丰县	2	7	3	24
于都县	1	4	7	21
兴国县		1	10	24
瑞金市		2	2	19
南康市	5	6	5	37
吉安县				16
永丰县		4	22	23
井冈山市	4	5	12	41
上高县	1	4	8	45
高安市	3	5	10	29
临川区			2	9
南城县		2	33	42
金溪县	2	8	18	35
上饶县		3	6	19
婺源县	1		2	11

4－43 各地区肢体残疾人分残疾等级的康复内容

单位：人

地 区	医疗服务				辅助器具			
	残疾一级	残疾二级	残疾三级	残疾四级	残疾一级	残疾二级	残疾三级	残疾四级
总 计	**37**	**54**	**192**	**505**	**23**	**60**	**123**	**262**
青山湖区		7	6	23		5	5	13
南昌县	2	5	17	16		2	27	21
新建县	2		1	8		2	3	21
昌江区	1	4	12	45			2	2
湘东区			1		1	5	3	12
修水县	10	6	18	31			1	3
永修县	3	3	6	31	1	3	6	16
分宜县	2	6	16	49	2	3	7	5
余江县	2	1	8	23	3	2	3	5
信丰县			5	16	1	1	1	4
于都县		1	6	10		2	5	9
兴国县	1	2	14	20		1		5
瑞金市	6	2	5	15	4	4	9	9
南康市		2	3	14	5	7	5	33
吉安县				6			6	45
永丰县		1	3	5		3	5	8
井冈山市	2	1	3	9	3	4	8	24
上高县	2	2	9	60			1	2
高安市			1	4		4	6	8
临川区	1	5	18	29		1	2	3
南城县		3	21	30			3	1
金溪县			2	6	3	7	9	2
上饶县	3	2	7	21		3	1	6
婺源县		1	10	34		1	5	5

4－43 续表

单位：人

地　区	康复训练与服务			
	残疾一级	残疾二级	残疾三级	残疾四级
总　计	**26**	**59**	**131**	**464**
青山湖区		7	6	47
南昌县		4	10	17
新建县	1	2	8	32
昌江区	1	2	6	35
湘东区	4	9	4	25
修水县				
永修县	4		2	28
分宜县				3
余江县	2	3	5	28
信丰县	1	7	2	20
于都县	1	3	8	19
兴国县			10	19
瑞金市	1	1	2	18
南康市	4	6	3	17
吉安县				4
永丰县		3	20	18
井冈山市	1	3	3	19
上高县		3		2
高安市	3	1	4	19
临川区			2	5
南城县		1	13	11
金溪县	1	1	9	28
上饶县	1	3	9	25
婺源县	1		5	25

4－44　各地区智力残疾人分残疾等级的康复形式

单位：人

地　区	机构康复				延伸服务			
	残疾一级	残疾二级	残疾三级	残疾四级	残疾一级	残疾二级	残疾三级	残疾四级
总　计	**14**	**10**	**21**	**48**	**1**	**1**	**3**	**3**
青山湖区	1		2					
南昌县	1							
新建县	4		1	2				
昌江区		1		3			1	
湘东区				1				
修水县			1					
永修县	1			2				
分宜县								
余江县			2	13			1	
信丰县								
于都县		1		1				
兴国县				1				
瑞金市			1					
南康市					1	1		
吉安县		2	3	8			1	
永丰县				2				1
井冈山市				4				
上高县				1				
高安市	3	2	4	1				1
临川区								
南城县	1		5	5				
金溪县	3	2						
上饶县		2	2	1				1
婺源县				3				

4-44 续表

单位：人

地 区	社区和家庭服务			
	残疾一级	残疾二级	残疾三级	残疾四级
总 计	**36**	**43**	**133**	**156**
青山湖区	1	2	2	9
南昌县	1	6	5	1
新建县	8	1	8	2
昌江区		1	2	3
湘东区	2	1	10	7
修水县		3	2	2
永修县	7	6	12	11
分宜县		2	2	5
余江县			3	7
信丰县	2	2	4	11
于都县	1	1	6	10
兴国县	3	3	1	8
瑞金市	1	2	3	6
南康市			12	13
吉安县			1	
永丰县	6	2	11	15
井冈山市		1	15	7
上高县	1	2	2	3
高安市	3	3	3	3
临川区		1	4	8
南城县		2	5	2
金溪县			4	4
上饶县		1	8	13
婺源县		1	8	6

4－45　各地区智力残疾人分残疾等级的康复内容

单位：人

地　区	医疗服务				辅助器具			
	残疾一级	残疾二级	残疾三级	残疾四级	残疾一级	残疾二级	残疾三级	残疾四级
总　计	**27**	**26**	**63**	**77**		**1**		**2**
青山湖区			2					
南昌县	2	6	5	1				
新建县	3		1	1				
昌江区		1		4		1		
湘东区	2	1	10	8				
修水县			1	2				
永修县	2		1	1				
分宜县								
余江县			2	15				
信丰县	1	1	1	1				
于都县		1	1	3				
兴国县	3	2	1	9				
瑞金市				2				
南康市	1	1	10	4				2
吉安县		2	4	7				
永丰县	3		2	2				
井冈山市		1	2	2				
上高县								
高安市	6	5	6	4				
临川区		1		1				
南城县	1	2	8	6				
金溪县	3	2	1	1				
上饶县			3					
婺源县			2	3				

4－45 续表

单位：人

地 区	康复训练与服务			
	残疾一级	残疾二级	残疾三级	残疾四级
总 计	**31**	**33**	**107**	**151**
青山湖区	2	2	2	9
南昌县	1			
新建县	9	1	7	3
昌江区			2	3
湘东区				
修水县		3	2	
永修县	6	6	11	10
分宜县		2	2	5
余江县			6	16
信丰县	2	2	4	11
于都县	1	2	6	11
兴国县		1		
瑞金市	1	2	3	4
南康市	1	1	12	11
吉安县			1	1
永丰县	3	2	9	16
井冈山市			13	8
上高县	1	2	2	4
高安市			1	3
临川区			4	7
南城县	1	1	2	2
金溪县	3	2	4	4
上饶县		3	8	15
婺源县		1	6	8

4－46　各地区精神残疾人分残疾等级的康复形式

单位：人

地　区	机构康复				延伸服务			
	残疾一级	残疾二级	残疾三级	残疾四级	残疾一级	残疾二级	残疾三级	残疾四级
总　计	**84**	**26**	**40**	**85**			**1**	**10**
青山湖区	4			3				
南昌县	6							
新建县	3	1	2					
昌江区								
湘东区	2	2	1	2				
修水县	3	2	5	6				
永修县	9		3	10				
分宜县	6	3	1	2				
余江县	4	1	2	10				
信丰县	2			2				
于都县	9	3		2				1
兴国县	3	1	9	7				
瑞金市	2	1	2	4				
南康市	3	2		1				
吉安县	1	1						
永丰县	6	1	1	1				4
井冈山市	3	2		3				
上高县	2	1		1				
高安市	3	1	3	6				
临川区	5		1	6				
南城县			1	5				1
金溪县	8	2	1	2				
上饶县		1	4	10			1	4
婺源县		1	4	2				

4-46 续表

单位：人

地　区	社区和家庭服务			
	残疾一级	残疾二级	残疾三级	残疾四级
总　计	**19**	**21**	**27**	**54**
青山湖区	4	2	1	7
南昌县	1	4	2	2
新建县	1		2	2
昌江区		1		5
湘东区	2	4	3	2
修水县		1	3	3
永修县				1
分宜县	1	1		
余江县				
信丰县	5	1	3	5
于都县				
兴国县	2		5	4
瑞金市		1	2	5
南康市		2	5	6
吉安县	1	3		7
永丰县				
井冈山市				5
上高县				
高安市				
临川区				
南城县	2	1	1	
金溪县				
上饶县				
婺源县				

4－47　各地区精神残疾人分残疾等级的康复内容

单位：人

地　区	医疗服务				辅助器具			
	残疾一级	残疾二级	残疾三级	残疾四级	残疾一级	残疾二级	残疾三级	残疾四级
总　计	**101**	**42**	**63**	**136**	**1**			
青山湖区	7	1	1	8				
南昌县	3	1	3	6				
新建县	5		1	6				
昌江区	4	1	3	2				
湘东区	7	4	2	2				
修水县		1	4	14				
永修县	9	3		3				
分宜县	2	1		1				
余江县	4	1	2	10				
信丰县	7	1	2	5				
于都县	8	2	1	2				
兴国县	5	1	14	11				
瑞金市	9		3	10				
南康市	4	3	3	1				
吉安县	3	4	5	7	1			
永丰县	2	2	3	6				
井冈山市	7	4	1	2				
上高县	6	1	1	5				
高安市	3	3	8	9				
临川区		1		5				
南城县	1		2	5				
金溪县	2	4		7				
上饶县	3	2		7				
婺源县		1	4	2				

4－47 续表

单位：人

地　区	康复训练与服务			
	残疾一级	残疾二级	残疾三级	残疾四级
总　计	**14**	**11**	**12**	**28**
青山湖区	3	2		4
南昌县				
新建县	2	1	4	2
昌江区				
湘东区		3	1	3
修水县				
永修县				1
分宜县	5	2	1	2
余江县				
信丰县			1	3
于都县	1			
兴国县				
瑞金市			1	3
南康市				
吉安县		2		4
永丰县				
井冈山市				2
上高县				
高安市	2		3	3
临川区				
南城县	1	1		1
金溪县				
上饶县			1	
婺源县				

4－48　各地区多重残疾人分残疾等级的康复形式

单位：人

地　区	机构康复				延伸服务			
	残疾一级	残疾二级	残疾三级	残疾四级	残疾一级	残疾二级	残疾三级	残疾四级
总　计	**106**	**42**	**92**	**56**	**12**	**6**	**8**	**5**
青山湖区	4	2	3	2				
南昌县	1	1	1	1				
新建县	1		2			1	1	
昌江区	2	3	8	1				1
湘东区	3	2		1				
修水县	3				2	1	1	2
永修县	4	1	1	1				
分宜县	4	1	4	1	1			
余江县	10	2	3	5			1	
信丰县	4	2	3	2				
于都县	4	3	4	6	1			
兴国县	2	2	5	1				
瑞金市	9	2	11	10	1	1		2
南康市	2	1	11	8	3	1		
吉安县	7	2	3	4	4		3	
永丰县	3		1			1		
井冈山市	5	1	7					
上高县	10	1	4	1				
高安市	4	1	2					
临川区	6	5	6	3		1		
南城县	2	1	4					
金溪县	8	2		1			1	
上饶县	3	3	2				1	
婺源县	5	4	7	8				

4-48 续表

单位：人

地　区	社区和家庭服务			
	残疾一级	残疾二级	残疾三级	残疾四级
总　计	**192**	**62**	**92**	**40**
青山湖区	2	2	1	3
南昌县	5			2
新建县	5		4	
昌江区	4	2	3	3
湘东区	6	4	3	3
修水县	8	2	1	1
永修县	8	3	1	
分宜县	11	6	5	1
余江县	9	2	3	1
信丰县	10	8	6	4
于都县	7	5	6	7
兴国县	9		5	2
瑞金市	13	3	5	4
南康市	2	2	6	5
吉安县	12	1	4	
永丰县	4	2	3	
井冈山市	18	4	10	
上高县	2	2	4	
高安市	12	1	3	
临川区	9	5	5	1
南城县	10	2	5	
金溪县	11		4	
上饶县	4	1	1	2
婺源县	11	5	4	1

4－49 各地区多重残疾人分残疾等级的康复内容

单位：人

地 区	医疗服务				辅助器具			
	残疾一级	残疾二级	残疾三级	残疾四级	残疾一级	残疾二级	残疾三级	残疾四级
总 计	**124**	**56**	**95**	**55**	**92**	**30**	**62**	**30**
青山湖区	2	3	3	3	1	2	2	2
南昌县	3		1	2	3			1
新建县	3		2		3	1	1	
昌江区	2	2	7	3	2	1	2	
湘东区	2	2	2		3			1
修水县	7	2	1	2	2		1	1
永修县	4	1		1	2	1	2	
分宜县	9	1	4	1	4		3	
余江县	11	3	2	4	8		4	1
信丰县	4	8	7	2	7	2	4	1
于都县	3	4	4	6	6	5	8	5
兴国县	5	2	5		2		1	
瑞金市	12	1	9	9	3	1	5	4
南康市	4	2	5	6	3	2	9	8
吉安县	9		4	2	14	3	4	3
永丰县	1		2		4	3	2	
井冈山市	6	2	9		8		4	
上高县	8	2	5	1	2			
高安市	3	1	3		2	1	2	
临川区	7	6	6	3	1	4	1	
南城县	6	3	4		2		1	
金溪县	8	2		1	3		1	
上饶县	2	3	2	2	4	1	1	2
婺源县	3	6	8	7	3	3	4	1

4－49 续表

单位：人

地 区	康复训练与服务			
	残疾一级	残疾二级	残疾三级	残疾四级
总 计	**157**	**52**	**79**	**38**
青山湖区	6	4	3	4
南昌县	1	1		
新建县	5		4	
昌江区	1		8	1
湘东区	3	4	1	3
修水县	5	1		
永修县	8	4		1
分宜县	5	6	3	1
余江县	7	1	5	4
信丰县	9	9	5	4
于都县	7	3	2	4
兴国县	4		4	3
瑞金市	11	4	3	3
南康市	6	1	7	3
吉安县	7		3	1
永丰县	7	2	1	
井冈山市	13	3	8	
上高县	3	2	3	
高安市	12	1	1	
临川区	7	1	4	1
南城县	5		4	
金溪县	10	2	4	
上饶县	4	2	2	
婺源县	11	1	4	5

4－50 各地区残疾人分城乡、残疾等级的持证情况

单位：人

地 区	持证残疾人			持证残疾人		
				残疾一级		
	合计	城镇	农村	小计	城镇	农村
总 计	**819**	**179**	**640**	**172**	**27**	**145**
青山湖区	42	31	11	8	3	5
南昌县	42	17	25	6	3	3
新建县	34	4	30	6		6
昌江区	34	7	27	2		2
湘东区	32		32	7		7
修水县	33	8	25	8	1	7
永修县	40		40	12		12
分宜县	47		47	15		15
余江县	22	1	21	3	1	2
信丰县	14		14	5		5
于都县	30		30	8		8
兴国县	4		4	1		1
瑞金市	47		47	16		16
南康市	32	5	27	8		8
吉安县	40	24	16	9	6	3
永丰县	25	6	19	2		2
井冈山市	39	12	27	6	1	5
上高县	33	24	9	3	3	
高安市	28	13	15	4	2	2
临川区	53	14	39	8	3	5
南城县	39	8	31	8	2	6
金溪县	48	5	43	14	2	12
上饶县	14		14	2		2
婺源县	47		47	11		11

4-50 续表

单位：人

地　区	持证残疾人								
	残疾二级			残疾三级			残疾四级		
	小计	城镇	农村	小计	城镇	农村	小计	城镇	农村
总　计	**93**	**16**	**77**	**207**	**46**	**161**	**347**	**90**	**257**
青山湖区	6	5	1	3	3		25	20	5
南昌县	6	3	3	19	8	11	11	3	8
新建县	3		3	7	1	6	18	3	15
昌江区	6	1	5	12	2	10	14	4	10
湘东区	4		4	7		7	14		14
修水县	5		5	8	3	5	12	4	8
永修县	8		8	10		10	10		10
分宜县	10		10	5		5	17		17
余江县	3		3	6		6	10		10
信丰县	2		2	2		2	5		5
于都县	2		2	6		6	14		14
兴国县				2		2	1		1
瑞金市	4		4	8		8	19		19
南康市	2		2	10	1	9	12	4	8
吉安县	1		1	5	2	3	25	16	9
永丰县	3	1	2	9	3	6	11	2	9
井冈山市	2	1	1	13	6	7	18	4	14
上高县	4	2	2	5	4	1	21	15	6
高安市	4	2	2	6	4	2	14	5	9
临川区	6		6	20	6	14	19	5	14
南城县	3	1	2	18	3	15	10	2	8
金溪县	2		2	13		13	19	3	16
上饶县	4		4	1		1	7		7
婺源县	3		3	12		12	21		21

4-51 6-14岁视力残疾人分年龄、性别、残疾等级的在校生接受义务教育情况

单位：人

年龄	残疾人		残疾一级							
			普通教育学校普通班		普通教育学校特教班		特殊教育学校		其他	
	男	女	男	女	男	女	男	女	男	女
总　计	**8**	**6**								**1**
6岁	1	1								
7岁										
8岁										
9岁		1								1
10岁										
11岁		3								
12岁	3									
13岁	2									
14岁	2	1								

4-51 续表 1

单位：人

年龄	残疾二级							
	普通教育学校普通班		普通教育学校特教班		特殊教育学校		其他	
	男	女	男	女	男	女	男	女
总　计								
6岁								
7岁								
8岁								
9岁								
10岁								
11岁								
12岁								
13岁								
14岁								

4－51 续表 2

单位：人

年 龄	残疾三级							
	普通教育学校普通班		普通教育学校特教班		特殊教育学校		其他	
	男	女	男	女	男	女	男	女
总 计		**1**						
6岁								
7岁								
8岁								
9岁								
10岁								
11岁								
12岁								
13岁								
14岁		1						

4－51 续表 3

单位：人

年 龄	残疾四级							
	普通教育学校普通班		普通教育学校特教班		特殊教育学校		其他	
	男	女	男	女	男	女	男	女
总 计	**6**	**2**						**1**
6岁	1							
7岁								
8岁								
9岁								
10岁								
11岁		2						1
12岁	2							
13岁	2							
14岁	1							

4－52 6-14岁听力残疾人分年龄、性别、残疾等级的在校生接受义务教育情况

单位：人

年 龄	残疾人		残疾一级							
			普通教育学校普通班		普通教育学校特教班		特殊教育学校		其他	
	男	女	男	女	男	女	男	女	男	女
总 计	**9**	**4**								
6岁		1								
7岁	1									
8岁	2	1								
9岁	1	1								
10岁		1								
11岁										
12岁										
13岁	2									
14岁	3									

4－52 续表 1

单位：人

年 龄	残疾二级							
	普通教育学校普通班		普通教育学校特教班		特殊教育学校		其他	
	男	女	男	女	男	女	男	女
总 计								
6岁								
7岁								
8岁								
9岁								
10岁								
11岁								
12岁								
13岁								
14岁								

4－52 续表 2

单位：人

年龄	残疾三级							
	普通教育学校普通班		普通教育学校特教班		特殊教育学校		其他	
	男	女	男	女	男	女	男	女
总计	**4**							
6岁								
7岁								
8岁	1							
9岁								
10岁								
11岁								
12岁								
13岁	1							
14岁	2							

4－52 续表 3

单位：人

年龄	残疾四级							
	普通教育学校普通班		普通教育学校特教班		特殊教育学校		其他	
	男	女	男	女	男	女	男	女
总计	**4**	**1**						**1**
6岁								
7岁	1							
8岁	1							
9岁	1	1						
10岁								1
11岁								
12岁								
13岁								
14岁	1							

4－53 6-14岁言语残疾人分年龄、性别、残疾等级的在校生接受义务教育情况

单位：人

年 龄	残疾人		残疾一级							
			普通教育学校普通班		普通教育学校特教班		特殊教育学校		其他	
	男	女	男	女	男	女	男	女	男	女
总 计	**11**	**3**					**1**			**1**
6岁	2									
7岁	2	1								
8岁	1									
9岁	1									
10岁										
11岁	2									
12岁	1	2					1			1
13岁	1									
14岁	1									

4－53 续表 1

单位：人

年 龄	残疾二级							
	普通教育学校普通班		普通教育学校特教班		特殊教育学校		其他	
	男	女	男	女	男	女	男	女
总 计	**1**							
6岁								
7岁								
8岁								
9岁								
10岁								
11岁	1							
12岁								
13岁								
14岁								

4－53 续表 2

单位：人

年龄	残疾三级							
	普通教育学校普通班		普通教育学校特教班		特殊教育学校		其他	
	男	女	男	女	男	女	男	女
总 计	**1**							
6岁								
7岁								
8岁								
9岁								
10岁								
11岁								
12岁								
13岁	1							
14岁								

4－53 续表 3

单位：人

年龄	残疾四级							
	普通教育学校普通班		普通教育学校特教班		特殊教育学校		其他	
	男	女	男	女	男	女	男	女
总 计	**7**	**1**						
6岁	2							
7岁	1							
8岁	1							
9岁	1							
10岁								
11岁	1							
12岁		1						
13岁								
14岁	1							

4－54　6-14岁肢体残疾人分年龄、性别、残疾等级的在校生接受义务教育情况

单位：人

年　龄	残疾人		残疾一级							
			普通教育学校普通班		普通教育学校特教班		特殊教育学校		其他	
	男	女	男	女	男	女	男	女	男	女
总　计	**29**	**21**								
6岁	1	1								
7岁	4	4								
8岁	3	1								
9岁	2	4								
10岁	2	1								
11岁	1	2								
12岁	7	1								
13岁	2	3								
14岁	7	4								

4－54　续表 1

单位：人

年　龄	残疾二级							
	普通教育学校普通班		普通教育学校特教班		特殊教育学校		其他	
	男	女	男	女	男	女	男	女
总　计	**2**							
6岁								
7岁	1							
8岁								
9岁								
10岁								
11岁								
12岁								
13岁								
14岁	1							

4－54 续表 2

单位：人

年 龄	残疾三级							
	普通教育学校普通班		普通教育学校特教班		特殊教育学校		其他	
	男	女	男	女	男	女	男	女
总 计	**1**	**1**						
6岁								
7岁								
8岁								
9岁								
10岁								
11岁								
12岁								
13岁	1							
14岁		1						

4－54 续表 3

单位：人

年 龄	残疾四级							
	普通教育学校普通班		普通教育学校特教班		特殊教育学校		其他	
	男	女	男	女	男	女	男	女
总 计	**16**	**15**					**1**	
6岁	1	1						
7岁	2	3						
8岁	2							
9岁	1	3						
10岁	1	1						
11岁	1	2						
12岁	3	1					1	
13岁	1	2						
14岁	4	2						

4－55　6-14岁智力残疾人分年龄、性别、残疾等级的在校生接受义务教育情况

单位：人

年　龄	残疾人		残疾一级							
			普通教育学校普通班		普通教育学校特教班		特殊教育学校		其他	
	男	女	男	女	男	女	男	女	男	女
总　计	**50**	**36**	**2**	**4**				**1**	**4**	**1**
6岁	9	6							1	
7岁	2	4		1						
8岁	5	3	1	1						
9岁	2	7								
10岁	7	4							1	1
11岁	5	2								
12岁	7	2								
13岁	7	5		2				1	2	
14岁	6	3	1							

4－55　续表 1

单位：人

年　龄	残疾二级							
	普通教育学校普通班		普通教育学校特教班		特殊教育学校		其他	
	男	女	男	女	男	女	男	女
总　计	**1**	**2**						
6岁		1						
7岁								
8岁								
9岁								
10岁		1						
11岁								
12岁	1							
13岁								
14岁								

4－55 续表 2

单位：人

年 龄	残疾三级							
	普通教育学校普通班		普通教育学校特教班		特殊教育学校		其他	
	男	女	男	女	男	女	男	女
总 计	**9**	**6**	**1**					
6岁	1	1						
7岁								
8岁	1							
9岁	1	1						
10岁	1	1						
11岁	2	1						
12岁	1		1					
13岁	2	1						
14岁		1						

4－55 续表 3

单位：人

年 龄	残疾四级							
	普通教育学校普通班		普通教育学校特教班		特殊教育学校		其他	
	男	女	男	女	男	女	男	女
总 计	**18**	**7**				**1**	**1**	
6岁	2	1						
7岁	1							
8岁	2	1						
9岁	1	3				1		
10岁	3	1						
11岁	2	1					1	
12岁	3							
13岁	3							
14岁	1							

4－56 6-14岁精神残疾人分年龄、性别、残疾等级的在校生接受义务教育情况

单位：人

年 龄	残疾人		残疾一级							
			普通教育学校普通班		普通教育学校特教班		特殊教育学校		其他	
	男	女	男	女	男	女	男	女	男	女
总 计	**4**	**1**								
6岁										
7岁										
8岁	2									
9岁										
10岁	1									
11岁										
12岁										
13岁										
14岁	1	1								

4－56 续表 1

单位：人

年 龄	残疾二级							
	普通教育学校普通班		普通教育学校特教班		特殊教育学校		其他	
	男	女	男	女	男	女	男	女
总 计								
6岁								
7岁								
8岁								
9岁								
10岁								
11岁								
12岁								
13岁								
14岁								

4－56 续表 2

单位：人

年龄	残疾三级							
	普通教育学校普通班		普通教育学校特教班		特殊教育学校		其他	
	男	女	男	女	男	女	男	女
总计	**1**							
6岁								
7岁								
8岁	1							
9岁								
10岁								
11岁								
12岁								
13岁								
14岁								

4－56 续表 3

单位：人

年龄	残疾四级							
	普通教育学校普通班		普通教育学校特教班		特殊教育学校		其他	
	男	女	男	女	男	女	男	女
总计	**2**							
6岁								
7岁								
8岁	1							
9岁								
10岁	1							
11岁								
12岁								
13岁								
14岁								

4－57　6-14岁多重残疾人分年龄、性别、残疾等级的在校生接受义务教育情况

单位：人

年　龄	残疾人		残疾一级							
			普通教育学校普通班		普通教育学校特教班		特殊教育学校		其他	
	男	女	男	女	男	女	男	女	男	女
总　计	**30**	**18**	**2**	**2**	**1**		**2**	**3**	**1**	
6岁	4	2								
7岁	4	1							1	
8岁	4	2	1					1		
9岁		3		1				1		
10岁	5	2			1					
11岁	4	2		1			1			
12岁	2	3						1		
13岁	2	2					1			
14岁	5	1	1							

4－57　续表 1

单位：人

年　龄	残疾二级							
	普通教育学校普通班		普通教育学校特教班		特殊教育学校		其他	
	男	女	男	女	男	女	男	女
总　计	**5**	**2**						
6岁	1	1						
7岁								
8岁								
9岁								
10岁	2	1						
11岁	2							
12岁								
13岁								
14岁								

4－57 续表 2

单位：人

年 龄	残疾三级							
	普通教育学校普通班		普通教育学校特教班		特殊教育学校		其他	
	男	女	男	女	男	女	男	女
总 计	**1**	**1**	**1**					
6岁								
7岁			1					
8岁	1							
9岁								
10岁								
11岁								
12岁								
13岁		1						
14岁								

4－57 续表 3

单位：人

年 龄	残疾四级							
	普通教育学校普通班		普通教育学校特教班		特殊教育学校		其他	
	男	女	男	女	男	女	男	女
总 计		**3**						
6岁								
7岁								
8岁		1						
9岁								
10岁		1						
11岁								
12岁		1						
13岁								
14岁								

4－58 各地区6-14岁残疾人分城乡、残疾等级的在校生接受义务教育情况

单位：人

地 区	残疾人		残疾一级							
			普通教育学校普通班		普通教育学校特教班		特殊教育学校		其他	
	城镇	农村	城镇	农村	城镇	农村	城镇	农村	城镇	农村
总 计	**30**	**200**		**10**		**1**	**1**	**6**	**1**	**7**
青山湖区	3	2					1			
南昌县	3	2								
新建县	2	14		2						3
昌江区	1	7								1
湘东区		7		1				1		
修水县		3								
永修县		10		2						
分宜县		9								1
余江县		9								
信丰县		12								
于都县		23						2		
兴国县		11		1				1		
瑞金市		7		1						
南康市	1	12								
吉安县	2	6								
永丰县		8								2
井冈山市	6	7		1						
上高县	3	4						1	1	
高安市	2	7		1		1				
临川区	2	4								
南城县	2	5								
金溪县	3	6		1						
上饶县		17						1		
婺源县		8								

4－58 续表 1

单位：人

地 区	残疾二级							
	普通教育学校普通班		普通教育学校特教班		特殊教育学校		其他	
	城镇	农村	城镇	农村	城镇	农村	城镇	农村
总 计		**13**						
青山湖区								
南昌县								
新建县								
昌江区								
湘东区		1						
修水县								
永修县		1						
分宜县								
余江县								
信丰县		2						
于都县		2						
兴国县		1						
瑞金市								
南康市		2						
吉安县								
永丰县								
井冈山市								
上高县								
高安市								
临川区		1						
南城县								
金溪县								
上饶县		2						
婺源县		1						

4－58 续表 2

单位：人

地 区	残疾三级							
	普通教育学校普通班		普通教育学校特教班		特殊教育学校		其他	
	城镇	农村	城镇	农村	城镇	农村	城镇	农村
总 计	**2**	**24**	**1**	**1**				
青山湖区								
南昌县								
新建县		1						
昌江区		1						
湘东区		2						
修水县								
永修县								
分宜县								
余江县				1				
信丰县		1						
于都县		3						
兴国县								
瑞金市		1						
南康市		1						
吉安县	1	2						
永丰县		1						
井冈山市	1	1	1					
上高县								
高安市								
临川区		1						
南城县		2						
金溪县		3						
上饶县		2						
婺源县		2						

4－58 续表 3

单位：人

地 区	残疾四级							
	普通教育学校普通班		普通教育学校特教班		特殊教育学校		其他	
	城镇	农村	城镇	农村	城镇	农村	城镇	农村
总 计	**10**	**72**			**1**			**4**
青山湖区	1				1			
南昌县		1						
新建县	2	6						1
昌江区		3						1
湘东区		2						
修水县								1
永修县		3						
分宜县		3						
余江县		3						
信丰县		4						
于都县		8						1
兴国县		6						
瑞金市		2						
南康市	1	4						
吉安县		3						
永丰县		3						
井冈山市	1	3						
上高县	1	2						
高安市	1	2						
临川区	1	1						
南城县		1						
金溪县	2	2						
上饶县		8						
婺源县		2						

4－59　各地区16岁及以上视力残疾人分城乡的参加社会保险情况

单位：人

地　区	残疾人			参加社会保险人数					
				养老保险			医疗保险		
	合计	城镇	农村	小计	城镇	农村	小计	城镇	农村
总　计	**853**	**128**	**725**	**23**	**19**	**4**	**221**	**27**	**194**
青山湖区	42	26	16	17	16	1	10	10	
南昌县	48	7	41				3		3
新建县	56	8	48				7		7
昌江区	27	6	21						
湘东区	11		11						
修水县	20	3	17						
永修县	28		28				25		25
分宜县	33		33	1		1	24		24
余江县	33	1	32						
信丰县	24		24				1		1
于都县	36		36	1		1			
兴国县	26		26				19		19
瑞金市	36		36	1		1	28		28
南康市	67	8	59						
吉安县	36	10	26						
永丰县	24	1	23						
井冈山市	45	12	33	3	3		36	9	27
上高县	27	12	15				20	6	14
高安市	37	7	30				1	1	
临川区	66	16	50						
南城县	40	3	37						
金溪县	39	8	31				32	1	31
上饶县	32		32						
婺源县	20		20				15		15

4－59 续表

单位：人

地　区	参加社会保险人数						未参加		
	工伤保险			失业保险					
	小计	城镇	农村	小计	城镇	农村	小计	城镇	农村
总　计	**2**	**2**					**621**	**93**	**528**
青山湖区	2	2					25	10	15
南昌县							45	7	38
新建县							49	8	41
昌江区							27	6	21
湘东区							11		11
修水县							20	3	17
永修县							3		3
分宜县							8		8
余江县							33	1	32
信丰县							23		23
于都县							35		35
兴国县							7		7
瑞金市							8		8
南康市							67	8	59
吉安县							36	10	26
永丰县							24	1	23
井冈山市							7	1	6
上高县							7	6	1
高安市							36	6	30
临川区							66	16	50
南城县							40	3	37
金溪县							7	7	
上饶县							32		32
婺源县							5		5

4-60 各地区16岁及以上听力残疾人分城乡的参加社会保险情况

单位：人

地区	残疾人			参加社会保险人数					
				养老保险			医疗保险		
	合计	城镇	农村	小计	城镇	农村	小计	城镇	农村
总计	**1179**	**138**	**1041**	**42**	**25**	**17**	**226**	**30**	**196**
青山湖区	39	26	13	12	12		15	13	2
南昌县	29	7	22						
新建县	35	9	26				1		1
昌江区	57	6	51	6	5	1	5	4	1
湘东区	51		51	2		2			
修水县	42	8	34						
永修县	52		52				24		24
分宜县	80		80	1		1	57		57
余江县	57	4	53						
信丰县	56		56	2		2	1		1
于都县	88		88	3		3			
兴国县	58		58				39		39
瑞金市	51		51				18		18
南康市	37	3	34	6		6			
吉安县	57	12	45						
永丰县	47	2	45	1	1				
井冈山市	27	4	23				6		6
上高县	36	24	12				23	12	11
高安市	31	4	27	3	1	2	1	1	
临川区	66	19	47	6	6				
南城县	40	3	37						
金溪县	54	7	47				1		1
上饶县	47		47				1		1
婺源县	42		42				34		34

4-60 续表

单位：人

地区	参加社会保险人数						未参加		
	工伤保险			失业保险					
	小计	城镇	农村	小计	城镇	农村	小计	城镇	农村
总计	**1**		**1**				**928**	**100**	**828**
青山湖区							24	13	11
南昌县							29	7	22
新建县							34	9	25
昌江区							51	1	50
湘东区							49		49
修水县							42	8	34
永修县							28		28
分宜县							22		22
余江县							57	4	53
信丰县							53		53
于都县							85		85
兴国县							19		19
瑞金市							33		33
南康市	1		1				30	3	27
吉安县							57	12	45
永丰县							46	1	45
井冈山市							21	4	17
上高县							13	12	1
高安市							28	3	25
临川区							60	13	47
南城县							40	3	37
金溪县							53	7	46
上饶县							46		46
婺源县							8		8

4-61 各地区16岁及以上言语残疾人分城乡的参加社会保险情况

单位：人

地 区	残疾人			参加社会保险人数					
				养老保险			医疗保险		
	合计	城镇	农村	小计	城镇	农村	小计	城镇	农村
总 计	**59**	**8**	**51**	**3**	**2**	**1**	**19**	**1**	**18**
青山湖区	4	4		2	2				
南昌县	2		2						
新建县	3	1	2						
昌江区	1		1						
湘东区	1		1						
修水县	2		2						
永修县	2		2				2		2
分宜县	1		1						
余江县	2		2						
信丰县	4		4						
于都县	2		2						
兴国县	6		6				6		6
瑞金市	1		1	1		1	1		1
南康市	1		1						
吉安县	1		1						
永丰县	7		7						
井冈山市	2	1	1				1	1	
上高县	3		3				3		3
高安市	4	1	3						
临川区									
南城县									
金溪县	3	1	2				2		2
上饶县	2		2						
婺源县	5		5				4		4

4-61 续表

单位：人

地区	参加社会保险人数						未参加		
	工伤保险			失业保险					
	小计	城镇	农村	小计	城镇	农村	小计	城镇	农村
总　计				**1**		**1**	**37**	**5**	**32**
青山湖区							2	2	
南昌县							2		2
新建县				1		1	2	1	1
昌江区							1		1
湘东区							1		1
修水县							2		2
永修县									
分宜县							1		1
余江县							2		2
信丰县							4		4
于都县							2		2
兴国县									
瑞金市									
南康市							1		1
吉安县							1		1
永丰县							7		7
井冈山市							1		1
上高县									
高安市							4	1	3
临川区									
南城县									
金溪县							1	1	
上饶县							2		2
婺源县							1		1

4-62 各地区16岁及以上肢体残疾人分城乡的参加社会保险情况

单位：人

地 区	残疾人			参加社会保险人数					
				养老保险			医疗保险		
	合计	城镇	农村	小计	城镇	农村	小计	城镇	农村
总 计	**1528**	**274**	**1254**	**65**	**42**	**23**	**450**	**57**	**393**
青山湖区	63	44	19	23	22	1	15	15	
南昌县	74	19	55	1		1	1	1	
新建县	62	10	52				1		1
昌江区	69	15	54	7	7		5	5	
湘东区	63		63						
修水县	66	13	53				6		6
永修县	50		50				34		34
分宜县	77		77				58		58
余江县	71	5	66	5	1	4	4		4
信丰县	54		54	1		1			
于都县	44		44	1		1	3		3
兴国县	68		68				51		51
瑞金市	74		74	2		2	59		59
南康市	69	13	56	8	1	7	3	1	2
吉安县	60	19	41				8		8
永丰县	53	8	45	3	1	2	2	1	1
井冈山市	67	21	46	4	3	1	55	15	40
上高县	77	44	33				47	15	32
高安市	50	20	30	1	1		2	1	1
临川区	63	20	43				1	1	
南城县	80	9	71	3	3		1	1	
金溪县	67	14	53	3	3		47	1	46
上饶县	50		50	3		3	1		1
婺源县	57		57				46		46

4-62 续表

单位：人

地区	参加社会保险人数						未参加		
	工伤保险			失业保险					
	小计	城镇	农村	小计	城镇	农村	小计	城镇	农村
总　计	**2**	**1**	**1**	**3**	**3**		**1039**	**198**	**841**
青山湖区	1	1		1	1		40	22	18
南昌县							72	18	54
新建县							61	10	51
昌江区							61	7	54
湘东区							63		63
修水县							60	13	47
永修县							16		16
分宜县							19		19
余江县							63	4	59
信丰县	1		1				52		52
于都县							40		40
兴国县							17		17
瑞金市							14		14
南康市							60	12	48
吉安县							52	19	33
永丰县							48	6	42
井冈山市				2	2		10	5	5
上高县							30	29	1
高安市							47	18	29
临川区							62	19	43
南城县							77	6	71
金溪县							17	10	7
上饶县							47		47
婺源县							11		11

4-63 各地区16岁及以上智力残疾人分城乡的参加社会保险情况

单位：人

地区	残疾人			参加社会保险人数					
				养老保险			医疗保险		
	合计	城镇	农村	小计	城镇	农村	小计	城镇	农村
总　计	**311**	**40**	**271**	**4**	**1**	**3**	**58**	**4**	**54**
青山湖区	10	6	4	1	1		1	1	
南昌县	12	4	8						
新建县	18	4	14				2		2
昌江区	8	2	6						
湘东区	17		17						
修水县	7	2	5				1	1	
永修县	27		27				14		14
分宜县	7		7				6		6
余江县	10		10	3		3	1		1
信丰县	15		15				1		1
于都县	7		7						
兴国县	13		13				6		6
瑞金市	7		7				3		3
南康市	18	1	17						
吉安县	10	3	7						
永丰县	28	3	25						
井冈山市	18	3	15				10	2	8
上高县	7	5	2						
高安市	16	2	14						
临川区	8	2	6						
南城县	11	1	10						
金溪县	8	2	6				5		5
上饶县	19		19						
婺源县	10		10				8		8

4-63 续表

单位：人

地 区	参加社会保险人数						未参加		
	工伤保险			失业保险					
	小计	城镇	农村	小计	城镇	农村	小计	城镇	农村
总 计							**250**	**36**	**214**
青山湖区							9	5	4
南昌县							12	4	8
新建县							16	4	12
昌江区							8	2	6
湘东区							17		17
修水县							6	1	5
永修县							13		13
分宜县							1		1
余江县							6		6
信丰县							14		14
于都县							7		7
兴国县							7		7
瑞金市							4		4
南康市							18	1	17
吉安县							10	3	7
永丰县							28	3	25
井冈山市							8	1	7
上高县							7	5	2
高安市							16	2	14
临川区							8	2	6
南城县							11	1	10
金溪县							3	2	1
上饶县							19		19
婺源县							2		2

4-64 各地区16岁及以上精神残疾人分城乡的参加社会保险情况

单位：人

地　区	残疾人			参加社会保险人数					
				养老保险			医疗保险		
	合计	城镇	农村	小计	城镇	农村	小计	城镇	农村
总　计	**359**	**46**	**313**	**16**	**12**	**4**	**102**	**11**	**91**
青山湖区	21	11	10	9	9		6	6	
南昌县	14	4	10				8	1	7
新建县	10		10				9		9
昌江区	6	2	4						
湘东区	18		18						
修水县	23		23						
永修县	22		22				2		2
分宜县	14		14				5		5
余江县	16		16						
信丰县	16		16	1		1			
于都县	15		15	3		3			
兴国县	31		31				16		16
瑞金市	17		17				12		12
南康市	19	3	16	1	1		1	1	
吉安县	13	3	10				2		2
永丰县	13	5	8						
井冈山市	13	5	8	1	1		7	1	6
上高县	4	2	2				2		2
高安市	11	4	7				1	1	
临川区	12	3	9						
南城县	11	3	8						
金溪县	13	1	12	1	1		13	1	12
上饶县	20		20				11		11
婺源县	7		7				7		7

4-64 续表

单位：人

地区	参加社会保险人数						未参加		
	工伤保险			失业保险					
	小计	城镇	农村	小计	城镇	农村	小计	城镇	农村
总　计	**1**	**1**		**2**	**2**		**249**	**31**	**218**
青山湖区	1	1		1	1		11	1	10
南昌县							6	3	3
新建县							1		1
昌江区							6	2	4
湘东区							18		18
修水县							23		23
永修县							20		20
分宜县							9		9
余江县							16		16
信丰县							15		15
于都县							12		12
兴国县							15		15
瑞金市							5		5
南康市				1	1		18	2	16
吉安县							11	3	8
永丰县							13	5	8
井冈山市							6	4	2
上高县							2	2	
高安市							10	3	7
临川区							12	3	9
南城县							11	3	8
金溪县									
上饶县							9		9
婺源县									

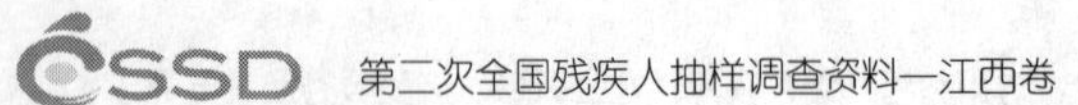

4-65　各地区16岁及以上多重残疾人分城乡的参加社会保险情况

单位：人

地　区	残疾人			参加社会保险人数					
				养老保险			医疗保险		
	合计	城镇	农村	小计	城镇	农村	小计	城镇	农村
总　计	**624**	**74**	**550**	**17**	**10**	**7**	**172**	**14**	**158**
青山湖区	19	12	7	8	8		8	8	
南昌县	10	3	7				1		1
新建县	12	3	9				1		1
昌江区	23	1	22						
湘东区	19		19						
修水县	20	2	18				1		1
永修县	16		16	1		1	7		7
分宜县	32		32	1		1	25		25
余江县	29	2	27	2	1	1			
信丰县	31		31	2		2			
于都县	34		34	1		1			
兴国县	21		21				13		13
瑞金市	54		54				25		25
南康市	37	4	33				1		1
吉安县	38	13	25				1		1
永丰县	12	1	11						
井冈山市	38	10	28	1	1		21	2	19
上高县	23	9	14				13	3	10
高安市	19	2	17						
临川区	36	8	28						
南城县	22	3	19	1		1	1	1	
金溪县	26	1	25				20		20
上饶县	13		13						
婺源县	40		40				34		34

4-65 续表

单位：人

地　区	参加社会保险人数						未参加		
	工伤保险			失业保险					
	小计	城镇	农村	小计	城镇	农村	小计	城镇	农村
总　计	**1**	**1**					**444**	**58**	**386**
青山湖区	1	1					10	3	7
南昌县							9	3	6
新建县							11	3	8
昌江区							23	1	22
湘东区							19		19
修水县							19	2	17
永修县							8		8
分宜县							7		7
余江县							27	1	26
信丰县							29		29
于都县							33		33
兴国县							8		8
瑞金市							29		29
南康市							36	4	32
吉安县							37	13	24
永丰县							12	1	11
井冈山市							17	8	9
上高县							10	6	4
高安市							19	2	17
临川区							36	8	28
南城县							20	2	18
金溪县							6	1	5
上饶县							13		13
婺源县							6		6

4-66 各地区视力残疾人分城乡、残疾等级的领取低保金和救济情况

单位：人

地区	残疾人		残疾一级				残疾二级			
			领取低保人数		领取过救济人数		领取低保人数		领取过救济人数	
	城镇	农村	城镇	农村	城镇	农村	城镇	农村	城镇	农村
总 计	**129**	**746**	**3**	**15**	**1**	**33**		**1**	**3**	**4**
青山湖区	26	16								
南昌县	7	41	1							
新建县	8	49		1		2				
昌江区	6	22							1	2
湘东区		11		1		1				1
修水县	3	17								
永修县		29				2				
分宜县		35		2		4		1		
余江县	1	33				2				
信丰县		24								
于都县		40								
兴国县		28				4				
瑞金市		37		2		2				
南康市	8	60				3				
吉安县	10	26	1	2		2				
永丰县	1	23		3		1				
井冈山市	13	33		1		1			1	
上高县	12	16				1				
高安市	7	31		2		2				
临川区	16	51	1		1	2				
南城县	3	37		1		1				
金溪县	8	33				3			1	
上饶县		33								1
婺源县		21								

4-66 续表

单位：人

地 区	残疾三级				残疾四级			
	领取低保人数		领取过救济人数		领取低保人数		领取过救济人数	
	城镇	农村	城镇	农村	城镇	农村	城镇	农村
总 计	**1**	**2**	**1**	**2**	**13**	**20**	**4**	**35**
青山湖区					2	4		2
南昌县					3			2
新建县						1		
昌江区							1	2
湘东区								
修水县						1		1
永修县				1				1
分宜县						2		3
余江县				1				2
信丰县								
于都县								
兴国县								
瑞金市						1		1
南康市		1			1	4		3
吉安县								
永丰县						1		
井冈山市		1				2	1	5
上高县					1			
高安市						2		2
临川区			1		3		2	4
南城县								
金溪县	1				3			2
上饶县						2		5
婺源县								

4-67　各地区听力残疾人分城乡、残疾等级的领取低保金和救济情况

单位：人

地　区	残疾人		残疾一级				残疾二级			
			领取低保人数		领取过救济人数		领取低保人数		领取过救济人数	
	城镇	农村	城镇	农村	城镇	农村	城镇	农村	城镇	农村
总　计	**140**	**1057**		**1**	**2**	**16**	**1**	**3**		**10**
青山湖区	26	13								
南昌县	7	23								1
新建县	9	27								
昌江区	7	52								
湘东区		51						1		
修水县	8	37			1	2				
永修县		54		1		3				
分宜县		80				2		1		2
余江县	4	53								1
信丰县		56								
于都县		89								
兴国县		58				1				4
瑞金市		51								
南康市	3	35								
吉安县	12	46				1				
永丰县	2	45			1	1		1		1
井冈山市	4	23				2				1
上高县	24	12					1			
高安市	4	27				2				
临川区	19	47								
南城县	3	37								
金溪县	8	50				2				
上饶县		49								
婺源县		42								

4-67 续表

单位：人

地区	残疾三级				残疾四级			
	领取低保人数		领取过救济人数		领取低保人数		领取过救济人数	
	城镇	农村	城镇	农村	城镇	农村	城镇	农村
总计	**5**	**6**	**4**	**35**	**9**	**12**	**1**	**22**
青山湖区		1	1		2	3		
南昌县	1					1		1
新建县								
昌江区	1	1	1	2	1	1		5
湘东区								
修水县								
永修县				2		1		1
分宜县				6		1		1
余江县				4				5
信丰县				1		1		2
于都县		1		2		1		1
兴国县				1				
瑞金市				6				1
南康市		2		1				
吉安县		1						
永丰县				2	1			
井冈山市				2				
上高县					4		1	
高安市	1			1				
临川区			1		1	2		1
南城县								
金溪县	2		1	2				1
上饶县				3				2
婺源县						1		1

4-68 各地区言语残疾人分城乡、残疾等级的领取低保金和救济情况

单位：人

地 区	残疾人		残疾一级				残疾二级			
			领取低保人数		领取过救济人数		领取低保人数		领取过救济人数	
	城镇	农村	城镇	农村	城镇	农村	城镇	农村	城镇	农村
总 计	**10**	**80**		**1**		**6**				
青山湖区	4	1								
南昌县		3								
新建县	1	3								
昌江区		3								
湘东区		2								
修水县		3				2				
永修县		7				1				
分宜县		3								
余江县		3				1				
信丰县		4								
于都县		6								
兴国县		10								
瑞金市		1								
南康市		1								
吉安县	1	1								
永丰县	1	11		1						
井冈山市	1	2								
上高县		3				1				
高安市	1	4								
临川区										
南城县										
金溪县	1	2								
上饶县		2								
婺源县		5				1				

4-68 续表

单位：人

地 区	残疾三级				残疾四级			
	领取低保人数		领取过救济人数		领取低保人数		领取过救济人数	
	城镇	农村	城镇	农村	城镇	农村	城镇	农村
总 计				**6**				**1**
青山湖区								
南昌县								
新建县								
昌江区				2				
湘东区								
修水县								1
永修县								
分宜县				1				
余江县				1				
信丰县								
于都县								
兴国县								
瑞金市								
南康市								
吉安县								
永丰县				1				
井冈山市								
上高县								
高安市				1				
临川区								
南城县								
金溪县								
上饶县								
婺源县								

4-69 各地区肢体残疾人分城乡、残疾等级的领取低保金和救济情况

单位：人

地 区	残疾人		残疾一级				残疾二级			
			领取低保人数		领取过救济人数		领取低保人数		领取过救济人数	
	城镇	农村	城镇	农村	城镇	农村	城镇	农村	城镇	农村
总 计	**284**	**1315**	**2**	**7**	**1**	**20**	**7**	**10**	**6**	**31**
青山湖区	45	20					1			
南昌县	20	57								
新建县	12	57						1		1
昌江区	15	55				1			1	2
湘东区		65								
修水县	13	56		2		1		1		1
永修县		53				1		1		1
分宜县		79		2		2		3		4
余江县	5	69				2				
信丰县		58				2				2
于都县		47						1		2
兴国县		72								1
瑞金市		76		3		3		1		2
南康市	14	61					1	1	1	2
吉安县	19	42								
永丰县	8	48					1		1	4
井冈山市	21	47				3	1		2	1
上高县	47	35	2		1		1			
高安市	21	31					1			2
临川区	20	46				1		1		3
南城县	9	71								
金溪县	15	54				3	1		1	2
上饶县		57								
婺源县		59				1				1

4-69 续表

单位：人

地 区	残疾三级				残疾四级			
	领取低保人数		领取过救济人数		领取低保人数		领取过救济人数	
	城镇	农村	城镇	农村	城镇	农村	城镇	农村
总 计	**17**	**26**	**12**	**97**	**41**	**51**	**21**	**149**
青山湖区		1		1	6	5	2	3
南昌县	4			8	3	1		1
新建县	1	1		3	2	2	1	3
昌江区		2	1	8	3	1		12
湘东区		2				1		3
修水县		3		2		6		1
永修县		1		2		2		3
分宜县		3		4		3		17
余江县		1		8		1		11
信丰县		1		2		1		7
于都县		2		3				
兴国县		2		2		1		1
瑞金市		1		3		9		12
南康市		2		4	2	7	4	8
吉安县	1	2		1	6		5	6
永丰县				12	1			10
井冈山市	1		2	1	2	2	3	8
上高县	3		3		9	1	6	2
高安市	3			1	1	3		2
临川区	3	1	5	9	2			9
南城县				13				4
金溪县	1		1	8	4	1		11
上饶县		1				3		9
婺源县				2		1		6

4-70 各地区智力残疾人分城乡、残疾等级的领取低保金和救济情况

单位：人

地 区	残疾人		残疾一级				残疾二级			
			领取低保人数		领取过救济人数		领取低保人数		领取过救济人数	
	城镇	农村	城镇	农村	城镇	农村	城镇	农村	城镇	农村
总 计	**55**	**414**	**5**	**1**	**4**	**10**	**6**	**3**	**4**	**7**
青山湖区	8	9	1				1		1	
南昌县	5	9					1	1	1	
新建县	4	22	2	1	2	2		1		
昌江区	2	9								1
湘东区		21						1		
修水县	2	6							1	1
永修县		39				4				1
分宜县		9								1
余江县		26								
信丰县		19				1				
于都县		20								
兴国县		16								
瑞金市		13				1				1
南康市	3	24			1					
吉安县	4	11								
永丰县	3	34	1			1				
井冈山市	5	22								
上高县	6	3					2		1	
高安市	3	20					1			1
临川区	3	10								1
南城县	3	17					1			
金溪县	4	9	1		1	1				
上饶县		28								
婺源县		18								

4-70 续表

单位：人

地　区	残疾三级				残疾四级			
	领取低保人数		领取过救济人数		领取低保人数		领取过救济人数	
	城镇	农村	城镇	农村	城镇	农村	城镇	农村
总　计	**4**	**2**	**4**	**37**	**5**	**5**	**2**	**23**
青山湖区								
南昌县	1							
新建县	1		1					
昌江区		1		1	2		1	2
湘东区				4		1		3
修水县				2				1
永修县				3				2
分宜县						1		2
余江县				2				3
信丰县				2				
于都县								3
兴国县								
瑞金市				2				1
南康市			1	4		2		2
吉安县								
永丰县				4				1
井冈山市		1	1	6	1			
上高县	1				1			
高安市				1				
临川区	1		1	1	1		1	1
南城县				2				
金溪县				2		1		1
上饶县								1
婺源县				1				

4-71 各地区精神残疾人分城乡、残疾等级的领取低保金和救济情况

单位：人

地区	残疾人		残疾一级				残疾二级			
			领取低保人数		领取过救济人数		领取低保人数		领取过救济人数	
	城镇	农村	城镇	农村	城镇	农村	城镇	农村	城镇	农村
总 计	**48**	**319**	**4**	**4**	**4**	**38**		**3**		**7**
青山湖区	11	10		1		2				
南昌县	5	10				1				1
新建县		11		2		2				
昌江区	2	4								1
湘东区		18		1		1		1		1
修水县		23								1
永修县		23				2				
分宜县		14				4				
余江县		17				4				
信丰县		18				5				
于都县		15				6				
兴国县		31								
瑞金市		17				1		1		
南康市	3	16	1			1		1		
吉安县	3	10								1
永丰县	5	8	1		1	2				
井冈山市	5	8				1				
上高县	2	2	1							
高安市	5	8			1	1				
临川区	3	9			1	1				
南城县	3	8			1	1				1
金溪县	1	12	1			3				1
上饶县		20								
婺源县		7								

4-71 续表

单位：人

地区	残疾三级				残疾四级			
	领取低保人数		领取过救济人数		领取低保人数		领取过救济人数	
	城镇	农村	城镇	农村	城镇	农村	城镇	农村
总　计	**1**	**1**	**1**	**14**	**3**	**7**	**2**	**17**
青山湖区								
南昌县				2				
新建县				1				
昌江区					1	1		3
湘东区				1				1
修水县				2		2		1
永修县				1				2
分宜县								
余江县				1				1
信丰县				1		1		2
于都县								
兴国县								
瑞金市						1		
南康市		1		3				
吉安县						1		2
永丰县				1				1
井冈山市							1	2
上高县								
高安市					1		1	
临川区	1		1		1	1		
南城县								1
金溪县				1				
上饶县								1
婺源县								

4-72 各地区多重残疾人分城乡、残疾等级的领取低保金和救济情况

单位：人

地 区	残疾人		残疾一级				残疾二级			
			领取低保人数		领取过救济人数		领取低保人数		领取过救济人数	
	城镇	农村	城镇	农村	城镇	农村	城镇	农村	城镇	农村
总 计	**87**	**626**	**11**	**23**	**5**	**78**	**2**	**7**	**2**	**29**
青山湖区	12	7	1							
南昌县	3	8	1					1		1
新建县	3	11		1						
昌江区	2	25		1		2				2
湘东区		22		1		2		1		
修水县	2	19		2	1	6		1		
永修县		19				1				2
分宜县		34		4		7		2		3
余江县	3	33		1		6				1
信丰县		39		1		5				
于都县		43		2		6		1		1
兴国县		26		1		2				
瑞金市		61		1		5				2
南康市	4	37	1	2		3				2
吉安县	14	26	3	1	1	3				
永丰县	2	12				1	1			1
井冈山市	14	31	1	1		4		1	1	2
上高县	9	15	1		1	1				3
高安市	5	18		1		2				1
临川区	9	32	2		2	5	1		1	2
南城县	4	20		1		4				3
金溪县	1	26	1	2		4				2
上饶县		17				3				
婺源县		45				6				1

4-72 续表

单位：人

地区	残疾三级				残疾四级			
	领取低保人数		领取过救济人数		领取低保人数		领取过救济人数	
	城镇	农村	城镇	农村	城镇	农村	城镇	农村
总　计	**4**	**14**	**6**	**36**		**6**		**15**
青山湖区		1						
南昌县						1		1
新建县		2		2				
昌江区		1		3				3
湘东区								
修水县						1		
永修县		2		2				
分宜县		2		2				
余江县				2				1
信丰县		1		1		1		1
于都县				2				
兴国县				2				
瑞金市		2		1		2		2
南康市	1	1	3	4		1		3
吉安县				1				1
永丰县		1		2				
井冈山市	1	1	1	3				
上高县	1		1					
高安市	1			1				
临川区			1	2				1
南城县								
金溪县				4				
上饶县								
婺源县				2				2

4－73　各地区残疾人分城乡的曾接受服务或扶助

单位：人次

地　区	合　计		医疗服务与救助		辅助器具	
	城镇	农村	城镇	农村	城镇	农村
总　计	**1023**	**5916**	**270**	**1377**	**79**	**279**
青山湖区	225	117	100	42	41	12
南昌县	62	171	9	26	2	4
新建县	47	188	1	21	2	
昌江区	36	185	27	99		4
湘东区		200		5		2
修水县	65	310	13	109	11	26
永修县		320		49		30
分宜县		403		159		48
余江县	17	304	8	103	1	12
信丰县		356		100		22
于都县		305		78		20
兴国县		250		13		2
瑞金市		270		58		5
南康市	43	304	4	50		7
吉安县	67	164	11	15	2	
永丰县	43	271	8	57	1	11
井冈山市	79	179	18	16	5	4
上高县	111	87	3	5	2	
高安市	86	218	33	68	10	15
临川区	71	201	24	45	2	1
南城县	29	226	9	73		
金溪县	42	198	2	4		
上饶县		450		112		45
婺源县		239		70		9

4－73 续表 1

单位：人次

地区	康复训练与服务		教育费用补助或减免		职业教育与培训	
	城镇	农村	城镇	农村	城镇	农村
总计	**81**	**311**	**3**	**35**	**4**	**10**
青山湖区	28	5	1			
南昌县	1		1	1		
新建县		2	1	3	1	
昌江区		5				
湘东区		3		1		
修水县	10	22		1		
永修县		42		2		2
分宜县		4		1		
余江县	3	20				
信丰县		44		2		2
于都县		17		4		1
兴国县		3		1		
瑞金市		3				
南康市		6		4		
吉安县	2	2		1		
永丰县	3	10		1		
井冈山市	6	1		3	1	
上高县	2					
高安市	24	29			2	
临川区	1					
南城县	1	2				
金溪县				2		
上饶县		78		5		5
婺源县		13		3		

4－73 续表 2

单位：人次

地 区	就业安置或扶持		贫困残疾人救助与扶持		法律援助与服务	
	城镇	农村	城镇	农村	城镇	农村
总 计	**8**	**38**	**150**	**795**	**3**	**10**
青山湖区	1	5	8	4		
南昌县			15	41		
新建县	2		12	17		
昌江区			1	10		
湘东区		1		20		
修水县		6	4	36		1
永修县		10		27		
分宜县				110		1
余江县				46		2
信丰县		1		33		
于都县		1		19		
兴国县				8		
瑞金市		2		35		1
南康市			12	55	1	1
吉安县			15	15		
永丰县			10	46	1	
井冈山市	3	3	14	43	1	1
上高县	1		26	5		
高安市		2	5	23		
临川区		1	12	35		1
南城县		1	5	50		
金溪县	1		11	56		
上饶县		4		34		2
婺源县		1		27		

4-73 续表 3

单位：人次

地　区	无障碍设施		信息无障碍		生活服务	
	城镇	农村	城镇	农村	城镇	农村
总　计	**2**	**10**	**2**	**21**	**62**	**255**
青山湖区	2				20	18
南昌县			1		6	1
新建县					2	1
昌江区					1	3
湘东区						
修水县				1	2	21
永修县						13
分宜县						15
余江县				1		
信丰县		3				43
于都县						1
兴国县						1
瑞金市						3
南康市		1		8	2	9
吉安县						2
永丰县		1		1	9	53
井冈山市			1			2
上高县					18	1
高安市		2		2	1	12
临川区						
南城县						
金溪县					1	5
上饶县		3		8		49
婺源县						2

4－73　续表 4

单位：人次

地　区	文化服务		其　他		未曾接受任何服务或扶助	
	城镇	农村	城镇	农村	城镇	农村
总　计	**9**	**37**	**37**	**104**	**313**	**2634**
青山湖区			1		23	31
南昌县			1		26	98
新建县	1		5		20	144
昌江区					7	64
湘东区				1		167
修水县	2	11	22	51	1	25
永修县		1		1		143
分宜县				1		64
余江县					5	120
信丰县				8		98
于都县				1		163
兴国县				7		215
瑞金市				9		154
南康市	3	10	2	5	19	148
吉安县			1		36	129
永丰县	3				8	91
井冈山市					30	106
上高县			4	2	55	74
高安市		3			11	62
临川区				1	32	117
南城县					14	100
金溪县			1	4	26	127
上饶县		11		10		84
婺源县		1		3		110

4-74　各地区视力残疾人分城乡的曾接受服务或扶助

单位：人次

地　区	合　计		医疗服务与救助		辅助器具	
	城镇	农村	城镇	农村	城镇	农村
总　计	**160**	**881**	**41**	**186**	**16**	**21**
青山湖区	44	20	17	8	15	5
南昌县	10	44	3	6	1	
新建县	8	49		1		
昌江区	6	23		4		
湘东区		17		3		1
修水县	9	29	3	13		3
永修县		35		1		
分宜县		43		10		1
余江县	1	33				
信丰县		57		15		1
于都县		40		12		
兴国县		28		2		
瑞金市		37		29		
南康市	8	60		1		
吉安县	10	26	2			
永丰县	1	37	1	20		1
井冈山市	14	33	1			
上高县	12	16				
高安市	9	52	3	22		
临川区	17	53	11	25		
南城县	3	37				
金溪县	8	34		2		
上饶县		57		10		9
婺源县		21		2		

4-74 续表 1

单位：人次

地区	康复训练与服务		教育费用补助或减免		职业教育与培训	
	城镇	农村	城镇	农村	城镇	农村
总　计	**5**	**26**		**2**		
青山湖区	3					
南昌县						
新建县						
昌江区						
湘东区		1		1		
修水县	1	1				
永修县						
分宜县				1		
余江县						
信丰县		17				
于都县						
兴国县						
瑞金市						
南康市						
吉安县						
永丰县						
井冈山市	1					
上高县						
高安市						
临川区						
南城县						
金溪县						
上饶县		7				
婺源县						

4-74 续表 2

单位：人次

地 区	就业安置或扶持		贫困残疾人救助与扶持		法律援助与服务	
	城镇	农村	城镇	农村	城镇	农村
总 计		**1**	**14**	**79**		
青山湖区			1			
南昌县			4	7		
新建县				2		
昌江区				1		
湘东区				5		
修水县			2	4		
永修县		1		4		
分宜县				13		
余江县				5		
信丰县						
于都县						
兴国县						
瑞金市						
南康市				3		
吉安县			1			
永丰县				4		
井冈山市			2	9		
上高县						
高安市			1	9		
临川区			1	2		
南城县				1		
金溪县			2	7		
上饶县				3		
婺源县						

4-74 续表 3

单位：人次

地　区	无障碍设施		信息无障碍		生活服务	
	城镇	农村	城镇	农村	城镇	农村
总　计	**1**	**2**		**2**	**3**	**51**
青山湖区	1				1	1
南昌县						
新建县						
昌江区						
湘东区						
修水县						
永修县						4
分宜县						4
余江县						
信丰县						16
于都县						
兴国县						
瑞金市						
南康市						
吉安县						2
永丰县				1		8
井冈山市						
上高县					1	
高安市		2		1	1	10
临川区						
南城县						
金溪县						
上饶县						6
婺源县						

4-74 续表 4

单位：人次

地　区	文化服务		其　他		未曾接受任何服务或扶助	
	城镇	农村	城镇	农村	城镇	农村
总　计		**1**	**3**	**13**	**77**	**497**
青山湖区					6	6
南昌县					2	31
新建县					8	46
昌江区					6	18
湘东区						6
修水县			3	5		3
永修县						25
分宜县						14
余江县					1	28
信丰县				2		6
于都县						28
兴国县				2		24
瑞金市				1		7
南康市				1	8	55
吉安县					7	24
永丰县						3
井冈山市					10	24
上高县				1	11	15
高安市		1			4	7
临川区					5	26
南城县					3	36
金溪县					6	25
上饶县				1		21
婺源县						19

4-75 各地区听力残疾人分城乡的曾接受服务或扶助

单位：人次

地区	合计		医疗服务与救助		辅助器具	
	城镇	农村	城镇	农村	城镇	农村
总计	**187**	**1160**	**47**	**158**	**13**	**27**
青山湖区	33	19	15	5	5	3
南昌县	11	33	2	13	1	2
新建县	15	27		1		
昌江区	7	55	7	26		3
湘东区		53		2		1
修水县	24	76	8	30	3	1
永修县		56		1		1
分宜县		84		42		1
余江县	4	53		2		2
信丰县		57		1		1
于都县		89				2
兴国县		58				
瑞金市		51		2		1
南康市	3	35				
吉安县	13	46	3	9		
永丰县	4	48	1	6		1
井冈山市	6	23	2	1		
上高县	29	12			1	
高安市	8	33	2	4	1	2
临川区	19	47	7	1	2	1
南城县	3	37				
金溪县	8	51				
上饶县		75		12		5
婺源县		42				

4-75 续表 1

单位：人次

地区	康复训练与服务		教育费用补助或减免		职业教育与培训	
	城镇	农村	城镇	农村	城镇	农村
总计	**14**	**23**		**2**		
青山湖区	3					
南昌县						
新建县		1				
昌江区						
湘东区						
修水县	8	12				
永修县						
分宜县						
余江县						
信丰县						
于都县						
兴国县						
瑞金市						
南康市						
吉安县						
永丰县						
井冈山市	1	1				
上高县						
高安市	2	3				
临川区						
南城县						
金溪县				1		
上饶县		6		1		
婺源县						

4-75 续表 2

单位：人次

地 区	就业安置或扶持		贫困残疾人救助与扶持		法律援助与服务	
	城镇	农村	城镇	农村	城镇	农村
总 计	**1**	**8**	**15**	**78**	**1**	
青山湖区		1		2		
南昌县			2	13		
新建县			6			
昌江区				2		
湘东区				1		
修水县		2		11		
永修县		5		3		
分宜县				9		
余江县				1		
信丰县				3		
于都县						
兴国县				3		
瑞金市				7		
南康市						
吉安县				1		
永丰县			2	5		
井冈山市				3	1	
上高县	1		3			
高安市			1	1		
临川区			1	1		
南城县						
金溪县				4		
上饶县				8		
婺源县						

4-75 续表 3

单位：人次

地区	无障碍设施		信息无障碍		生活服务	
	城镇	农村	城镇	农村	城镇	农村
总计				**1**	**18**	**11**
青山湖区						
南昌县					3	1
新建县					1	
昌江区						1
湘东区						
修水县						1
永修县						
分宜县						
余江县						
信丰县						
于都县						
兴国县						
瑞金市						
南康市						1
吉安县						
永丰县					1	2
井冈山市						
上高县					13	1
高安市						
临川区						
南城县						
金溪县						
上饶县				1		4
婺源县						

4-75 续表 4

单位：人次

地 区	文化服务		其 他		未曾接受任何服务或扶助	
	城镇	农村	城镇	农村	城镇	农村
总 计	**1**	**2**	**13**	**18**	**64**	**832**
青山湖区					10	8
南昌县					3	4
新建县	1		5		2	25
昌江区						23
湘东区						49
修水县			5	13		6
永修县						46
分宜县				1		31
余江县					4	48
信丰县						52
于都县						87
兴国县				2		53
瑞金市						41
南康市				1	3	33
吉安县			1		9	36
永丰县						34
井冈山市					2	18
上高县			2		9	11
高安市					2	23
临川区				1	9	43
南城县					3	37
金溪县					8	46
上饶县		2				36
婺源县						42

4-76 各地区言语残疾人分城乡的曾接受服务或扶助

单位：人次

地 区	合 计		医疗服务与救助		辅助器具	
	城镇	农村	城镇	农村	城镇	农村
总 计	**12**	**94**	**2**	**13**		**2**
青山湖区	5	1	2	1		
南昌县		5		2		1
新建县	2	3				
昌江区		3		1		
湘东区		4				
修水县		6		3		
永修县		7				
分宜县		4				
余江县		3		1		
信丰县		6		1		1
于都县		6		1		
兴国县		10				
瑞金市		1				
南康市		1				
吉安县	1	1				
永丰县	1	11				
井冈山市	1	4		1		
上高县		4		1		
高安市	1	5				
临川区						
南城县						
金溪县	1	2				
上饶县		2				
婺源县		5		1		

4-76 续表 1

单位：人次

地　区	康复训练与服务		教育费用补助或减免		职业教育与培训	
	城镇	农村	城镇	农村	城镇	农村
总　计	**1**	**3**		**2**		
青山湖区						
南昌县				1		
新建县						
昌江区						
湘东区		2				
修水县						
永修县						
分宜县						
余江县						
信丰县		1				
于都县						
兴国县						
瑞金市						
南康市						
吉安县	1					
永丰县						
井冈山市				1		
上高县						
高安市						
临川区						
南城县						
金溪县						
上饶县						
婺源县						

4-76 续表 2

单位：人次

地区	就业安置或扶持		贫困残疾人救助与扶持		法律援助与服务	
	城镇	农村	城镇	农村	城镇	农村
总 计		**2**	**3**	**9**		
青山湖区			2			
南昌县						
新建县			1			
昌江区						
湘东区		1		1		
修水县		1		2		
永修县						
分宜县				1		
余江县						
信丰县						
于都县				1		
兴国县						
瑞金市						
南康市						
吉安县						
永丰县				1		
井冈山市				1		
上高县						
高安市				1		
临川区						
南城县						
金溪县						
上饶县						
婺源县				1		

4-76 续表 3

单位：人次

地区	无障碍设施		信息无障碍		生活服务	
	城镇	农村	城镇	农村	城镇	农村
总计				**1**	**2**	**3**
青山湖区					1	
南昌县						
新建县					1	
昌江区						
湘东区						
修水县						
永修县						1
分宜县						1
余江县						
信丰县						
于都县						
兴国县						
瑞金市						
南康市						
吉安县						
永丰县						
井冈山市						
上高县						
高安市				1		1
临川区						
南城县						
金溪县						
上饶县						
婺源县						

4-76 续表 4

单位：人次

地区	文化服务		其他		未曾接受任何服务或扶助	
	城镇	农村	城镇	农村	城镇	农村
总计				**1**	**4**	**58**
青山湖区						
南昌县						1
新建县						3
昌江区						2
湘东区						
修水县						
永修县						6
分宜县						2
余江县						2
信丰县						3
于都县						4
兴国县						10
瑞金市						1
南康市						1
吉安县						1
永丰县					1	10
井冈山市					1	1
上高县				1		2
高安市					1	2
临川区						
南城县						
金溪县					1	2
上饶县						2
婺源县						3

4-77 各地区肢体残疾人分城乡的曾接受服务或扶助

单位：人次

地 区	合 计		医疗服务与救助		辅助器具	
	城镇	农村	城镇	农村	城镇	农村
总 计	**399**	**2023**	**111**	**619**	**40**	**184**
青山湖区	84	41	43	17	16	3
南昌县	20	59	1	2		
新建县	12	62	1	15	1	
昌江区	15	62	15	46		1
湘东区		65				
修水县	25	116		29	8	21
永修县		97		22		17
分宜县		190		77		40
余江县	8	122	5	64	1	9
信丰县		113		53		19
于都县		67		31		14
兴国县		78		5		2
瑞金市		82		12		3
南康市	16	96		22		6
吉安县	19	42				
永丰县	24	114	5	28	1	9
井冈山市	32	51	10	5	5	4
上高县	48	35	2	3		
高安市	50	72	20	28	8	11
临川区	20	49	1	2		
南城县	11	106	8	69		
金溪县	15	55		2		
上饶县		161		47		20
婺源县		88		40		5

4-77 续表 1

单位：人次

地 区	康复训练与服务		教育费用补助或减免		职业教育与培训	
	城镇	农村	城镇	农村	城镇	农村
总 计	**46**	**175**	**1**	**9**	**3**	**3**
青山湖区	18	5				
南昌县						
新建县		1	1	1		
昌江区		4				
湘东区						
修水县		6				
永修县		21				
分宜县		3				
余江县	2	16				
信丰县		21				1
于都县		9				
兴国县		3				
瑞金市		1				
南康市		5				
吉安县				1		
永丰县	3	8		1		
井冈山市	4			1	1	
上高县						
高安市	19	23			2	
临川区						
南城县		2				
金溪县				1		
上饶县		36		1		2
婺源县		11		3		

4-77 续表 2

单位：人次

地区	就业安置或扶持		贫困残疾人救助与扶持		法律援助与服务	
	城镇	农村	城镇	农村	城镇	农村
总 计	**2**	**17**	**66**	**348**	**2**	**6**
青山湖区		4				
南昌县			6	12		
新建县			1	9		
昌江区				3		
湘东区				3		
修水县		1		7		
永修县				3		
分宜县				68		1
余江县				27		2
信丰县				12		
于都县				4		
兴国县				3		
瑞金市		1		14		
南康市			7	26	1	
吉安县			10	7		
永丰县			5	22	1	
井冈山市	2	3	7	11		1
上高县			14	2		
高安市		2	1	4		
临川区		1	5	23		1
南城县		1	3	34		
金溪县			7	26		
上饶县		4		13		1
婺源县				15		

4-77 续表 3

单位：人次

地区	无障碍设施		信息无障碍		生活服务	
	城镇	农村	城镇	农村	城镇	农村
总计		**8**		**13**	**15**	**91**
青山湖区					6	10
南昌县						
新建县						1
昌江区						
湘东区						
修水县				1	2	15
永修县						4
分宜县						1
余江县				1		
信丰县		3				1
于都县						
兴国县						
瑞金市						
南康市		1		8		1
吉安县						
永丰县		1			6	41
井冈山市						
上高县					1	
高安市						
临川区						
南城县						
金溪县						
上饶县		3		3		17
婺源县						

4-77 续表 4

单位：人次

地区	文化服务		其他		未曾接受任何服务或扶助	
	城镇	农村	城镇	农村	城镇	农村
总计	**6**	**22**	**13**	**32**	**94**	**496**
青山湖区					1	2
南昌县					13	45
新建县					8	35
昌江区						8
湘东区				1		61
修水县	2	11	13	22		3
永修县						30
分宜县						
余江县						3
信丰县						3
于都县						9
兴国县						65
瑞金市				3		48
南康市	1	3			7	24
吉安县					9	34
永丰县	3					4
井冈山市					3	26
上高县					31	30
高安市		2				2
临川区					14	22
南城县						
金溪县					8	26
上饶县		6		3		5
婺源县				3		11

4-78 各地区智力残疾人分城乡的曾接受服务或扶助

单位：人次

地区	合计		医疗服务与救助		辅助器具	
	城镇	农村	城镇	农村	城镇	农村
总计	**72**	**495**	**6**	**57**		**4**
青山湖区	15	9	3			
南昌县	9	9				
新建县	5	22				
昌江区	2	9	1	6		
湘东区		21				
修水县	2	12		5		
永修县		39				
分宜县		9				
余江县		26		1		
信丰县		20		3		
于都县		34		13		
兴国县		17		1		
瑞金市		18		3		
南康市	5	37	1	6		1
吉安县	4	13	1	2		
永丰县	3	35				
井冈山市	5	25		1		
上高县	7	3				
高安市	3	20				
临川区	3	10				
南城县	3	17				
金溪县	6	15				
上饶县		56		13		3
婺源县		19		3		

4-78 续表 1

单位：人次

地 区	康复训练与服务		教育费用补助或减免		职业教育与培训	
	城镇	农村	城镇	农村	城镇	农村
总 计	**1**	**20**	**2**	**8**		
青山湖区	1		1			
南昌县			1			
新建县						
昌江区						
湘东区						
修水县						
永修县						
分宜县						
余江县						
信丰县						
于都县		7		3		
兴国县						
瑞金市		1				
南康市				4		
吉安县		1				
永丰县		1				
井冈山市						
上高县						
高安市						
临川区						
南城县						
金溪县						
上饶县		10		1		
婺源县						

4-78 续表 2

单位：人次

地 区	就业安置或扶持		贫困残疾人救助与扶持		法律援助与服务	
	城镇	农村	城镇	农村	城镇	农村
总 计	**1**	**1**	**23**	**69**		**1**
青山湖区			2			
南昌县			2	1		
新建县	1		4	1		
昌江区						
湘东区				1		
修水县			1	3		
永修县				10		
分宜县				1		
余江县						
信丰县				2		
于都县				3		
兴国县				1		
瑞金市		1		6		1
南康市			2	11		
吉安县				1		
永丰县			1	6		
井冈山市			2	7		
上高县			5			
高安市			1	1		
临川区			2	3		
南城县				4		
金溪县			1	4		
上饶县				2		
婺源县				1		

4-78 续表 3

单位：人次

地　区	无障碍设施		信息无障碍		生活服务	
	城镇	农村	城镇	农村	城镇	农村
总　计	**1**			**1**	**6**	**23**
青山湖区	1				2	
南昌县					2	
新建县						
昌江区						
湘东区						
修水县						1
永修县						
分宜县						2
余江县						
信丰县						1
于都县						
兴国县						
瑞金市						2
南康市					1	3
吉安县						
永丰县						
井冈山市						2
上高县						
高安市						
临川区						
南城县						
金溪县					1	3
上饶县				1		8
婺源县						1

4-78 续表 4

单位：人次

地区	文化服务		其他		未曾接受任何服务或扶助	
	城镇	农村	城镇	农村	城镇	农村
总计		**2**	**4**	**11**	**28**	**298**
青山湖区			1		4	9
南昌县			1		3	8
新建县						21
昌江区					1	3
湘东区						20
修水县				3	1	
永修县						29
分宜县						6
余江县						25
信丰县						14
于都县				1		7
兴国县						15
瑞金市						4
南康市		1			1	11
吉安县					3	9
永丰县					2	28
井冈山市					3	15
上高县			1		1	3
高安市					2	19
临川区					1	7
南城县					3	13
金溪县			1	3	3	5
上饶县				4		14
婺源县		1				13

4-79 各地区精神残疾人分城乡的曾接受服务或扶助

单位：人次

地区	合计		医疗服务与救助		辅助器具	
	城镇	农村	城镇	农村	城镇	农村
总计	**73**	**473**	**34**	**162**		**13**
青山湖区	22	19	11	9		
南昌县	6	10	1			
新建县		12		1		
昌江区	4	5	2	2		
湘东区		18				
修水县		36		14		
永修县		61		23		10
分宜县		18		12		
余江县		22		14		
信丰县		41		12		
于都县		18		11		
兴国县		33		3		
瑞金市		17				
南康市	7	26	3	13		
吉安县	4	10	2	3		
永丰县	7	8	1			
井冈山市	7	12	4	7		
上高县	3	2	1			
高安市	6	8	5	7		
临川区	3	10	3	8		
南城县	3	8				
金溪县	1	12	1			
上饶县		60		19		3
婺源县		7		4		

4-79 续表 1

单位：人次

地 区	康复训练与服务		教育费用补助或减免		职业教育与培训	
	城镇	农村	城镇	农村	城镇	农村
总 计	**2**	**34**		**3**		**1**
青山湖区						
南昌县	1					
新建县				2		
昌江区						
湘东区						
修水县						
永修县		19		1		
分宜县		1				
余江县						
信丰县						
于都县						
兴国县						
瑞金市						
南康市						
吉安县	1					
永丰县						
井冈山市						
上高县						
高安市						
临川区						
南城县						
金溪县						
上饶县		14				1
婺源县						

4-79 续表 2

单位：人次

地 区	就业安置或扶持		贫困残疾人救助与扶持		法律援助与服务	
	城镇	农村	城镇	农村	城镇	农村
总 计	**1**	**3**	**8**	**70**		**1**
青山湖区			1	2		
南昌县				4		
新建县				3		
昌江区			1	1		
湘东区				5		
修水县		2		4		1
永修县				3		
分宜县				5		
余江县				5		
信丰县		1		8		
于都县				3		
兴国县						
瑞金市						
南康市			1	6		
吉安县				1		
永丰县			1	3		
井冈山市	1		1	4		
上高县			1			
高安市			1	1		
临川区				1		
南城县			1	3		
金溪县				5		
上饶县				3		
婺源县						

4-79 续表 3

单位：人次

地区	无障碍设施		信息无障碍		生活服务	
	城镇	农村	城镇	农村	城镇	农村
总 计			**1**	**3**	**13**	**40**
青山湖区					10	7
南昌县						
新建县						
昌江区					1	1
湘东区						
修水县						3
永修县						3
分宜县						
余江县						
信丰县						13
于都县						
兴国县						
瑞金市						
南康市					1	
吉安县						
永丰县					1	
井冈山市			1			
上高县						
高安市						
临川区						
南城县						
金溪县						
上饶县				3		13
婺源县						

4-79 续表 4

单位：人次

地 区	文化服务		其 他		未曾接受任何服务或扶助	
	城镇	农村	城镇	农村	城镇	农村
总 计	**2**	**9**	**1**	**14**	**11**	**120**
青山湖区						1
南昌县					4	6
新建县						6
昌江区						1
湘东区						13
修水县				3		9
永修县		1		1		
分宜县						
余江县						3
信丰县				3		4
于都县						4
兴国县				2		28
瑞金市				3		14
南康市	2	6				1
吉安县					1	6
永丰县					4	5
井冈山市						1
上高县			1			2
高安市						
临川区						1
南城县					2	5
金溪县						7
上饶县		2		2		
婺源县						3

4-80 各地区多重残疾人分城乡的曾接受服务或扶助

单位：人次

地 区	合 计		医疗服务与救助		辅助器具	
	城镇	农村	城镇	农村	城镇	农村
总 计	**120**	**790**	**29**	**182**	**10**	**28**
青山湖区	22	8	9	2	5	1
南昌县	6	11	2	3		1
新建县	5	13		3	1	
昌江区	2	28	2	14		
湘东区		22				
修水县	5	35	2	15		1
永修县		25		2		2
分宜县		55		18		6
余江县	4	45	3	21		1
信丰县		62		15		
于都县		51		10		4
兴国县		26		2		
瑞金市		64		12		1
南康市	4	49		8		
吉安县	16	26	3	1	2	
永丰县	3	18		3		
井冈山市	14	31	1	1		
上高县	12	15		1	1	
高安市	9	28	3	7	1	2
临川区	9	32	2	9		
南城县	6	21	1	4		
金溪县	3	29	1			
上饶县		39		11		5
婺源县		57		20		4

4-80 续表 1

单位：人次

地 区	康复训练与服务		教育费用补助或减免		职业教育与培训	
	城镇	农村	城镇	农村	城镇	农村
总 计	**12**	**30**		**9**	**1**	**6**
青山湖区	3					
南昌县						
新建县					1	
昌江区		1				
湘东区						
修水县	1	3		1		
永修县		2		1		2
分宜县						
余江县	1	4				
信丰县		5		2		1
于都县		1		1		1
兴国县				1		
瑞金市		1				
南康市		1				
吉安县		1				
永丰县		1				
井冈山市				1		
上高县	2					
高安市	3	3				
临川区	1					
南城县	1					
金溪县						
上饶县		5		2		2
婺源县		2				

4-80 续表 2

单位：人次

地区	就业安置或扶持		贫困残疾人救助与扶持		法律援助与服务	
	城镇	农村	城镇	农村	城镇	农村
总计	**3**	**6**	**21**	**142**		**2**
青山湖区	1		2			
南昌县			1	4		
新建县	1			2		
昌江区				3		
湘东区				4		
修水县			1	5		
永修县		4		4		
分宜县				13		
余江县				8		
信丰县				8		
于都县		1		8		
兴国县				1		
瑞金市				8		
南康市			2	9		1
吉安县			4	5		
永丰县			1	5		
井冈山市			2	8		
上高县			3	3		
高安市				6		
临川区			3	5		
南城县			1	8		
金溪县	1		1	10		
上饶县				5		1
婺源县		1		10		

4-80 续表 3

单位：人次

地 区	无障碍设施		信息无障碍		生活服务	
	城镇	农村	城镇	农村	城镇	农村
总 计			**1**		**5**	**36**
青山湖区						
南昌县			1		1	
新建县						
昌江区						1
湘东区						
修水县						1
永修县						1
分宜县						7
余江县						
信丰县						12
于都县						1
兴国县						1
瑞金市						1
南康市						4
吉安县						
永丰县					1	2
井冈山市						
上高县					3	
高安市						1
临川区						
南城县						
金溪县						2
上饶县						1
婺源县						1

4-80 续表 4

单位：人次

地 区	文化服务		其 他		未曾接受任何服务或扶助	
	城镇	农村	城镇	农村	城镇	农村
总 计		**1**	**3**	**15**	**35**	**333**
青山湖区					2	5
南昌县					1	3
新建县					2	8
昌江区						9
湘东区						18
修水县			1	5		4
永修县						7
分宜县						11
余江县						11
信丰县				3		16
于都县						24
兴国县				1		20
瑞金市				2		39
南康市			2	3		23
吉安县					7	19
永丰县					1	7
井冈山市					11	21
上高县					3	11
高安市					2	9
临川区					3	18
南城县					3	9
金溪县				1		16
上饶县		1				6
婺源县						19

4-81 各地区视力残疾人分残疾等级的曾接受服务或扶助

单位：人次

地 区	医疗服务与救助				辅助器具			
	残疾一级	残疾二级	残疾三级	残疾四级	残疾一级	残疾二级	残疾三级	残疾四级
总 计	**48**	**19**	**26**	**134**	**6**	**2**		**29**
青山湖区	3	3		19		2		18
南昌县	1	1		7				1
新建县				1				
昌江区			1	3				
湘东区	2			1	1			
修水县	3		1	12	1			2
永修县			1					
分宜县	4		1	5	1			
余江县								
信丰县	2	1	5	7				1
于都县	1	3		8				
兴国县				2				
瑞金市	8	1	5	15				
南康市				1				
吉安县	2							
永丰县	8	3	4	6				1
井冈山市				1				
上高县								
高安市	4	3	6	12				
临川区	6	4	2	24				
南城县								
金溪县				2				
上饶县	3			7	3			6
婺源县	1			1				

4-81 续表 1

单位：人次

地 区	康复训练与服务				教育费用补助或减免			
	残疾一级	残疾二级	残疾三级	残疾四级	残疾一级	残疾二级	残疾三级	残疾四级
总 计	**4**	**1**	**6**	**20**	**2**			
青山湖区				3				
南昌县								
新建县								
昌江区								
湘东区				1	1			
修水县	1			1				
永修县								
分宜县					1			
余江县								
信丰县	2	1	6	8				
于都县								
兴国县								
瑞金市								
南康市								
吉安县								
永丰县								
井冈山市				1				
上高县								
高安市								
临川区								
南城县								
金溪县								
上饶县	1			6				
婺源县								

4-81 续表 2

单位：人次

地 区	职业教育与培训				就业安置或扶持			
	残疾一级	残疾二级	残疾三级	残疾四级	残疾一级	残疾二级	残疾三级	残疾四级
总 计					**1**			
青山湖区								
南昌县								
新建县								
昌江区								
湘东区								
修水县								
永修县					1			
分宜县								
余江县								
信丰县								
于都县								
兴国县								
瑞金市								
南康市								
吉安县								
永丰县								
井冈山市								
上高县								
高安市								
临川区								
南城县								
金溪县								
上饶县								
婺源县								

4-81 续表 3

单位：人次

地区	贫困残疾人救助与扶持				法律援助与服务			
	残疾一级	残疾二级	残疾三级	残疾四级	残疾一级	残疾二级	残疾三级	残疾四级
总计	**30**	**6**	**9**	**48**				
青山湖区				1				
南昌县	1	1		9				
新建县	2							
昌江区				1				
湘东区	3	1		1				
修水县	2		1	3				
永修县	2		1	1				
分宜县	4	1	1	7				
余江县	2		1	2				
信丰县								
于都县								
兴国县								
瑞金市								
南康市	1			2				
吉安县	1							
永丰县	4							
井冈山市	2	1	1	7				
上高县								
高安市	2	1	2	5				
临川区				3				
南城县	1							
金溪县	3	1	2	3				
上饶县				3				
婺源县								

4-81 续表 4

单位：人次

地 区	无障碍设施				信息无障碍			
	残疾一级	残疾二级	残疾三级	残疾四级	残疾一级	残疾二级	残疾三级	残疾四级
总 计	**2**			**1**				**2**
青山湖区				1				
南昌县								
新建县								
昌江区								
湘东区								
修水县								
永修县								
分宜县								
余江县								
信丰县								
于都县								
兴国县								
瑞金市								
南康市								
吉安县								
永丰县								1
井冈山市								
上高县								
高安市	2							1
临川区								
南城县								
金溪县								
上饶县								
婺源县								

4-81 续表 5

单位：人次

地区	生活服务				文化服务			
	残疾一级	残疾二级	残疾三级	残疾四级	残疾一级	残疾二级	残疾三级	残疾四级
总计	**18**	**3**	**10**	**23**				**1**
青山湖区				2				
南昌县								
新建县								
昌江区								
湘东区								
修水县								
永修县	2		1	1				
分宜县	3			1				
余江县								
信丰县	2	1	5	8				
于都县								
兴国县								
瑞金市								
南康市								
吉安县	2							
永丰县	5	1	1	1				
井冈山市								
上高县				1				
高安市	2	1	3	5				1
临川区								
南城县								
金溪县								
上饶县	2			4				
婺源县								

4-81 续表 6

单位：人次

地 区	其 他				未曾接受任何服务或扶助			
	残疾一级	残疾二级	残疾三级	残疾四级	残疾一级	残疾二级	残疾三级	残疾四级
总 计	**6**		**2**	**8**	**81**	**48**	**63**	**382**
青山湖区						2		10
南昌县					2	2	8	21
新建县					10	8	5	31
昌江区						4	4	16
湘东区							1	5
修水县	3		1	4			1	2
永修县					2	1	6	16
分宜县					2	1	2	9
余江县					6	5		18
信丰县			1	1				6
于都县					3	2	1	22
兴国县	2				4	2	1	17
瑞金市				1	1			6
南康市				1	4	2	10	47
吉安县					9	2		20
永丰县						1	1	1
井冈山市					6	3	2	23
上高县	1				1	4	4	17
高安市					1	3	3	4
临川区					6		3	22
南城县					16	2	4	17
金溪县					2		2	27
上饶县				1		1	4	16
婺源县					6	3	1	9

4-82　各地区听力残疾人分残疾等级的曾接受服务或扶助

单位：人次

地　区	医疗服务与救助				辅助器具			
	残疾一级	残疾二级	残疾三级	残疾四级	残疾一级	残疾二级	残疾三级	残疾四级
总　计	**30**	**25**	**80**	**70**	**3**	**5**	**19**	**13**
青山湖区	1	1	6	12	1		1	6
南昌县	2	2	2	9		1	1	1
新建县	1							
昌江区		2	13	18			2	1
湘东区			1	1				1
修水县	17	8	12	1	2	1	1	
永修县				1			1	
分宜县	3	6	25	8		1		
余江县	1			1			2	
信丰县				1				1
于都县							1	1
兴国县								
瑞金市		1		1			1	
南康市								
吉安县	1		5	6				
永丰县		1	3	3			1	
井冈山市		1		2				
上高县							1	
高安市	1	1	4			1	2	
临川区	1	1	4	2			2	1
南城县								
金溪县								
上饶县	2	1	5	4		1	3	1
婺源县								

4-82 续表 1

单位：人次

地 区	康复训练与服务				教育费用补助或减免			
	残疾一级	残疾二级	残疾三级	残疾四级	残疾一级	残疾二级	残疾三级	残疾四级
总 计	**13**	**5**	**11**	**8**			**1**	**1**
青山湖区	1		1	1				
南昌县								
新建县				1				
昌江区								
湘东区								
修水县	10	4	5	1				
永修县								
分宜县								
余江县								
信丰县								
于都县								
兴国县								
瑞金市								
南康市								
吉安县								
永丰县								
井冈山市			1	1				
上高县								
高安市	1	1	3					
临川区								
南城县								
金溪县							1	
上饶县	1		1	4				1
婺源县								

4-82 续表 2

单位：人次

地区	职业教育与培训				就业安置或扶持			
	残疾一级	残疾二级	残疾三级	残疾四级	残疾一级	残疾二级	残疾三级	残疾四级
总计					**2**	**1**	**3**	**3**
青山湖区								1
南昌县								
新建县								
昌江区								
湘东区								
修水县						1	1	
永修县					2		2	1
分宜县								
余江县								
信丰县								
于都县								
兴国县								
瑞金市								
南康市								
吉安县								
永丰县								
井冈山市								
上高县								1
高安市								
临川区								
南城县								
金溪县								
上饶县								
婺源县								

4-82 续表 3

单位：人次

地区	贫困残疾人救助与扶持				法律援助与服务			
	残疾一级	残疾二级	残疾三级	残疾四级	残疾一级	残疾二级	残疾三级	残疾四级
总计	**18**	**16**	**32**	**27**				**1**
青山湖区				2				
南昌县		2	2	11				
新建县		1	5					
昌江区			1	1				
湘东区				1				
修水县	5	3	3					
永修县	2			1				
分宜县	1	1	5	2				
余江县		1						
信丰县			1	2				
于都县								
兴国县	1	2						
瑞金市			6	1				
南康市								
吉安县	1							
永丰县	2	2	2	1				
井冈山市	1	1	1					1
上高县				3				
高安市	1		1					
临川区		1	1					
南城县								
金溪县	2		1	1				
上饶县	2	2	3	1				
婺源县								

4-82 续表 4

单位：人次

地 区	无障碍设施				信息无障碍			
	残疾一级	残疾二级	残疾三级	残疾四级	残疾一级	残疾二级	残疾三级	残疾四级
总 计						**1**		
青山湖区								
南昌县								
新建县								
昌江区								
湘东区								
修水县								
永修县								
分宜县								
余江县								
信丰县								
于都县								
兴国县								
瑞金市								
南康市								
吉安县								
永丰县								
井冈山市								
上高县								
高安市								
临川区								
南城县								
金溪县								
上饶县						1		
婺源县								

4-82 续表 5

单位：人次

地区	生活服务				文化服务			
	残疾一级	残疾二级	残疾三级	残疾四级	残疾一级	残疾二级	残疾三级	残疾四级
总　计	**2**	**4**	**13**	**10**			**2**	**1**
青山湖区								
南昌县		1	1	2				
新建县			1				1	
昌江区			1					
湘东区								
修水县			1					
永修县								
分宜县								
余江县								
信丰县								
于都县								
兴国县								
瑞金市								
南康市			1					
吉安县								
永丰县	1	1	1					
井冈山市								
上高县		1	5	8				
高安市								
临川区								
南城县								
金溪县								
上饶县	1	1	2				1	1
婺源县								

4-82 续表 6

单位：人次

地区	其他				未曾接受任何服务或扶助			
	残疾一级	残疾二级	残疾三级	残疾四级	残疾一级	残疾二级	残疾三级	残疾四级
总　计	**10**	**5**	**12**	**4**	**72**	**93**	**383**	**348**
青山湖区					2		5	11
南昌县						1	1	5
新建县		1	4			6	20	1
昌江区					1		9	13
湘东区					3	3	23	20
修水县	9	2	6	1	1	4	1	
永修县					10	2	21	13
分宜县				1	3	5	16	7
余江县						3	16	33
信丰县						4	21	27
于都县					3	5	32	47
兴国县		2			9	10	25	9
瑞金市					1	2	20	18
南康市			1		1	1	11	23
吉安县	1				1	4	16	24
永丰县					9	5	14	6
井冈山市					2	4	14	
上高县			1	1	1	1	5	13
高安市					7	3	12	3
临川区				1	5	4	23	20
南城县					3	9	24	4
金溪县					9	12	23	10
上饶县					1	3	13	19
婺源县						2	18	22

4-83 各地区言语残疾人分残疾等级的曾接受服务或扶助

单位：人次

地 区	医疗服务与救助				辅助器具			
	残疾一级	残疾二级	残疾三级	残疾四级	残疾一级	残疾二级	残疾三级	残疾四级
总 计	**5**	**2**	**4**	**4**			**1**	**1**
青山湖区	1	1	1					
南昌县		1		1				1
新建县								
昌江区			1					
湘东区								
修水县	2			1				
永修县								
分宜县								
余江县			1					
信丰县			1				1	
于都县				1				
兴国县								
瑞金市								
南康市								
吉安县								
永丰县								
井冈山市				1				
上高县	1							
高安市								
临川区								
南城县								
金溪县								
上饶县								
婺源县	1							

4-83 续表 1

单位：人次

地 区	康复训练与服务				教育费用补助或减免			
	残疾一级	残疾二级	残疾三级	残疾四级	残疾一级	残疾二级	残疾三级	残疾四级
总 计	**1**		**2**	**1**				**2**
青山湖区								
南昌县								1
新建县								
昌江区								
湘东区	1			1				
修水县								
永修县								
分宜县								
余江县								
信丰县			1					
于都县								
兴国县								
瑞金市								
南康市								
吉安县			1					
永丰县								
井冈山市								1
上高县								
高安市								
临川区								
南城县								
金溪县								
上饶县								
婺源县								

4-83 续表 2

单位：人次

地 区	职业教育与培训				就业安置或扶持			
	残疾一级	残疾二级	残疾三级	残疾四级	残疾一级	残疾二级	残疾三级	残疾四级
总 计					**1**			**1**
青山湖区								
南昌县								
新建县								
昌江区								
湘东区								1
修水县					1			
永修县								
分宜县								
余江县								
信丰县								
于都县								
兴国县								
瑞金市								
南康市								
吉安县								
永丰县								
井冈山市								
上高县								
高安市								
临川区								
南城县								
金溪县								
上饶县								
婺源县								

4-83 续表 3

单位：人次

地区	贫困残疾人救助与扶持				法律援助与服务			
	残疾一级	残疾二级	残疾三级	残疾四级	残疾一级	残疾二级	残疾三级	残疾四级
总计	**4**	**1**	**3**	**4**				
青山湖区	1			1				
南昌县								
新建县		1						
昌江区								
湘东区				1				
修水县	1			1				
永修县								
分宜县			1					
余江县								
信丰县								
于都县	1							
兴国县								
瑞金市								
南康市								
吉安县								
永丰县			1					
井冈山市				1				
上高县								
高安市			1					
临川区								
南城县								
金溪县								
上饶县								
婺源县	1							

4-83 续表 4

单位：人次

地　区	无障碍设施				信息无障碍			
	残疾一级	残疾二级	残疾三级	残疾四级	残疾一级	残疾二级	残疾三级	残疾四级
总　计								**1**
青山湖区								
南昌县								
新建县								
昌江区								
湘东区								
修水县								
永修县								
分宜县								
余江县								
信丰县								
于都县								
兴国县								
瑞金市								
南康市								
吉安县								
永丰县								
井冈山市								
上高县								
高安市								1
临川区								
南城县								
金溪县								
上饶县								
婺源县								

4-83 续表 5

单位：人次

地 区	生活服务				文化服务			
	残疾一级	残疾二级	残疾三级	残疾四级	残疾一级	残疾二级	残疾三级	残疾四级
总 计	**2**	**1**	**1**	**1**				
青山湖区	1							
南昌县								
新建县		1						
昌江区								
湘东区								
修水县								
永修县	1							
分宜县			1					
余江县								
信丰县								
于都县								
兴国县								
瑞金市								
南康市								
吉安县								
永丰县								
井冈山市								
上高县								
高安市				1				
临川区								
南城县								
金溪县								
上饶县								
婺源县								

4-83 续表 6

单位：人次

地区	其他				未曾接受任何服务或扶助			
	残疾一级	残疾二级	残疾三级	残疾四级	残疾一级	残疾二级	残疾三级	残疾四级
总计	**1**				**12**	**6**	**16**	**28**
青山湖区								
南昌县						1		
新建县					1	1		1
昌江区							1	1
湘东区								
修水县								
永修县							2	4
分宜县								2
余江县					1		1	
信丰县					1			2
于都县							1	3
兴国县					1	2	3	4
瑞金市								1
南康市								1
吉安县					1			
永丰县					3		6	2
井冈山市					1			1
上高县	1				1		1	
高安市							1	2
临川区								
南城县								
金溪县					1	1		1
上饶县					1			1
婺源县						1		2

4-84 各地区肢体残疾人分残疾等级的曾接受服务或扶助

单位：人次

地区	医疗服务与救助				辅助器具			
	残疾一级	残疾二级	残疾三级	残疾四级	残疾一级	残疾二级	残疾三级	残疾四级
总　计	**32**	**58**	**168**	**472**	**13**	**35**	**55**	**121**
青山湖区		8	8	44		5	6	8
南昌县			1	2				
新建县		1	4	11			1	
昌江区	1	3	12	45				1
湘东区								
修水县	6	1	9	13	4	3	4	18
永修县	2	3	2	15		3	2	12
分宜县	4	6	16	51	3	5	12	20
余江县	4	4	13	48	2	2	1	5
信丰县	2	7	8	36	1	4	3	11
于都县		2	7	22		2	4	8
兴国县		1	2	2			1	1
瑞金市	1	1	2	8		1		2
南康市	4	4	2	12	1		1	4
吉安县								
永丰县		2	16	15		1	2	7
井冈山市	1	1	3	10	2	1	3	3
上高县			1	4				
高安市	3	4	11	30		5	9	5
临川区		2		1				
南城县		3	34	40				
金溪县				2				
上饶县	3	5	9	30		3	2	15
婺源县	1		8	31			4	1

4-84 续表 1

单位：人次

地 区	康复训练与服务				教育费用补助或减免			
	残疾一级	残疾二级	残疾三级	残疾四级	残疾一级	残疾二级	残疾三级	残疾四级
总 计	**15**	**25**	**36**	**145**			**1**	**9**
青山湖区		2	2	19				
南昌县								
新建县			1					2
昌江区	1		1	2				
湘东区								
修水县	2			4				
永修县	2	3	2	14				
分宜县				3				
余江县	3	1	4	10				
信丰县	1	7	2	11				
于都县		1	1	7				
兴国县			1	2				
瑞金市				1				
南康市		1		4				
吉安县								1
永丰县			5	6				1
井冈山市	1	1		2				1
上高县								
高安市	2	5	9	26				
临川区								
南城县			1	1				
金溪县							1	
上饶县	2	4	5	25				1
婺源县	1		2	8				3

4-84 续表 2

单位：人次

地区	职业教育与培训				就业安置或扶持			
	残疾一级	残疾二级	残疾三级	残疾四级	残疾一级	残疾二级	残疾三级	残疾四级
总　计			**1**	**5**		**1**	**4**	**14**
青山湖区								4
南昌县								
新建县								
昌江区								
湘东区								
修水县							1	
永修县								
分宜县								
余江县								
信丰县				1				
于都县								
兴国县								
瑞金市						1		
南康市								
吉安县								
永丰县								
井冈山市				1			2	3
上高县								
高安市				2				2
临川区								1
南城县								1
金溪县								
上饶县			1	1			1	3
婺源县								

4-84 续表 3

单位：人次

地区	贫困残疾人救助与扶持				法律援助与服务			
	残疾一级	残疾二级	残疾三级	残疾四级	残疾一级	残疾二级	残疾三级	残疾四级
总　计	**28**	**37**	**128**	**221**	**1**		**1**	**6**
青山湖区								
南昌县			12	6				
新建县	1	2	2	5				
昌江区	1	1	1					
湘东区				3				
修水县	1		3	3				
永修县	2		1					
分宜县	4	6	16	42	1			
余江县	1	1	10	15				2
信丰县	2	2	1	7				
于都县		2	2					
兴国县		1	1	1				
瑞金市	3	1	3	7				
南康市	2	5	5	21				1
吉安县			4	13				
永丰县		5	12	10			1	
井冈山市	3	2	2	11				1
上高县	2		2	12				
高安市			1	4				
临川区	1	3	13	11				1
南城县			22	15				
金溪县	3	4	10	16				
上饶县	2	1	3	7				1
婺源县		1	2	12				

4-84 续表 4

单位：人次

地 区	无障碍设施				信息无障碍			
	残疾一级	残疾二级	残疾三级	残疾四级	残疾一级	残疾二级	残疾三级	残疾四级
总 计		**1**	**1**	**6**	**3**	**1**	**3**	**6**
青山湖区								
南昌县								
新建县								
昌江区								
湘东区								
修水县					1			
永修县								
分宜县								
余江县							1	
信丰县			1	2				
于都县								
兴国县								
瑞金市								
南康市				1	2	1	1	4
吉安县								
永丰县		1						
井冈山市								
上高县								
高安市								
临川区								
南城县								
金溪县								
上饶县				3			1	2
婺源县								

4-84 续表 5

单位：人次

地 区	生活服务				文化服务			
	残疾一级	残疾二级	残疾三级	残疾四级	残疾一级	残疾二级	残疾三级	残疾四级
总 计	**4**	**7**	**32**	**63**	**2**	**2**	**8**	**16**
青山湖区			2	14				
南昌县								
新建县	1							
昌江区								
湘东区								
修水县	2	2	4	9	1		5	7
永修县				4				
分宜县				1				
余江县								
信丰县				1				
于都县								
兴国县								
瑞金市								
南康市				1		1		3
吉安县								
永丰县		4	22	21			2	1
井冈山市								
上高县			1					
高安市								2
临川区								
南城县								
金溪县								
上饶县	1	1	3	12	1	1	1	3
婺源县								

4-84 续表 6

单位：人次

地 区	其他				未曾接受任何服务或扶助			
	残疾一级	残疾二级	残疾三级	残疾四级	残疾一级	残疾二级	残疾三级	残疾四级
总 计	**4**	**4**	**12**	**25**	**24**	**52**	**113**	**401**
青山湖区								3
南昌县					2	8	18	30
新建县					2	2	5	34
昌江区						1	1	6
湘东区				1	5	14	9	33
修水县	4	4	10	17		1	1	1
永修县					2		5	23
分宜县								
余江县								3
信丰县								3
于都县					1	2	3	3
兴国县					1	2	21	41
瑞金市				3	8	4	10	26
南康市					1	4	2	24
吉安县							2	41
永丰县							1	3
井冈山市					1	3	7	18
上高县						5	8	48
高安市								2
临川区						2	9	25
南城县								
金溪县					1	4	9	20
上饶县			1	2				5
婺源县			1	2			2	9

4-85 各地区智力残疾人分残疾等级的曾接受服务或扶助

单位：人次

地 区	医疗服务与救助				辅助器具			
	残疾一级	残疾二级	残疾三级	残疾四级	残疾一级	残疾二级	残疾三级	残疾四级
总 计	**4**	**10**	**19**	**30**			**2**	**2**
青山湖区	1	1		1				
南昌县								
新建县								
昌江区		1	2	4				
湘东区								
修水县		1	2	2				
永修县								
分宜县								
余江县				1				
信丰县	1	1		1				
于都县	1	1	3	8				
兴国县		1						
瑞金市	1		1	1				
南康市			4	3				1
吉安县		1	1	1				
永丰县								
井冈山市			1					
上高县								
高安市								
临川区								
南城县								
金溪县								
上饶县		3	5	5			2	1
婺源县				3				

4-85 续表 1

单位：人次

地　区	康复训练与服务				教育费用补助或减免			
	残疾一级	残疾二级	残疾三级	残疾四级	残疾一级	残疾二级	残疾三级	残疾四级
总　计	**1**	**3**	**6**	**11**		**3**	**3**	**4**
青山湖区				1				1
南昌县						1		
新建县								
昌江区								
湘东区								
修水县								
永修县								
分宜县								
余江县								
信丰县								
于都县			2	5		1	1	1
兴国县								
瑞金市				1				
南康市						1	2	1
吉安县		1						
永丰县	1							
井冈山市								
上高县								
高安市								
临川区								
南城县								
金溪县								
上饶县		2	4	4				1
婺源县								

4-85 续表 2

单位：人次

地区	职业教育与培训				就业安置或扶持			
	残疾一级	残疾二级	残疾三级	残疾四级	残疾一级	残疾二级	残疾三级	残疾四级
总计					**1**			**1**
青山湖区								
南昌县								
新建县					1			
昌江区								
湘东区								
修水县								
永修县								
分宜县								
余江县								
信丰县								
于都县								
兴国县								
瑞金市								1
南康市								
吉安县								
永丰县								
井冈山市								
上高县								
高安市								
临川区								
南城县								
金溪县								
上饶县								
婺源县								

4-85 续表 3

单位：人次

地　区	贫困残疾人救助与扶持				法律援助与服务			
	残疾一级	残疾二级	残疾三级	残疾四级	残疾一级	残疾二级	残疾三级	残疾四级
总　计	**16**	**15**	**42**	**19**				**1**
青山湖区	1	1						
南昌县		2	1					
新建县	4		1					
昌江区								
湘东区				1				
修水县		2	2					
永修县	4	1	3	2				
分宜县		1						
余江县								
信丰县			2					
于都县				3				
兴国县		1						
瑞金市	1	1	3	1				1
南康市	1		7	5				
吉安县		1						
永丰县	2		4	1				
井冈山市			8	1				
上高县	1	2	1	1				
高安市		1	1					
临川区		1	2	2				
南城县			3	1				
金溪县	2		2	1				
上饶县		1	1					
婺源县			1					

4-85 续表 4

单位：人次

地　区	无障碍设施				信息无障碍			
	残疾一级	残疾二级	残疾三级	残疾四级	残疾一级	残疾二级	残疾三级	残疾四级
总　计		**1**						**1**
青山湖区		1						
南昌县								
新建县								
昌江区								
湘东区								
修水县								
永修县								
分宜县								
余江县								
信丰县								
于都县								
兴国县								
瑞金市								
南康市								
吉安县								
永丰县								
井冈山市								
上高县								
高安市								
临川区								
南城县								
金溪县								
上饶县								1
婺源县								

4-85 续表 5

单位：人次

地区	生活服务				文化服务			
	残疾一级	残疾二级	残疾三级	残疾四级	残疾一级	残疾二级	残疾三级	残疾四级
总 计	**5**	**5**	**12**	**7**			**1**	**1**
青山湖区	1			1				
南昌县		1	1					
新建县								
昌江区								
湘东区								
修水县			1					
永修县								
分宜县				2				
余江县								
信丰县	1							
于都县								
兴国县								
瑞金市	1	1						
南康市			2	2				1
吉安县								
永丰县								
井冈山市			2					
上高县								
高安市								
临川区								
南城县								
金溪县	2		1	1				
上饶县		3	4	1				
婺源县			1				1	

4-85 续表 6

单位：人次

地 区	其 他				未曾接受任何服务或扶助			
	残疾一级	残疾二级	残疾三级	残疾四级	残疾一级	残疾二级	残疾三级	残疾四级
总 计	**2**		**6**	**7**	**33**	**33**	**101**	**159**
青山湖区				1	1	1	4	7
南昌县			1		2	4	4	1
新建县					8	1	8	4
昌江区						1	1	2
湘东区					2	1	10	7
修水县			2	1		1		
永修县					4	5	9	11
分宜县						1	2	3
余江县							6	19
信丰县					1	1	2	10
于都县				1		1	3	3
兴国县					3	2	1	9
瑞金市						1		3
南康市							5	7
吉安县						1	4	7
永丰县					4	2	7	17
井冈山市						1	7	10
上高县				1			1	3
高安市					6	4	6	5
临川区							2	6
南城县					1	2	7	6
金溪县	2		1	1	1	2	2	3
上饶县			2	2			4	10
婺源县						1	6	6

4-86 各地区精神残疾人分残疾等级的曾接受服务或扶助

单位：人次

地 区	医疗服务与救助				辅助器具			
	残疾一级	残疾二级	残疾三级	残疾四级	残疾一级	残疾二级	残疾三级	残疾四级
总 计	**58**	**21**	**30**	**87**	**5**		**3**	**5**
青山湖区	8	1	1	10				
南昌县	1							
新建县	1							
昌江区		1		3				
湘东区								
修水县	1	3	5	5				
永修县	9		3	11	5		1	4
分宜县	5	4	1	2				
余江县	3	1	2	8				
信丰县	4	1	2	5				
于都县	8	1		2				
兴国县		1	1	1				
瑞金市								
南康市	3	3	4	6				
吉安县	2	1		2				
永丰县	1							
井冈山市	3	2		6				
上高县	1							
高安市	2	1	3	6				
临川区	5		1	5				
南城县								
金溪县	1							
上饶县		1	4	14			2	1
婺源县			3	1				

4-86 续表 1

单位：人次

地区	康复训练与服务				教育费用补助或减免			
	残疾一级	残疾二级	残疾三级	残疾四级	残疾一级	残疾二级	残疾三级	残疾四级
总 计	**10**	**2**	**6**	**18**	**1**		**1**	**1**
青山湖区								
南昌县	1							
新建县					1		1	
昌江区								
湘东区								
修水县								
永修县	8		3	8				1
分宜县		1						
余江县								
信丰县								
于都县								
兴国县								
瑞金市								
南康市								
吉安县	1							
永丰县								
井冈山市								
上高县								
高安市								
临川区								
南城县								
金溪县								
上饶县		1	3	10				
婺源县								

4-86 续表 2

单位：人次

地区	职业教育与培训				就业安置或扶持			
	残疾一级	残疾二级	残疾三级	残疾四级	残疾一级	残疾二级	残疾三级	残疾四级
总　计				**1**	**1**		**1**	**2**
青山湖区								
南昌县								
新建县								
昌江区								
湘东区								
修水县					1		1	
永修县								
分宜县								
余江县								
信丰县								1
于都县								
兴国县								
瑞金市								
南康市								
吉安县								
永丰县								
井冈山市								1
上高县								
高安市								
临川区								
南城县								
金溪县								
上饶县				1				
婺源县								

4-86 续表 3

单位：人次

地 区	贫困残疾人救助与扶持				法律援助与服务			
	残疾一级	残疾二级	残疾三级	残疾四级	残疾一级	残疾二级	残疾三级	残疾四级
总 计	**37**	**7**	**15**	**19**		**1**		
青山湖区	2			1				
南昌县	1	1	2					
新建县	2		1					
昌江区				2				
湘东区	1	2	1	1				
修水县	1	1	1	1		1		
永修县	1			2				
分宜县	4	1						
余江县	3		1	1				
信丰县	5		1	2				
于都县	3							
兴国县								
瑞金市								
南康市	2		4	1				
吉安县				1				
永丰县	3		1					
井冈山市	1			4				
上高县	1							
高安市	1			1				
临川区	1							
南城县	2	1		1				
金溪县	3	1	1					
上饶县			2	1				
婺源县								

4-86 续表 4

单位：人次

地区	无障碍设施				信息无障碍			
	残疾一级	残疾二级	残疾三级	残疾四级	残疾一级	残疾二级	残疾三级	残疾四级
总　计							**1**	**3**
青山湖区								
南昌县								
新建县								
昌江区								
湘东区								
修水县								
永修县								
分宜县								
余江县								
信丰县								
于都县								
兴国县								
瑞金市								
南康市								
吉安县								
永丰县								
井冈山市								1
上高县								
高安市								
临川区								
南城县								
金溪县								
上饶县							1	2
婺源县								

4-86 续表 5

单位：人次

地区	生活服务				文化服务			
	残疾一级	残疾二级	残疾三级	残疾四级	残疾一级	残疾二级	残疾三级	残疾四级
总 计	**13**	**4**	**8**	**28**		**2**	**1**	**8**
青山湖区	6	1	1	9				
南昌县								
新建县								
昌江区		1		1				
湘东区								
修水县			1	2				
永修县			1	2				1
分宜县								
余江县								
信丰县	6	1	2	4				
于都县								
兴国县								
瑞金市								
南康市				1		2	1	5
吉安县								
永丰县	1							
井冈山市								
上高县								
高安市								
临川区								
南城县								
金溪县								
上饶县		1	3	9				2
婺源县								

4-86 续表 6

单位：人次

地区	其他				未曾接受任何服务或扶助			
	残疾一级	残疾二级	残疾三级	残疾四级	残疾一级	残疾二级	残疾三级	残疾四级
总 计	**3**	**3**	**2**	**7**	**27**	**20**	**29**	**55**
青山湖区						1		
南昌县					5	3		2
新建县					1	1	2	2
昌江区								1
湘东区					3	4	3	3
修水县			1	2	2		3	4
永修县	1							
分宜县								
余江县					1			2
信丰县		1		2	1		1	2
于都县					1	2		1
兴国县		1	1		5		13	10
瑞金市	1	1		1	1	1	4	8
南康市						1		
吉安县						3		4
永丰县					3	1		5
井冈山市								1
上高县	1					1		1
高安市								
临川区								1
南城县							2	5
金溪县					4	1		2
上饶县				2				
婺源县						1	1	1

4-87　各地区多重残疾人分残疾等级的曾接受服务或扶助

单位：人次

地　区	医疗服务与救助				辅助器具			
	残疾一级	残疾二级	残疾三级	残疾四级	残疾一级	残疾二级	残疾三级	残疾四级
总　计	**85**	**32**	**56**	**38**	**14**	**10**	**9**	**5**
青山湖区	2	3	2	4	1	1	1	3
南昌县	2	1		2		1		
新建县	1		2			1		
昌江区	3	3	7	3				
湘东区								
修水县	11	2	2	2				1
永修县	1			1	2			
分宜县	9	3	5	1	2	1	2	1
余江县	11	3	6	4		1		
信丰县	5	2	4	4				
于都县	3	1	4	2	1	1	2	
兴国县	1		1					
瑞金市	5	1	2	4	1			
南康市	1	2	1	4				
吉安县	3			1	2			
永丰县	1	1	1					
井冈山市	1		1					
上高县	1				1			
高安市	6	2	2		1	2		
临川区	4	3	3	1				
南城县	2		3					
金溪县	1							
上饶县	5	3	3		2	1	2	
婺源县	6	2	7	5	1	1	2	

4-87 续表 1

单位：人次

地区	康复训练与服务				教育费用补助或减免			
	残疾一级	残疾二级	残疾三级	残疾四级	残疾一级	残疾二级	残疾三级	残疾四级
总　计	**20**	**7**	**7**	**8**	**4**	**4**	**1**	
青山湖区	1			2				
南昌县								
新建县								
昌江区			1					
湘东区								
修水县	2		1	1	1			
永修县	1			1	1			
分宜县								
余江县	1	1	2	1				
信丰县	2	1		2		2		
于都县				1	1			
兴国县						1		
瑞金市	1							
南康市			1					
吉安县	1							
永丰县		1						
井冈山市							1	
上高县	2							
高安市	5	1						
临川区	1							
南城县	1							
金溪县								
上饶县	1	2	2		1	1		
婺源县	1	1						

4-87 续表 2

单位：人次

地　区	职业教育与培训				就业安置或扶持			
	残疾一级	残疾二级	残疾三级	残疾四级	残疾一级	残疾二级	残疾三级	残疾四级
总　计	**3**	**2**	**1**	**1**	**3**	**3**	**3**	
青山湖区						1		
南昌县								
新建县		1				1		
昌江区								
湘东区								
修水县								
永修县	1	1			1	1	2	
分宜县								
余江县								
信丰县				1				
于都县	1				1			
兴国县								
瑞金市								
南康市								
吉安县								
永丰县								
井冈山市								
上高县								
高安市								
临川区								
南城县								
金溪县					1			
上饶县	1		1					
婺源县							1	

4-87 续表 3

单位：人次

地区	贫困残疾人救助与扶持				法律援助与服务			
	残疾一级	残疾二级	残疾三级	残疾四级	残疾一级	残疾二级	残疾三级	残疾四级
总　计	**85**	**32**	**34**	**12**		**1**	**1**	
青山湖区	1	1						
南昌县	2	1		2				
新建县			2					
昌江区	1	1		1				
湘东区	3	1						
修水县	5	1						
永修县	3	1						
分宜县	5	3	4	1				
余江县	4	1	3					
信丰县	5		2	1				
于都县	5	1	2					
兴国县	1							
瑞金市	3	1	2	2				
南康市	4	2	3	2		1		
吉安县	7		1	1				
永丰县	1	3	2					
井冈山市	4	3	3					
上高县	2	3	1					
高安市	4	1	1					
临川区	4	1	3					
南城县	6	3						
金溪县	6	2	3					
上饶县	3	2					1	
婺源县	6		2	2				

4-87 续表 4

单位：人次

地 区	无障碍设施				信息无障碍			
	残疾一级	残疾二级	残疾三级	残疾四级	残疾一级	残疾二级	残疾三级	残疾四级
总 计					**1**			
青山湖区								
南昌县					1			
新建县								
昌江区								
湘东区								
修水县								
永修县								
分宜县								
余江县								
信丰县								
于都县								
兴国县								
瑞金市								
南康市								
吉安县								
永丰县								
井冈山市								
上高县								
高安市								
临川区								
南城县								
金溪县								
上饶县								
婺源县								

4-87 续表 5

单位：人次

地区	生活服务				文化服务			
	残疾一级	残疾二级	残疾三级	残疾四级	残疾一级	残疾二级	残疾三级	残疾四级
总计	**14**	**8**	**11**	**8**	**1**			
青山湖区								
南昌县				1				
新建县								
昌江区				1				
湘东区								
修水县			1					
永修县				1				
分宜县	3	2	2					
余江县								
信丰县	4	2	2	4				
于都县	1							
兴国县	1							
瑞金市			1					
南康市	2	1	1					
吉安县								
永丰县		2	1					
井冈山市								
上高县	1		1	1				
高安市			1					
临川区								
南城县								
金溪县		1	1					
上饶县	1				1			
婺源县	1							

4-87 续表 6

单位：人次

地区	其他				未曾接受任何服务或扶助			
	残疾一级	残疾二级	残疾三级	残疾四级	残疾一级	残疾二级	残疾三级	残疾四级
总计	**7**	**1**	**8**	**2**	**156**	**53**	**104**	**55**
青山湖区					3	1	2	1
南昌县					3		1	
新建县					5		5	
昌江区					2	1	4	2
湘东区					6	5	3	4
修水县	4		1	1	2	1		1
永修县					6	1		
分宜县					4	4	2	1
余江县					7	1	1	2
信丰县	2		1		6	6	4	
于都县					3	6	4	11
兴国县	1				7	1	9	3
瑞金市			2		14	4	10	11
南康市			4	1	3	2	10	8
吉安县					12	3	9	2
永丰县					6		2	
井冈山市					18	2	12	
上高县					8		6	
高安市					8		3	
临川区					6	7	5	3
南城县					6		6	
金溪县		1			13		2	1
上饶县					2	1	1	2
婺源县					6	7	3	3

4－88　各地区残疾人分城乡的主要需求

单位：人次

地　区	合　计		医疗服务与救助		辅助器具	
	城镇	农村	城镇	农村	城镇	农村
总　计	**1958**	**11626**	**542**	**3171**	**247**	**1597**
青山湖区	370	215	107	63	43	18
南昌县	120	394	29	134	14	70
新建县	92	451	17	106	6	19
昌江区	101	491	33	156	8	52
湘东区		545		117		108
修水县	84	459	26	150	18	74
永修县		648		141		42
分宜县		665		215		118
余江县	37	565	12	161	8	87
信丰县		549		151		81
于都县		510		116		128
兴国县		707		195		99
瑞金市		626		196		135
南康市	85	566	30	147	3	40
吉安县	160	423	40	103	39	92
永丰县	65	531	15	97	4	68
井冈山市	142	311	30	65	12	15
上高县	297	257	91	78	46	27
高安市	133	412	23	107	12	44
临川区	128	380	49	148	20	46
南城县	55	436	23	170	3	44
金溪县	89	399	17	80	11	43
上饶县		618		133		85
婺源县		468		142		62

4－88 续表 1

单位：人次

地 区	康复训练与服务		教育费用补助或减免		职业教育与培训	
	城镇	农村	城镇	农村	城镇	农村
总 计	**168**	**946**	**17**	**138**	**23**	**64**
青山湖区	66	16	2	1	1	1
南昌县	7	4		1	1	
新建县	9	61	2	11		6
昌江区	4	12	1	6	2	8
湘东区		86		6		2
修水县	10	44				1
永修县		85		9		6
分宜县		9		5		
余江县	1	45		10		3
信丰县		36		5		5
于都县		37		9		3
兴国县		84		5		
瑞金市		34		5		3
南康市	3	26	1	12		2
吉安县	8	19	1	4		
永丰县	7	91	1	5	5	2
井冈山市	12	13	2	8	3	
上高县	13	19	1	2	3	
高安市	12	39	1	5	7	8
临川区	7	9	1	1		
南城县	6	23	1	1	1	1
金溪县	3	24	3	7		
上饶县		78		13		8
婺源县		52		7		5

4－88 续表 2

单位：人次

地区	就业安置或扶持		贫困残疾人救助与扶持		法律援助与服务	
	城镇	农村	城镇	农村	城镇	农村
总　计	**92**	**446**	**515**	**3637**	**37**	**58**
青山湖区	10	11	41	48	2	2
南昌县	6	4	41	138	1	7
新建县	4	27	35	169		
昌江区	11	59	31	151		4
湘东区		30		168		
修水县	1	6	26	138	1	
永修县		72		152		2
分宜县		5		223		7
余江县	1	11	9	188		
信丰县		10		183		4
于都县		9		188		
兴国县		5		218		2
瑞金市		16		157		3
南康市	1	5	30	201		2
吉安县	16	30	40	129		
永丰县	1	2	19	147	1	1
井冈山市	14	27	47	146		1
上高县	7	5	71	60	32	12
高安市	11	16	42	118		1
临川区	2	2	36	121		
南城县	1	2	16	149		3
金溪县	6	40	31	158		
上饶县		30		154		4
婺源县		22		133		3

4－88 续表 3

单位：人次

地　区	无障碍设施		信息无障碍		生活服务	
	城镇	农村	城镇	农村	城镇	农村
总　计	**36**	**103**	**3**	**31**	**237**	**1114**
青山湖区	25	8	2	2	66	40
南昌县					16	32
新建县					14	47
昌江区		1			11	40
湘东区						23
修水县		1			1	9
永修县		1				94
分宜县				1		71
余江县		12			4	36
信丰县		10		1		31
于都县		3				13
兴国县						46
瑞金市		3				62
南康市		10	1	18	14	82
吉安县	4	12			11	34
永丰县		6		5	12	101
井冈山市	2	2			12	27
上高县	1	2			31	50
高安市	2	5			18	62
临川区				1	13	41
南城县		9		1	4	31
金溪县	2				10	33
上饶县		16		2		74
婺源县		2				35

4－88 续表 4

单位：人次

地区	文化服务		其他		不选择	
	城镇	农村	城镇	农村	城镇	农村
总计	**24**	**147**	**10**	**134**	**7**	**40**
青山湖区	4	2	1	3		
南昌县	5	4				
新建县		3	5	2		
昌江区						2
湘东区		5				
修水县		1	1	34		1
永修县		43		1		
分宜县		11				
余江县	2	7				5
信丰县		2		17		13
于都县		2				2
兴国县		5		48		
瑞金市		1		11		
南康市	1	19		1	1	1
吉安县	1					
永丰县		5				1
井冈山市	5	4			3	3
上高县		2			1	
高安市	3	5	1	2	1	
临川区		3		3		5
南城县		2				
金溪县	3	6	2	2	1	6
上饶县		12		9		
婺源县		3		1		1

4-89 各地区视力残疾人分城乡的主要需求

单位：人次

地区	合计		医疗服务与救助		辅助器具	
	城镇	农村	城镇	农村	城镇	农村
总计	**310**	**1768**	**105**	**615**	**36**	**127**
青山湖区	76	46	26	15	11	4
南昌县	18	90	5	39	1	2
新建县	16	101	8	45		
昌江区	18	62	5	21	1	2
湘东区		29		9		3
修水县	9	51	3	15	1	12
永修县		87		29		6
分宜县		71		21		12
余江县	2	81		21	1	14
信丰县		72		18		3
于都县		72		35		5
兴国县		84		27		1
瑞金市		89		37		26
南康市	16	123	8	46		1
吉安县	21	62	9	26		
永丰县	3	69	1	23		
井冈山市	24	50	6	16	1	
上高县	36	48	11	15	10	2
高安市	21	93	6	31	1	
临川区	33	109	8	42	8	19
南城县	5	74	3	20		6
金溪县	12	44	6	19	1	2
上饶县		99		28		5
婺源县		62		17		2

4-89 续表 1

单位：人次

地 区	康复训练与服务		教育费用补助或减免		职业教育与培训	
	城镇	农村	城镇	农村	城镇	农村
总 计	**12**	**72**		**14**	**1**	**8**
青山湖区	6	1				
南昌县	1					
新建县		1		1		2
昌江区	2	8		1		
湘东区		5		1		
修水县	2	5				
永修县		17		2		1
分宜县				1		
余江县						
信丰县		13				
于都县		3				
兴国县				3		
瑞金市				1		
南康市		2		1		1
吉安县		2				
永丰县						
井冈山市		1				
上高县	1	8			1	
高安市		3				
临川区						
南城县		2				
金溪县				2		
上饶县						1
婺源县		1		1		3

4-89 续表 2

单位：人次

地 区	就业安置或扶持		贫困残疾人救助与扶持		法律援助与服务	
	城镇	农村	城镇	农村	城镇	农村
总 计	**9**	**33**	**89**	**581**		**2**
青山湖区	1		17	13		
南昌县		1	6	41		
新建县		3	8	48		
昌江区	3	11	6	18		
湘东区		2		8		
修水县		1	3	16		
永修县				6		
分宜县				20		1
余江县			1	32		
信丰县				24		
于都县				25		
兴国县				24		
瑞金市				20		
南康市			8	57		
吉安县	2	1	9	25		
永丰县			1	18		
井冈山市	3	2	10	30		
上高县			2	4		
高安市		1	7	29		
临川区			4	21		
南城县			2	37		
金溪县			5	20		
上饶县		8		29		
婺源县		3		16		1

4-89 续表 3

单位：人次

地区	无障碍设施		信息无障碍		生活服务	
	城镇	农村	城镇	农村	城镇	农村
总　计	**7**	**46**		**5**	**46**	**237**
青山湖区	7	2		1	7	10
南昌县					5	4
新建县						1
昌江区					1	1
湘东区						1
修水县						2
永修县						25
分宜县						16
余江县		12				1
信丰县		4		1		6
于都县		2				1
兴国县						14
瑞金市		3				1
南康市						15
吉安县		2			1	6
永丰县		4		2	1	22
井冈山市						
上高县		2			11	16
高安市		2			7	26
临川区				1	13	26
南城县		9				
金溪县						1
上饶县		3				25
婺源县		1				17

4-89 续表 4

单位：人次

地　区	文化服务		其　他		不选择	
	城镇	农村	城镇	农村	城镇	农村
总　计	**2**	**8**		**19**	**3**	**1**
青山湖区	1					
南昌县		3				
新建县						
昌江区						
湘东区						
修水县						
永修县		1				
分宜县						
余江县		1				
信丰县				3		
于都县		1				
兴国县				15		
瑞金市				1		
南康市						
吉安县						
永丰县						
井冈山市	1				3	1
上高县		1				
高安市		1				
临川区						
南城县						
金溪县						
上饶县						
婺源县						

4-90 各地区听力残疾人分城乡的主要需求

单位：人次

地区	合计		医疗服务与救助		辅助器具	
	城镇	农村	城镇	农村	城镇	农村
总计	**353**	**2720**	**98**	**704**	**108**	**764**
青山湖区	68	36	15	11	25	9
南昌县	19	65	2	14	5	21
新建县	20	73	3	22	1	2
昌江区	21	146	7	47	7	44
湘东区		149		49		50
修水县	24	111	8	32	6	20
永修县		160		1		
分宜县		224		75		52
余江县	12	116	4	16	4	53
信丰县		125		37		38
于都县		166		3		85
兴国县		173		56		37
瑞金市		139		50		47
南康市	9	105	3	25	1	18
吉安县	24	101	7	24	10	44
永丰县	6	135	1	32	2	44
井冈山市	11	40	1		2	6
上高县	72	36	24	12	24	12
高安市	12	81	1	22	2	23
临川区	25	82	12	38	11	16
南城县	6	94	3	37	2	34
金溪县	24	139	7	38	6	21
上饶县		147		32		47
婺源县		77		31		41

4-90 续表 1

单位：人次

地 区	康复训练与服务		教育费用补助或减免		职业教育与培训	
	城镇	农村	城镇	农村	城镇	农村
总 计	**28**	**112**	**1**	**9**	**1**	**2**
青山湖区	19	1				
南昌县						
新建县	2	21				
昌江区				1		
湘东区		1				
修水县	2	17				
永修县		2				1
分宜县		2				
余江县		1				
信丰县						
于都县		1		1		
兴国县		18				
瑞金市						
南康市		5		2		
吉安县	1					
永丰县		15				
井冈山市	2	5				
上高县					1	
高安市	1	12				
临川区		1				
南城县	1	6				
金溪县		4	1	3		
上饶县				1		1
婺源县				1		

4-90 续表 2

单位：人次

地 区	就业安置或扶持		贫困残疾人救助与扶持		法律援助与服务	
	城镇	农村	城镇	农村	城镇	农村
总 计	**6**	**80**	**80**	**780**		**8**
青山湖区	1	4	7	11		
南昌县	1		7	23		1
新建县			9	27		
昌江区			7	45		1
湘东区				49		
修水县	1	1	6	30		
永修县		49		53		
分宜县		1		74		3
余江县			4	45		
信丰县		1		36		1
于都县				71		
兴国县				57		
瑞金市				22		
南康市			2	19		
吉安县				21		
永丰县		1	2	43		
井冈山市	1	1	4	22		
上高县			19	12		
高安市			4	13		
临川区			2	18		
南城县						1
金溪县	2	19	7	46		
上饶县		3		39		1
婺源县				4		

4-90 续表 3

单位：人次

地　区	无障碍设施		信息无障碍		生活服务	
	城镇	农村	城镇	农村	城镇	农村
总　计	**1**	**11**		**12**	**22**	**161**
青山湖区	1					
南昌县					4	6
新建县						1
昌江区		1				5
湘东区						
修水县						
永修县						28
分宜县				1		16
余江县						1
信丰县						
于都县						4
兴国县						2
瑞金市						18
南康市		1		11	3	21
吉安县		1			5	11
永丰县					1	
井冈山市					1	6
上高县					4	
高安市					3	8
临川区						3
南城县						15
金溪县					1	7
上饶县		8				9
婺源县						

4-90 续表 4

单位：人次

地 区	文化服务		其 他		不选择	
	城镇	农村	城镇	农村	城镇	农村
总 计	**2**	**36**	**6**	**21**		**20**
青山湖区						
南昌县						
新建县			5			
昌江区						2
湘东区						
修水县			1	11		
永修县		25		1		
分宜县						
余江县						
信丰县						12
于都县						1
兴国县				3		
瑞金市				2		
南康市		2		1		
吉安县	1					
永丰县						
井冈山市						
上高县						
高安市	1	3				
临川区				1		5
南城县		1				
金溪县		1				
上饶县		4		2		
婺源县						

4-91 各地区言语残疾人分城乡的主要需求

单位：人次

地 区	合 计		医疗服务与救助		辅助器具	
	城镇	农村	城镇	农村	城镇	农村
总 计	**24**	**219**	**6**	**48**	**2**	**12**
青山湖区	9	3	1	1		
南昌县		9		2		1
新建县	3	8	1		1	
昌江区		8		2		
湘东区		6				
修水县		8		3		
永修县		21		3		3
分宜县		9		2		
余江县		9		3		
信丰县		7		2		1
于都县		17		4		
兴国县		30		9		
瑞金市		3		1		
南康市		3				
吉安县	2	3	1	1		
永丰县	3	29	1	6	1	5
井冈山市	2	6		1		
上高县		9		3		
高安市	3	10	1	2		
临川区						
南城县						
金溪县	2	6	1			1
上饶县		6		1		1
婺源县		9		2		

4-91 续表 1

单位：人次

地 区	康复训练与服务		教育费用补助或减免		职业教育与培训	
	城镇	农村	城镇	农村	城镇	农村
总 计	**6**	**54**		**10**		**3**
青山湖区	3	1				
南昌县						
新建县						1
昌江区		1		1		1
湘东区		2		1		
修水县		2				
永修县		7		1		
分宜县		1		2		
余江县		3				
信丰县		2				
于都县		5		2		1
兴国县		9				
瑞金市						
南康市		1				
吉安县	1	1				
永丰县	1	9		2		
井冈山市	1	1		1		
上高县		2				
高安市		3				
临川区						
南城县						
金溪县		1				
上饶县		1				
婺源县		2				

4-91 续表 2

单位：人次

地 区	就业安置或扶持		贫困残疾人救助与扶持		法律援助与服务	
	城镇	农村	城镇	农村	城镇	农村
总 计		**11**	**4**	**59**		
青山湖区			2	1		
南昌县		1		3		
新建县		2		3		
昌江区				2		
湘东区		1		2		
修水县				3		
永修县		1		1		
分宜县				3		
余江县				3		
信丰县				2		
于都县		1		4		
兴国县				9		
瑞金市				1		
南康市				1		
吉安县				1		
永丰县				5		
井冈山市		1	1	2		
上高县		1		3		
高安市			1	3		
临川区						
南城县						
金溪县		1		2		
上饶县		2		1		
婺源县				4		

4-91 续表 3

单位：人次

地 区	无障碍设施		信息无障碍		生活服务	
	城镇	农村	城镇	农村	城镇	农村
总 计				**1**	**6**	**12**
青山湖区					3	
南昌县						1
新建县					1	2
昌江区						1
湘东区						
修水县						
永修县						2
分宜县						1
余江县						
信丰县						
于都县						
兴国县						1
瑞金市						1
南康市						1
吉安县						
永丰县				1		
井冈山市						
上高县						
高安市					1	1
临川区						
南城县						
金溪县					1	1
上饶县						
婺源县						

4-91 续表 4

单位：人次

地区	文化服务		其他		不选择	
	城镇	农村	城镇	农村	城镇	农村
总计		**6**		**1**		**2**
青山湖区						
南昌县		1				
新建县						
昌江区						
湘东区						
修水县						
永修县		3				
分宜县						
余江县						
信丰县						
于都县						
兴国县		2				
瑞金市						
南康市						
吉安县						
永丰县						1
井冈山市						
上高县						
高安市				1		
临川区						
南城县						
金溪县						
上饶县						
婺源县						1

4-92　各地区肢体残疾人分城乡的主要需求

单位：人次

地　区	合　计		医疗服务与救助		辅助器具	
	城镇	农村	城镇	农村	城镇	农村
总　计	**755**	**3348**	**205**	**839**	**68**	**479**
青山湖区	135	59	45	17	3	2
南昌县	46	155	11	52	7	43
新建县	32	147	2	10	4	15
昌江区	45	164	15	53		1
湘东区		194		8		47
修水县	39	157	13	55	10	39
永修县		156		50		28
分宜县		202		76		43
余江县	15	170	5	60	3	12
信丰县		150		44		24
于都县		82		23		13
兴国县		215		38		51
瑞金市		155		37		28
南康市	32	146	11	30	1	14
吉安县	57	125	8	17	16	34
永丰县	24	144	5	20		12
井冈山市	46	75	11	12	4	4
上高县	138	104	46	35	9	7
高安市	58	90	4	8	7	11
临川区	36	81	19	33	1	5
南城县	15	143	8	71		
金溪县	37	107	2	8	3	19
上饶县		171		38		19
婺源县		156		44		8

4-92 续表 1

单位：人次

地区	康复训练与服务		教育费用补助或减免		职业教育与培训	
	城镇	农村	城镇	农村	城镇	农村
总 计	**60**	**361**	**8**	**32**	**8**	**14**
青山湖区	23	5				
南昌县	5	3				
新建县	3	17	2	3		1
昌江区	2	3		1		
湘东区		57		1		
修水县	3	10				
永修县		32		2		
分宜县		1				
余江县		16		5		2
信丰县		13		1		2
于都县		9				
兴国县		46				
瑞金市		14		2		1
南康市	3	10	1	4		
吉安县		4				
永丰县	3	32	1	2		
井冈山市	5	1	1	1	1	
上高县	2	1			1	
高安市	8	13	1	2	6	7
临川区	1					
南城县						1
金溪县	2	12	2	1		
上饶县		36		4		
婺源县		26		3		

4-92 续表 2

单位：人次

地　区	就业安置或扶持		贫困残疾人救助与扶持		法律援助与服务	
	城镇	农村	城镇	农村	城镇	农村
总　计	**47**	**178**	**207**	**1127**	**31**	**26**
青山湖区	5	6	5	5		
南昌县	3	1	18	54		
新建县		13	11	52		
昌江区	7	35	14	55		
湘东区		20		61		
修水县		1	13	51		
永修县		7		23		1
分宜县		1		77		2
余江县		10	2	52		
信丰县				55		3
于都县				32		
兴国县				70		1
瑞金市		10		57		
南康市	1	5	12	56		1
吉安县	8	15	19	41		
永丰县	1		8	35		1
井冈山市	3	7	12	36		1
上高县	6	3	37	22	31	12
高安市	10	13	19	28		1
临川区			15	43		
南城县			7	71		
金溪县	3	8	15	54		
上饶县		8		41		2
婺源县		15		56		1

4-92 续表 3

单位：人次

地 区	无障碍设施		信息无障碍		生活服务	
	城镇	农村	城镇	农村	城镇	农村
总 计	**24**	**37**	**1**	**4**	**86**	**223**
青山湖区	13	6	1		39	18
南昌县						2
新建县					10	33
昌江区					7	16
湘东区						
修水县						
永修县		1				10
分宜县						2
余江县					4	11
信丰县		6				2
于都县						3
兴国县						9
瑞金市						3
南康市		7		3	2	8
吉安县	4	7			2	7
永丰县		1		1	6	40
井冈山市	2	2			6	10
上高县	1				4	23
高安市	2	3				4
临川区						
南城县						
金溪县	2				6	5
上饶县		3				15
婺源县		1				2

4-92 续表 4

单位：人次

地 区	文化服务		其 他		不选择	
	城镇	农村	城镇	农村	城镇	农村
总 计	**7**	**20**		**6**	**3**	**2**
青山湖区	1					
南昌县	2					
新建县		3				
昌江区						
湘东区						
修水县				1		
永修县		2				
分宜县						
余江县	1	2				
信丰县						
于都县		1				1
兴国县						
瑞金市				3		
南康市		8			1	
吉安县						
永丰县						
井冈山市	1					1
上高县		1			1	
高安市					1	
临川区						
南城县						
金溪县	2					
上饶县		3		2		
婺源县						

4-93 各地区智力残疾人分城乡的主要需求

单位：人次

地区	合计		医疗服务与救助		辅助器具	
	城镇	农村	城镇	农村	城镇	农村
总计	**155**	**1093**	**25**	**237**	**1**	**10**
青山湖区	23	25	1	2	1	
南昌县	14	25	5	9		
新建县	12	59	1	10		
昌江区	6	27	2	9		1
湘东区		63		21		
修水县	6	18		6		
永修县		100		29		2
分宜县		26		3		
余江县		75		25		
信丰县		38		7		
于都县		45		10		
兴国县		47		16		
瑞金市		29		6		1
南康市	8	50	2	5		1
吉安县	12	30	4	9		
永丰县	9	95	1	3		
井冈山市	13	58	2	13		
上高县	18	9				
高安市	9	60	3	20		2
临川区	7	16		3		
南城县	8	48	3	16		
金溪县	10	23	1	1		
上饶县		84		6		3
婺源县		43		8		

4-93 续表 1

单位：人次

地区	康复训练与服务		教育费用补助或减免		职业教育与培训	
	城镇	农村	城镇	农村	城镇	农村
总　计	**20**	**140**	**8**	**46**	**6**	**20**
青山湖区	4	4	2	1	1	1
南昌县		1		1		
新建县	1	12		4		2
昌江区			1	1	2	3
湘东区		1		2		1
修水县	2	2				
永修县		13		3		1
分宜县				2		
余江县		12		3		
信丰县				2		1
于都县		9		5		1
兴国县						
瑞金市		2				2
南康市		3		1		
吉安县	1	2	1	4		
永丰县	2	30		1	1	2
井冈山市		2	1	5	1	
上高县	6	3	1	1		
高安市		3		3		
临川区	3	2	1			
南城县		5	1	1	1	
金溪县	1	4				
上饶县		20		5		5
婺源县		10		1		1

4-93 续表 2

单位：人次

地区	就业安置或扶持		贫困残疾人救助与扶持		法律援助与服务	
	城镇	农村	城镇	农村	城镇	农村
总计	**10**	**47**	**44**	**321**	**4**	**15**
青山湖区	2	1	5	6	2	2
南昌县			2	1	1	5
新建县	3	6	4	19		
昌江区	1	4		5		2
湘东区		3		12		
修水县			2	6	1	
永修县		1		30		1
分宜县				7		
余江县				24		
信丰县		6		14		
于都县		6		14		
兴国县				15		
瑞金市		1		8		3
南康市			3	21		
吉安县	2	5	4	9		
永丰县			3	28		
井冈山市	2	7	5	20		
上高县			5	3		
高安市			3	19		
临川区			3	7		
南城县			2	16		1
金溪县		1	3	7		
上饶县		6		21		
婺源县				9		1

4–93 续表 3

单位：人次

地 区	无障碍设施		信息无障碍		生活服务	
	城镇	农村	城镇	农村	城镇	农村
总 计		**2**		**2**	**28**	**188**
青山湖区					4	4
南昌县					4	8
新建县					3	4
昌江区						2
湘东区						18
修水县					1	1
永修县						14
分宜县						8
余江县						11
信丰县						5
于都县						
兴国县						15
瑞金市						4
南康市		1			2	13
吉安县		1				
永丰县					2	26
井冈山市					1	8
上高县					6	2
高安市					2	12
临川区						1
南城县				1	1	7
金溪县					2	6
上饶县				1		10
婺源县						9

4-93 续表 4

单位：人次

地 区	文化服务		其 他		不选择	
	城镇	农村	城镇	农村	城镇	农村
总 计	**4**	**45**	**4**	**18**	**1**	**2**
青山湖区		1	1	3		
南昌县	2					
新建县				2		
昌江区						
湘东区		5				
修水县				3		
永修县		6				
分宜县		6				
余江县						
信丰县				3		
于都县						
兴国县		1				
瑞金市		1		1		
南康市	1	5				
吉安县						
永丰县		5				
井冈山市	1	3				
上高县						
高安市			1	1		
临川区		3				
南城县		1				
金溪县			2	2	1	2
上饶县		5		2		
婺源县		3		1		

4-94 各地区精神残疾人分城乡的主要需求

单位：人次

地区	合计		医疗服务与救助		辅助器具	
	城镇	农村	城镇	农村	城镇	农村
总计	**124**	**831**	**42**	**293**	**1**	**3**
青山湖区	24	25	9	10		
南昌县	15	30	5	10		
新建县		33		10		
昌江区	6	12	2	4		
湘东区		42		16		1
修水县		63		22		
永修县		69		23		2
分宜县		38		14		
余江县		27		9		
信丰县		52		16		
于都县		29		15		
兴国县		82		31		
瑞金市		51		17		
南康市	9	41	3	15		
吉安县	8	29	3	10	1	
永丰县	15	24	5	8		
井冈山市	9	16	3	7		
上高县	6	6	2	2		
高安市	15	24	5	8		
临川区	7	22	3	9		
南城县	9	24	2	7		
金溪县	1	18		6		
上饶县		60		17		
婺源县		14		7		

4-94 续表 1

单位：人次

地 区	康复训练与服务		教育费用补助或减免		职业教育与培训	
	城镇	农村	城镇	农村	城镇	农村
总 计	**6**	**60**		**5**	**6**	**5**
青山湖区	2					
南昌县	1				1	
新建县		6		2		
昌江区						
湘东区		7				
修水县						1
永修县		11				1
分宜县		4				
余江县						
信丰县		2		1		
于都县		1				
兴国县						
瑞金市		9				
南康市				2		1
吉安县	1	1				
永丰县					4	
井冈山市	1	1				
上高县						
高安市		1			1	1
临川区						
南城县	1	2				
金溪县						
上饶县		15				1
婺源县						

4-94 续表 2

单位：人次

地 区	就业安置或扶持		贫困残疾人救助与扶持		法律援助与服务	
	城镇	农村	城镇	农村	城镇	农村
总 计	**9**	**25**	**31**	**256**		**3**
青山湖区	1		1	7		
南昌县	1	1	5	9		
新建县		1		11		
昌江区			2	4		
湘东区				17		
修水县		2		17		
永修县		3		22		
分宜县		2		14		
余江县		1		5		
信丰县				16		
于都县				11		
兴国县		5		19		
瑞金市				12		
南康市			2	15		1
吉安县	1	2	1	10		
永丰县			5	8		
井冈山市	2	1	3	6		
上高县	1		2	2		
高安市	1	2	4	8		
临川区	1	2	3	9		
南城县	1	1	3	8		1
金溪县				7		
上饶县		2		12		1
婺源县				7		

4-94 续表 3

单位：人次

地 区	无障碍设施		信息无障碍		生活服务	
	城镇	农村	城镇	农村	城镇	农村
总 计		**1**	**2**	**2**	**23**	**108**
青山湖区			1	1	8	6
南昌县					2	10
新建县						3
昌江区					2	4
湘东区						1
修水县						4
永修县						6
分宜县						4
余江县						5
信丰县						11
于都县						2
兴国县						
瑞金市						13
南康市			1		3	5
吉安县					1	6
永丰县					1	8
井冈山市						
上高县					1	2
高安市					3	4
临川区						
南城县					2	5
金溪县						1
上饶县		1		1		8
婺源县						

4-94 续表 4

单位：人次

地区	文化服务		其他		不选择	
	城镇	农村	城镇	农村	城镇	农村
总计	**4**	**6**		**54**		**10**
青山湖区	2	1				
南昌县						
新建县						
昌江区						
湘东区						
修水县				17		
永修县		1				
分宜县						
余江县		2				5
信丰县				6		
于都县						
兴国县				27		
瑞金市						
南康市		2				
吉安县						
永丰县						
井冈山市						1
上高县						
高安市	1					
临川区				2		
南城县						
金溪县	1					4
上饶县				2		
婺源县						

4-95 各地区多重残疾人分城乡的主要需求

单位：人次

地 区	合 计		医疗服务与救助		辅助器具	
	城镇	农村	城镇	农村	城镇	农村
总 计	**237**	**1647**	**61**	**435**	**31**	**202**
青山湖区	35	21	10	7	3	3
南昌县	8	20	1	8	1	3
新建县	9	30	2	9		2
昌江区	5	72	2	20		4
湘东区		62		14		7
修水县	6	51	2	17	1	3
永修县		55		6		1
分宜县		95		24		11
余江县	8	87	3	27		8
信丰县		105		27		15
于都县		99		26		25
兴国县		76		18		10
瑞金市		160		48		33
南康市	11	98	3	26	1	6
吉安县	36	73	8	16	12	14
永丰县	5	35	1	5	1	7
井冈山市	37	66	7	16	5	5
上高县	27	45	8	11	3	6
高安市	15	54	3	16	2	8
临川区	20	70	7	23		6
南城县	12	53	4	19	1	4
金溪县	3	62		8	1	
上饶县		51		11		10
婺源县		107		33		11

4-95 续表 1

单位：人次

地 区	康复训练与服务		教育费用补助或减免		职业教育与培训	
	城镇	农村	城镇	农村	城镇	农村
总 计	**36**	**147**		**22**	**1**	**12**
青山湖区	9	4				
南昌县						
新建县	3	4		1		
昌江区				1		4
湘东区		13		1		1
修水县	1	8				
永修县		3		1		2
分宜县		1				
余江县	1	13		2		1
信丰县		6		1		2
于都县		9		1		1
兴国县		11		2		
瑞金市		9		2		
南康市		5		2		
吉安县	4	9				
永丰县	1	5				
井冈山市	3	2		1	1	
上高县	4	5		1		
高安市	3	4				
临川区	3	6		1		
南城县	4	8				
金溪县		3		1		
上饶县		6		3		
婺源县		13		1		1

4-95 续表 2

单位：人次

地 区	就业安置或扶持		贫困残疾人救助与扶持		法律援助与服务	
	城镇	农村	城镇	农村	城镇	农村
总 计	**11**	**72**	**60**	**513**	**2**	**4**
青山湖区			4	5		
南昌县	1		3	7		1
新建县	1	2	3	9		
昌江区		9	2	22		1
湘东区		4		19		
修水县		1	2	15		
永修县		11		17		
分宜县		1		28		1
余江县	1		2	27		
信丰县		3		36		
于都县		2		31		
兴国县				24		1
瑞金市		5		37		
南康市			3	32		
吉安县	3	7	7	22		
永丰县		1		10	1	
井冈山市	3	8	12	30		
上高县		1	6	14	1	
高安市			4	18		
临川区	1		9	23		
南城县		1	2	17		
金溪县	1	11	1	22		
上饶县		1		11		
婺源县		4		37		

4-95 续表 3

单位：人次

地区	无障碍设施		信息无障碍		生活服务	
	城镇	农村	城镇	农村	城镇	农村
总 计	**4**	**6**		**5**	**26**	**185**
青山湖区	4				5	2
南昌县					1	1
新建县						3
昌江区					1	11
湘东区						3
修水县		1				2
永修县						9
分宜县						24
余江县						7
信丰县						7
于都县		1				3
兴国县						5
瑞金市						22
南康市		1		4	4	19
吉安县		1			2	4
永丰县		1		1	1	5
井冈山市					4	3
上高县					5	7
高安市					2	7
临川区						11
南城县					1	4
金溪县						12
上饶县		1				7
婺源县						7

4-95 续表 4

单位：人次

地 区	文化服务		其 他		不选择	
	城镇	农村	城镇	农村	城镇	农村
总 计	**5**	**26**		**15**		**3**
青山湖区						
南昌县	1					
新建县						
昌江区						
湘东区						
修水县		1		2		1
永修县		5				
分宜县		5				
余江县	1	2				
信丰县		2		5		1
于都县						
兴国县		2		3		
瑞金市				4		
南康市		2				1
吉安县						
永丰县						
井冈山市	2	1				
上高县						
高安市	1	1				
临川区						
南城县						
金溪县		5				
上饶县				1		
婺源县						

4-96 各地区视力残疾人分残疾等级的主要需求

单位：人次

地区	医疗服务与救助				辅助器具			
	残疾一级	残疾二级	残疾三级	残疾四级	残疾一级	残疾二级	残疾三级	残疾四级
总 计	**103**	**58**	**80**	**479**	**40**	**9**	**17**	**97**
青山湖区	3	5		33				15
南昌县	3	2	8	31				3
新建县	12	8	5	28				
昌江区		4	4	18			1	2
湘东区	1	1	1	6	3			
修水县	3		2	13	2		1	10
永修县	4	1	7	17			3	3
分宜县	7	1	2	11	3	1		8
余江县	1	3		17	8	2	1	4
信丰县	1	1	4	12		1	1	1
于都县	1	5	1	28	3			2
兴国县	6	2		19				1
瑞金市	9	1	5	22	9	1	4	12
南康市		1	8	45				1
吉安县	13	2		20				
永丰县	8	4	5	7				
井冈山市		1	1	20	1			
上高县	1	3	4	18	2	2	2	6
高安市	6	6	9	16	1			
临川区	6	3	4	37	6	1	2	18
南城县	7	1	3	12	1		1	4
金溪县	2		2	21		1		2
上饶县	3	1	4	20			1	4
婺源县	6	2	1	8	1			1

4-96 续表 1

单位：人次

地区	康复训练与服务				教育费用补助或减免			
	残疾一级	残疾二级	残疾三级	残疾四级	残疾一级	残疾二级	残疾三级	残疾四级
总　计	**13**	**5**	**12**	**54**	**2**	**1**	**2**	**9**
青山湖区				7				
南昌县		1						
新建县				1				1
昌江区		2	1	7				1
湘东区			1	4	1			
修水县	3		1	3				
永修县	4	1	2	10				2
分宜县					1			
余江县								
信丰县	2		3	8				
于都县				3				
兴国县							1	2
瑞金市							1	
南康市	1		1					1
吉安县	1			1				
永丰县								
井冈山市	1							
上高县		1	2	6				
高安市	1		1	1				
临川区								
南城县				2				
金溪县								2
上饶县								
婺源县				1		1		

4-96 续表 2

单位：人次

地区	职业教育与培训				就业安置或扶持			
	残疾一级	残疾二级	残疾三级	残疾四级	残疾一级	残疾二级	残疾三级	残疾四级
总　计		**2**		**7**	**1**	**5**	**4**	**32**
青山湖区								1
南昌县								1
新建县				2				3
昌江区						1	2	11
湘东区								2
修水县								1
永修县				1				
分宜县								
余江县								
信丰县								
于都县								
兴国县								
瑞金市								
南康市				1				
吉安县						1		2
永丰县								
井冈山市						2	1	2
上高县		1						
高安市					1			
临川区								
南城县								
金溪县								
上饶县				1			1	7
婺源县		1		2		1		2

4-96 续表 3

单位：人次

地区	贫困残疾人救助与扶持				法律援助与服务			
	残疾一级	残疾二级	残疾三级	残疾四级	残疾一级	残疾二级	残疾三级	残疾四级
总计	**134**	**59**	**73**	**404**				**2**
青山湖区	3	5		22				
南昌县	4	3	8	32				
新建县	12	8	5	31				
昌江区		4	5	15				
湘东区	3	1		4				
修水县	4		2	13				
永修县	1		2	3				
分宜县	6		3	11				1
余江县	8	5	1	19				
信丰县	2	1	6	15				
于都县	2	5	1	17				
兴国县	6	2	1	15				
瑞金市	7	1	2	10				
南康市	5	2	10	48				
吉安县	14	2		18				
永丰县	7	3	4	5				
井冈山市	7	4	2	27				
上高县		1		5				
高安市	5	6	9	16				
临川区	9	1	2	13				
南城县	17	2	4	16				
金溪县	3		2	20				
上饶县	3	1	3	22				
婺源县	6	2	1	7				1

4-96 续表 4

单位：人次

地 区	无障碍设施				信息无障碍			
	残疾一级	残疾二级	残疾三级	残疾四级	残疾一级	残疾二级	残疾三级	残疾四级
总 计	**24**	**4**	**4**	**21**	**1**	**1**		**3**
青山湖区	1	1		7				1
南昌县								
新建县								
昌江区								
湘东区								
修水县								
永修县								
分宜县								
余江县	3	2	1	6				
信丰县			2	2				1
于都县	1			1				
兴国县								
瑞金市	1			2				
南康市								
吉安县	1			1				
永丰县	2		1	1		1		1
井冈山市								
上高县	1	1						
高安市	2							
临川区					1			
南城县	9							
金溪县								
上饶县	2			1				
婺源县	1							

4-96 续表 5

单位：人次

地区	生活服务				文化服务			
	残疾一级	残疾二级	残疾三级	残疾四级	残疾一级	残疾二级	残疾三级	残疾四级
总计	**58**	**29**	**37**	**159**				**10**
青山湖区	2	3		12				1
南昌县	2	1	1	5				3
新建县				1				
昌江区		1		1				
湘东区			1					
修水县				2				
永修县	3	1	7	14				1
分宜县	5	2		9				
余江县				1				1
信丰县	1		2	3				
于都县	1							1
兴国县	5	1	1	7				
瑞金市				1				
南康市	5	1	2	7				
吉安县	3			4				
永丰县	7	4	5	7				
井冈山市								1
上高县	2	3	4	18				1
高安市	5	6	8	14				1
临川区	10	3	2	24				
南城县								
金溪县				1				
上饶县	1	1	3	20				
婺源县	6	2	1	8				

4-96 续表 6

单位：人次

地区	其他				不选择			
	残疾一级	残疾二级	残疾三级	残疾四级	残疾一级	残疾二级	残疾三级	残疾四级
总计	**1**	**1**		**17**	**1**			**3**
青山湖区								
南昌县								
新建县								
昌江区								
湘东区								
修水县								
永修县								
分宜县								
余江县								
信丰县				3				
于都县								
兴国县	1	1		13				
瑞金市				1				
南康市								
吉安县								
永丰县								
井冈山市					1			3
上高县								
高安市								
临川区								
南城县								
金溪县								
上饶县								
婺源县								

4-97 各地区听力残疾人分残疾等级的主要需求

单位：人次

地区	医疗服务与救助				辅助器具			
	残疾一级	残疾二级	残疾三级	残疾四级	残疾一级	残疾二级	残疾三级	残疾四级
总计	**77**	**93**	**341**	**291**	**69**	**95**	**362**	**346**
青山湖区	3		6	17	2	1	11	20
南昌县	2	2	2	10	1	3	2	20
新建县	1	5	17	2		1	2	
昌江区	1	2	21	30	1	2	20	28
湘东区	3	3	24	19	3	3	23	21
修水县	16	12	11	1	16	5	5	
永修县			1					
分宜县	5	12	41	17	5	9	31	7
余江县	1	2	7	10	1	4	18	34
信丰县		3	17	17		3	18	17
于都县	1		2		2	5	30	48
兴国县	10	13	25	8	7	9	18	3
瑞金市	1	3	27	19	1	3	26	17
南康市		1	10	17		1	8	10
吉安县	2	2	8	19	1	4	20	29
永丰县	8	4	13	8	11	8	18	9
井冈山市			1		1	2	4	1
上高县	1	2	10	23	1	2	10	23
高安市	7	3	10	3	6	3	14	2
临川区	4	4	23	19	3	3	12	9
南城县	3	9	24	4	3	9	22	2
金溪县	6	7	22	10	1	8	14	4
上饶县	2	2	8	20	3	5	18	21
婺源县		2	11	18		2	18	21

4-97 续表 1

单位：人次

地区	康复训练与服务				教育费用补助或减免			
	残疾一级	残疾二级	残疾三级	残疾四级	残疾一级	残疾二级	残疾三级	残疾四级
总　计	**23**	**24**	**63**	**30**			**4**	**6**
青山湖区	1	1	6	12				
南昌县								
新建县	1	3	17	2				
昌江区							1	
湘东区			1					
修水县	8	6	4	1				
永修县	1		1					
分宜县			1	1				
余江县		1						
信丰县								
于都县			1					1
兴国县	3	4	5	6				
瑞金市								
南康市	1		2	2				2
吉安县	1							
永丰县	3	4	7	1				
井冈山市			6	1				
上高县								
高安市	1	3	7	2				
临川区		1						
南城县			5	2				
金溪县	3	1					2	2
上饶县								1
婺源县							1	

4-97 续表 2

单位：人次

地区	职业教育与培训				就业安置或扶持			
	残疾一级	残疾二级	残疾三级	残疾四级	残疾一级	残疾二级	残疾三级	残疾四级
总　计			**2**	**1**	**19**	**9**	**29**	**29**
青山湖区					1			4
南昌县						1		
新建县								
昌江区								
湘东区								
修水县						1		1
永修县			1		12	2	21	14
分宜县								1
余江县								
信丰县						1		
于都县								
兴国县								
瑞金市								
南康市								
吉安县								
永丰县							1	
井冈山市							1	1
上高县				1				
高安市								
临川区								
南城县								
金溪县					6	4	5	6
上饶县			1				1	2
婺源县								

4-97 续表 3

单位：人次

地区	贫困残疾人救助与扶持				法律援助与服务			
	残疾一级	残疾二级	残疾三级	残疾四级	残疾一级	残疾二级	残疾三级	残疾四级
总计	**96**	**101**	**364**	**299**		**2**	**2**	**4**
青山湖区	2	1	5	10				
南昌县	2	4	4	20				1
新建县	1	7	26	2				
昌江区	1	2	21	28				1
湘东区	3	3	24	19				
修水县	14	9	13					
永修县	13	2	23	15				
分宜县	7	10	43	14		1		2
余江县	1	4	16	28				
信丰县		3	17	16			1	
于都县	2	5	26	38				
兴国县	9	14	25	9				
瑞金市	1	1	9	11				
南康市	1	1	5	14				
吉安县	1	2	7	11				
永丰县	10	8	18	9				
井冈山市	3	6	15	2				
上高县	1	2	10	18				
高安市	6	1	9	1				
临川区	4	2	9	5				
南城县							1	
金溪县	11	11	23	8				
上饶县	3	3	14	19		1		
婺源县			2	2				

4-97 续表 4

单位：人次

地 区	无障碍设施				信息无障碍			
	残疾一级	残疾二级	残疾三级	残疾四级	残疾一级	残疾二级	残疾三级	残疾四级
总 计		**2**	**4**	**6**	**1**		**5**	**6**
青山湖区				1				
南昌县								
新建县								
昌江区				1				
湘东区								
修水县								
永修县								
分宜县					1			
余江县								
信丰县								
于都县								
兴国县								
瑞金市								
南康市				1			5	6
吉安县				1				
永丰县								
井冈山市								
上高县								
高安市								
临川区								
南城县								
金溪县								
上饶县		2	4	2				
婺源县								

4-97 续表 5

单位：人次

地 区	生活服务				文化服务			
	残疾一级	残疾二级	残疾三级	残疾四级	残疾一级	残疾二级	残疾三级	残疾四级
总 计	**23**	**21**	**82**	**57**	**5**	**2**	**15**	**16**
青山湖区								
南昌县		1	2	7				
新建县		1						
昌江区			3	2				
湘东区								
修水县								
永修县	9	1	15	3	3	1	9	12
分宜县		4	7	5				
余江县				1				
信丰县								
于都县			2	2				
兴国县		1		1				
瑞金市		1	12	5				
南康市	1		8	15				2
吉安县	2	2	4	8	1			
永丰县	1							
井冈山市		2	4	1				
上高县				4				
高安市	4	1	5	1		1	3	
临川区	1		2					
南城县	1	3	11				1	
金溪县	4	3	1					1
上饶县		1	6	2	1		2	1
婺源县								

4-97 续表 6

单位：人次

地区	其他				不选择			
	残疾一级	残疾二级	残疾三级	残疾四级	残疾一级	残疾二级	残疾三级	残疾四级
总计	**4**	**5**	**16**	**2**		**1**	**6**	**13**
青山湖区								
南昌县								
新建县			5					
昌江区							1	1
湘东区								
修水县	3	3	6					
永修县	1							
分宜县								
余江县								
信丰县							2	10
于都县							1	
兴国县		1	2					
瑞金市			2					
南康市			1					
吉安县								
永丰县								
井冈山市								
上高县								
高安市								
临川区				1		1	2	2
南城县								
金溪县								
上饶县		1		1				
婺源县								

4-98 各地区言语残疾人分残疾等级的主要需求

单位：人次

地 区	医疗服务与救助				辅助器具			
	残疾一级	残疾二级	残疾三级	残疾四级	残疾一级	残疾二级	残疾三级	残疾四级
总 计	**11**	**4**	**18**	**21**	**3**	**3**	**4**	**4**
青山湖区	1			1				
南昌县		1		1		1		
新建县		1				1		
昌江区			1	1				
湘东区								
修水县	2			1				
永修县			1	2				3
分宜县			1	1				
余江县	1		2					
信丰县			1	1			1	
于都县			1	3				
兴国县	1	2	2	4				
瑞金市				1				
南康市								
吉安县	1		1					
永丰县	1		6		2		3	1
井冈山市				1				
上高县	2		1					
高安市			1	2				
临川区								
南城县								
金溪县	1					1		
上饶县				1	1			
婺源县	1			1				

4-98 续表 1

单位：人次

地 区	康复训练与服务				教育费用补助或减免			
	残疾一级	残疾二级	残疾三级	残疾四级	残疾一级	残疾二级	残疾三级	残疾四级
总 计	**15**	**2**	**21**	**22**	**1**		**3**	**6**
青山湖区	2	1	1					
南昌县								
新建县								
昌江区			1				1	
湘东区	1			1	1			
修水县	1			1				
永修县	1		2	4			1	
分宜县				1				2
余江县	1		2					
信丰县	1			1				
于都县	1		1	3				2
兴国县	1	1	3	4				
瑞金市								
南康市				1				
吉安县	1		1					
永丰县	2		7	1			1	1
井冈山市	1			1				1
上高县	1		1					
高安市			2	1				
临川区								
南城县								
金溪县				1				
上饶县				1				
婺源县	1			1				

4-98 续表 2

单位：人次

地区	职业教育与培训				就业安置或扶持			
	残疾一级	残疾二级	残疾三级	残疾四级	残疾一级	残疾二级	残疾三级	残疾四级
总　计			**1**	**2**	**4**	**2**	**1**	**4**
青山湖区								
南昌县						1		
新建县				1		1		1
昌江区			1					
湘东区								1
修水县								
永修县							1	
分宜县								
余江县								
信丰县								
于都县				1	1			
兴国县								
瑞金市								
南康市								
吉安县								
永丰县								
井冈山市					1			
上高县					1			
高安市								
临川区								
南城县								
金溪县								1
上饶县					1			1
婺源县								

4-98 续表 3

单位：人次

地 区	贫困残疾人救助与扶持				法律援助与服务			
	残疾一级	残疾二级	残疾三级	残疾四级	残疾一级	残疾二级	残疾三级	残疾四级
总 计	**19**	**7**	**13**	**24**				
青山湖区	2			1				
南昌县		2		1				
新建县	1	1		1				
昌江区			1	1				
湘东区	1			1				
修水县	2			1				
永修县	1							
分宜县			1	2				
余江县	1		2					
信丰县			1	1				
于都县	1		1	2				
兴国县	1	2	2	4				
瑞金市				1				
南康市				1				
吉安县	1							
永丰县	2		3					
井冈山市	1			2				
上高县	2		1					
高安市			1	3				
临川区								
南城县								
金溪县		1		1				
上饶县	1							
婺源县	2	1		1				

4-98 续表 4

单位：人次

地 区	无障碍设施				信息无障碍			
	残疾一级	残疾二级	残疾三级	残疾四级	残疾一级	残疾二级	残疾三级	残疾四级
总 计					**1**			
青山湖区								
南昌县								
新建县								
昌江区								
湘东区								
修水县								
永修县								
分宜县								
余江县								
信丰县								
于都县								
兴国县								
瑞金市								
南康市								
吉安县								
永丰县					1			
井冈山市								
上高县								
高安市								
临川区								
南城县								
金溪县								
上饶县								
婺源县								

4-98 续表 5

单位：人次

地区	生活服务				文化服务			
	残疾一级	残疾二级	残疾三级	残疾四级	残疾一级	残疾二级	残疾三级	残疾四级
总　计	**4**	**5**	**4**	**5**		**1**	**2**	**3**
青山湖区	1	1		1				
南昌县		1						1
新建县	1	2						
昌江区			1					
湘东区								
修水县								
永修县	1			1			1	2
分宜县			1					
余江县								
信丰县								
于都县								
兴国县			1			1	1	
瑞金市				1				
南康市				1				
吉安县								
永丰县								
井冈山市								
上高县								
高安市			1	1				
临川区								
南城县								
金溪县	1	1						
上饶县								
婺源县								

4-98 续表 6

单位：人次

地区	其他				不选择			
	残疾一级	残疾二级	残疾三级	残疾四级	残疾一级	残疾二级	残疾三级	残疾四级
总计				**1**				**2**
青山湖区								
南昌县								
新建县								
昌江区								
湘东区								
修水县								
永修县								
分宜县								
余江县								
信丰县								
于都县								
兴国县								
瑞金市								
南康市								
吉安县								
永丰县								1
井冈山市								
上高县								
高安市				1				
临川区								
南城县								
金溪县								
上饶县								
婺源县								1

4-99 各地区肢体残疾人分残疾等级的主要需求

单位：人次

地 区	医疗服务与救助				辅助器具			
	残疾一级	残疾二级	残疾三级	残疾四级	残疾一级	残疾二级	残疾三级	残疾四级
总 计	**48**	**82**	**250**	**664**	**36**	**74**	**142**	**295**
青山湖区		8	7	47			1	4
南昌县	2	7	26	28	1	6	25	18
新建县	1		1	10		3	3	13
昌江区	1	4	13	50			1	
湘东区	3		3	2	3	14	5	25
修水县	10	6	18	34	8	4	14	23
永修县	4	3	7	36	1	3	7	17
分宜县	4	6	16	50	3	5	12	23
余江县	4	3	12	46	2	2	2	9
信丰县	1	7	7	29	1	5	4	14
于都县		2	7	14		3	5	5
兴国县	1	3	14	20	1	2	15	33
瑞金市	8	3	8	18	7	4	8	9
南康市	1	6	6	28	3	6	2	4
吉安县			1	24			6	44
永丰县		4	12	9			6	6
井冈山市	1	2	6	14	1	3	1	3
上高县	2	5	10	64		1	2	13
高安市	1		2	9		3	8	7
临川区	1	6	20	25	1	1	2	2
南城县		3	34	42				
金溪县		1	4	5	3	7	9	3
上饶县	3	3	5	27	1	2	2	14
婺源县			11	33			2	6

4-99 续表 1

单位：人次

地区	康复训练与服务				教育费用补助或减免			
	残疾一级	残疾二级	残疾三级	残疾四级	残疾一级	残疾二级	残疾三级	残疾四级
总 计	**26**	**45**	**95**	**255**		**3**	**5**	**32**
青山湖区		5	4	19				
南昌县		1	4	3				
新建县	1	1	7	11				5
昌江区			1	4				1
湘东区	5	14	7	31			1	
修水县	2	2	3	6				
永修县	1	1	3	27				2
分宜县				1				
余江县	2	2	3	9		1	2	2
信丰县	1	3	2	7				1
于都县		1	2	6				
兴国县		1	16	29				
瑞金市	4	1		9				2
南康市	2	3	2	6		1		4
吉安县			1	3				
永丰县		3	16	16			1	2
井冈山市	1	1		4				2
上高县				3				
高安市	2	2	6	11				3
临川区				1				
南城县								
金溪县	1	1	5	7			1	2
上饶县	3	3	7	23		1		3
婺源县	1		6	19				3

4-99 续表 2

单位：人次

地 区	职业教育与培训				就业安置或扶持			
	残疾一级	残疾二级	残疾三级	残疾四级	残疾一级	残疾二级	残疾三级	残疾四级
总 计	**1**	**1**	**5**	**15**	**5**	**8**	**36**	**176**
青山湖区							1	10
南昌县						1	1	2
新建县				1	1	1	1	10
昌江区					1	2	7	32
湘东区							2	18
修水县							1	
永修县							1	6
分宜县								1
余江县			2				2	8
信丰县			1	1				
于都县								
兴国县								
瑞金市	1				3	2	2	3
南康市							2	4
吉安县							2	21
永丰县								1
井冈山市				1			1	9
上高县				1			2	7
高安市		1	2	10		2	3	18
临川区								
南城县				1				
金溪县							2	9
上饶县								8
婺源县							6	9

4-99 续表 3

单位：人次

地区	贫困残疾人救助与扶持				法律援助与服务			
	残疾一级	残疾二级	残疾三级	残疾四级	残疾一级	残疾二级	残疾三级	残疾四级
总　计	**62**	**110**	**320**	**842**	**3**	**4**	**5**	**45**
青山湖区		2		8				
南昌县	2	6	29	35				
新建县	3	4	11	45				
昌江区	1	4	14	50				
湘东区	4	14	9	34				
修水县	9	6	17	32				
永修县	4	2	3	14	1			
分宜县	4	6	16	51	1			1
余江县	3	2	15	34				
信丰县	2	7	8	38			1	2
于都县		4	10	18				
兴国县	1	3	23	43			1	
瑞金市	9	6	13	29				
南康市	5	9	8	46				1
吉安县			6	54				
永丰县		4	19	20				1
井冈山市	4	3	10	31				1
上高县	2	5	7	45	1	3	3	36
高安市	2	5	10	30				1
临川区	1	5	19	33				
南城县		3	35	40				
金溪县	4	8	20	37				
上饶县	1	1	8	31		1		1
婺源县	1	1	10	44				1

4-99 续表 4

单位：人次

地 区	无障碍设施				信息无障碍			
	残疾一级	残疾二级	残疾三级	残疾四级	残疾一级	残疾二级	残疾三级	残疾四级
总 计	**2**	**8**	**7**	**44**	**1**		**1**	**3**
青山湖区		1	3	15			1	
南昌县								
新建县								
昌江区								
湘东区								
修水县								
永修县				1				
分宜县								
余江县								
信丰县	1	1	1	3				
于都县								
兴国县								
瑞金市								
南康市		1		6	1			2
吉安县			1	10				
永丰县		1						1
井冈山市				4				
上高县	1							
高安市		2	1	2				
临川区								
南城县								
金溪县		1	1					
上饶县				3				
婺源县		1						

4-99 续表 5

单位：人次

地　区	生活服务				文化服务			
	残疾一级	残疾二级	残疾三级	残疾四级	残疾一级	残疾二级	残疾三级	残疾四级
总　计	**6**	**26**	**67**	**210**	**3**	**5**	**4**	**15**
青山湖区		8	7	42				1
南昌县		1		1		1	1	
新建县	1	2	5	35				3
昌江区		2	6	15				
湘东区								
修水县								
永修县	1		1	8			1	1
分宜县				2				
余江县	1	1	3	10		1		2
信丰县				2				
于都县		1	1	1				1
兴国县			2	7				
瑞金市			1	2				
南康市	1		3	6	2	2		4
吉安县			1	8				
永丰县		3	21	22				
井冈山市	1	2	3	10			1	
上高县		1	6	20				1
高安市	1			3				
临川区								
南城县								
金溪县		2	2	7			1	1
上饶县		2	5	8	1	1		1
婺源县		1		1				

4-99 续表 6

单位：人次

地区	其他				不选择			
	残疾一级	残疾二级	残疾三级	残疾四级	残疾一级	残疾二级	残疾三级	残疾四级
总计		**1**	**1**	**4**	**2**	**1**	**1**	**1**
青山湖区								
南昌县								
新建县								
昌江区								
湘东区								
修水县			1					
永修县								
分宜县								
余江县								
信丰县								
于都县					1			
兴国县								
瑞金市				3				
南康市								1
吉安县								
永丰县								
井冈山市						1		
上高县							1	
高安市					1			
临川区								
南城县								
金溪县								
上饶县		1		1				
婺源县								

4-100　各地区智力残疾人分残疾等级的主要需求

单位：人次

地　区	医疗服务与救助				辅助器具			
	残疾一级	残疾二级	残疾三级	残疾四级	残疾一级	残疾二级	残疾三级	残疾四级
总　计	**33**	**36**	**93**	**100**		**5**	**3**	**3**
青山湖区			2	1		1		
南昌县	2	6	5	1				
新建县	4	1	5	1				
昌江区		2	3	6		1		
湘东区	2	1	10	8				
修水县		1	3	2				
永修县	8	4	10	7		2		
分宜县		2	1					
余江县			5	20				
信丰县	2	2	1	2				
于都县		2	3	5				
兴国县	3	3	1	9				
瑞金市	1		3	2				1
南康市	1		3	3				1
吉安县		2	4	7				
永丰县	2		1	1				
井冈山市		1	10	4				
上高县								
高安市	6	5	7	5		1		1
临川区		1		2				
南城县	1	2	10	6				
金溪县	1	1						
上饶县			3	3			3	
婺源县			3	5				

4-100 续表 1

单位：人次

地 区	康复训练与服务				教育费用补助或减免			
	残疾一级	残疾二级	残疾三级	残疾四级	残疾一级	残疾二级	残疾三级	残疾四级
总 计	**19**	**17**	**53**	**71**	**9**	**3**	**14**	**28**
青山湖区	1		2	5	1			2
南昌县	1					1		
新建县	5		6	2	2			2
昌江区								2
湘东区				1	1			1
修水县		3	1					
永修县	3	2	4	4	1	1	1	
分宜县								2
余江县			2	10			2	1
信丰县							1	1
于都县	1	1	2	5			2	3
兴国县								
瑞金市				2				
南康市		1	1	1				1
吉安县		1	2				3	2
永丰县	3	2	10	17				1
井冈山市				2		1	2	3
上高县	1	2	2	4	1			1
高安市	2			1	3			
临川区			2	3				1
南城县	1		4				1	1
金溪县	1	1	2	1				
上饶县		3	9	8			1	4
婺源县		1	4	5			1	

4-100 续表 2

单位：人次

地区	职业教育与培训				就业安置或扶持			
	残疾一级	残疾二级	残疾三级	残疾四级	残疾一级	残疾二级	残疾三级	残疾四级
总　计	**3**	**1**	**7**	**15**	**7**	**3**	**19**	**28**
青山湖区	1			1	1		1	1
南昌县								
新建县	1			1	6		2	1
昌江区		1	1	3		1	2	2
湘东区				1			1	2
修水县								
永修县			1					1
分宜县								
余江县								
信丰县				1		1	1	4
于都县	1						3	3
兴国县								
瑞金市			1	1				1
南康市								
吉安县							1	6
永丰县			1	2				
井冈山市			1				6	3
上高县								
高安市								
临川区								
南城县				1				
金溪县							1	
上饶县			2	3		1	1	4
婺源县				1				

4-100 续表 3

单位：人次

地区	贫困残疾人救助与扶持				法律援助与服务			
	残疾一级	残疾二级	残疾三级	残疾四级	残疾一级	残疾二级	残疾三级	残疾四级
总　计	**44**	**44**	**132**	**145**	**2**	**5**	**6**	**6**
青山湖区	1	2	3	5		1	1	2
南昌县	1	1	1		1	2	2	1
新建县	12	1	7	3				
昌江区		1	2	2			1	1
湘东区		1	8	3				
修水县		3	3	2		1		
永修县	6	5	11	8				1
分宜县		2	2	3				
余江县			5	19				
信丰县	2	2	3	7				
于都县	1	1	5	7				
兴国县	3	3	1	8				
瑞金市	1	2	4	1	1	1		1
南康市	1	1	12	10				
吉安县		1	4	8				
永丰县	6	2	10	13				
井冈山市		1	15	9				
上高县		2	2	4				
高安市	6	5	7	4				
临川区		1	3	6				
南城县	1	2	9	6			1	
金溪县	3	2	3	2				
上饶县		3	8	10				
婺源县			4	5			1	

4-100 续表 4

单位：人次

地区	无障碍设施				信息无障碍			
	残疾一级	残疾二级	残疾三级	残疾四级	残疾一级	残疾二级	残疾三级	残疾四级
总　计			**1**	**1**				**2**
青山湖区								
南昌县								
新建县								
昌江区								
湘东区								
修水县								
永修县								
分宜县								
余江县								
信丰县								
于都县								
兴国县								
瑞金市								
南康市				1				
吉安县			1					
永丰县								
井冈山市								
上高县								
高安市								
临川区								
南城县								1
金溪县								
上饶县								1
婺源县								

4-100 续表 5

单位：人次

地 区	生活服务				文化服务			
	残疾一级	残疾二级	残疾三级	残疾四级	残疾一级	残疾二级	残疾三级	残疾四级
总 计	**25**	**34**	**81**	**76**	**1**	**2**	**10**	**36**
青山湖区		2	1	5				1
南昌县	1	6	4	1		1	1	
新建县	3	1	2	1				
昌江区				2				
湘东区	2	1	10	5	1		1	3
修水县		1	1					
永修县	4	2	7	1		1	1	4
分宜县		2	2	4			1	5
余江县			4	7				
信丰县	1	1	1	2				
于都县								
兴国县	3	3	1	8				1
瑞金市		2	1	1				1
南康市	1		9	5			1	5
吉安县								
永丰县	6	2	8	12			2	3
井冈山市			5	4				4
上高县	1	2	2	3				
高安市	1	3	7	3				
临川区			1				1	2
南城县		2	4	2				1
金溪县	2	1	3	2				
上饶县		2	3	5				5
婺源县		1	5	3			2	1

4-100 续表 6

单位：人次

地区	其他				不选择			
	残疾一级	残疾二级	残疾三级	残疾四级	残疾一级	残疾二级	残疾三级	残疾四级
总计	**4**	**3**	**4**	**11**			**1**	**2**
青山湖区	1		1	2				
南昌县								
新建县	1		1					
昌江区								
湘东区								
修水县			1	2				
永修县								
分宜县								
余江县								
信丰县			1	2				
于都县								
兴国县								
瑞金市				1				
南康市								
吉安县								
永丰县								
井冈山市								
上高县								
高安市		1		1				
临川区								
南城县								
金溪县	2	1		1			1	2
上饶县				2				
婺源县		1						

4-101 各地区精神残疾人分残疾等级的主要需求

单位：人次

地区	医疗服务与救助				辅助器具			
	残疾一级	残疾二级	残疾三级	残疾四级	残疾一级	残疾二级	残疾三级	残疾四级
总计	**96**	**44**	**66**	**129**	**2**		**1**	**1**
青山湖区	8	2	1	8				
南昌县	7	4	2	2				
新建县	4	1	3	2				
昌江区		1		5				
湘东区	4	6	4	2			1	
修水县	3	3	8	8				
永修县	9		3	11	1			1
分宜县	7	4	1	2				
余江县	3		1	5				
信丰县	7	1	3	5				
于都县	9	3		3				
兴国县	5	1	14	11				
瑞金市	2	2	4	9				
南康市	3	4	5	6				
吉安县	2	4		7	1			
永丰县	6	1	1	5				
井冈山市	2	2		6				
上高县	2	1		1				
高安市	3	1	3	6				
临川区	5		1	6				
南城县	1	1	2	5				
金溪县	4		1	1				
上饶县		1	5	11				
婺源县		1	4	2				

4-101 续表 1

单位：人次

地区	康复训练与服务				教育费用补助或减免			
	残疾一级	残疾二级	残疾三级	残疾四级	残疾一级	残疾二级	残疾三级	残疾四级
总计	**13**	**8**	**8**	**37**			**4**	**1**
青山湖区				2				
南昌县	1							
新建县	2	1	1	2			2	
昌江区								
湘东区	2	2		3				
修水县								
永修县	5		1	5				
分宜县	1	1		2				
余江县								
信丰县				2				1
于都县		1						
兴国县								
瑞金市		1	3	5				
南康市							2	
吉安县		1		1				
永丰县								
井冈山市				2				
上高县								
高安市	1							
临川区								
南城县	1			2				
金溪县								
上饶县		1	3	11				
婺源县								

4-101 续表 2

单位：人次

地 区	职业教育与培训				就业安置或扶持			
	残疾一级	残疾二级	残疾三级	残疾四级	残疾一级	残疾二级	残疾三级	残疾四级
总 计	**2**	**2**	**1**	**6**	**3**	**6**	**8**	**17**
青山湖区								1
南昌县	1				1		1	
新建县							1	
昌江区								
湘东区								
修水县		1				2		
永修县				1			1	2
分宜县						1	1	
余江县								1
信丰县								
于都县								
兴国县							4	1
瑞金市								
南康市		1						
吉安县						1		2
永丰县	1			3				
井冈山市						1		2
上高县					1			
高安市			1	1		1		2
临川区								3
南城县					1			1
金溪县								
上饶县				1				2
婺源县								

4-101 续表 3

单位：人次

地区	贫困残疾人救助与扶持				法律援助与服务			
	残疾一级	残疾二级	残疾三级	残疾四级	残疾一级	残疾二级	残疾三级	残疾四级
总　计	**93**	**37**	**52**	**105**		**1**		**2**
青山湖区	5	1		2				
南昌县	7	4	1	2				
新建县	4	1	4	2				
昌江区		1		5				
湘东区	4	6	3	4				
修水县	3	1	7	6				
永修县	9		3	10				
分宜县	7	4	1	2				
余江县	2		1	2				
信丰县	7	1	3	5				
于都县	7	2		2				
兴国县	5	1	5	8				
瑞金市	2	1	3	6				
南康市	3	3	5	6				1
吉安县	1	4		6				
永丰县	6	1	1	5				
井冈山市	3	2		4				
上高县	2	1		1				
高安市	3	1	3	5				
临川区	5		1	6				
南城县	2	1	2	6				1
金溪县	6		1					
上饶县			4	8		1		
婺源县		1	4	2				

4-101 续表 4

单位：人次

地　区	无障碍设施				信息无障碍			
	残疾一级	残疾二级	残疾三级	残疾四级	残疾一级	残疾二级	残疾三级	残疾四级
总　计			**1**		**1**			**3**
青山湖区					1			1
南昌县								
新建县								
昌江区								
湘东区								
修水县								
永修县								
分宜县								
余江县								
信丰县								
于都县								
兴国县								
瑞金市								
南康市								1
吉安县								
永丰县								
井冈山市								
上高县								
高安市								
临川区								
南城县								
金溪县								
上饶县			1					1
婺源县								

4-101 续表 5

单位：人次

地区	生活服务				文化服务			
	残疾一级	残疾二级	残疾三级	残疾四级	残疾一级	残疾二级	残疾三级	残疾四级
总计	**40**	**17**	**20**	**54**	**1**	**2**		**7**
青山湖区	6	1	1	6				3
南昌县	4	4	2	2				
新建县	2		1					
昌江区		1		5				
湘东区			1					
修水县		1	2	1				
永修县	3		1	2				1
分宜县	3	1						
余江县				5				2
信丰县	7	1	2	1				
于都县	1	1						
兴国县								
瑞金市	2	2	2	7				
南康市	2	1	1	4		2		
吉安县	1	1		5				
永丰县	5	1	1	2				
井冈山市								
上高县	1	1		1				
高安市	2		2	3				1
临川区								
南城县	1	1	2	3				
金溪县				1	1			
上饶县			2	6				
婺源县								

4-101 续表 6

单位：人次

地 区	其 他				不选择			
	残疾一级	残疾二级	残疾三级	残疾四级	残疾一级	残疾二级	残疾三级	残疾四级
总 计	**9**	**2**	**18**	**25**	**2**	**3**		**5**
青山湖区								
南昌县								
新建县								
昌江区								
湘东区								
修水县	3	1	5	8				
永修县								
分宜县								
余江县					1	1		3
信丰县			1	5				
于都县								
兴国县	5	1	12	9				
瑞金市								
南康市								
吉安县								
永丰县								
井冈山市								1
上高县								
高安市								
临川区	1			1				
南城县								
金溪县					1	2		1
上饶县				2				
婺源县								

4-102　各地区多重残疾人分残疾等级的主要需求

单位：人次

地　区	医疗服务与救助				辅助器具			
	残疾一级	残疾二级	残疾三级	残疾四级	残疾一级	残疾二级	残疾三级	残疾四级
总　计	**193**	**72**	**149**	**82**	**98**	**34**	**61**	**40**
青山湖区	5	4	4	4	1	1	2	2
南昌县	5	1	1	2	2			2
新建县	5		6		1		1	
昌江区	4	4	9	5	1		2	1
湘东区	7	4	2	1	4	1	1	1
修水县	12	3	2	2	2	1		1
永修县	4	1		1	1			
分宜县	11	5	6	2	6	1	3	1
余江县	14	3	7	6	6	1		1
信丰县	8	8	6	5	7	3	3	2
于都县	6	3	6	11	4	6	7	8
兴国县	9	2	6	1	4		4	2
瑞金市	16	5	14	13	8	2	12	11
南康市	3	2	14	10		2	2	3
吉安县	13	2	7	2	15	3	5	3
永丰县	3		3		5	2	1	
井冈山市	8	2	13		7		3	
上高县	10	1	7	1	4		5	
高安市	13	1	5		8	1	1	
临川区	9	8	9	4	3	3		
南城县	12	3	8		2		3	
金溪县	6		1	1	1			
上饶县	4	3	2	2	4	2	2	2
婺源县	6	7	11	9	2	5	4	

4-102 续表 1

单位：人次

地 区	康复训练与服务				教育费用补助或减免			
	残疾一级	残疾二级	残疾三级	残疾四级	残疾一级	残疾二级	残疾三级	残疾四级
总 计	**98**	**32**	**34**	**19**	**10**	**6**	**5**	**1**
青山湖区	5	4	1	3				
南昌县								
新建县	4	1	2		1			
昌江区					1			
湘东区	4	5	1	3		1		
修水县	7	1		1				
永修县	2			1	1			
分宜县	1							
余江县	7	2	3	2	1		1	
信丰县	3	1	2			1		
于都县	4	3	1	1	1			
兴国县	4	1	4	2	1	1		
瑞金市	5	1	2	1	1			1
南康市	3	1		1			2	
吉安县	9	1	2	1				
永丰县	4	1	1					
井冈山市	2	2	1				1	
上高县	4	2	3		1			
高安市	6		1					
临川区	6	2	1				1	
南城县	8		4					
金溪县	1	1	1		1			
上饶县	3	2	1		1	2		
婺源县	6	1	3	3		1		

4-102 续表 2

单位：人次

地区	职业教育与培训				就业安置或扶持			
	残疾一级	残疾二级	残疾三级	残疾四级	残疾一级	残疾二级	残疾三级	残疾四级
总　计	**7**	**3**		**3**	**49**	**12**	**18**	**4**
青山湖区								
南昌县					1			
新建县					1	1	1	
昌江区	1	2		1		4	4	1
湘东区				1	2		1	1
修水县					1			
永修县	1	1			6	3	2	
分宜县					1			
余江县	1							1
信丰县	1			1		1	2	
于都县	1				2			
兴国县								
瑞金市					5			
南康市								
吉安县					7		3	
永丰县					1			
井冈山市	1				7	2	2	
上高县					1			
高安市								
临川区					1			
南城县						1		
金溪县					11		1	
上饶县							1	
婺源县	1				2		1	1

4-102 续表 3

单位：人次

地区	贫困残疾人救助与扶持				法律援助与服务			
	残疾一级	残疾二级	残疾三级	残疾四级	残疾一级	残疾二级	残疾三级	残疾四级
总　计	**264**	**83**	**153**	**73**	**2**	**1**	**3**	
青山湖区	4		3	2				
南昌县	5	1	1	3	1			
新建县	4	1	7					
昌江区	6	2	11	5			1	
湘东区	8	4	3	4				
修水县	11	3	2	1				
永修县	11	4	2					
分宜县	14	7	6	1			1	
余江县	17	3	5	4				
信丰县	14	9	7	6				
于都县	10	6	7	8				
兴国县	10	2	9	3	1			
瑞金市	16	4	8	9				
南康市	7	3	14	11				
吉安县	16	2	8	3				
永丰县	5	1	4			1		
井冈山市	22	5	15					
上高县	10	3	6	1			1	
高安市	15	2	5					
临川区	12	8	9	3				
南城县	9	3	7					
金溪县	16	2	4	1				
上饶县	7	1	2	1				
婺源县	15	7	8	7				

4-102 续表 4

单位：人次

地　区	无障碍设施				信息无障碍			
	残疾一级	残疾二级	残疾三级	残疾四级	残疾一级	残疾二级	残疾三级	残疾四级
总　计	**1**	**1**	**2**	**6**	**1**		**2**	**2**
青山湖区			1	3				
南昌县								
新建县								
昌江区								
湘东区								
修水县	1							
永修县								
分宜县								
余江县								
信丰县								
于都县				1				
兴国县								
瑞金市								
南康市				1			2	2
吉安县				1				
永丰县		1			1			
井冈山市								
上高县								
高安市								
临川区								
南城县								
金溪县								
上饶县			1					
婺源县								

4-102 续表 5

单位：人次

地区	生活服务				文化服务			
	残疾一级	残疾二级	残疾三级	残疾四级	残疾一级	残疾二级	残疾三级	残疾四级
总计	**90**	**43**	**59**	**19**	**16**	**3**	**9**	**3**
青山湖区	3	2	1	1				
南昌县	2				1			
新建县	2		1					
昌江区	2	2	6	2				
湘东区		2	1					
修水县	2				1			
永修县	4	3	1	1	4		1	
分宜县	11	6	6	1	1	1	2	1
余江县	2	1	4		1		1	1
信丰县	3	2	1	1		1	1	
于都县	2	1						
兴国县	2		2	1	1		1	
瑞金市	12	2	5	3				
南康市	6	3	11	3			1	1
吉安县	2	1	2	1				
永丰县		3	3					
井冈山市	2	1	4		1		2	
上高县	6	3	2	1				
高安市	5	1	3		1	1		
临川区	5	3	2	1				
南城县	4	1						
金溪县	8	2	2		5			
上饶县	2	2	2	1				
婺源县	3	2		2				

4-102 续表 6

单位：人次

地 区	其 他				不选择			
	残疾一级	残疾二级	残疾三级	残疾四级	残疾一级	残疾二级	残疾三级	残疾四级
总 计	**5**	**2**	**7**	**1**			**1**	**2**
青山湖区								
南昌县								
新建县								
昌江区								
湘东区								
修水县	1		1					1
永修县								
分宜县								
余江县								
信丰县	2	2		1			1	
于都县								
兴国县	1		2					
瑞金市	1		3					
南康市								1
吉安县								
永丰县								
井冈山市								
上高县								
高安市								
临川区								
南城县								
金溪县								
上饶县			1					
婺源县								

第五部分　社区和住户基本情况

5－1　调查社区基本情况

地　区	调查社区(个)			社区人口情况		社区残疾人情况(人)			
	合计	居委会	村委会	户数(户)	人口(人)	残疾人	持证残疾人	享受定期救助人数	享受临时救助人数
总　计	**192**	**29**	**163**	**99568**	**390888**	**17659**	**5869**	**4314**	**4364**
青山湖区	8	6	2	9319	26947	398	175	153	55
南昌县	8	2	6	3876	15860	900	282	232	510
新建县	8	2	6	2531	11717	741	365	230	607
昌江区	8	2	6	3879	14706	378	173	196	195
湘东区	8		8	4869	21266	559	186	69	258
修水县	8	1	7	3517	15687	729	274	104	296
永修县	8		8	2949	11925	535	251	57	172
分宜县	8		8	4778	16532	1045	397	378	6
余江县	8	1	7	6261	21020	633	202	161	184
信丰县	8		8	3759	15240	499	131	147	111
于都县	8		8	4405	19274	1062	122	383	244
兴国县	8		8	3412	14140	967	47	123	152
瑞金市	8		8	3739	16311	1155	191	165	89
南康市	8	1	7	4795	19234	1199	810	372	179
吉安县	8	2	6	2601	9047	465	81	58	195
永丰县	8	1	7	2561	10863	530	98	221	46
井冈山市	8	2	6	2821	12602	670	91	68	46
上高县	8	3	5	5308	17211	899	426	419	232
高安市	8	2	6	3615	19007	710	112	53	74
临川区	8	2	6	4508	15758	387	225	142	195
南城县	8	1	7	2816	11072	562	135	162	37
金溪县	8	1	7	3327	13783	759	460	196	25
上饶县	8		8	5840	25771	1189	332	208	307
婺源县	8		8	4082	15915	688	303	17	149

5-1 续表

单位：个

地 区	社区残疾人基层建设情况				
	有残疾人协会(小组)的社区	有残疾人专职委员会的社区	有康复站的社区	有社区康复协调员的社区	有无障碍设施的社区(居委会)
总 计	**78**	**39**	**14**	**26**	**4**
青山湖区	7	4		2	
南昌县	6	5		1	1
新建县	7	7	7	7	
昌江区	3	3			
湘东区	1				
修水县	4				
永修县	5	1			
分宜县	7				
余江县	1				
信丰县					
于都县				1	
兴国县			1		
瑞金市	8			8	
南康市	8	5	2	2	
吉安县	6		1		
永丰县	3	3			
井冈山市					
上高县	8	8	2	2	2
高安市	1	1			
临川区	2	2			
南城县				2	
金溪县			1	1	1
上饶县	1				
婺源县					

5－2 各地区调查社区公共服务机构的覆盖情况

单位：个

地 区	距离法律服务所(司法所)				距离特教学校(班)			
	0公里	1－2公里	3－5公里	5公里以上	0公里	1－2公里	3－5公里	5公里以上
总 计	**26**	**52**	**53**	**61**	**14**	**10**	**11**	**157**
青山湖区		8						8
南昌县		2	4	2			2	6
新建县	8							8
昌江区		4	2	2		1	4	3
湘东区				8				8
修水县			5	3	1			7
永修县		2	3	3	1		1	6
分宜县	1		7			1		7
余江县	2	1	4	1	2	1	1	4
信丰县	2	1	3	2	2	1	1	4
于都县	1	4	2	1				8
兴国县		2	1	5				8
瑞金市		6	1	1	4			4
南康市	2	1	1	4				8
吉安县	1	2	4	1				8
永丰县	2		1	5				8
井冈山市	1	5		2	2			6
上高县	2	2	2	2	1	2		5
高安市	1	3	2	2		1	1	6
临川区		5	3			2		6
南城县	1	1	1	5		1	1	6
金溪县	1	2	3	2	1			7
上饶县	1	1	1	5				8
婺源县			3	5				8

5-2 续表

单位：个

地 区	距离文化活动站(室)				距离卫生室(所、站)			
	0公里	1-2公里	3-5公里	5公里以上	0公里	1-2公里	3-5公里	5公里以上
总 计	**66**	**33**	**40**	**53**	**115**	**53**	**11**	**13**
青山湖区	6	1		1	4	4		
南昌县		4	2	2	2	5	1	
新建县	8				8			
昌江区	2	4	1	1	4	2	1	1
湘东区	1			7	7			1
修水县			5	3	8			
永修县	1	2	3	2	1	6		1
分宜县	2	1	5		6	2		
余江县	1	1	4	2	3	4	1	
信丰县	5	2	1		7	1		
于都县	3	2	1	2	7	1		
兴国县	1	2	1	4	8			
瑞金市	4			4		6	2	
南康市	3	1	1	3	8			
吉安县	4	2	2		5	3		
永丰县	2		1	5	3		1	4
井冈山市	2	5		1	3	4		1
上高县	6		1	1	6	1	1	
高安市	1	2	2	3	3	4	1	
临川区		3	4	1		5	2	1
南城县	5		1	2	6	1		1
金溪县	4			4	8			
上饶县	4	1	1	2	4	2		2
婺源县	1		4	3	4	2	1	1

5－2a　各地区调查城镇社区公共服务机构的覆盖情况

单位：个

地　区	距离法律服务所(司法所)				距离特教学校(班)			
	0公里	1－2公里	3－5公里	5公里以上	0公里	1－2公里	3－5公里	5公里以上
总　计	**10**	**15**	**3**	**1**	**4**	**7**	**2**	**16**
青山湖区		5						5
南昌县		1		1				2
新建县	1							1
昌江区		2				1	1	
湘东区								
修水县			1		1			
永修县								
分宜县								
余江县	1					1		
信丰县								
于都县								
兴国县								
瑞金市								
南康市	1							1
吉安县	1		1					2
永丰县	1							1
井冈山市	1	1			1			1
上高县	2	2			1	2		1
高安市		2	1			1	1	1
临川区		2				2		
南城县	1							1
金溪县	1				1			
上饶县								
婺源县								

5－2a 续表

单位：个

地 区	距离文化活动站(室)				距离卫生室(所、站)			
	0公里	1－2公里	3－5公里	5公里以上	0公里	1－2公里	3－5公里	5公里以上
总 计	**18**	**7**	**3**	**1**	**19**	**10**		
青山湖区	5				2	3		
南昌县		1		1		2		
新建县	1				1			
昌江区	1	1			2			
湘东区								
修水县			1		1			
永修县								
分宜县								
余江县	1				1			
信丰县								
于都县								
兴国县								
瑞金市								
南康市	1				1			
吉安县	1		1		2			
永丰县	1				1			
井冈山市	1	1			1	1		
上高县	4				3	1		
高安市		2	1		2	1		
临川区		2				2		
南城县	1				1			
金溪县	1				1			
上饶县								
婺源县								

5－2b 各地区调查农村社区公共服务机构的覆盖情况

单位：个

地 区	距离法律服务所(司法所)				距离特教学校(班)			
	0公里	1－2公里	3－5公里	5公里以上	0公里	1－2公里	3－5公里	5公里以上
总 计	**16**	**37**	**50**	**60**	**10**	**3**	**9**	**141**
青山湖区		3						3
南昌县		1	4	1			2	4
新建县	7							7
昌江区		2	2	2			3	3
湘东区				8				8
修水县			4	3				7
永修县		2	3	3	1		1	6
分宜县	1		7			1		7
余江县	1	1	4	1	2		1	4
信丰县	2	1	3	2	2	1	1	4
于都县	1	4	2	1				8
兴国县		2	1	5				8
瑞金市		6	1	1	4			4
南康市	1	1	1	4				7
吉安县		2	3	1				6
永丰县	1		1	5				7
井冈山市		4		2	1			5
上高县			2	2				4
高安市	1	1	1	2				5
临川区		3	3					6
南城县		1	1	5		1	1	5
金溪县		2	3	2				7
上饶县	1	1	1	5				8
婺源县			3	5				8

5－2b 续表

单位：个

地区	距离文化活动站(室)				距离卫生室(所、站)			
	0公里	1－2公里	3－5公里	5公里以上	0公里	1－2公里	3－5公里	5公里以上
总　计	**48**	**26**	**37**	**52**	**96**	**43**	**11**	**13**
青山湖区	1	1		1	2	1		
南昌县		3	2	1	2	3	1	
新建县	7				7			
昌江区	1	3	1	1	2	2	1	1
湘东区	1			7	7			1
修水县			4	3	7			
永修县	1	2	3	2	1	6		1
分宜县	2	1	5		6	2		
余江县		1	4	2	2	4	1	
信丰县	5	2	1		7	1		
于都县	3	2	1	2	7	1		
兴国县	1	2	1	4	8			
瑞金市	4			4		6	2	
南康市	2	1	1	3	7			
吉安县	3	2	1		3	3		
永丰县	1		1	5	2		1	4
井冈山市	1	4		1	2	3		1
上高县	2		1	1	3		1	
高安市	1		1	3	1	3	1	
临川区		1	4	1		3	2	1
南城县	4		1	2	5	1		1
金溪县	3			4	7			
上饶县	4	1	1	2	4	2		2
婺源县	1		4	3	4	2	1	1

5－3 调查农村社区的收入水平与公共服务机构覆盖情况

单位：个、人

2005年本村人均收入	社区个数	社区享受定期救助人数	社区享受临时救助人数	距离法律服务所(司法所)			
				0公里	1－2公里	3－5公里	5公里以上
总　计	**163**	**3375**	**3845**	**16**	**37**	**50**	**60**
1000元以下	7	129	80	1	2	2	2
1000-1500元	33	566	661	2	7	8	16
1500-2000元	35	778	734	1	11	12	11
2000-2500元	28	485	582	3	4	6	15
2500-3000元	13	249	253	1	3	4	5
3000-3500元	22	583	320	2	2	11	7
3500-4000元	15	269	457		6	5	4
4000-4500元	8	178	467	5	2	1	
4500-5000元	2	138	291	1		1	
5000元以上							

5－3 续表 1

单位：个

2005年本村人均收入	距离特教学校(班)				距离文化活动站(室)			
	0公里	1－2公里	3－5公里	5公里以上	0公里	1－2公里	3－5公里	5公里以上
总　计	**10**	**3**	**9**	**141**	**48**	**26**	**37**	**52**
1000元以下				7	3	1	1	2
1000-1500元	3			30	8	5	6	14
1500-2000元	3			32	11	5	7	12
2000-2500元	2	1	1	24	9	4	5	10
2500-3000元	2			11	3	2	4	4
3000-3500元		1	3	18	4	3	9	6
3500-4000元		1	4	10	3	4	5	3
4000-4500元			1	7	6	1		1
4500-5000元				2	1	1		
5000元以上								

5－3 续表 2

单位：个

2005年本村人均收入	距离卫生室(所、站)			
	0公里	1－2公里	3－5公里	5公里以上
总　计	**96**	**43**	**11**	**13**
1000元以下	5	1	1	
1000-1500元	17	8	2	6
1500-2000元	27	6		2
2000-2500元	16	8	3	1
2500-3000元	7	4		2
3000-3500元	10	8	3	1
3500-4000元	6	6	2	1
4000-4500元	7	1		
4500-5000元	1	1		
5000元以上				

5－4 各地区调查户2005年人均收入

地区	总人口(人)	总户数(户)	2005年度调查户人均收入(元)	按人均收入分组的户数(户)			
				0－683元	684－944元	945－2000元	2001－3000元
总计	**83088**	**22895**	**3245**	**620**	**561**	**6693**	**5341**
青山湖区	3476	1008	6477			67	149
南昌县	3501	912	3937	3	4	89	119
新建县	3513	778	3490	3	3	82	246
昌江区	3494	951	3220	25	11	254	247
湘东区	3513	895	2548	29	22	383	215
修水县	3480	787	2419	46	42	341	184
永修县	3463	1031	2592	37	35	417	252
分宜县	3440	1157	2785	92	52	376	233
余江县	3421	973	3626	19	24	266	201
信丰县	3410	1013	3268	31	29	295	197
于都县	3497	896	3012	19	22	300	214
兴国县	3459	804	2600	21	16	333	226
瑞金市	3521	998	2951	44	41	362	205
南康市	3449	903	2663	12	20	351	259
吉安县	3364	1039	2904	47	63	327	231
永丰县	3498	1017	2628	33	40	405	257
井冈山市	3511	1012	3599	5	8	269	251
上高县	3451	1037	4169	8	7	151	241
高安市	3446	1073	4474	11	10	117	235
临川区	3502	949	3324	16	17	207	250
南城县	3404	1048	3197	11	10	278	298
金溪县	3479	953	2213	39	25	482	205
上饶县	3428	840	2561	47	37	335	201
婺源县	3368	821	3207	22	23	206	225

5-4 续表

地 区	按人均收入分组的户数(户)						
	3001－4000元	4001－5000元	5001－6000元	6001－7000元	7001－10000元	10001－20000元	20000元以上
总 计	**4018**	**2201**	**1100**	**690**	**1128**	**470**	**73**
青山湖区	154	140	123	58	154	126	37
南昌县	327	246	70	17	33	3	1
新建县	247	90	42	25	27	12	1
昌江区	180	107	50	23	39	14	1
湘东区	129	50	20	12	28	6	1
修水县	88	40	14	14	12	6	
永修县	134	80	16	17	35	7	1
分宜县	167	117	27	21	55	17	
余江县	175	95	40	43	72	33	5
信丰县	158	120	50	39	75	18	1
于都县	129	66	46	36	42	19	3
兴国县	101	53	24	10	15	4	1
瑞金市	134	64	45	33	52	17	1
南康市	137	67	27	13	14	2	1
吉安县	156	65	50	30	39	29	2
永丰县	128	51	35	14	34	16	4
井冈山市	172	100	61	38	84	23	1
上高县	238	132	74	66	86	31	3
高安市	254	130	86	73	110	43	4
临川区	230	112	53	22	31	10	1
南城县	200	102	74	22	41	10	2
金溪县	119	37	22	11	7	6	
上饶县	110	54	6	25	16	8	1
婺源县	151	83	45	28	27	10	1

5－4a　各地区城镇调查户2005年人均收入

地　区	总人口(人)	总户数(户)	2005年度调查户人均收入(元)	按人均收入分组的户数(户)			
				0－683元	684－944元	945－2000元	2001－3000元
总　计	**12508**	**3761**	**4875**	**38**	**36**	**589**	**665**
青山湖区	2163	661	7816			33	70
南昌县	867	257	4000	1		30	42
新建县	428	101	3493	1		14	29
昌江区	848	271	4193	4	4	36	58
湘东区							
修水县	443	99	2379	4		42	37
永修县							
分宜县							
余江县	423	126	6471			10	7
信丰县							
于都县							
兴国县							
瑞金市							
南康市	438	114	2457	1	2	59	27
吉安县	816	260	3639	2	10	70	52
永丰县	473	151	4665	2	1	26	34
井冈山市	902	244	4466	2	3	40	52
上高县	1723	552	4844	5	3	58	92
高安市	1292	414	6080	1		11	50
临川区	848	248	3198	1	3	69	71
南城县	413	116	4095	1	1	25	22
金溪县	431	147	2042	13	9	66	22
上饶县							
婺源县							

5－4a 续表

地 区	按人均收入分组的户数(户)						
	3001－4000元	4001－5000元	5001－6000元	6001－7000元	7001－10000元	10001－20000元	20000元以上
总 计	**665**	**474**	**337**	**232**	**423**	**248**	**54**
青山湖区	78	86	89	46	110	113	36
南昌县	93	51	18	5	15	2	
新建县	33	12	5	3	4		
昌江区	58	35	29	14	23	9	1
湘东区							
修水县	9	3	1	1	2		
永修县							
分宜县							
余江县	16	18	14	16	29	13	3
信丰县							
于都县							
兴国县							
瑞金市							
南康市	15	6	1	1	1		1
吉安县	43	25	16	11	11	20	
永丰县	22	17	10	7	18	10	4
井冈山市	33	27	25	13	39	9	1
上高县	120	76	50	48	70	27	3
高安市	57	68	52	49	88	34	4
临川区	40	32	12	10	6	4	
南城县	23	13	11	7	7	5	1
金溪县	25	5	4	1		2	
上饶县							
婺源县							

5－4b 各地区农村调查户2005年人均收入

地　区	总人口(人)	总户数(户)	2005年度调查户人均收入(元)	按人均收入分组的户数(户)			
				0－683元	684－944元	945－2000元	2001－3000元
总　计	**70580**	**19134**	**2956**	**582**	**525**	**6104**	**4676**
青山湖区	1313	347	4272			34	79
南昌县	2634	655	3917	2	4	59	77
新建县	3085	677	3490	2	3	68	217
昌江区	2646	680	2908	21	7	218	189
湘东区	3513	895	2548	29	22	383	215
修水县	3037	688	2425	42	42	299	147
永修县	3463	1031	2592	37	35	417	252
分宜县	3440	1157	2785	92	52	376	233
余江县	2998	847	3225	19	24	256	194
信丰县	3410	1013	3268	31	29	295	197
于都县	3497	896	3012	19	22	300	214
兴国县	3459	804	2600	21	16	333	226
瑞金市	3521	998	2951	44	41	362	205
南康市	3011	789	2693	11	18	292	232
吉安县	2548	779	2668	45	53	257	179
永丰县	3025	866	2310	31	39	379	223
井冈山市	2609	768	3300	3	5	229	199
上高县	1728	485	3496	3	4	93	149
高安市	2154	659	3512	10	10	106	185
临川区	2654	701	3364	15	14	138	179
南城县	2991	932	3073	10	9	253	276
金溪县	3048	806	2237	26	16	416	183
上饶县	3428	840	2561	47	37	335	201
婺源县	3368	821	3207	22	23	206	225

5－4b 续表

地 区	按人均收入分组的户数(户)						
	3001－4000元	4001－5000元	5001－6000元	6001－7000元	7001－10000元	10001－20000元	20000元以上
总 计	**3353**	**1727**	**763**	**458**	**705**	**222**	**19**
青山湖区	76	54	34	12	44	13	1
南昌县	234	195	52	12	18	1	1
新建县	214	78	37	22	23	12	1
昌江区	122	72	21	9	16	5	
湘东区	129	50	20	12	28	6	1
修水县	79	37	13	13	10	6	
永修县	134	80	16	17	35	7	1
分宜县	167	117	27	21	55	17	
余江县	159	77	26	27	43	20	2
信丰县	158	120	50	39	75	18	1
于都县	129	66	46	36	42	19	3
兴国县	101	53	24	10	15	4	1
瑞金市	134	64	45	33	52	17	1
南康市	122	61	26	12	13	2	
吉安县	113	40	34	19	28	9	2
永丰县	106	34	25	7	16	6	
井冈山市	139	73	36	25	45	14	
上高县	118	56	24	18	16	4	
高安市	197	62	34	24	22	9	
临川区	190	80	41	12	25	6	1
南城县	177	89	63	15	34	5	1
金溪县	94	32	18	10	7	4	
上饶县	110	54	6	25	16	8	1
婺源县	151	83	45	28	27	10	1

5－5 各地区有残疾人调查户2005年人均收入

地 区	有残疾人的调查户(户)	有残疾人调查户总人口(人)	残疾人数(人)	2005年度有残疾人的调查户人均收入(元)	按人均收入分组的户数(户)		
					0－683元	684－944元	945－2000元
总 计	**4634**	**17624**	**5310**	**2548**	**300**	**243**	**1864**
青山湖区	179	708	208	4784			31
南昌县	179	729	198	3258	1	3	43
新建县	179	801	217	3219	3	3	38
昌江区	174	696	204	2564	11	5	65
湘东区	169	721	190	2067	12	7	88
修水县	167	743	189	1914	19	17	80
永修县	190	681	224	2110	11	11	97
分宜县	224	651	254	1976	48	26	83
余江县	211	766	247	2468	10	12	86
信丰县	199	731	218	2460	16	11	87
于都县	229	946	260	2541	12	9	97
兴国县	211	896	241	2225	15	10	114
瑞金市	219	771	256	2255	22	19	102
南康市	235	917	269	2198	8	15	112
吉安县	190	631	225	2475	20	19	58
永丰县	184	692	203	1928	15	11	92
井冈山市	196	759	229	2868	1	5	74
上高县	174	577	186	3217	5	2	48
高安市	159	518	185	3198	6	6	45
临川区	233	836	265	2730	11	12	76
南城县	186	627	215	2435	5	3	91
金溪县	194	705	224	1791	16	9	121
上饶县	179	778	206	2190	21	16	80
婺源县	174	744	197	2605	12	12	56

5-5 续表

地　区	按人均收入分组的户数(户)							
	2001－3000元	3001－4000元	4001－5000元	5001－6000元	6001－7000元	7001－10000元	10001－20000元	20000元以上
总　计	**1012**	**597**	**269**	**133**	**81**	**101**	**31**	**3**
青山湖区	36	21	22	29	6	22	10	2
南昌县	38	58	30	3	1	2		
新建县	50	49	18	9	3	5	1	
昌江区	46	27	9	8	2		1	
湘东区	40	9	5	3	1	4		
修水县	32	8	9		2			
永修县	44	17	5	1	2	2		
分宜县	31	12	15	3	2	1	3	
余江县	52	26	13		5	7		
信丰县	31	25	11	5	3	7	3	
于都县	44	30	8	4	15	7	3	
兴国县	37	17	10	3	1	3	1	
瑞金市	38	19	5	5	2	7		
南康市	67	19	7	5	2			
吉安县	41	27	5	9	4	4	2	1
永丰县	45	15	4	1	1			
井冈山市	52	24	16	8	9	6	1	
上高县	46	36	16	12	3	5	1	
高安市	36	31	13	10	4	8		
临川区	61	44	15	6	2	4	2	
南城县	50	20	8	3	3	2	1	
金溪县	26	16	4		1		1	
上饶县	26	15	11	1	5	3	1	
婺源县	43	32	10	5	2	2		

5－5a　各地区城镇有残疾人调查户2005年人均收入

地　区	有残疾人的调查户(户)	有残疾人调查户总人口(人)	残疾人数(人)	2005年度有残疾人的调查户人均收入(元)	按人均收入分组的户数(户)		
					0－683元	684－944元	945－2000元
总　计	**665**	**2338**	**753**	**3527**	**19**	**15**	**180**
青山湖区	115	420	132	5725			14
南昌县	46	161	47	3511			10
新建县	28	103	37	3195	1		7
昌江区	30	100	34	2777	1	2	6
湘东区							
修水县	23	98	28	2270	3		9
永修县							
分宜县							
余江县	10	39	13	3466			5
信丰县							
于都县							
兴国县							
瑞金市							
南康市	26	107	35	2137		1	17
吉安县	55	165	63	2979	2	5	14
永丰县	18	65	22	2206	2		7
井冈山市	52	198	63	3575		1	12
上高县	95	314	100	3377	3	1	23
高安市	43	141	46	4462			3
临川区	65	220	70	2731	1	1	23
南城县	21	88	25	2987	1		10
金溪县	38	119	38	1581	5	4	20
上饶县							
婺源县							

5－5a 续表

地 区	按人均收入分组的户数(户)							
	2001－3000元	3001－4000元	4001－5000元	5001－6000元	6001－7000元	7001－10000元	10001－20000元	20000元以上
总 计	**149**	**107**	**60**	**62**	**23**	**33**	**15**	**2**
青山湖区	17	11	17	23	5	16	10	2
南昌县	11	10	11	2	1	1		
新建县	6	9	1	3		1		
昌江区	11	3	1	5	1			
湘东区								
修水县	8	2	1					
永修县								
分宜县								
余江县		2			1	2		
信丰县								
于都县								
兴国县								
瑞金市								
南康市	3	1	2	1	1			
吉安县	11	13	3	3	1	2	1	
永丰县	5	4						
井冈山市	15	6	5	5	4	3	1	
上高县	24	19	9	10	1	4	1	
高安市	10	8	6	9	4	3		
临川区	19	12	4	1	2	1	1	
南城县	4	3			2		1	
金溪县	5	4						
上饶县								
婺源县								

5－5b 各地区农村有残疾人调查户2005年人均收入

地 区	有残疾人的调查户(户)	有残疾人调查户总人口(人)	残疾人数(人)	2005年度有残疾人的调查户人均收入(元)	按人均收入分组的户数(户)		
					0－683元	684－944元	945－2000元
总 计	**3969**	**15286**	**4557**	**2398**	**281**	**228**	**1684**
青山湖区	64	288	76	3412			17
南昌县	133	568	151	3186	1	3	33
新建县	151	698	180	3222	2	3	31
昌江区	144	596	170	2528	10	3	59
湘东区	169	721	190	2067	12	7	88
修水县	144	645	161	1860	16	17	71
永修县	190	681	224	2110	11	11	97
分宜县	224	651	254	1976	48	26	83
余江县	201	727	234	2414	10	12	81
信丰县	199	731	218	2460	16	11	87
于都县	229	946	260	2541	12	9	97
兴国县	211	896	241	2225	15	10	114
瑞金市	219	771	256	2255	22	19	102
南康市	209	810	234	2206	8	14	95
吉安县	135	466	162	2297	18	14	44
永丰县	166	627	181	1899	13	11	85
井冈山市	144	561	166	2619	1	4	62
上高县	79	263	86	3025	2	1	25
高安市	116	377	139	2725	6	6	42
临川区	168	616	195	2729	10	11	53
南城县	165	539	190	2345	4	3	81
金溪县	156	586	186	1834	11	5	101
上饶县	179	778	206	2190	21	16	80
婺源县	174	744	197	2605	12	12	56

5－5b 续表

地　区	按人均收入分组的户数(户)							
	2001－3000元	3001－4000元	4001－5000元	5001－6000元	6001－7000元	7001－10000元	10001－20000元	20000元以上
总　计	**863**	**490**	**209**	**71**	**58**	**68**	**16**	**1**
青山湖区	19	10	5	6	1	6		
南昌县	27	48	19	1		1		
新建县	44	40	17	6	3	4	1	
昌江区	35	24	8	3	1		1	
湘东区	40	9	5	3	1	4		
修水县	24	6	8		2			
永修县	44	17	5	1	2	2		
分宜县	31	12	15	3	2	1	3	
余江县	52	24	13		4	5		
信丰县	31	25	11	5	3	7	3	
于都县	44	30	8	4	15	7	3	
兴国县	37	17	10	3	1	3	1	
瑞金市	38	19	5	5	2	7		
南康市	64	18	5	4	1			
吉安县	30	14	2	6	3	2	1	1
永丰县	40	11	4	1	1			
井冈山市	37	18	11	3	5	3		
上高县	22	17	7	2	2	1		
高安市	26	23	7	1		5		
临川区	42	32	11	5		3	1	
南城县	46	17	8	3	1	2		
金溪县	21	12	4		1		1	
上饶县	26	15	11	1	5	3	1	
婺源县	43	32	10	5	2	2		

5-6 各地区调查户的住房状况

单位：户、平方米

地区	总户数	人均住房面积	住房结构				
			钢筋混凝土	混合结构	砖木结构	木、竹、草结构	其他
总计	**22895**	**34.78**	**3535**	**8558**	**8051**	**520**	**2231**
青山湖区	1008	25.25	202	646	153	6	1
南昌县	912	25.53	422	104	381	4	1
新建县	778	24.65	327	34	404	13	
昌江区	951	33.47	256	266	425	1	3
湘东区	895	33.74	155	637	70	22	11
修水县	787	23.63	224	184	151	78	150
永修县	1031	27.64	1	515	331	128	56
分宜县	1157	41.36	3	594	555	5	
余江县	973	53.59	1	727	245		
信丰县	1013	37.65	2	344	23		644
于都县	896	42.91	2	460	434		
兴国县	804	28.17	15	223	98		468
瑞金市	998	35.35	255	224	504	2	13
南康市	903	32.96	1	344	27	2	529
吉安县	1039	35.88	26	608	397	5	3
永丰县	1017	37.15	147	403	151	50	266
井冈山市	1012	61	192	296	522	2	
上高县	1037	37.02	19	530	475	11	2
高安市	1073	32.83	471	207	391	2	2
临川区	949	34.18	63	397	418	70	1
南城县	1048	34.73	482	44	503	11	8
金溪县	953	26.77	197	135	602	15	4
上饶县	840	32.99	69	503	124	85	59
婺源县	821	36.58	3	133	667	8	10

5-6 续表

单位：户

地　区	住房来源			
	自有	租赁	借用	其他来源
总　计	**21056**	**1250**	**489**	**100**
青山湖区	792	204	8	4
南昌县	878	24	10	4
新建县	664	77	27	10
昌江区	842	88	17	4
湘东区	876	3	13	3
修水县	766	5	14	2
永修县	963	8	50	10
分宜县	1076	35	44	2
余江县	895	30	45	3
信丰县	979	17	14	3
于都县	854	19	20	3
兴国县	793	2	6	3
瑞金市	948	34	14	2
南康市	894	1	6	2
吉安县	910	102	25	2
永丰县	932	61	10	14
井冈山市	930	57	24	1
上高县	801	201	23	12
高安市	943	106	16	8
临川区	816	98	33	2
南城县	980	39	27	2
金溪县	914	23	10	6
上饶县	817	6	16	1
婺源县	793	10	17	1

5-6a 各地区城镇调查户的住房状况

单位：户、平方米

地 区	总户数	人均住房面积	住房结构				
			钢筋混凝土	混合结构	砖木结构	木、竹、草结构	其他
总 计	**3761**	**33.43**	**1057**	**1606**	**983**	**48**	**67**
青山湖区	661	27.49	170	434	57		
南昌县	257	23.22	93	19	141	4	
新建县	101	23.32	14		87		
昌江区	271	19.86	136	68	66		1
湘东区							
修水县	99	20.65	42	23	26	4	4
永修县							
分宜县							
余江县	126	49.53		126			
信丰县							
于都县							
兴国县							
瑞金市							
南康市	114	33.61		49	7		58
吉安县	260	27.01	4	162	90	3	1
永丰县	151	43.66	57	87	4	2	1
井冈山市	244	53.45	81	88	75		
上高县	552	35.74	8	342	196	4	2
高安市	414	37.99	314	84	16		
临川区	248	47.75	8	118	97	25	
南城县	116	36.78	115		1		
金溪县	147	22.43	15	6	120	6	
上饶县							
婺源县							

5-6a 续表

单位：户

地 区	住房来源			
	自有	租赁	借用	其他来源
总 计	**2872**	**781**	**73**	**35**
青山湖区	590	61	6	4
南昌县	233	18	6	
新建县	62	24	6	9
昌江区	202	64	2	3
湘东区				
修水县	97	1	1	
永修县				
分宜县				
余江县	103	21	2	
信丰县				
于都县				
兴国县				
瑞金市				
南康市	112		1	1
吉安县	159	98	2	1
永丰县	107	43		1
井冈山市	210	27	7	
上高县	333	193	20	6
高安市	289	106	11	8
临川区	162	84	1	1
南城县	93	19	3	1
金溪县	120	22	5	
上饶县				
婺源县				

5-6b 各地区农村调查户的住房状况

单位：户、平方米

地 区	总户数	人均住房面积	住房结构				
			钢筋混凝土	混合结构	砖木结构	木、竹、草结构	其他
总 计	**19134**	**35.02**	**2478**	**6952**	**7068**	**472**	**2164**
青山湖区	347	21.56	32	212	96	6	1
南昌县	655	26.29	329	85	240		1
新建县	677	24.83	313	34	317	13	
昌江区	680	37.83	120	198	359	1	2
湘东区	895	33.74	155	637	70	22	11
修水县	688	24.07	182	161	125	74	146
永修县	1031	27.64	1	515	331	128	56
分宜县	1157	41.36	3	594	555	5	
余江县	847	54.17	1	601	245		
信丰县	1013	37.65	2	344	23		644
于都县	896	42.91	2	460	434		
兴国县	804	28.17	15	223	98		468
瑞金市	998	35.35	255	224	504	2	13
南康市	789	32.87	1	295	20	2	471
吉安县	779	38.72	22	446	307	2	2
永丰县	866	36.14	90	316	147	48	265
井冈山市	768	63.61	111	208	447	2	
上高县	485	38.29	11	188	279	7	
高安市	659	29.74	157	123	375	2	2
临川区	701	29.85	55	279	321	45	1
南城县	932	34.45	367	44	502	11	8
金溪县	806	27.39	182	129	482	9	4
上饶县	840	32.99	69	503	124	85	59
婺源县	821	36.58	3	133	667	8	10

5-6b 续表

单位：户

地　区	住房来源			
	自有	租赁	借用	其他来源
总　计	**18184**	**469**	**416**	**65**
青山湖区	202	143	2	
南昌县	645	6	4	
新建县	602	53	21	1
昌江区	640	24	15	1
湘东区	876	3	13	3
修水县	669	4	13	2
永修县	963	8	50	10
分宜县	1076	35	44	2
余江县	792	9	43	3
信丰县	979	17	14	3
于都县	854	19	20	3
兴国县	793	2	6	3
瑞金市	948	34	14	2
南康市	782	1	5	1
吉安县	751	4	23	1
永丰县	825	18	10	13
井冈山市	720	30	17	1
上高县	468	8	3	6
高安市	654		5	
临川区	654	14	32	1
南城县	887	20	24	1
金溪县	794	1	5	6
上饶县	817	6	16	1
婺源县	793	10	17	1

5-7 各地区有残疾人调查户的住房状况

单位：户、平方米

地 区	总户数	人均住房面积	住房结构				
			钢筋混凝土	混合结构	砖木结构	木、竹、草结构	其他
总 计	**4634**	**31.28**	**486**	**1439**	**1928**	**168**	**613**
青山湖区	179	23.05	22	125	31	1	
南昌县	179	21.6	56	22	99	1	1
新建县	179	24.49	67	8	100	4	
昌江区	174	29.17	24	44	103	1	2
湘东区	169	31.63	25	120	16	6	2
修水县	167	22.76	35	27	33	27	45
永修县	190	24.71		76	67	31	16
分宜县	224	35.12		74	148	2	
余江县	211	48.4		138	73		
信丰县	199	30.99		65	4		130
于都县	229	38.67	1	99	129		
兴国县	211	27.31	1	42	20		148
瑞金市	219	28.32	32	39	140	1	7
南康市	235	28.8		62	9	1	163
吉安县	190	34.21	5	95	88	1	1
永丰县	184	30.31	18	52	29	17	68
井冈山市	196	55.34	26	37	132	1	
上高县	174	34.23	2	67	102	2	1
高安市	159	29.35	42	29	86	1	1
临川区	233	32	14	71	115	32	1
南城县	186	32.11	76	4	99	4	3
金溪县	194	23.46	26	24	137	6	1
上饶县	179	29.46	14	94	26	25	20
婺源县	174	33.5		25	142	4	3

5-7 续表

单位：户

地　区	住房来源			
	自有	租赁	借用	其他来源
总　计	**4297**	**186**	**124**	**27**
青山湖区	149	29		1
南昌县	173	5	1	
新建县	156	10	8	5
昌江区	160	9	4	1
湘东区	163	1	5	
修水县	162	2	2	1
永修县	182	2	5	1
分宜县	211		13	
余江县	191	1	18	1
信丰县	189	5	4	1
于都县	217	4	7	1
兴国县	205	1	5	
瑞金市	207	6	6	
南康市	232		3	
吉安县	167	15	7	1
永丰县	173	6	2	3
井冈山市	182	9	5	
上高县	132	36	2	4
高安市	146	9	4	
临川区	201	19	11	2
南城县	170	8	7	1
金溪县	185	6		3
上饶县	177	1	1	
婺源县	167	2	4	1

5-7a　各地区城镇有残疾人调查户的住房状况

单位：户、平方米

地　区	总户数	人均住房面积	住房结构				
			钢筋混凝土	混合结构	砖木结构	木、竹、草结构	其他
总　计	**665**	**30.77**	**123**	**253**	**251**	**20**	**18**
青山湖区	115	22.77	19	83	13		
南昌县	46	21.25	9	9	27	1	
新建县	28	25.91	6		22		
昌江区	30	15.7	6	10	13		1
湘东区							
修水县	23	21.3	7	5	8	2	1
永修县							
分宜县							
余江县	10	44.26		10			
信丰县							
于都县							
兴国县							
瑞金市							
南康市	26	24.87		9	3		14
吉安县	55	27.48	1	24	29	1	
永丰县	18	37.23	6	10	1		1
井冈山市	52	51.52	10	14	28		
上高县	95	33.87	2	43	48	1	1
高安市	43	36.18	27	11	5		
临川区	65	45.64	5	23	24	13	
南城县	21	35.39	21				
金溪县	38	18.4	4	2	30	2	
上饶县							
婺源县							

5-7a 续表

单位：户

地区	住房来源			
	自有	租赁	借用	其他来源
总计	**520**	**123**	**11**	**11**
青山湖区	102	12		1
南昌县	40	5	1	
新建县	20	2	1	5
昌江区	21	8	1	
湘东区				
修水县	22		1	
永修县				
分宜县				
余江县	9	1		
信丰县				
于都县				
兴国县				
瑞金市				
南康市	26			
吉安县	38	14	2	1
永丰县	13	4		1
井冈山市	44	6	2	
上高县	55	36	2	2
高安市	33	9	1	
临川区	46	18		1
南城县	19	2		
金溪县	32	6		
上饶县				
婺源县				

5-7b 各地区农村有残疾人调查户的住房状况

单位：户、平方米

地 区	总户数	人均住房面积	住房结构				
			钢筋混凝土	混合结构	砖木结构	木、竹、草结构	其他
总 计	**3969**	**31.35**	**363**	**1186**	**1677**	**148**	**595**
青山湖区	64	23.45	3	42	18	1	
南昌县	133	21.7	47	13	72		1
新建县	151	24.29	61	8	78	4	
昌江区	144	31.43	18	34	90	1	1
湘东区	169	31.63	25	120	16	6	2
修水县	144	22.99	28	22	25	25	44
永修县	190	24.71		76	67	31	16
分宜县	224	35.12		74	148	2	
余江县	201	48.62		128	73		
信丰县	199	30.99		65	4		130
于都县	229	38.67	1	99	129		
兴国县	211	27.31	1	42	20		148
瑞金市	219	28.32	32	39	140	1	7
南康市	209	29.32		53	6	1	149
吉安县	135	36.59	4	71	59		1
永丰县	166	29.59	12	42	28	17	67
井冈山市	144	56.69	16	23	104	1	
上高县	79	34.67		24	54	1	
高安市	116	26.8	15	18	81	1	1
临川区	168	27.13	9	48	91	19	1
南城县	165	31.57	55	4	99	4	3
金溪县	156	24.48	22	22	107	4	1
上饶县	179	29.46	14	94	26	25	20
婺源县	174	33.5		25	142	4	3

5-7b 续表

单位：户

地 区	住房来源			
	自有	租赁	借用	其他来源
总 计	**3777**	**63**	**113**	**16**
青山湖区	47	17		
南昌县	133			
新建县	136	8	7	
昌江区	139	1	3	1
湘东区	163	1	5	
修水县	140	2	1	1
永修县	182	2	5	1
分宜县	211		13	
余江县	182		18	1
信丰县	189	5	4	1
于都县	217	4	7	1
兴国县	205	1	5	
瑞金市	207	6	6	
南康市	206		3	
吉安县	129	1	5	
永丰县	160	2	2	2
井冈山市	138	3	3	
上高县	77			2
高安市	113		3	
临川区	155	1	11	1
南城县	151	6	7	1
金溪县	153			3
上饶县	177	1	1	
婺源县	167	2	4	1

5-8 各地区调查户家用电器拥有和用电状况

单位：户、度

地 区	总户数	有家用电器户数						户月均生活用电量
		彩色电视机	电冰箱	洗衣机	电话	电脑	无上述家电	
总 计	**22895**	**16608**	**3469**	**2388**	**14749**	**563**	**4255**	**31**
青山湖区	1008	940	722	620	796	277	51	100
南昌县	912	728	265	66	608	11	137	30
新建县	778	557	123	35	492	7	142	31
昌江区	951	832	357	290	656	52	93	46
湘东区	895	682	204	229	623	5	136	35
修水县	787	468	71	168	373	5	237	30
永修县	1031	672	77	31	707	1	207	27
分宜县	1157	808	51	18	729	1	249	16
余江县	973	746	121	88	694	41	153	30
信丰县	1013	679	63	30	652	7	223	29
于都县	896	624	42	7	520	9	188	27
兴国县	804	465	21	2	425	2	248	21
瑞金市	998	675	74	27	570	8	240	29
南康市	903	563	18	5	556	4	216	21
吉安县	1039	690	58	14	679	5	214	20
永丰县	1017	707	103	19	561	5	246	20
井冈山市	1012	706	193	251	692	37	177	37
上高县	1037	850	249	176	674	31	142	31
高安市	1073	840	311	140	789	23	145	29
临川区	949	572	107	54	553	12	244	28
南城县	1048	877	56	17	751	5	107	25
金溪县	953	633	49	15	543		226	24
上饶县	840	631	78	58	554	4	124	31
婺源县	821	663	56	28	552	11	110	25

5-8a 各地区城镇调查户家用电器拥有和用电状况

单位：户、度

地 区	总户数	有家用电器户数						户月均生活用电量
		彩色电视机	电冰箱	洗衣机	电话	电脑	无上述家电	
总 计	**3761**	**3150**	**1612**	**1325**	**2845**	**432**	**397**	**55**
青山湖区	661	632	566	530	575	259	18	125
南昌县	257	182	63	19	156	3	54	30
新建县	101	75	16	7	63		19	29
昌江区	271	258	164	139	223	31	7	54
湘东区								
修水县	99	70	6	43	43		21	38
永修县								
分宜县								
余江县	126	120	74	78	121	38	3	69
信丰县								
于都县								
兴国县								
瑞金市								
南康市	114	66	6	2	74	4	30	26
吉安县	260	182	30	8	194	2	43	24
永丰县	151	138	57	9	129	5	10	46
井冈山市	244	202	80	113	188	26	23	49
上高县	552	488	220	174	400	31	45	40
高安市	414	384	232	137	370	21	11	46
临川区	248	184	66	48	139	8	48	41
南城县	116	105	29	13	98	4	6	38
金溪县	147	64	3	5	72		59	20
上饶县								
婺源县								

5-8b 各地区农村调查户家用电器拥有和用电状况

单位：户、度

地 区	总户数	有家用电器户数						户月均生活用电量
		彩色电视机	电冰箱	洗衣机	电话	电脑	无上述家电	
总 计	**19134**	**13458**	**1857**	**1063**	**11904**	**131**	**3858**	**26**
青山湖区	347	308	156	90	221	18	33	51
南昌县	655	546	202	47	452	8	83	30
新建县	677	482	107	28	429	7	123	31
昌江区	680	574	193	151	433	21	86	42
湘东区	895	682	204	229	623	5	136	35
修水县	688	398	65	125	330	5	216	29
永修县	1031	672	77	31	707	1	207	27
分宜县	1157	808	51	18	729	1	249	16
余江县	847	626	47	10	573	3	150	24
信丰县	1013	679	63	30	652	7	223	29
于都县	896	624	42	7	520	9	188	27
兴国县	804	465	21	2	425	2	248	21
瑞金市	998	675	74	27	570	8	240	29
南康市	789	497	12	3	482		186	20
吉安县	779	508	28	6	485	3	171	18
永丰县	866	569	46	10	432		236	16
井冈山市	768	504	113	138	504	11	154	33
上高县	485	362	29	2	274		97	20
高安市	659	456	79	3	419	2	134	19
临川区	701	388	41	6	414	4	196	23
南城县	932	772	27	4	653	1	101	23
金溪县	806	569	46	10	471		167	25
上饶县	840	631	78	58	554	4	124	31
婺源县	821	663	56	28	552	11	110	25

5-9 各地区有残疾人户家用电器拥有和用电状况

单位：户、度

地 区	总户数	有家用电器户数						户月均生活用电量
		彩色电视机	电冰箱	洗衣机	电话	电脑	无上述家电	
总 计	**4634**	**2789**	**488**	**320**	**2396**	**56**	**1424**	**26**
青山湖区	179	155	118	91	124	31	18	87
南昌县	179	120	42	11	102	1	45	27
新建县	179	106	18	4	93	2	54	25
昌江区	174	136	43	26	88	2	33	35
湘东区	169	125	32	40	111		33	32
修水县	167	79	13	31	60	1	70	25
永修县	190	97	9	7	112		58	23
分宜县	224	106	6	3	99	1	96	13
余江县	211	140	8	6	118		52	25
信丰县	199	112	10	6	103	3	72	28
于都县	229	144	15	3	128	3	59	28
兴国县	211	102	5	1	96	1	87	20
瑞金市	219	111	12	4	93		90	23
南康市	235	107	9	2	113	2	92	19
吉安县	190	120	7	2	105	1	54	18
永丰县	184	101	10	1	78		71	15
井冈山市	196	123	29	35	109	6	58	32
上高县	174	122	20	15	88		43	24
高安市	159	101	30	13	87	2	43	24
临川区	233	104	20	7	103		96	23
南城县	186	132	5		108		41	22
金溪县	194	97	8	2	82		79	20
上饶县	179	125	12	7	101		40	26
婺源县	174	124	7	3	95		40	22

5-9a 各地区城镇有残疾人户家用电器拥有和用电状况

单位：户、度

地　区	总户数	有家用电器户数						户月均生活用电量
		彩色电视机	电冰箱	洗衣机	电话	电脑	无上述家电	
总　计	**665**	**476**	**196**	**156**	**413**	**37**	**134**	**44**
青山湖区	115	103	90	79	93	29	7	109
南昌县	46	29	10	4	31		8	28
新建县	28	17	4	2	15		8	23
昌江区	30	28	11	11	22		2	35
湘东区								
修水县	23	11	1	5	8		9	32
永修县								
分宜县								
余江县	10	10	6	4	9			50
信丰县								
于都县								
兴国县								
瑞金市								
南康市	26	14	4	2	13	2	8	28
吉安县	55	34	2	1	34	1	15	19
永丰县	18	14	1		12		3	27
井冈山市	52	39	10	13	32	4	10	39
上高县	95	78	17	15	53		13	31
高安市	43	32	21	12	31	1	6	40
临川区	65	39	16	7	31		22	31
南城县	21	18	3		17		3	42
金溪县	38	10		1	12		20	16
上饶县								
婺源县								

5-9b 各地区农村有残疾人户家用电器拥有和用电状况

单位：户、度

地 区	总户数	有家用电器户数						户月均生活用电量
		彩色电视机	电冰箱	洗衣机	电话	电脑	无上述家电	
总 计	**3969**	**2313**	**292**	**164**	**1983**	**19**	**1290**	**23**
青山湖区	64	52	28	12	31	2	11	48
南昌县	133	91	32	7	71	1	37	27
新建县	151	89	14	2	78	2	46	25
昌江区	144	108	32	15	66	2	31	35
湘东区	169	125	32	40	111		33	32
修水县	144	68	12	26	52	1	61	24
永修县	190	97	9	7	112		58	23
分宜县	224	106	6	3	99	1	96	13
余江县	201	130	2	2	109		52	23
信丰县	199	112	10	6	103	3	72	28
于都县	229	144	15	3	128	3	59	28
兴国县	211	102	5	1	96	1	87	20
瑞金市	219	111	12	4	93		90	23
南康市	209	93	5		100		84	18
吉安县	135	86	5	1	71		39	17
永丰县	166	87	9	1	66		68	13
井冈山市	144	84	19	22	77	2	48	29
上高县	79	44	3		35		30	17
高安市	116	69	9	1	56	1	37	18
临川区	168	65	4		72		74	20
南城县	165	114	2		91		38	20
金溪县	156	87	8	1	70		59	21
上饶县	179	125	12	7	101		40	26
婺源县	174	124	7	3	95		40	22

主要统计指标解释

总抚养比 指人口总体中非劳动年龄人口数与劳动年龄人口数之比。通常用百分比表示。说明每 100 名劳动年龄人口大致要负担多少名非劳动年龄人口。用于从人口角度反映人口与经济发展的基本关系。计算公式为:

$$GDR = \frac{P_{0-14} + P_{65+}}{P_{15-64}} \times 100\%$$

其中: GDR 为总抚养比;

P_{0-14} 为 0 ~ 14 岁少年儿童人口数;

P_{65+} 为 65 岁及以上的老年人口数;

P_{15-64} 为 15 ~ 64 岁劳动年龄人口数。

老年抚养比 指人口中老年人口数与劳动年龄人口数之比。通常用百分比表示。用以表明每 100 名劳动年龄人口要负担多少名老年人。老年人口抚养比是从经济角度反映人口老化社会后果的指标之一。计算公式为:

$$ODR = \frac{P_{65+}}{P_{15-64}} \times 100\%$$

其中: ODR 为老年人口抚养比;

P_{65+} 为 65 岁及以上的老年人口数;

P_{15-64} 为 15 ~ 64 岁劳动年龄人口数。

少儿抚养比 也称少年儿童抚养系数。指某一人口中少年儿童人口数与劳动年龄人口数之比。通常用百分比表示。以反映每 100 名劳动年龄人口要负担多少名少年儿童。计算公式为:

$$CDR = \frac{P_{0-14}}{P_{15-64}} \times 100\%$$

其中: CDR 为少年儿童抚养比;

P_{0-14} 为 0 ~ 14 岁少年儿童人口数;

P_{15-64} 为 15 ~ 64 岁劳动年龄人口数。

文盲人口 指 15 岁及以上不识字或识字很少的人口。根据《住户调查表》指标“R8.是否识字”登记为“2.否”的数据汇总。

经济活动人口 指 15 岁及以上参加或未参加社会经济活动的人口。包括在业人口和不在业人口。

在业人口和不在业人口分别根据《住户调查表》指标“R11.当前是否有工作”的登记数据汇总。

职业状况 指 15 岁及以上在业人口所从事的社会劳动工作种类。本资料中职业分类参照国家分类标准《职业分类与代码》(GB/T 6565-1999),将全国职业分类划分为大类和中类。

未工作状况 指 15 岁及以上不在业人口的未工作状况。根据《住户调查表》指标“R13.当前未工作状况”的登记数据汇总。

致残主要原因 根据被调查残疾人从《残疾人调查表》“C4.致残主要原因”多个选项中选出的主要两项合并汇总。

曾接受服务或扶助 根据被调查残疾人从《残疾人调查表》“T6.曾接受过何种服务或扶助”的 14 个选项中选出的主要三项合并汇总。

主要需求 根据被调查残疾人从《残疾人调查表》“T7. 本人主要需求”的 14 个选项中选出的主要三项合并汇总。

附　　录

附录 1

2006 年第二次全国残疾人抽样调查江西省主要数据公报

江西省第二次全国残疾人抽样调查领导小组
江西省统计局

2006 年 12 月 26 日

经国务院批准，我国进行了第二次全国残疾人抽样调查。在第二次全国残疾人抽样调查领导小组统一领导下，按照全国统一的调查方案，江西省第二次全国残疾人抽样调查领导小组组织实施了我省的调查。经过两年多的充分准备，我省于 2006 年 4 月 1 日开始全面调查，通过调查工作人员的艰苦努力，调查的各项任务已基本完成。现将初步汇总的主要数据公布如下:

一、调查的基本情况

本次调查采取分层、多阶段、整群概率比例抽样方法，在我省抽取 24 个县(市、区)，96 个乡(镇、街道)，共 192 个调查小区，平均每个调查小区 430 人左右。

本次调查标准时间为 2006 年 4 月 1 日零时，入户调查时间自 2006 年 4 月 1 日起至 5 月 31 日结束。在省政府和各抽中县（市、区）政府直接领导下，组织了 24 个调查队、400 名调查员、200 名各科医生、24 名统计员以及 1500 名陪调员，逐户进行询问登记、筛查和残疾评定，现已全部完成入户调查、复查和调查质量的核查工作。

我省共调查了 22895 户、83088 人，调查的抽样比为 1.92‰。入户见面 68255 人，占调查总人数的 82.15%；按照《第二次全国残疾人抽样调查残疾筛查方法》，7 岁以上疑似残疾人筛出率为 16.18%，疑似残疾人检查率达到 98.65%。

二、残疾人数及其比例

根据调查初步汇总，被调查户中有残疾人的家庭共 4634 户，确定视力、听力、言语、肢体、智力、精神和多重残疾共 5310 人。其中，视力残疾 875 人，听力残疾 1197 人，言语残疾 90 人，肢体残疾 1599 人，智力残疾 469 人，精神残疾 367 人，多重残疾 713 人。

根据调查数据显示，我省残疾人占总人口的比例为 6.39%，据此推算 2006 年 4 月 1 日零时我省各类残疾人的总数为 276.1 万人。各类残疾人的人数及各占残疾人总人数的比重分别是：视力残疾 45.5 万人，占 16.48%；听力残疾 62.2 万人，占 22.53%；言语残疾 4.7 万人，占 1.70%；肢体残疾 83.1 万人，占 30.09%；智力残疾 24.4 万人，占 8.84%；精神残疾 19.1 万人，占 6.92%；多重残疾 37.1 万人，占 13.44%。

与 1987 年第一次全国残疾人抽样调查比较，我省残疾人口总量增加，残疾人比例上升，残疾类别结构变动。影响这一变化的因素有，两次调查间人口增长与结构变动、社会与环境变化、残疾标准修订等，更深入的分析有待于在详细数据汇总和更全面的资料收集后进行。

三、调查质量评价

在入户调查、复查完毕后，我省按照《事后质量核查工作细则》进行核查，核查结果符合调查方案要求。经对调查实施过程和数据质量进行综合评估，本次调查是一次成功的调查，数据真实可信。调查获得的丰富数据，将为我省经济社会和残疾人事业的发展提供可靠依据。

注:

1. 本公报为初步汇总数。

2. 本次调查登记对象为具有中华人民共和国国籍并居住在中华人民共和国境内大陆的常住人口，残疾人按照《第二次全国残疾人抽样调查残疾标准》评定。

关于江西省第二次全国残疾人抽样调查主要数据的说明

一、公报主要数据

本次调查结果显示，我省残疾人占总人口的比例为6.39%，据此推算，2006年4月1日零时我省各类残疾人的总数为276.1万人。其中，视力残疾45.5万人，听力残疾62.2万人，言语残疾4.7万人，肢体残疾83.1万人，智力残疾24.4万人，精神残疾19.1万人，多重残疾37.1万人。

二、与1987年数据比较

1. 残疾人口总量增加、比例上升

1987年调查推算的全省残疾人口为158.6万人，2006年推算为276.1万人，2006年比1987年增加了117.5万人。1987年调查残疾比例为4.52%，2006年为6.39%，上升1.87个百分点。

2. 残疾类别结构变化

为了在统计口径上保持一致，将2006年调查的残疾类别结构按照1987年调查的残疾类别标准进行比较（详见附表1、2），可以看出：

（1）肢体、视力、听力言语、精神、多重残疾人口总量增加、比例上升；智力残疾人口总量减少、比例下降；

（2）肢体、视力、听力言语、精神、多重残疾人口由于总量增加的幅度不同，在残疾人口总量中所占比重也发生不同变化：肢体比重有较大幅度上升，视力、精神残疾比重略有上升，听力言语残疾和多重残疾比重略有下降。

（3）智力残疾人口由于总量减少，在残疾人口总量中的比重显著下降。

三、数据变动的影响因素

1. 人口基数增加

1987年我省总人口为3559.0万人（《中国人口统计年鉴》，1988），2006年4月1日我省常住人口达到4317.5万人，基数增加了758.5万人，增长幅度为21.31%。假设1987年的4.52%保持不变，按2006年人口基数推算我国残疾人总数达到195.2万人，比1987年的158.6万人多36.6万人。

2. 年龄结构老化

1987年时我省60岁及以上人口的比例为7.75%，2005年该比例上升到12.01%。

老年人由于生理机能衰退，脑血管疾病、骨关节病、痴呆等发病率和致残几率较高，随着老年人口、高龄人口的增加，残疾风险提高。这次调查我省60岁及以上残疾人132.2万，比1987年调查时该年龄段残疾人数增加了69.5万人，占全省残疾人新增总数的59.13%。60岁及以上残疾人占残疾人总数的比例为47.89%，比1987年调查时的39.56%高8.33个百分点。

1987年时我省65岁及以上人口的比例为4.99%，到2005年该比例已经上升到8.42%。

老年人由于生理机能衰退，脑血管疾病、骨关节病、痴呆等发病率和致残几率较高，随着老年人口、高龄人口的增加，残疾风险提高。这次调查我省65岁及以上残疾人113.9万人，比1987年调查时该年龄段残疾人数增加了63.0万人，占全省残疾人新增总数的53.63%。这次调查我省65岁及以上残疾人占残疾人总数的比例为41.24%，比1987年调查时的32.06%高9.18个百分点。

3. 残疾标准和残疾评定方法变化

这次调查的残疾标准、残疾筛查和评定方法，都参照国际最新标准并结合我国国情进行了修订。一是应用了 2001 年世界卫生组织颁布的《国际功能、残疾和健康分类》(ICF)，对残疾的评定，不仅重视生理结构，同时强调功能障碍和社会适应性。二是疑似残疾人筛查问卷采用 2002 年联合国《编制残疾统计资料的准则和原则》的调查问卷框架制定，并进行了预试验，具有较高的灵敏度。三是肢体残疾标准新增加了四种残疾情况，这四种残疾情况，在我国现行的有关伤残标准如《职工工伤与职业病致残程度鉴定》、《军人残疾等级评定标准》、《道路交通事故伤残评定标准》中已列入较重等级，将这四种残疾情况列入本次调查残疾标准，体现了对这部分存在特殊需要人群的关爱。四是这次调查的残疾评定工具比 1987 年调查时的工具技术先进、准确度高。这些因素都在不同程度上影响了调查结果。

4. 其他社会环境因素

随着我省工业化和城镇化进程的加快，人口流动频繁，人们工作节奏加快，以及生产安全事故、交通事故和环境污染等因素的影响，都不同程度地增加了残疾的风险。

附表:

表 1 两次调查残疾人数与比例的变化

残疾类别	推算的全省残疾人总数（万人）			占总人口的比例（%）		
	1987 年	2006 年	变动	1987 年	2006 年	变动
总　计	158.6	276.1	117.5	4.52	6.39	1.87
视力残疾	24.9	45.5	20.6	0.71	1.05	0.34
听力语言残疾	48.1	74.3	26.2	1.37	1.72	0.35
肢体残疾	25.6	83.1	57.5	0.73	1.92	1.19
智力残疾	35.8	24.4	-11.4	1.02	0.57	-0.45
精神病残疾	4.2	19.1	14.9	0.12	0.44	0.32
综合残疾	20.0	29.7	9.7	0.57	0.69	0.12

表 2 两次调查残疾人类别结构的变化

残疾类别	推算的全省残疾人总数（万人）			占残疾总人数的比重（%）		
	1987 年	2006 年	变动	1987 年	2006 年	变动
总　计	158.6	276.1	117.5	100.0	100.00	
视力残疾	24.9	45.5	20.6	15.70	16.48	0.78
听力语言残疾	48.1	74.3	26.2	30.33	26.91	-3.42
肢体残疾	25.6	83.1	57.5	16.14	30.09	13.95
智力残疾	35.8	24.4	-11.4	22.57	8.84	-13.73
精神病残疾	4.2	19.1	14.9	2.65	6.92	4.27
综合残疾	20.0	29.7	9.7	12.61	10.76	-1.85

注:

1. 听力语言残疾的比较，用 1987 年的听力语言残疾，与 2006 年的听力、言语和多重中的听力加言语残疾对应比较。

2. 综合残疾的比较，用 1987 年的综合残疾，与 2006 年多重残疾中去掉听力加言语残疾对应比较。

2006 年第二次全国残疾人抽样调查江西省主要数据公报（第二号）

江西省统计局、江西省第二次全国残疾人抽样调查领导小组

2007 年 10 月 11 日

现将江西省第二次全国残疾人抽样调查计算机汇总的残疾人的主要社会经济数据公布如下:

一、全省残疾人总体概况

据推算，2006 年 4 月 1 日零时，我省残疾人总数为 276.1 万人，占全省总人口的比例为 6.39%。其中，视力残疾 45.5 万人，占残疾人总数的 16.48%；听力残疾 62.2 万人，占残疾人总数的 22.53%；言语残疾 4.7 万人，占残疾人总数的 1.70%；肢体残疾 83.1 万人，占残疾人总数的 30.09%；智力残疾 24.4 万人，占残疾人总数的 8.84%；精神残疾 19.1 万人，占残疾人总数的 6.92%；多重残疾 37.1 万人，占残疾人总数的 13.44%。

二、有残疾人的家庭户人口

江西省有残疾人的家庭户共 241 万户，占全省家庭户总户数的 18.52%；其中有 2 个以上残疾人的家庭户 33.1 万户，占残疾人家庭户的 13.73%。有残疾人的家庭户的总人口占全省总人口的 21.21%。有残疾人的家庭户户规模为 3.8 人。

三、残疾人口的性别构成

江西省残疾人口中，男性为 143.19 万人，占 51.86%；女性为 132.91 万人，占 48.14%。性别比（以女性为 100，男性对女性的比例）为 107.73。

四、残疾人口的年龄构成

江西省残疾人口中，0～14 岁的人口为 19.08 万人，占 6.91%；15～59 岁的人口为 124.8 万人，占 45.20%；60 岁及以上的人口为 132.22 万人，占 47.89%（65 岁及以上的人口为 113.86 万人，占 41.24%）。

五、残疾人口的城乡分布

江西省残疾人口中，城镇残疾人口为 39.15 万人，占 14.18%；农村残疾人口为 236.95 万人，占 85.82%。

六、残疾人口的残疾等级构成

江西省残疾人口中，残疾等级为一、二级的重度残疾人为 72.17 万人，占 26.14%；残疾等级为三、四级的中度和轻度残疾人为 203.93 万人，占 73.86%。

七、残疾人口的受教育程度

江西省残疾人口中，具有大学程度（指大专及以上）的残疾人为 1.1 万人，高中程度（含中专）的残疾人为 9.4 万人，初中程度的残疾人为 34.3 万人，小学程度的残疾人为 101.8 万人（以上各种受教育程度的人包括各类学校的毕业生、肄业生和在校生）。

15 岁及以上残疾人文盲人口（不识字或识字很少的人）为 115 万人，文盲率为 41.65%。

八、残疾儿童受教育状况

6～14 岁学龄残疾儿童为 11.97 万人，占全部残疾人口的 4.34%。其中视力残疾儿童 0.73 万人，听力残疾儿童 0.68 万人，言语残疾儿童 0.73 万人，肢体残疾儿童 2.6 万人，智力残疾儿童 4.47 万人，精神残疾儿童 0.26 万人，多重残疾儿童 2.5 万人。学龄残疾儿童中，66.96%正在普通教育或特殊教育学校接受义务教育，各类别残疾儿童接受义务教育的相应比例为：视力残疾儿童 78.57%，听力残疾儿童 76.92%，言语残疾

儿童 85.71%，肢体残疾儿童 72.00%，智力残疾儿童 67.44%，精神残疾儿童 60.00%，多重残疾儿童 50.00%。

九、残疾人口的婚姻状况

全省 15 岁及以上残疾人口中，未婚人口 31.77 万人，占 12.36%；在婚有配偶的人口 155.16 万人，占 60.37%；离婚及丧偶人口 70.09 万人，占 27.27%。

十、残疾人口的就业与有关社会保障情况

全省城镇残疾人口中，在业的残疾人为 9.3 万人，不在业的残疾人为 8.5 万人。

城镇残疾人口中，有 7.49 万人享受到当地居民最低生活保障，占城镇残疾人口总数的 19.13%。11.95%的城镇残疾人领取过定期或不定期的救济。

农村残疾人口中，有 12.01 万人享受到当地居民最低生活保障，占农村残疾人口总数的 5.07%。17.07%的农村残疾人领取过定期或不定期的救济。

十一、残疾人家庭户的收入

全省有残疾人的家庭户 2005 年人均全部收入，城镇为 3527 元，农村为 2398 元。7.08%的农村残疾人家庭户年人均全部收入低于 683 元，5.74%的农村残疾人家庭户年人均全部收入在 684 元至 944 元之间。

十二、残疾人曾接受的扶助、服务和需求

残疾人曾接受的扶助、服务的前四项及比例分别为：曾接受过医疗服务与救助的有 31.02%；曾接受过救助或扶持的有 17.80%；曾接受过康复训练与服务的有 7.38%；曾接受过辅助器具的配备与服务的有 6.74%。

残疾人需求的前四项及比例分别为：有救助或扶持需求的有 78.19%；有医疗服务与救助需求的有 69.92%；有辅助器具需求的有 34.73%；有生活服务需求的有 25.44%。

十三、残疾人的生活环境

在此次调查的残疾人所在社区（村、居委会）中，68.23%的社区距离最近的法律服务所（司法所）在 5 公里以内，18.23%的社区距离最近的特殊教育学校（班）在 5 公里以内，51.56%的社区建有文化活动站（室），87.50%的社区设有卫生室（所、站）。

注：

1. 家庭户人口不包括现役军人，也不包括相互之间没有家庭成员关系、集体居住的人。

2. 2006 年第二次全国残疾人抽样调查的城乡口径为：城镇包括街道和镇的居委会，农村包括乡和镇的村委会。

3. 城镇在业和不在业残疾人指男 16～59 岁、女 16～54 岁的在业和不在业的城镇残疾人。

4. 调查中家庭全部收入包括工薪收入、经营性净收入、财产性收入、转移性收入，农村住户的全部收入还包括各种农作物、养殖等实物折算收入。

附录 2

第二次全国残疾人抽样调查方案

（国务院 2005 年 11 月 4 日批准）

为贯彻国务院办公厅《关于开展第二次全国残疾人抽样调查的通知》（国办发[2004]73 号），根据《中华人民共和国统计法》、《中华人民共和国残疾人保障法》，制定本方案。

一、组织领导

第二次全国残疾人抽样调查工作在国务院和地方各级人民政府的领导下，按照全国统一部署、部门分工协作、地方分级负责、各方共同参与的原则组织实施。

（一）国务院成立第二次全国残疾人抽样调查领导小组，由有关部门负责人组成，负责这次残疾人抽样调查工作的全面领导与部署。领导小组下设第二次全国残疾人抽样调查办公室，负责这次抽样调查的组织实施工作。

（二）第二次全国残疾人抽样调查办公室成立专家委员会，协助制定和审核调查的重要技术文件，提供决策建议和技术咨询。

（三）各省、自治区、直辖市和被抽中县（市、区）成立残疾人抽样调查领导小组和办公室，负责本地区的残疾人抽样调查工作。

被抽中县（市、区）要做好调查队组建、经费落实和现场组织工作。

被抽中县（市、区）所在地（市）成立相应的领导或工作机构，帮助、督促本地区被抽中县（市、区）做好调查队组建、经费落实和现场调查组织等工作。

各级残疾人抽样调查领导小组组长是本次调查工作的全面负责人，办公室主任是本次调查的具体负责人。

二、调查目的

通过调查，掌握全国和各省、自治区、直辖市各类残疾人的数量、结构、地区分布、致残原因、家庭状况及其康复、教育、劳动就业和参与社会生活等情况，为国家制定经济和社会发展规划，以及有关残疾人的法律法规、政策和规划提供可靠的依据，促进残疾人事业与国民经济和社会协调发展。

三、调查对象

此次调查的对象是具有中华人民共和国国籍，并在被抽中调查小区内常住的人（指自然人，下同）。

调查采用按常住人口登记的原则，以户为单位填报，只调查家庭户，不调查集体户，单身居住独自生活的也作为一个家庭户进行登记。

此次不调查中国人民解放军现役军人和武装警察（包括军队管理的离退休干部）。

应当在本调查小区进行登记的人包括:

1. 居住本调查小区，户口在本乡、镇、街道;
2. 居住本调查小区半年以上，户口在外乡、镇、街道;
3. 居住本调查小区不满半年，离开户口所在地半年以上;
4. 居住本调查小区，户口待定。

常住户口虽然在本乡、镇、街道，但已离开本乡、镇、街道半年以上的人，不属于本调查小区的调查对象。

此次调查的重点是残疾人。残疾人是指在心理、生理、人体结构上，某种组织、功能丧失或者不正常，全部或部分丧失以正常方式从事某种活动能力的人。残疾类别包括：视力残疾、听力残疾、言语残疾、肢体残疾、智力残疾、精神残疾。凡有两种及两种以上残疾的人，列为多重残疾。残疾评定标准和方法按照第二次全国残疾人抽样调查专家委员会重新修订的《残疾标准》及相关方法实施。

四、调查内容

第二次全国残疾人抽样调查使用三种调查表，一是《住户调查表》，二是《残疾人调查表》，三是《社区调查表》。调查项目共有 52 个，调查样本人群的家庭及其个人的状况，重点调查残疾人的致残原因、生活状况及其主要需求。

五、调查的范围、规模和标准时间

第二次全国残疾人抽样调查在 31 个省、自治区、直辖市同时进行，设计总样本量为 260 万人。

调查的标准时间为：2006 年 4 月 1 日 0 时。

六、样本的设计和抽取

此次调查以全国为总体，各省、自治区、直辖市为次总体，采用分层、多阶段、整群、概率比例抽样方法。各省、自治区、直辖市的调查样本量，由第二次全国残疾人抽样调查领导小组确定分配。

各省、自治区、直辖市根据第二次全国残疾人抽样调查办公室规定的分层原则，结合本地的实际情况，对第一级的县（市、区）进行科学、合理的分层，编制抽样框，由第二次全国残疾人抽样调查办公室与各省、自治区、直辖市共同抽取一级样本单位。

各省、自治区、直辖市按照第二次全国残疾人抽样调查办公室规定的抽样原则和要求，制定本省抽样实施方案，经第二次全国残疾人抽样调查办公室审核后，抽取县级以下样本单位，并将具体的抽取步骤和抽中单位名称一起报第二次全国残疾人抽样调查办公室审定。

七、调查队的组建、培训与试点

（一）被抽中县（市、区）都要按照规定组建调查队。调查队在县级残疾人抽样调查领导小组领导下开展调查工作。

调查队由队长、调查副队长、医务副队长、调查员、各科医生和统计员组成。调查队组成人员要具备一定的工作经验，责任心强，身体条件胜任调查工作。调查工作人员必须稳定，在调查工作未结束前，不得变动。

调查队实行责任制，明确职责分工，加强团结协作。

（二）第二次全国残疾人抽样调查办公室负责省级调查业务骨干和医生的系统培训，使之成为省级培训班的教员；各省、自治区、直辖市残疾人抽样调查办公室负责本地区调查队的培训。

（三）第二次全国残疾人抽样调查办公室组织不同层次的试点，检验调查方案的科学性和可操作性，锻炼和提高省级骨干组织调查的实际能力和现场登记的水平。

各省、自治区、直辖市在正式调查前，要结合培训安排被抽中县（市、区）调查队的业务骨干参加试点调查，试点调查不能代替正式调查。

八、现场登记和复查

此次调查的现场登记和复查工作，从 2006 年 4 月 1 日开始到 5 月 31 日以前结束。

现场登记和复查工作要求做到：坚持入户调查，努力提高见面率；积极动员被调查人如实申报，做到不重复，不遗漏；认真询问、筛查和检查评定，提高准确度；搞好自查、互查和议查，最大限度地控制调查误差。

各调查小区要由熟悉当地情况、责任心强的同志担任陪调员，组成陪调组，协同调查员和医生入户，做好宣传、摸底、现场调查登记和复查工作。

（一）摸底工作

调查前的摸底工作，是做好入户调查登记的基础。调查员要提前进入调查小区，在陪调员的协助下摸清本调查小区范围内需要调查的户数、人口数，重点摸清疑似残疾人和 0—6 岁的儿童人数，编制好《调查底册》。

各省、自治区、直辖市残疾人抽样调查办公室将摸底汇总数据于 2006 年 3 月 25 日前报送到第二次全国残疾人抽样调查办公室。

（二）现场登记

1. 入户调查。调查员根据《调查底册》入户，按照《住户调查表》的登记项目，逐人逐项询问，填写《住户调查表》；对 7 岁及以上人群，按照残疾筛查问卷逐人询问、筛查，并对筛查出的疑似残疾人填写《7 岁及以上人群筛查交接单》；对 0 ~ 6 岁的儿童，填写《0-6 岁儿童健康检查记录表》。

2. 残疾检查评定。各科医生根据调查员筛查出的《7 岁及以上人群筛查交接单》和《0-6 岁儿童健康检查记录表》，采取设站与入户相结合的方式逐人检查、评定，对确诊的残疾人，填写《残疾评定记录表》和《残疾人调查表》。

调查期间，医生应对确诊的残疾人进行医疗、康复指导。

（三）复查

调查队组织调查员和医生按照规定的方法进行全面复查。复查采取自查、互查和议查三种形式进行。

调查员和医生每天应对当日调查填写的调查表进行自查。

每个调查小区登记结束后，调查员应分小组对《住户调查表》进行互查和逻辑检查；各科医生要对自己填写的《残疾评定记录表》、《残疾人调查表》进行综合分析检查。

在现场调查登记中和小区调查登记结束后，调查队都要按照规定的方法进行议查，重点议查疑似残疾人的漏筛。

复查中发现的有疑问的人和户，要进一步核查，发现差错，经核实后，予以改正。

（四）调查的后续工作

各级残疾人抽样调查办公室负责收集、汇总调查中残疾人亟待解决的问题，报当地人民政府或有关部门酌处。

九、事后质量核查

现场登记和复查工作结束后，各省、自治区、直辖市残疾人抽样调查办公室应按照全国统一规定的事后质量核查办法和要求，选调高素质的调查员作为核查人员，组建事后质量核查队，对事后质量核查的调查小区，重新入户进行调查登记，计算全国的调查误差。核查人员不得在原来的调查小区参加质量核查工作。

全国统一组织的事后质量核查结果将作为评估第二次全国残疾人抽样调查数据质量的主要依据之一。

十、调查数据的处理

（一）快速汇总

各地按照第二次全国残疾人抽样调查办公室统一规定，对调查的主要数据进行逐级快速汇总。

1. 各县（市、区）残疾人抽样调查办公室将调查数据快速汇总结果于 2006 年 6 月 5 日前报送到省级残疾人抽样调查办公室。

2. 各省、自治区、直辖市残疾人抽样调查办公室将各县（市、区）上报的数据，经审核无误后汇总，将结果于 2006 年 6 月 15 日前报送到第二次全国残疾人抽样调查办公室。

3. 第二次全国残疾人抽样调查办公室负责汇总全国调查主要数据，并对数据进行分析评估后发布公报。

（二）电子计算机数据处理

第二次全国残疾人抽样调查办公室负责制定本次调查的数据处理方案。

1. 省级残疾人抽样调查办公室对调查表进行验收后，组织编码员按照统一规定的标准进行编码。编码前要对编码员进行统一的培训。

编码资料经全面复核、验收合格后，方可交付录入。

2. 第二次全国残疾人抽样调查办公室组织对调查资料进行电子计算机数据处理，对调查的全部数据进行录入汇总，建立国家级和省级残疾人数据库。

3. 调查数据的全面汇总和处理工作，于2007年底前全部完成。

4. 本次调查的原始资料由各省、自治区、直辖市残疾人抽样调查办公室保管。

十一、调查数据的分析研究

对本次调查获得的不同数据进行分析研究，撰写综合分析报告；同时，对调查数据反映出的有关残疾人的突出问题，制定专题研究课题，邀请政府有关部门、大专院校和国内外研究机构共同研究开发。研究结果以专题报告、论文集形式发表或出版。

全国和各省、自治区、直辖市残疾人抽样调查领导小组组织专人分析研究调查资料，就制定残疾人的法规、方针、政策和工作规划提出建议，供政府和各有关部门研究处理。

十二、宣传工作

各省、自治区、直辖市和被抽中县（市、区）要依靠各级宣传部门，按照第二次全国残疾人抽样调查办公室制定的宣传提纲和宣传口径，利用各种宣传媒体和多种宣传形式，积极开展残疾人抽样调查的宣传活动，在2006年3月中旬要掀起宣传高潮，以取得广大群众和社会对现场调查的支持与配合。

十三、调查经费

根据国务院要求，第二次全国残疾人抽样调查经费由中央和地方财政共同负担。各级财政应根据需要，统筹安排经费，以保证这次残疾人抽样调查各项工作的顺利开展。

残疾人抽样调查办公室要严格按照专款专用的原则，加强调查经费的管理使用，杜绝挤占挪用。

十四、总结表彰

各级残疾人抽样调查机构要认真做好调查的总结工作，各省、自治区、直辖市于2006年12月底前将调查业务技术总结和现场调查工作总结报送第二次全国残疾人抽样调查办公室；第二次全国残疾人抽样调查领导小组于2007年11月底前向国务院报送第二次全国残疾人抽样调查工作总结。

第二次全国残疾人抽样调查领导小组将于2007年初表彰调查工作先进单位和个人。

十五、实施本方案的文件

为保证全国按照统一标准、统一要求、高质量地搞好本次调查工作，第二次全国残疾人抽样调查领导小组统一制定各种文件、表格和工作细则。

（一）《第二次全国残疾人抽样调查残疾标准》包括：视力残疾标准、听力残疾标准、言语残疾标准、肢体残疾标准、智力残疾标准和精神残疾标准。

（二）调查、统计表格包括：《住户调查表》、《残疾人调查表》（主表）；《社区调查表》、《失查疑似残疾人登记表》；《7岁及以上人群残疾筛查问卷》、《0-6岁儿童健康体检记录表》、《残疾评定记录表》、《调查底册》；过录、快速汇总和计算机汇总等统计用表；调查各个环节的交接用表。

（三）工作细则包括：《调查登记和复查工作细则》、《质量控制和验收工作细则》、《摸底工作细则》、《快速汇总工作细则》、《编码工作细则》、《抽样方案》、《数据处理方案》、《资料装订、包装、运输、管理工作细则》等。

（四）填表说明包括：《住户调查表》、《残疾人调查表》、《社区调查表》、《残疾评定记录表》等填表说明。

（五）工作手册包括：《调查工作手册》、《调查员手册》、《医生手册》。

附录 3

第二次全国残疾人抽样调查残疾标准

（国务院 2005 年 11 月 4 日批准）

视力残疾标准

一、视力残疾的定义

视力残疾，是指由于各种原因导致双眼视力低下并且不能矫正或视野缩小，以致影响其日常生活和社会参与。

视力残疾包括盲及低视力。

二、视力残疾的分级

类　别	级别	最佳矫正视力
盲	一级	无光感～<0.02；或视野半径<5 度
	二级	0.02～<0.05；或视野半径<10 度
低视力	三级	0.05～<0.1
	四级	0.1～<0.3

〔注〕

1. 盲或低视力均指双眼而言，若双眼视力不同，则以视力较好的一眼为准。如仅有单眼为盲或低视力，而另一眼的视力达到或优于 0.3，则不属于视力残疾范畴。

2. 最佳矫正视力是指以适当镜片矫正所能达到的最好视力或针孔视力。

3. 以注视点为中心，视野半径<10 度者，不论其视力如何均属于盲。

听力残疾标准

一、听力残疾的定义

听力残疾，是指人由于各种原因导致双耳不同程度的永久性听力障碍，听不到或听不清周围环境声及言语声，以致影响日常生活和社会参与。

二、听力残疾的分级

听力残疾一级:

听觉系统的结构和功能方面极重度损伤，较好耳平均听力损失≥91 dB HL，在无助听设备帮助下，不能依靠听觉进行言语交流，在理解和交流等活动上极度受限，在参与社会生活方面存在极严重障碍。

听力残疾二级:

听觉系统的结构和功能重度损伤，较好耳平均听力损失在 81～90 dB HL 之间，在无助听设备帮助下，在理解和交流等活动上重度受限，在参与社会生活方面存在严重障碍。

听力残疾三级:

听觉系统的结构和功能中重度损伤，较好耳平均听力损失在 61～80 dB HL 之间，在无助听设备帮助下，在理解和交流等活动上中度受限，在参与社会生活方面存在中度障碍。

听力残疾四级:

听觉系统的结构和功能中度损伤，较好耳平均听力损失在 41 ~ 60dB HL 之间，在无助听设备帮助下，在理解和交流等活动上轻度受限，在参与社会生活方面存在轻度障碍。

言语残疾标准

一、言语残疾的定义

言语残疾，是指由于各种原因导致的不同程度的言语障碍，经治疗一年以上不愈或病程超过两年者，而不能或难以进行正常的言语交往活动，以致影响日常生活和社会参与（3 岁以下不定残）。

言语残疾包括:

1. 失语：是指由于大脑言语区域以及相关部位损伤所导致的获得性言语功能丧失或受损。

2. 运动性构音障碍：是指由于神经肌肉病变导致构音器官的运动障碍，主要表现为不会说话、说话费力、发声和发音不清等。

3. 器官结构异常所致的构音障碍：是指构音器官形态结构异常所致的构音障碍。其代表为腭裂以及舌或颌面部术后造成的构音障碍。主要表现为不能说话、鼻音过重、发音不清等。

4. 发声障碍（嗓音障碍）：是指由于呼吸及喉存在器质性病变导致的失声、发声困难、声音嘶哑等。

5. 儿童言语发育迟滞：指儿童在生长发育过程中其言语发育落后于实际年龄的状态。主要表现不会说话、说话晚、发音不清等。

6. 听力障碍所致的语言障碍：是指由于听觉障碍所致的言语障碍。主要表现为不会说话或者发音不清。

7. 口吃：是指言语的流畅性障碍。常表现为在说话的过程中拖长音、重复、语塞并伴有面部及其他行为变化等。

二、言语残疾的分级

言语残疾一级:

无任何言语功能或语音清晰度≤10%，言语表达能力等级测试未达到一级测试水平，不能进行任何言语交流。

言语残疾二级:

具有一定的发声及言语能力。语音清晰度在 11% ~ 25%之间，言语表达能力等级测试未达到二级测试水平。

言语残疾三级:

可以进行部分言语交流。语音清晰度在 26% ~ 45%之间，言语表达能力等级测试未达到三级测试水平。

言语残疾四级:

能进行简单会话，但用较长句或长篇表达困难。语音清晰度在 46% ~ 65%之间，言语表达能力等级测试未达到四级测试水平。

肢体残疾标准

一、肢体残疾的定义

肢体残疾，是指人体运动系统的结构、功能损伤造成四肢残缺或四肢、躯干麻痹(瘫痪)、畸形等而致人体运动功能不同程度丧失以及活动受限或参与的局限。

肢体残疾包括:

1. 上肢或下肢因伤、病或发育异常所致的缺失、畸形或功能障碍;

2. 脊柱因伤、病或发育异常所致的畸形或功能障碍;

3. 中枢、周围神经因伤、病或发育异常造成躯干或四肢的功能障碍。

二、肢体残疾的分级

肢体残疾一级：不能独立实现日常生活活动。

1. 四肢瘫：四肢运动功能重度丧失；
2. 截瘫：双下肢运动功能完全丧失；
3. 偏瘫：一侧肢体运动功能完全丧失；
4. 单全上肢和双小腿缺失；
5. 单全下肢和双前臂缺失；
6. 双上臂和单大腿（或单小腿）缺失；
7. 双全上肢或双全下肢缺失；
8. 四肢在不同部位缺失；
9. 双上肢功能极重度障碍或三肢功能重度障碍。

肢体残疾二级：基本上不能独立实现日常生活活动。

1. 偏瘫或截瘫，残肢保留少许功能（不能独立行走）；
2. 双上臂或双前臂缺失；
3. 双大腿缺失；
4. 单全上肢和单大腿缺失；
5. 单全下肢和单上臂缺失；
6. 三肢在不同部位缺失（除外一级中的情况）；
7. 二肢功能重度障碍或三肢功能中度障碍。

肢体残疾三级：能部分独立实现日常生活活动。

1. 双小腿缺失；
2. 单前臂及其以上缺失；
3. 单大腿及其以上缺失；
4. 双手拇指或双手拇指以外其他手指全缺失；
5. 二肢在不同部位缺失（除外二级中的情况）；
6. 一肢功能重度障碍或二肢功能中度障碍。

肢体残疾四级：基本上能独立实现日常生活活动。

1. 单小腿缺失；
2. 双下肢不等长，差距在 5 厘米以上（含 5 厘米）；
3. 脊柱强（僵）直；
4. 脊柱畸形，驼背畸形大于 70 度或侧凸大于 45 度；
5. 单手拇指以外其他四指全缺失；
6. 单侧拇指全缺失；
7. 单足跗跖关节以上缺失；
8. 双足趾完全缺失或失去功能；
9. 侏儒症（身高不超过 130 厘米的成年人）；
10. 一肢功能中度障碍或两肢功能轻度障碍；
11. 类似上述的其他肢体功能障碍。

智力残疾标准

一、智力残疾的定义

智力残疾，是指智力显著低于一般人水平，并伴有适应行为的障碍。此类残疾是由于神经系统结构、功能障碍，使个体活动和参与受到限制，需要环境提供全面、广泛、有限和间歇的支持。

智力残疾包括：在智力发育期间（18 岁之前），由于各种有害因素导致的精神发育不全或智力迟滞；或者智力发育成熟以后，由于各种有害因素导致智力损害或智力明显衰退。

二、智力残疾的分级

级别	分级标准			
	发展商（DQ）0-6 岁	智商（IQ）7 岁及以上	适应性行为（AB）	WHO-DAS Ⅱ分值 18 岁以上
一级	≤25	<20	极重度	≥116 分
二级	26~39	20~34	重度	106~115 分
三级	40~54	35~49	中度	96~105 分
四级	55~75	50~69	轻度	52~95 分

精神残疾标准

一、精神残疾的定义

精神残疾，是指各类精神障碍持续一年以上未痊愈，由于存在认知、情感和行为障碍，以致影响其日常生活和社会参与。

二、精神残疾的分级

18 岁以上（含）的精神障碍患者根据《世界卫生组织残疾评定量表Ⅱ》（WHO-DASⅡ）分数和下述的适应行为表现，18 岁以下者依据下述的适应行为的表现，把精神残疾划分为四级：

精神残疾一级：

WHO-DASⅡ值≥116 分，适应行为严重障碍；生活完全不能自理，忽视自己的生理、心理的基本要求。不与人交往，无法从事工作，不能学习新事物。需要环境提供全面、广泛的支持，生活长期、全部需他人监护。

精神残疾二级：

WHO-DASⅡ值在 106~115 分之间，适应行为重度障碍；生活大部分不能自理，基本不与人交往，只与照顾者简单交往，能理解照顾者的简单指令，有一定学习能力。监护下能从事简单劳动。能表达自己的基本需求，偶尔被动参与社交活动；需要环境提供广泛的支持，大部分生活仍需他人照料。

精神残疾三级：

WHO-DASⅡ值在 96~105 分之间，适应行为中度障碍；生活上不能完全自理，可以与人进行简单交流，能表达自己的情感。能独立从事简单劳动，能学习新事物，但学习能力明显比一般人差。被动参与社交活动，偶尔能主动参与社交活动；需要环境提供部分的支持，即所需要的支持服务是经常性的、短时间的需求，部分生活需由他人照料。

精神残疾四级：

WHO-DASⅡ值在 52~95 分之间，适应行为轻度障碍；生活上基本自理，但自理能力比一般人差，有时忽略个人卫生。能与人交往，能表达自己的情感，体会他人情感的能力较差，能从事一般的工作，学习新事物的能力比一般人稍差；偶尔需要环境提供支持，一般情况下生活不需要由他人照料。

多重残疾

存在两种或两种以上残疾为多重残疾。多重残疾应指出其残疾的类别。多重残疾分级按所属残疾中最重类别残疾分级标准进行分级。

附录 5

第二次全国残疾人抽样调查《住户调查表》填写说明

一、《住户调查表》填写方法

《住户调查表》由调查员根据申报人的回答，如实填写。

（一）《住户调查表》的填写方法有两种：有标准答案的栏目，根据实际情况圈填；没有标准答案的栏目，用文字或阿拉伯数字据实填写。

（二）《住户调查表》以户为单位填写，每页可填写 4 人，超过 4 人的家庭户酌情增加调查表。增加的调查表只填写“H1.本户编号”和按人填报的栏目“R1－R15”以及表下方有关内容，不再填写其他按户填报的栏目“H2—H9”。增加的调查表要与首页表顺序保存，不要分开，以防散乱，发生差错。超过 9 人的家庭户分为两户进行填报，其中一户按新增户处理。

（三）调查表填写错误的更改方法。如果文字或数字填写错误，必须用直尺将错误的地方用双线划去。横行书写的，用双横线划去，在划线的上方另行填写；竖行填写的，用双竖线划去，在划线的右侧另行填写；圈填错误的，应将错圈序码连同文字答案用双横线划去，再据实圈填。

（四）表内每个栏目下边的小方格是编码格，调查员不得填写。

二、《住户调查表》填写注意事项

（一）调查表的栏目使用钢笔或签字笔填写，字迹要端正清楚。必须用国家统一规范的简化字书写，不得使用同音异体字和繁体字。阿拉伯数字必须按“0123456789”的正体书写。

（二）在调查登记家庭户中每个人的情况时，要力争与本人见面，无特殊情况，不得由他人代替申报。

（三）调查员应对被调查户申报的情况保密，不得对外提供。

（四）《调查底册》和家庭《户口簿》仅供调查时参考，不得照抄。

三、《住户调查表》的填写顺序

《住户调查表》要逐人逐栏进行询问填写，不得漏填或错填。《住户调查表》填写的顺序是：

第一步，填写左上角的“本户地址”和“H1.本户编号”。

第二步，填写按人填报的栏目 R1－R14，按户主、配偶、子女等顺序逐人逐项登记（“R15.属于何种残疾”暂不圈填，待医生检查评定后再圈填），并以本人登记的顺序作为“本人行号”。

第三步，填写按户填报的栏目，包括“H2.本户登记人数”、“H4.本户住房建筑面积”、“H5.本户住房建筑结构”、“H6.本户住房来源”、“H7.上年度本户全部收入”、“H8.本户拥有的主要家电”、“H9.本户月均生活用电量”。（“H3.本户残疾人数”暂不填写，待医生检查评定后再填写）。

第四步，与被调查户核对主要情况无误后，请家庭的主要申报人在表下方签名或盖章，调查员填写表下方的“本户共___页，本页是第___页”，然后签字并填写填报日期；“装订页码第___页”待本调查小区调查表装订成册后再填写。

第五步，根据医生检查的定性结果，填写“R15.属于何种残疾”，并据此填写本户户记录中的“H3.本户残疾人数”。

第六步，“备注”栏分为两部分填写。左栏属于规定的填写内容，包括本户见面人数，0~6 岁儿童姓名，疑似残疾人的姓名和残疾类别；右栏填写调查中发现的特殊情况。

四、《住户调查表》指标解释

第二次全国残疾人抽样调查的标准时间为：2006 年 4 月 1 日 0 时。此次调查的数据是反映标准时间点的人口状况。2006 年 4 月 1 日 0 时之前出生的人需要登记，之后出生的人则不登记；2006 年 4 月 1 日 0 时之前死亡的人不登记，之后死亡的人需要登记。准确地把握标准时间是防止重复登记和漏登记的重要措施。

（一）按人填报的栏目共有 15 个

R1.姓名：竖行填写本人的正式姓名，无正式姓名的，可填写乳名、小名或某某氏；未取名的婴儿可填写“未取名”。

R2.与户主的关系：指户内各成员与户主之间的关系，并不是指户内各成员与申报人之间的关系。

1.户主。表内所填写的第一人必须是户主。如果户主外出半年以上，按照调查对象标准规定，其不属于本调查小区的调查对象，则由本户另确定一位新的户主，并作为第一人填写，其他成员按照与新户主的关系据实圈填。一户中只能有一位户主。

2.配偶。户主的配偶指户主的妻子或丈夫，必须填在第二格。一户中只能有一个人填为户主的配偶。

3.子女。包括户主的儿子、女儿、儿媳、女婿，一般应按照年龄大小顺序填写。

4.孙子女。包括户主的孙子、孙女、孙媳、孙婿、重孙子女、重孙媳、重孙婿及外孙、重外孙子女等。

5.父母。包括户主的父亲、母亲、公公、婆婆、岳父、岳母、继父、继母。

6.祖父母。包括户主的祖父母、外祖父、外祖母、曾祖父、曾祖母、继祖父、继祖母。

7.兄弟姐妹。包括户主和配偶的兄弟姐妹、表兄弟姐妹等。

8.其他。指上述家庭成员之外的其他人员，如朋友、同事、同学、同乡、保姆等均圈填此项。

R3.性别：根据被调查人的性别据实圈填。

R4.出生年月：被调查人的出生年月按公历用阿拉伯数字填写；只知农历的，按农历月份+1 视为公历填写。从出生日期到调查的标准时间为止，满 12 个月的算一周岁（即使少一天也不算一周岁），不满 12 个月的婴儿填写为 0 周岁。

R5.民族：指被调查人的民族成份。要按《各民族名称一览表》据实竖行填写，要填写全称而不要写简称。父母不是同一民族的，其不满 18 周岁的子女，民族未定的，由父母商定，选填父亲或母亲一方的民族；已满 18 周岁的子女，是填报父亲还是母亲的民族，由本人决定。如果确实有新出现的民族，则据实填报，在备注栏说明；外国人加入中国籍的，其本人的民族和我国某一民族相同，就填报这一民族，例如朝鲜人加入中国籍的，即填朝鲜族；没有相同民族的，按外国人加入中国籍填写，填报为“入籍”。

R6.户口登记状况：指被调查人的常住户口登记状况，设有四个标准答案，即为本次调查对象的四款人。

根据国务院批准的《第二次全国残疾人抽样调查方案》规定，“此次调查的对象是具有中华人民共和国国籍，并居住在被抽中调查小区内常住的人。调查采用按常住人口登记的原则，以户为单位填报，只调查家庭户，不调查集体户。单身居住独自生活的也作为一个家庭进行登记。本次不调查中国人民解放军现役军人和武装警察（包括部队管理的离退休干部）。”

确定被调查人是否属于本次调查的对象，关键是准确掌握调查的空间标准和时间标准。

空间标准：指户口是否在“本乡、镇、街道”所辖的地理区域。

时间标准：指常住本调查小区时间连续“半年”。

本次调查规定的连续“半年”是指从 2005 年 10 月 1 日 0 时到 2006 年 4 月 1 日 0 时。对于在本调查小区居住并从事商业、手工业、服务业、建筑业等活动的人，偶尔返回户口登记地或临时外出探亲访友（包括春节返乡探亲）、出差，判断其在本调查小区居住的时间和离开常住户口登记地的时间时，都不应扣除偶尔返回或临时外出的时间。

调查员可按以下四个标准答案根据调查对象的实际情况圈填。

1.住本调查小区，户口在本乡、镇、街道；

2.住本调查小区半年以上，户口在外乡、镇、街道；

3.住本调查小区不满半年，离开户口所在地半年以上；

4.住本调查小区，户口待定。

第一款人：包括两种情况，一是常住户口在本乡、镇、街道，居住在本调查小区的人；二是常住户口在本乡、镇、街道，但是人离开本乡、镇、街道不满半年的人（包括调查时临时出国考察、学习和旅游等情况不满半年的人)。

常住户口在本户、外出(离开本乡、镇、街道)已超过半年的人,不属于本调查小区的调查对象。

第二款人:是指调查时已在本调查小区常住时间半年以上,但常住户口在其他乡、镇、街道的人。

第三款人:是指调查时在本调查小区常住时间虽然不满半年,常住户口在其他乡、镇、街道,但已离开常住户口登记地半年以上的人。

第四款人:是指调查时居住在本调查小区,在任何地方都没有登记常住户口的人(包括手持户口迁移证、退伍证、出生证、劳改释放证等尚未办理常住户口登记手续的人)。填报此款人的直接跳问 R8。

本次调查对以下情况作了特殊规定:

1.高中及高中以下在校住宿的学生,凡是经常回家的(例如周六、日回家),本次调查规定按调查对象第一款人进行登记。

2.婚嫁、搬迁到本调查小区的人或户,即使来本调查小区居住不满半年而户口在外乡、镇、街道,但因其具有长期居住的意义,本次调查规定按调查对象第一款人进行登记。

3.凡是户口在集体户、人在家庭户居住的人,本次调查规定按调查对象第一款人在被调查户进行登记。

R7.户口性质:指被调查人的常住户口性质,按户口簿上常住户口性质据实圈填。取消了农业户口和非农业户口的地区,按照取消前的户口性质圈填。农民进城已办理了小城镇户口的,也圈填"2.非农业";在"R6.户口登记状况"中填报为"4.住本调查小区,户口待定"的人不填报本栏。

R8、R9 两栏限 6 岁及以上的人填报。

R8.是否识字:指被调查人是否达到国务院规定的脱盲标准(城市居民和乡、镇企业职工识字 2000 个,乡村居民识字 1500 个)。调查登记时可询问是否具有阅读通俗书报刊或写便条、简单书信的能力。凡具有简单读写能力的人,圈填"1.是",没有达到脱盲标准的人,则圈填"2.否"。圈填"2.否"的人,不再填报"R9.受教育程度",跳问"R10、婚姻状况"。

R9.受教育程度:指本人接受国内外教育的最高学历。通过自学或成人学历教育经国家统一考试合格的,可分别归入相应的受教育程度。

1.未上过学。指被调查人识字,但从未接受过国家或其他办学机构实施的各级各类学校教育。参加过各种扫盲班或成人识字班的人,也圈填此项。

2.小学。指接受的最高一级教育为小学,无论其是在校、毕业、肄业或辍学均圈填此项。只读过私塾的也填报此项。

3.初中。指接受的最高一级教育为初中,无论其是在校、毕业、肄业或辍学均圈填此项。技工学校相当于初中的也圈填此项。

4.高中。指接受的最高一级教育为普通高中、职业高中,无论其是在校、毕业、肄业或辍学均圈填此项。

5.中专。指接受的最高一级教育为中等专业学校,无论其是在校、毕业、肄业或辍学均圈填此项。

6.大学专科。指接受的最高一级教育为大学专科。在普通高等学校学习大学专科的,无论其在校、毕业、肄业或辍学均圈填此项。

凡在国家授权承认学历的广播电视大学、职工大学、高等院校举办的函授大学、夜大学和其他形式的大学,按教育部颁布的大学专科教学大纲进行授课的,其毕业生圈填此项;其肄业生、在校生按原有受教育程度圈填。

通过自学,经国家统一举办的考试,并取得大学专科毕业证书的,也圈填此项标准答案。

7.大学本科。指接受的最高一级教育为大学本科。在普通高等学校学习大学本科的,无论其是在校、毕业、肄业或辍学均圈填此项。

凡在国家授权承认学历的广播电视大学、职工大学、高等院校举办的函授大学、夜大学和其他形式的大学,按教育部颁布的大学本科教学大纲进行授课的,其毕业生圈填此项;其肄业生、在校生按原有受教育程度圈填。

通过自学和进修大学课程，经国家统一举办的考试，并取得大学本科毕业证书的，也圈填此项标准答案。

8.研究生。指接受的最高一级教育为硕士、博士研究生，无论其是在校、毕业、肄业或辍学均圈填此项。在职接受研究生教育的，其毕业生圈填此项，肄业生和在校生按原有受教育程度圈填。

凡是没有按教育部的教学大纲培训或只学单科的人，不能圈填“大学专科”、“大学本科”或“研究生”，一律按照原有受教育程度圈填。

R10-R14 栏限 15 岁及以上的人填报。

R10.婚姻状况：指被调查人在调查标准时间的实际婚姻状况。

1.未婚。指从未结过婚的人。

2.初婚有配偶。指本人有配偶，且属于第一次婚姻的人。对于没有办理结婚登记而未婚同居的人，按其申报的圈填。

3.再婚有配偶。指本人有配偶，但属于第二次及以上婚姻的人。

4.离婚。指夫妻间已办理了离婚手续，并在调查标准时间仍未再结婚的人。未办理离婚手续，而长期分居，不圈填此项，而应圈填“2.初婚有配偶”或“3.再婚有配偶”。

5.丧偶。指夫妇一方丧亡，在调查标准时间时还没有再结婚的人。

R11.当前是否有工作：指被调查人在调查标准时间前一周（即 2006 年 3 月 25—31 日），是否从事过不少于一小时有收入的社会劳动。工作时间不足一小时的，应视为无工作。填报无工作的则不再询问职业栏目，直接跳填“R13.当前未工作状况”。

有收入是指在该周内曾经得到或能够得到工资或家庭收益等，包括现金和实物收入。农民在承包的土地上劳动应视为有收入的工作；家庭成员在自家经营的商店、门市部、工厂劳动，既使没有任何收入，也应视同为有收入工作。

在职休假、培训学习、临时停工和季节性歇业而未工作，也视为当前有工作，包括如因生病或受伤而短期休息、休假和休养的人；脱产学习的人；由于天气原因、季节或电力故障、原料或燃料短缺等原因临时停工的人；从事季节性工作，正值歇业的人等。

R12.职业：指本人所从事的社会劳动工作种类。要求必须填写工作单位全称和所做的具体工作。

填写职业要注意以下几点：

1.填写职业要具体、详细。既要填写工作单位全称，也要填写具体做什么工作。例如“北京重型机床厂钳工”、“北京市公交总公司司机”等，不能笼统地填写“工人”；机关工作人员不能笼统填写“干部”，应填写其工作单位全称和职业，例如“北京市统计局主任科员”、“中国科学院工程师”等；农民不能笼统地填写“农民”或“种地”，而应具体填写为“粮农”、“菜农”或者“养鸡”等。

2.具有中级以上技术职称的行政领导人员，应按行政领导职务填写其职业；同时担任党和行政职务的领导干部，应按主要职务填写职业。

3.工种尚未确定，暂时又无具体工作的，可填“工种未定”。

4.农村就业人口中，凡在乡镇或村办企业中有比较固定的工作，既使在调查标准时间前一周干的是农活，仍要填报其比较固定的职业。

5.调查标准时间前一周内同时从事一种以上工作的，按所从事时间最长的工作种类填写；不能确定时间长短的，按其经济收入较多的工作填写。

6.没有固定性工作的个体经营者，进城务工经商和农闲时进行其他经济活动的人，企业停工停产自某出路从事一些临时性工作的职工，填写调查标准时间前一周主要从事的具体工作。

脱产进入学校学习者，不填职业栏，而应填写“R13.当前未工作状况”栏。

R13.当前未工作状况：此栏限十五岁及十五岁以上当前没有工作的人填写。

1.在校学生。指正在接受各级各类学校教育并有学籍的人。

2.离退休。指已办理离休、退休手续，依靠领取离退休金生活的人。离休、退休后又参加社会劳动并取得报酬的人，应视为有工作，不应圈填此项。

3.料理家务。主要从事家务劳动，且没有劳动收入的人圈填。离退休人员参加部分家务劳动的则不填此栏。农村中既料理家务又务农或从事家庭副业的人，应按在业人口填写职业，不应圈填此栏。

4.丧失劳动能力。指因心理、生理残疾和疾病等原因，在现有劳动条件下丧失了从事劳动的能力、不能参加社会劳动的人。也包括年老体弱生活不能自理的人员。但不包括领取退休金的人员。

5.毕业后未工作。指从学校毕业后从未工作过的人。

6.因单位原因失去原工作。指用人单位或雇主提出与劳动者本人中断劳动关系而失去原工作的人。包括：被原单位辞退、除名、开除的人；劳动合同到期后单位不同意续签劳动合同的人；因单位破产而失去工作的人；未办理正式退休手续的“内退”人员；仍与原工作单位保留劳动关系的下岗人员。

7.因本人原因失去原工作。指本人因各种原因提出与单位中断劳动关系而离开原工作岗位的人。包括辞职的人和劳动合同到期后本人不同意与单位继续签订劳动合同的人。

8.承包土地被征用。指本人承包或转包、租用集体或他人的土地，被有关部门和单位依据土地征用制度的规定征作公益性用地而失去工作。受雇在别人承包的土地上工作，因该土地被征用而失去工作的人，不圈此项，而应圈填“6、因单位原因失去原工作”。

9.其他。除以上八种人之外的未工作人口，圈填为“其他”。

R14.未工作者主要生活来源：根据被调查人情况据实圈填。如果同时有多项生活费来源，则选择其中最主要一项标准答案圈填。

1.离退休金。指办理了离休、退休手续的人，从原工作单位或社会保险部门领取的离退休生活费。

2.领取基本生活费。为了保证基本生活水平而领取的生活费。包括：企业下岗、内退职工领取的基本生活费，失业救济金；民政部门发放给烈军属的生活抚恤金，发给五保户和残疾人的生活补助费，以及发给城镇低收入户的最低生活保障金等。

3.家庭其他成员供养。指被调查人依靠家庭其他成员的经济收入生活。单独生活、由本家庭户外的其他亲属供养的也圈填此项。

4.财产性收入。指以资金储蓄、借贷入股以及财产经营、租赁等所取得的利息、股息、红利、租金等财产性收入生活。

5.保险收入。指主要靠从保险公司领取保险金生活。

6.其他。除以上几种情况之外的其他生活费来源。

R15.定性结果：此栏待医生对残疾人检查定性以后再由调查员填写。如果是残疾人，属于哪类残疾，就圈填哪类残疾；如果被调查人具有多种残疾现象，就圈填“7、多重残疾”；没有残疾的人不填报此栏。

（二）按户填报的栏目

按户填报的栏目共有 9 个。其中 H1 为本户编号，根据调查底册的序号填写；H2 和 H3 应与本户人记录中的有关栏目合计数相符；H4—H9 栏与人记录栏目无关，是以户为单位填报的项目。

H1.本户编号：按《调查底册》序号填写“H1 本户编号”。

在登记时，如果发现《调查底册》中某户为空户，则将本小区的最后一户前移，使用该户的“本户编号”；如果某户中实际居住着两户，其中一户使用原来的“本户编号”，另一户的“本户编号”续在本调查小区所有户编号的最后，按顺序编写户编号；居住三户或以上的，依次类推（上述户编号的改动须经调查队负责调查的副队长核定后进行，防止错乱）。

H2.本户登记人数：在本户调查登记的人数，应与人记录的合计人数一致。

H3.本户残疾人数：根据人记录的“R15.属于何种残疾”的定性结果，分男、女性别的残疾人数填写。

H4.本户住房　建筑面积：本户住房的建筑面积按住房的外墙计算。

1.知道建筑面积的可直接填报；不知道住房建筑面积，只知道使用面积的，则可使用公式换算：

建筑面积＝使用面积（包括扩建的使用面积）÷0.7

2.住旅馆或租借房屋的常住户，一律按现住房的实际情况填写其住房面积。

3.居住在工作场所的户，住房面积应该填写其居住房间的建筑面积。

4.合住在同一所住房里的住户，其建筑面积为各户所独立使用的房间面积加上公共使用面积（包括厨房、厕所、门厅、阳台等）的一部分；两户合用的面积，各按二分之一计算，三户合用的面积，各按三分之一计算；以此类推。

5.属于本小区调查对象，但居无定所的常住户（如进城的流动人口）睡在桥下、公园和车站等地方的人，其住房面积填“0”平方米。

H5.本户住房建筑结构：指本户住房建筑的结构（指承重结构，如承重墙、梁、柱等）所用的建筑材料。本栏目设有五个标准答案。

1.钢筋混凝土：指承重的主要构件是用钢筋混凝土建造的住房。包括薄壳结构、大模板现浇结构及使用滑模、升板等建造的钢筋混凝土结构的房屋。

2.混合结构：指承重的主要构件是用钢筋混凝土和砖、木建造的房屋。如一幢房屋的梁是用钢筋混凝土制成，以砖墙为承重墙，或者梁使用木材建造，柱是使用钢筋混凝土。

3.砖木结构：是指承重的主要构件是砖和木材。如一幢房屋是木制房架、砖墙、木柱建造的。

4.木、竹、草结构：指房屋的主要建筑材料为木、竹、草。如一幢房屋是木（竹）制房架、草顶。

5.其他：不属于上述结构类型的房屋都归此类。如砖拱结构、窑洞、蒙古包等。

H6.本户住房来源：指本户获取住房的途径，包括拥有全部产权或部分产权。本栏目设有四个标准答案，可根据住房的拥有情况，据实圈填。

1.自有：指本户住房的产权属于本户私人所有。既包括城镇和农村中私人自建的房屋，也包括私人从单位或房地产开发单位购买的房屋，还包括继承的私有遗产房等情况。

2.租赁：指本户住房属于交纳房租费后获有使用权。既包括由单位作为福利分配给本单位职工、产权归单位所有、个人交纳少量房租费的住房，也包括从市场上租用的房屋。

3.借用：指不用交房租费，临时借住单位或亲朋好友的房屋。

4.其他：指不属于以上几种房屋产权性质的住房，圈填此项。

H7.上年度本户全部收入：指被调查户 2005 年度全部经济收入，包括工薪收入、经营性净收入、财产性收入、转移性收入（如保险、奖金、抚恤金、资助、出租房收入等）。农村的全部收入包括各种农作物、养殖等实物收获，并要将实物折算成人民币，根据全户所有人的合计收入是多少就填报多少。但是，家中雇佣保姆和非亲属的经济收入不包括在内。

对亲属供养情况收入的计算，如果供养人与被供养人在同一户居住，供养费不计入总收入；如果不在同一户，供养费应计入被供养人所在户的总收入中。

H8.本户拥有的主要家电：本栏属于多选栏目，共列出五种家庭常用的主要电器名称。可根据被调查户拥有（指拥有所有权或使用权）并能使用的家用电器分别圈填。彩色电视机，不包括黑白电视机；电冰箱包括单门、双门和多门的；洗衣机包括全自动和半自动（含双缸和单缸的）；电话包括有线电话和无线电话（手机）；电脑指电子计算机。

H9.本户月均生活用电量：根据本户的月平均用电量填报。如果只知道用电费用，可根据当地每度电价换算成用电度数。

附录 7

第二次全国残疾人抽样调查《残疾人调查表》填写说明

一、填写注意事项

（一）《残疾人调查表》由医生填写，填表人员要严格按照规定填写，保证本表的工整与清洁。

（二）本表要求使用铅笔填写，字迹要端正清楚，不得潦草模糊。不得用同音异体字；简化字必须按国家公布的《简化字总表》书写；阿拉伯数字必须按“0 1 2 3 4 5 6 7 8 9”的正体书写，不得用自由体。

（三）填表人员根据评定结果填写表中相关项目，不能遗漏。

（四）填表人员要对被调查的残疾人及家庭申报的情况严格保密，不得对外提供。

二、填写顺序

依据诊断情况完成《残疾评定记录表》的填报后，再开始填报《残疾人调查表》，填写要逐项进行，不得漏填或重复。填写顺序如下:

第一步:《残疾人调查表》的上沿部分“本户编号”、“本人行号”、“本户住址”和“残疾人姓名”、“性别”、“年龄”、“户主姓名”等项均对照《残疾评定记录表》的上沿内容。

第二步: 本表中“C1.残疾类别”、“C2.残疾等级”、“C3.残疾发现时间”和“C4.致残主要原因”等按诊断残疾的实际情况填写。

第三步: 遇到两种或两种以上残疾人，即多重残疾则复选填报。

第四步:“T1.残疾人活动和参与评定”、“T2.康复建议”、“T3.是否持有残疾人证”、“T4.接受教育情况”、“T5.社会保障情况”、“T6.曾接受何种服务或辅助”及“T7.本人主要需求”等逐项询问判断填写，遇多重残疾由最后诊断确诊某种残疾的医生填写。

第五步: 本表下沿部分，完成逐项填写后，“本户包括住户调查表”、“医生”、“申报人”及“填报日期”均按《残疾评定记录表》的下沿内容填写完整。

另外，本表每个项目下面的方格为编码格，填写人员不得填写，由专业编码人员处理。

三、填写说明

C1.残疾类别

分为视力残疾、听力残疾、言语残疾、肢体残疾、智力残疾和精神残疾等六类。填表时在诊断确定为残疾后，请在残疾类别的左面编号上圈填，如多重残疾，则复选。例如，诊断为“视力残疾”，应圈填为 1. 视力残疾。

C2.残疾等级

各类残疾均分为四个等级。填表时，请在相应的残疾等级编号上圈填。例如: 诊断为听力三级，应圈填为 3. 三级。

C3.残疾发现时间

残疾发生时间是指发现残疾或出现残疾的年份，如“1999 年”。针对 0 ~ 6 岁的儿童来说，是指发现残疾的时间；而针对其他人则为出现残疾的时间。填表时，请将残疾发现时间填在年前面的横线上。

C4.致残主要原因（选择主要致残原因不超过两项）

致残主要原因是指导致主要致残的原因，选择主要致残原因不超过两项。填表时请在相应项目前的编号上圈填。如填表人的致残原因在表中没有列出，请在“其他”前的编号上圈填。按照不同类别分为以下几类:

视力残疾

01.遗传、先天异常或发育障碍	05.角膜病	09.弱视
02.白内障	06.视神经病变	10.外伤
03.青光眼	07.视网膜、色素膜病变	11.中毒
04.沙眼	08.屈光不正	12.其他
		13.原因不明

听力残疾

01.遗传	06.中耳炎	11.药物中毒
02.母孕期病毒感染	07.老年性耳聋	12.创伤或意外伤害
03.传染性疾病	08.早产和低体重	13.噪声和爆震
04.自身免疫缺陷性疾病	09. 新生儿窒息	14.其他
05.全身性疾病	10. 高胆红素血症	15.原因不明

言语残疾

01.唐氏综合征	08.脑出血	15.脊髓侧索硬化
02.脑性瘫痪	09.脑炎	16.脑外伤
03.新生儿病理性黄疸	10.脑囊虫病	17.产伤
04.早产、低体重和过期产	11.喉、舌疾病术后	18.孤独症
05.腭裂	12.听力障碍	19.癫痫
06.智力低下	13.帕金森氏病	20.CO 中毒
07.脑梗死	14.多发性硬化	21.其他
		22.原因不明

肢体残疾

01.脑性瘫痪	08.肿瘤	15.脑外伤
02.发育畸形	09.骨关节病	16.其他外伤
03.侏儒症	10.地方病	17.结核性感染
04.其他先天性或发育性障碍	11.脊髓疾病	18.化脓性感染
05.脊髓灰质炎	12.工伤	19.中毒
06.脑血管疾病	13.交通事故	20.其他
07.周围血管疾病	14.脊髓损伤	21.原因不明

智力残疾

01.遗传	07.发育畸形	13.其他外伤
02.脑疾病	08.营养不良	14.中毒与过敏反应
03.内分泌障碍	09.母孕期外伤及物理伤害	15.不良社会文化因素
04.惊厥性疾病	10.产伤	16.其他
05.新生儿窒息	11.工伤	17.原因不明
06.早产、低体重和过期产	12.交通事故	

精神残疾

01.痴呆	06.分裂情感性障碍	11.人格障碍
02.其它器质性精神障碍	07.其它精神病性障碍	12.孤独症
03.使用精神活性物质所致的障碍	08.心境障碍	13.癫痫
04.精神分裂症	09.神经症性障碍	14.其他
05.妄想性障碍	10.行为综合征	15.原因不明

T1.残疾人活动和参与评定（18 岁以上填报）

T1.残疾人活动和参与评定（18 岁以上填报）					
理解和交流	身体移动	生活自理	与人相处	生活活动	社会参与
1.无障碍/无适用 2.轻度障碍 3.中度障碍 4.重度障碍 5.极重度障碍/不能完成	1.无障碍/无适用 2.轻度障碍 3.中度障碍 4.重度障碍 5.极重度障碍/不能完成	1.无障碍/无适用 2.轻度障碍 3.中度障碍 4.重度障碍 5.极重度障碍/不能完成	1.无障碍/无适用 2.轻度障碍 3.中度障碍 4.重度障碍 5.极重度障碍/不能完成	1.无障碍/无适用 2.轻度障碍 3.中度障碍 4.重度障碍 5.极重度障碍/不能完成	1.无障碍/无适用 2.轻度障碍 3.中度障碍 4.重度障碍 5.极重度障碍/不能完成

活动是由个体执行一项任务或行动，它代表了功能的个体方面。当个体在进行活动时可能遇到的困难，即是活动受限制，它根据完成活动时的质和量从轻微到严重偏差的变化范围。

参与是指投入到一种生活情景中，它代表了功能的社会方面，是衡量残疾程度的重要指标。

分六大类:理解和交流、身体移动、生活自理、与人相处、生活活动和社会参与。其中各类均有五种程度：无障碍、轻度障碍、中度障碍、重度障碍、极重度障碍。填表时请依据《残疾评定记录表》结果在相应项目前的数值上圈填。

T2.今后康复建议

康复形式：即残疾人实现康复的基本途径，包括以下三种：机构康复，延伸服务（上门服务），社区、家庭康复。

1.机构康复：指在康复中心、综合医院设置的康复科室等机构中，以门诊和住院的形式提供的康复服务途径。

2.延伸服务（上门服务）：延伸服务是指由康复机构派专业人员到实地，为康复对象提供专业性康复服务的途径。

3.社区和家庭康复：社区、家庭康复是指在社区和家庭为残疾人采取的康复措施，这些措施是利用和依靠社区和家庭的人力资源而进行的，包括依靠残疾人及其家庭成员和社会。

康复内容

指实现残疾人康复的方法或手段，包括：医疗服务、辅助器具、康复训练与服务等。

康复形式仅能选择其中一项圈填。选择康复形式后，康复内容至少选择一项圈填。填表时请在相应项目前的编号上圈填。

T3.是否持有残疾人证

指被调查人是否持有当地残联核发的残疾人证。填表时请在相应项目前的编号上圈填。

T4.接受义务教育情况(在校生填报)

1.普通教育学校普通班：指在普通义务教育学校随班就读。

2.普通教育学校特教班：指在普通义务教育学校专门为视力、听力言语、智力残疾和多重残疾人开办的特殊教育班中接受教育。

3.特殊教育学校：指在专门为视力、听力言语、智力残疾和多重残疾人开办的提供义务教育的学校。

4.其他：指通过社区服务、送教上门等多种形式接受教育。

填表时请在相应项目前的编号上圈填。

T5.社会保障情况

指被调查人是否纳入了社会保险、当地居民最低生活保障或集中供养、五保供养、临时救济、定期补助、残联系统专项补助等社会保障范围。

1.参加社会保险情况：指调查时被调查人是否参加了养老、医疗、工伤、失业等社会保险。此栏至少填写一项。

2.是否领取低保金：指调查时被调查人是否被纳入当地居民最低生活保障范围领取最低生活保障金。

3.是否领取过救济：指被调查人在调查标准时间前一年（即2005年4月1日至2006年4月1日）内是否享受当地民政、残联等部门所给予的集中供养、五保供养、临时救济、定期补助、残联系统专项补助等。

填表时请在相应项目前的编号上圈填。

T6.曾接受过何种服务或扶助(填报最主要三项)

指被调查人曾经接受过的当地残联、民政或其他部门、组织提供的康复、教育、就业、生活等方面的服务或扶助。选最主要的三项圈填。填表时请在相应项目前的编号上圈填。

01.医疗服务与救助：医疗服务指通过医院或专门医疗机构采用手术或其他诊断形式帮助残疾人恢复或补偿功能，提高生活自理和社会适应能力等。

医疗救助：指政府和社会对因病而无经济能力进行治疗的贫困残疾人实施专项医疗帮助和支持的行为。在农村开展新型农村合作医疗的地区，资助残疾人缴纳个人应负担的全部或部分资金，参加当地合作医疗，享受合作医疗待遇；因患大病经合作医疗补助后个人负担医疗费用过高的，再给予补助；尚未开展新型农村合作医疗的地区，对因患病难以负担费用的残疾人，给予适当医疗救助；对患国家所规定的特种传染病的残疾人，其救治费用按有关规定给予补助。在城市，通过发动社会力量资助、城市医疗救助基金给予适当补助、医疗机构自愿减免有关费用等多种形式对患病而无力承担治疗费用的贫困残疾人给予医疗救助。

02.辅助器具：（在我国习惯称为残疾人用品用具），是指供残疾人个人使用的能够补偿、减轻或替代因残疾造成的身体功能缺失或障碍的产品和器械。

用于肢体残疾人的辅助器具有：假肢、轮椅、手摇轮椅车、电动动轮、机动轮椅车、助行架、腋杖、肘杖、多脚手杖、单脚手杖、握笔器、取物器、穿衣辅助、用餐辅助、刷牙辅助、梳头辅具等；用于听力残疾人的辅助器具有：助听器、语言训练器、骨导电话、闪光门铃等；用于视力残疾人的辅助器具有：助视器、电子语音报时器、盲文写字板、盲文打字机、盲文阅读器、盲杖等。

03.康复训练与服务：指残联、卫生或其他部门为残疾人及其亲友提供的包括肢残人功能、智残人能力、盲人行走导向、聋儿听力语言、助视器配用、精神病防治康复等多方面的培训、训练指导、康复护理、心理疏导、残疾预防知识普及、健康教育、科学与安全意识宣传及相关的咨询转介等多种康复训练与服务。

04.教育费用补助或减免(6岁以上填报)：指政府、教育部门、残联系统或其他部门，组织减免残疾人或其子女就学的费用或提供的补助金。

05.职业教育与培训(12岁以上填报)：残疾人或其子女在各级各类职业学校或培训机构中接受学历教育（包括初等、中等和高等职业教育）或短期的职业培训。

06.就业安置与扶持(16岁以上填报)：指残疾人就业服务机构或其他社会机构提供的职业指导、就业安置或扶持扶助等服务。

07.贫困残疾人救助与扶持：

救助是指纳入当地居民最低生活保障或享受集中供养、五保供养、临时救济、定期补助、残联系统专项补助等。

扶持是指各级政府扶贫办、妇联、共青团、残联及社会团体等有关部门或信用社、扶贫社等开展的帮助贫困残疾人筹措资金、落实优惠政策、选项目、学技术等多种形式的带动贫困残疾人脱贫活动，包括扶贫经济实体、扶贫基地辐射带动到户；党员、干部、助残志愿者结对包户帮带活动；残疾人联合会利用康复扶贫贷款开展残疾人专项扶贫活动等。

08.法律援助与服务：指各级政府法律援助机构、各级司法行政部门、各级残疾人维权机构、公证机构和基层法律服务机构、律师、民间法律援助组织、法律专业网站和志愿者等为残疾人提供的免费法律服务、贫困残疾人诉讼费或其他费用减免缓、法律咨询、转介服务和法律帮助等。

09.无障碍设施：指为保障残疾人、老年人、伤病人、儿童和其他社会成员的通行安全和使用便利，在道路、公共建筑、居住建筑和居住区等建设工程中配套建设的服务设施。

10.信息无障碍：指公共传媒应使残疾人能够无障碍地获得信息，进行交流，如影视作品、电视节目的字幕和解说，电视手语，盲人有声读物，针对不同障碍的残疾人开发适合不同需要的通信技术和产品等。

11.生活服务：指社区组织、志愿者等为残疾人提供的不定期的日常生活服务，如日常家务的协助、代办等。

12.文化服务：指各级政府文化行政部门、各文化机构、基层组织、社会团体、志愿者等为残疾人提供或组织的旨在解决残疾人精神文化需求、提高残疾人素质的各项文化艺术活动及相应服务。如送书上门，爱心赠书，盲文及有声读物的借阅，参与社会文化活动时享受的便利、优惠服务等。

13.其他：除以上十四种之外的服务或扶助，圈填为“其他”。

14.未曾接受过何种服务或扶助。

T7.本人主要需求

指被调查人需要的康复、教育、就业、生活等方面的服务或扶助，选最主要的三项圈填。指标解释参见T6。填表时请在相应项目前的编号上圈填。

附录 8

第二次全国残疾人抽样调查社区（村、居委会）调查表

表　　号：残调 3 表
制表机关：第二次全国残疾人抽样调查办公室
批准机关：国家统计局
批准文号：国统函【2005】227 号
有效期截止时间：2006 年 6 月 30 日

地　址：________省（自治区.直辖市）________县（市.区）________乡（镇.街道）________社区（村、居委会）

地址码：

一、类别	二、总户数	三、总人口数	残疾人情况				残疾人组织情况		十、社区内无障碍设施
			四、残疾人数	五、持证残疾人数	六、享受定期救助人数	七、享受临时救助人数	八、残疾人协会（小组）	九、残疾人专职委员	
1. 社区（居委会） 2.村委会	______户	______人	______人	______人	______人	______人	1.有 2.无	1.有 2.无	1.有 2.无

十一、康复站	十二、社区康复协调员	各项公共服务机构覆盖情况（距本社区、村委会公里数）				十七、上年度本村人均收入
		十三、法律服务所（司法所）	十四、特教学校（班）	十五、文化活动站（室）	十六、卫生室（所、站）	
1.有 2.无	1.有 2.无	______公里	______公里	______公里	______公里	______元

填表人（签字）：________　　　　填报时间：______年____月____日

附录 9

第二次全国残疾人抽样调查《社区（村、居委会）调查表》填写说明

《第二次全国残疾人抽样调查社区（村、居委会）调查表》（简称《社区调查表》），是为了获取调查小区所在社区的有关基础数据而制定的。数据可以反映残疾人生活的环境与条件，是本次调查数据的重要组成部分。

本表的填写要求:

一、本表以被抽中调查小区所在的社区（居委会）或村委会为单位，由陪调组组长负责收集资料，并在调查队长的指导下填报。

二、表中第十栏只由社区（居委会）填报，第十七栏只由村委会填报，其余项目栏社区（居委会）和村委会都填报。

三、指标解释:

1.“总户数”、“总人口数”，为2005年末社区（村、居委会）所辖范围内的常住人口统计数（如果确实没有常住人口数据，才能使用其他人口数据填报）。

2.“残疾人数”，为社区和村委会掌握的残疾人数（包括持证残疾人和无证的残疾人）。

3.“持证残疾人数”，指社区和村委会掌握的持有残联系统发放的残疾证的人数。

4.“享受定期救助人数”，指上一年度民政、残联等部门给予的居民最低生活保障、集中供养、五保供养等定期性救助人数。

5.“享受临时救助人数”，指上一年度民政、残联等部门给予的临时性费用减免、临时救济等形式的救助人数。

6.“社区内无障碍设施”，是本社区范围内是否设有坡道、盲道等无障碍设施。

7.“残疾人康复站”，指社区（村、居委会）依托社区服务中心学校、幼儿园、福利企业事业单位、工疗站、残疾人活动场所的等现有机构和设施，建立的满足残疾人全面康复需求的社区康复站。

8.“社区康复协调员”　指社区（村、居委会）配备的专（兼）职人员，可会同社区卫生服务机构调查康复需求，建立康复服务档案，向残疾人提供康复服务信息和转介服务，协调组织社区内有关机构、人员为残疾人提供康复服务和相应支持。

9.“卫生室（所、站）”，在农村指卫生室（所、站），在城市指社区卫生服务中心（站）。

四、“十三”至“十六”栏是指本社区（村、居委会）距最近的、可使用或能提供服务的各项公共服务机构的公里数。凡是本社区（村、居委会）范围内有的，填写“0”公里；若周围没有或不知道，则填写“无”。

附录 10

江西省第二次全国残疾人抽样调查抽样实施方案

一、全省情况

江西位于长江中下游交接处的南岸，全省土地面积为 16.69 万平方公里，境内以山地、丘陵为主。

江西人民在省委、省政府的正确领导下，以科学发展观为指导，认真落实国家宏观调控重大决策，开拓进取，扎实工作，经济社会保持了良好发展的势头。2004 年，全省实现生产总值 3495.94 亿元；完成全部工业增加值 1110.7 亿元，农业总产值 1054.92 亿元；全社会固定资产投资 1820 亿元。

江西人口保持了低速平稳发展的势头。2004 年人口变动抽样调查显示，全省年末总人口达 4283.57 万人，其中：城镇人口 1524.09 万人，占总人口的 35.58%，乡村人口为 2759.48 万人，占总人口的 64.42%。

近年来，江西省行政区划变动较大。按照 2004 年行政区划，全省有 11 个设区市，10 个县级市、70 个县、19 个市辖区，共有 99 个县级单位。为此，全省残疾人抽样调查的样本设计发案和抽取的样本，均以 2004 年的行政区划和 2004 年的人口统计数以及 2004 年残疾人持证数为抽样框（见表 1）。

二、全省的样本量和抽取的单位数

按照全国残疾人抽样调查领导小组的分配结果，全省样本量为 8 万人，占全省 4283 万人的 1.85%。按照样本设计，全省抽取 25 个县级单位，近占全省县级单位总数的 30%。

二级以下样本的抽取采用 4 × 2 × 1 的模式，即在每个被抽中县级单位（县、市、市辖区)中抽取 4 个乡级单位(乡、镇、街道)；在被抽中乡级单位中抽取 2 个村级单位(村民委员会或居民委员会)；在每个抽中村级单位中根据人口规模，按 400 人左右划分调查小区，随机抽选 1 个调查小区。

按照以上模式全省共抽选 100 个乡级单位，200 个村级单位，200 个调查小区，样本人数为 8 万左右。

三、分层情况.

（一）分层要求

1. 分层的原则：对第一级样本的县级单位进行分层。分层的原则应尽可能使层内各单位之间调查指标的差异小，各层间调查指标的差异大，以便降低总体的抽样误差。

2. 分层的标志：根据分层的原则以及江西各地的具体情况，对县级单位采用二次分层方法分层。第一次按城乡分层，将县级市和市辖区归为一层，称为“城市层”；县归为一层，称为“县层”。第二次分层采用不同指标归类。

（1）在城市层，考虑区域经济差别不大的情况，以总人口与持证率（残疾人口与总人口比例）同等分布规律作分层标志。由于本层 29 个县级单位，相当于总体的 1/3，同时持证率 0 ~ 1%，1% ~ 2%，2%以上界限明显，因而考虑本大层的二次分层分为 3 层。

（2）在县层，由于本省各县之间经济条件差别较大，区域间的经济条件与持证发放量相关性较强，因而按持证率作主变量、财政收入作次变量，进行排序（升序），以持证率 0.2%作为一层区间。设计分成 6 层。

（3）分别对二次分层的层内县级单位所辖人口数（2004 年公安户籍）从高到低排序，分层叠加，汇总二次分层后每层总体规模。

3. 各层样本人数的确定：每层调查的样本人数，均按该层人口数占省总人口的比例分配。

（二）分层结果

为了使样本有较好的代表性，将全省抽样框内的 99 个单位分为 9 层：

1. 城市层：细分为“城市 1 层”、“城市 2 层”和“城市 3 层”。

★城市 1 层：本层共 11 个县级单位，总人口 4444493 人，含南昌市的青山湖区、新余市的渝水区、赣州市的章贡区、萍乡市的安源区、湘东区等。

★城市 2 层：本层共 10 个县级单位，总人口 5348057 人，含抚州市的临川区、宜春市的袁州区、南康市等。

★城市 3 层：本层共 8 个县级单位，总人口 4769514 人，含丰城市、高安市、乐平市等。

2. 县层：细分为“县层 1”、“县层 2”、“县层 3”、“县层 4”、“县层 5”、“县层 6”。

★县层 1：本层共 10 个县级单位，总人口 5553023 人，含余干县、会昌县、九江县等。

★县层 2：本层共 12 个县级单位，总人口 4301784 人，含兴国县、上栗县、新干县等。

★县层 3：本层共 13 个县级单位，总人口 4898380 人，含宁都县、东乡县、全南县等。

★县层 4：本层共 12 个县级单位，总人口 4687203 人，含上饶县、广昌县、石城县等。

★县层 5：本层共 10 个县级单位，总人口 4725220 人，含南昌县、广丰县、南城县等。

★县层 6：本层共 13 个县级单位，总人口 4905862 人，含于都县、修水县、铜鼓县等。

四、抽样方法

以江西省为总体，采用分层、多级、概率比例、整群的抽样方法。(PPES 抽样方法).

（一）第一级抽样

抽取县级样本单位。经分层后，在每层内按县级单位人口数降序排队进行累计。在人口累计数中，采用与县、市、市辖区人口估计规模成比例的概率抽样。

具体作法：

1. 在层内各单位按人口数量多少由大到小降序排队，按人口累计，以各层人口累计数为分母，本层应抽县级单位数为分子，计算抽样组距(包括总组距和各层组距)。

层抽样组距=层内县、市、市辖区人口累计数/层内抽取的样本数

2. 在 1~抽样组距之间选择随机起点，如查得随机数字落在 1~抽样组距之间，就定为随机起点；如查得的随机数字超过抽样组距数，则继续查表，到满足条件为止。

3. 等距抽取单位。若随机起点小于人口累计栏中第一个单位，则第一个单位被抽中；用随机起点加抽样组距，再确定下一个被抽中的单位。以此类推，抽取所需的样本单位数。如某层抽取 M 个县级单位，算法如下：

R+0*K

R+1*K

R+2*K

…

R+(M−1)*K

4. 县级单位抽样结果

全省抽中的 25 个单位为：

（1）城市 1 层共 11 个县级单位，抽中南昌市的青山湖区、萍乡市的湘东区、景德镇市德昌江区共 3 个县级单位；

（2）城市 2 层共 10 县级单位，抽中抚州市的临川区、南康市、瑞昌市共 3 个县级单位；

（3）城市 3 层共 8 县级单位，抽中高安市、瑞金市、井冈山市共 3 个县级单位；

（4）县层 1 共 10 县级单位，抽中余江县、信丰县、永修县共 3 个县级单位；

（5）县层 2 共 12 县级单位，抽中兴国县、永丰县共 2 个县级单位；

（6）县层 3 共 13 县级单位，抽中吉安县、金溪县共 2 个县级单位；

（7）县层 4 共 12 县级单位，抽中上高县、上饶县、分宜县共 3 个县级单位.

（8）县层 5 共 10 个县级单位，抽中南昌县、新建县、南城县共 3 个县级单位.

（9）县层 6 共 13 个县级单位，抽中于都县、修水县、婺源县共 3 个县级单位。

县级样本市区人口占总人口的比重为 33.4%，与 2004 年人口变动调查资料的 35.58%稍有偏低。

（二）第二级抽样

1. 样本单位和样本数量

第二级抽样在抽中县内进行，样本单位是乡、镇、街道。每个被抽中县级单位抽取 4 个乡级单位。

2. 抽样框编制

在每个被抽中县级单位对第二级样本单位按照乡、镇、街道分层，使用实际人口数量编制本县级单位的抽样框。

3. 各层样本数量分配

按人口比例分配乡、镇、街道各层的样本量，四舍五入取整。

4. 抽样计算方法

在各层内按人口数按降序排队，累计人口数，计算组距，选择随机起点，计算各抽中点数据，抽取样本(各抽中点数据计算方法同上)。

（三）第三级抽样

1. 样本单位和样本数量

在被抽中的乡(镇、街道)内各抽取 2 个村(居)民委员会。

2. 抽样方法

按居委会和村委会的人口数量降序排队编制抽样框。计算抽样组距，按人口降序排队，随机等距抽取村(居)委会样本单位。

（四）第四级抽样

1. 样本单位和样本数量

在被抽中的村(居)民委员会各抽取 1 个调查小区。

2. 村级单位的合并

凡抽中村级单位人口规模小于 350 人的，以接壤或临近为原则，选择一个村级单位与其合并。

3. 调查小区的划分

用村民(居民)委员会人口数除以 400 人，得到可以划分的小区数，利用本村级单位的户口底册或平面图大致划分，划分好的小区人口数量应在 350 ~ 400 人之间。

4. 调查小区的抽取

对每个调查小区编升序加 1 序号，在序号范围内使用简单随机抽样方法抽取样本。

表 1　江西省第二次残疾人口抽样调查抽样框

地区名称	县(市、区）名称	地址代码	财政总收入(万元)	持证残疾人数(人)	总户数(户)	总人口(人)
南昌市	东湖区	360102	62726	5251	132552	513122
南昌市	西湖区	360103	72184	5308	121024	406118
南昌市	青云谱区	360104	27286	2604	71465	257441
南昌市	湾里区	360105	12894	769	25919	75878
南昌市	青山湖区	360111	61426	4261	177211	784753
南昌市	南昌县	360121	54056	15275	260785	905635
南昌市	新建县	360122	30673	8872	171521	661901
南昌市	安义县	360123	9451	2263	79018	250512
南昌市	进贤县	360124	21947	7714	216981	752542
景德镇	昌江区	360202	7202	840	54485	160659
景德镇	珠山区	360203	7342	5764	89776	271100
景德镇	浮梁县	360222	9696	2185	81378	277027

续表 1

地区名称	县(市、区)名称	地址代码	财政总收入(万元)	持证残疾人数(人)	总户数(户)	总人口(人)
景德镇	乐平市	360281	32322	23680	222379	796942
萍乡市	安源区	360302	25131	3573	132722	425333
萍乡市	湘东区	360313	47264	2833	103492	393649
萍乡市	莲花县	360321	8099	2854	65433	247961
萍乡市	上栗县	360322	21529	2992	108342	460261
萍乡市	芦溪县	360323	15668	1689	73744	274923
九江市	庐山区	360402	13012	1920	83120	279962
九江市	浔阳区	360403	26196	2498	97948	295694
九江市	九江县	360421	12271	1328	107097	350145
九江市	武宁县	360423	16428	9600	96302	347510
九江市	修水县	360424	22690	19865	187122	774272
九江市	永修县	360425	19162	1100	110416	365059
九江市	德安县	360426	11448	6149	70386	227457
九江市	星子县	360427	9034	1200	62821	239717
九江市	都昌县	360428	14546	7614	172671	726613
九江市	湖口县	360429	10482	2436	76265	273441
九江市	彭泽县	360430	10462	832	94500	348225
九江市	瑞昌市	360481	23565	5200	120040	420095
新余市	渝水区	360502	23084	4208	247578	793662
新余市	分宜县	360521	25143	3197	99191	309769
鹰潭市	月湖区	360602	5107	1614	64313	189795
鹰潭市	余江县	360622	9158	1862	90619	350733
鹰潭市	贵溪市	360681	67671	6143	153144	575300
赣州市	章贡区	360702	30485	5120	148155	564763
赣州市	赣县	360721	16186	4800	151042	568263
赣州市	信丰县	360722	21800	2310	181997	673193
赣州市	大余县	360723	16421	2436	95554	297478
赣州市	上犹县	360724	9065	8360	81145	284154
赣州市	崇义县	360725	10619	1400	55026	197771
赣州市	安远县	360726	7641	3500	83069	351665
赣州市	龙南县	360727	20160	2547	82141	299673
赣州市	定南县	360728	9016	1253	52444	200735
赣州市	全南县	360729	8536	1578	47649	186552
赣州市	宁都县	360730	14848	5716	210547	714533
赣州市	于都县	360731	20316	36300	232138	942139
赣州市	兴国县	360732	21683	4270	190065	738889

续表 2

地区名称	县(市、区）名称	地址代码	财政总收入（万元）	持证残疾人数（人）	总户数（户）	总人口（人）
赣州市	会昌县	360733	10100	2060	108845	440570
赣州市	寻乌县	360734	7800	2400	81550	300083
赣州市	石城县	360735	16267	2950	80197	306105
赣州市	瑞金市	360781	16273	15613	142568	614767
赣州市	南康市	360782	23266	13230	233033	775138
吉安市	吉州区	360802	14829	3300	95459	316528
吉安市	青原区	360803	4846	520	47729	188951
吉安市	吉安县	360821	20861	3400	122747	439151
吉安市	吉水县	360822	14028	4111	158242	480819
吉安市	峡江县	360823	8762	1800	46389	161046
吉安市	新干县	360824	16089	2200	96886	304343
吉安市	永丰县	360825	15443	3000	105687	412058
吉安市	泰和县	360826	20610	6500	152847	516605
吉安市	遂川县	360827	13149	1230	140720	526348
吉安市	万安县	360828	11371	1277	83082	301565
吉安市	安福县	360829	16502	2300	108582	384115
吉安市	永新县	360830	10233	3278	121756	482980
吉安市	井冈山市	360881	10102	7200	42958	152024
宜春市	袁州区	360902	19894	18720	271201	967175
宜春市	奉新县	360921	15984	5834	87507	302378
宜春市	万载县	360922	16033	9850	133639	472518
宜春市	上高县	360923	19769	8487	96620	337021
宜春市	宜丰县	360924	14377	3780	88166	274470
宜春市	靖安县	360925	7692	2732	42126	137800
宜春市	铜鼓县	360926	7149	2658	42359	135581
宜春市	丰城市	360981	56698	31900	354564	1282196
宜春市	樟树市	360982	38820	10920	155013	536492
宜春市	高安市	360983	30761	20132	249774	808886
抚州市	临川区	361002	18246	13965	311686	1041262
抚州市	南城县	361021	10860	4054	78424	305675
抚州市	黎川县	361022	6189	2365	65361	239042
抚州市	南丰县	361023	8088	1519	69558	281000
抚州市	崇仁县	361024	9009	4486	80674	320641
抚州市	乐安县	361025	4816	3453	98794	341601
抚州市	宜黄县	361026	4810	1530	55883	213976
抚州市	金溪县	361027	6202	2192	77807	271901

续表 3

地区名称	县(市、区）名称	地址代码	财政总收入（万元）	持证残疾人数（人）	总户数（户）	总人口（人）
抚州市	资溪县	361028	4760	990	31509	108134
抚州市	东乡县	361029	12687	3454	128631	430566
抚州市	广昌县	361030	6154	2427	61236	230860
上饶市	信州区	361102	20016	2482	104625	367272
上饶市	上饶县	361121	20774	6700	172434	703274
上饶市	广丰县	361122	55500	9100	189076	778861
上饶市	玉山县	361123	18152	6915	156727	552425
上饶市	铅山县	361124	15763	9800	109281	413314
上饶市	横峰县	361125	7124	5265	53146	196840
上饶市	弋阳县	361126	13887	4000	96801	367086
上饶市	余干县	361127	18227	3200	212923	879901
上饶市	鄱阳县	361128	17848	5800	341881	1428300
上饶市	万年县	361129	14455	2952	103804	358893
上饶市	婺源县	361130	12504	6460	101456	334878
上饶市	德兴市	361181	30225	7000	92448	307107

附录 11

江西省第二次全国残疾人抽样调查领导小组组成人员名单

组　长　孙　刚　　省政府副省长
（熊盛文）　省政府副省长
副组长　肖毛根　　省政府副秘书长
（金细安）　省政府副秘书长
熊印辉　　省残联党组书记
彭道宾　　省统计局副局长
钟起茂　　省民政厅副厅长
李　利　　省卫生厅厅长
成　员　徐效钢　　省残联理事长
陈东有　　省委宣传部副部长
（王大同）　省发改委助理巡视员
王占铭　　省教育厅副厅长
（谢　晓）　省公安厅助理巡视员
辜华荣　　省财政厅副厅长
（毛祖逊）　省财政厅副厅长
刘奇兰　　省劳动保障厅副厅长
刘富林　　省人口计生委副主任
徐光辉　　省质监局副局长
肖洪波　　团省委副书记
（潘玉兰）　省妇联副主席
（李明瑛）　省妇联助理巡视员
（刘煌榜）　省老龄委办副主任

江西省第二次全国残疾人抽样调查办公室人员名单

主　　任　徐效钢　省残联理事长
副 主 任　李志刚　省残联办公室调研员（专职）
　　　　曾庆道　省统计局人口社科处副处长
　　　　朱显华　省民政厅社会福利处副处长
　　　　贾立明　省卫生厅医政处副处长
　　　　皮人学　省统计局计算中心副主任
工作人员　（贾亚明）（沈冬华）张农香（徐　芳）张小雷　黄正兵
专家小组　贾立明　省卫生厅医政处副处长
　　　　陈仲有　江西省抽调办医学专家
　　　　殷小龙　江西省抽调办医学专家
　　　　李朝霞　江西省抽调办医学专家
　　　　高幼奇　江西省抽调办医学专家
　　　　熊渭平　江西省抽调办医学专家
　　　　聂勇彪　江西省抽调办医学专家
　　　　钟云莺　江西省抽调办医学专家
　　　　万志强　江西省抽调办医学专家

附录 12

江西省第二次全国残疾人抽样调查样本市、县（市、区）领导小组，办公室主任、副主任，调查队名单

南昌市

领导小组　组　长　汤成奇　市政府副市长
（周　关）　市政府副市长
副组长　吕汉青　市政府副秘书长
赵文庭　市残联理事长
曾建华　市民政局副局长
宋顺有　市卫生局副局长
张　宁　市统计局总统计师
成　员　李家旺　程其调　邵海珍　刘海滨　陈以获　（王明文）　陆春华
杨晚才　周仁斌　周笑蓓　熊福保　胡小洪　徐海波　曾志毅

青山湖区

领导小组　组　长　胡小洪　区委副书记、区政府常务副区长
副组长　（刘忠发）　区残联理事长，兼办公室主任
韩耀春　区统计局副局长
杨　萍　区民政局副局长
李久华　区卫生局副局长
成　员　张晓雯　温金莲　王湘贵　胡建国　廖　琼　胡建勇　叶　芃
刘国刚　万艳艳　熊志华

调 查 队　队　长　胡小玉　区残联理事长
副队长　韩耀春　区统计局副局长
熊玉泉　南昌市第十医院院长
成　员　胡德辉　魏　勇　熊泗勇　何云萍　万水秀　彭启英　魏小光
吴　凡　曾先根　万　飞　谌件根　王和根　吴　敏　龚水华
熊旺生　熊　玲　李建平　邓雪峰　杨仲彦　唐潇泓　邓和平
胡凯杰　卢金桂

南昌县

领导小组　组　长　徐海波　县政府副县长
副组长　李慎欢　县政府办公室副主任
刘　卿　县残联副理事长
成　员　万考春　陈保水　李晓蝉　范海权　徐向阳　高三毛　朱茂林
陈　峥　刘细告　范建平　万南水　熊卫斌　王　红

办 公 室　主　任　刘　卿　县残联副理事长
副主任　骆金芳　县残联办公室主任

万红斌　县统计局综合股长
张建平　县民政局社会福利股股长
刘敏安　县卫生局医政股股长
调 查 队　队　长　陶文华　县残联副理事长
副队长　万红斌　县统计局综合股长
余国胜　县卫生局副局长
成　员　罗水保　周香根　刘根保　吴河北　刘晓红　胡深林　喻　梅
姜云春　朱龙华　裴丽平　吴根保　黄云根　骆金芳　胡国金
范玉芳　张海英　巢建洪　黄早良　娄小红　谢　峰　卢志勇
刘志玉

新建县

领导小组　组　长　曾志毅　县委常委、县政府常务副县长
副组长　彭仁华　县政府办副主任、县法制办主任
房宏宝　县残联理事长，兼办公室主任
刘祥逑　县统计局副局长
陶学依　县民政局副局长
熊周勇　县卫生局党委委员
成　员　熊　理　张赣新　曾荣春　雷玲玲　刘　焕　陶市洲
万先刚　熊模茂　安　国　熊中意　黄金秀
调 查 队　队　长　房宏宝　县残联理事长
副队长　刘祥逑　县统计局副局长
熊周勇　县卫生局党委委员
成　员　万常炳　陈挺进　熊绪庭　陈海玲　滕光清　阮四龙　罗爱刚
熊本波　胡　勇　熊斯汉　曾小秋　邓大毛　唐赛玲　熊　艳
夏珍凤　帅文军　徐招萍　罗来武　陈海斌　刘细妹　朱光辉
夏启水　周家耀

景德镇市

领导小组　组　长　周华保　市政府副市长
副组长　汪东明　市政府副秘书长
葛祖明　市残联理事长
余　辉　市民政局党委副书记
舒超英　市财政局副局长
朱长安　市卫生局副局长
周镇清　市统计局副局长
成　员　于秀亮　虞毅红　吴子仁　黄金祥　周　吴　谢日元　冯绍华
罗　璇　邵绛云　王志生　程少华

昌江区

领导小组　组　长　胡平华　区政府副区长
副组长　施于德　区政府办公室副主任

洪长明　区残联理事长，兼办公室主任
汪志钢　区民政局副局长
程天满　区财政局副局长
徐佐君　区卫生局副局长
黎　明　区统计局副局长
成　员　罗　辉　万军燕　陈爱珍　童丽娟　彭政权　杨新生
张有喜　王训配　陈志刚　陈玉芳
调查队　**队　长**　洪长明　区残联理事长
副队长　黎　明　区统计局副局长
张春铭　区卫生局副局长
童丽娟　区残联副理事长
成　员　彭细女　江百花　孙月珍　徐进茂　王国亮　史美成　程厚宏
张国民　朱国顺　俞永珍　高文华　张菊连　彭秀英　吴裕民
周东胜　张令红　朱智飞　刘术芥　汪水才　余新生

萍乡市

领导小组　**组　长**　王朝新　市政府副市长
（彭艳萍）市政府副市长
（周　敏）市政府副市长
副组长　戴　刚　市政府副秘书长
（黄星根）市政府副秘书长
罗绮屏　市残联理事长
江明昆　市统计局局长
彭万秋　市卫生局局长
（刘永葆）市卫生局局长
郝建国　市民政局副局长
（袁长春）市民政局副局长
成　员　邱锡荣　（谭小燕）　刘新民　周国萍　石汝清　彭济庆　（易梅香）
刘木林　（彭延友）　陶石崇　易燕萍　（胡志纯）　肖剑顺　龙　萍
（朱艳珍）　朱惠云　颜李萍

湘东区

领导小组　**组　长**　胡志纯　区政府副区长
副组长　胡　健　区政府办公室主任
段柏明　区残联理事长
刘志生　区卫生局党委书记
童道萍　区民政局副局长
王继木　区统计局副局长
成　员　曾年华　袁支荷　吴任萍　欧阳志玲　颜　波　董国莲　刘筱林
赖建泉　喻永红　段红梅　欧晓晖
办公室　**主　任**　段柏明　区残联理事长
副主任　吴任萍　区残联副理事长

调 查 队　队　长　吴任萍　区残联副理事长
副队长　兰长罗　区统计局办公室主任
钟家亮　区医院主治医师
成　员　段小琼　吴伟玲　邬　辉　谭芳华　钟　芳　杨新元　杨绍花
陈　茜　刘丽珍　吴爱萍　颜小青　李　清　陈绵芳　张恒英
陈建萍　胡志刚　胡　纲　黎　伟　刘彦峰　彭达丽

九江市

领导小组　组　长　卢天锡　市政府副市长
副组长　杨陆村　市政府副秘书长
余志军　市残联理事长
周佑庭　市统计局副局长
苏粉玲　市民政局副局长
吴磊军　市卫生局副局长
成　员　黄新庭　柯美林　李瑞东　朱　敏　黄土改　曹光东　傅朗林
岳伟时　罗文江　冯陆荣　金长水　胡贤金

修水县

领导小组　组　长　杨　健　县委副书记、县政协主席
副组长　单华平　县政府副县长
徐秉坚　县残联理事长
张岭生　县统计局副局长
朱玉宝　县民政局副局长
樊早英　县卫生局副局长
成　员　车学满　陈　虹　谢邦泉　刘晓清　熊　平　胡映凡
陈小岱　周少先　姚耀华　何杏花　孙　彬
办 公 室　主　任　徐秉坚　县残联理事长
副主任　张岭生　县统计局副局长
朱玉宝　县民政局副局长
樊早英　县卫生局副局长
姜联顺　县残联副理事长
调 查 队　队　长　姜联顺　县残联副理事长
副队长　张岭生　县统计局副局长
朱　宾　县人民医院医政股长
成　员　樊大林　周水如　冷雪峰　梁　钢　何小胡　黄统明　黄修江
冷咏梅　肖燕萍　袁兰波　胡　鸿　钟利珍　陈　晖　钟燕红
徐爱春　樊林祥　黄文光　郑望金　冷敏辉　樊芳琴　阮义华
温钦生

永修县

领导小组　组　长　欧阳洁　县政府副县长
副组长　熊运洁　县残联理事长

杨　荣　县政府办副主任
查　敏　县统计局副局长
袁剑平　县民政局副局长
淦克波　县卫生局副局长
成　员　钟晓华　熊晓平　戴昌景　杨小华　李长生　胡　俊
陈法根　曹亚春　赵　鹏　张　霞　勒绵齐
办公室　主　任　熊运洁　县残联理事长
副主任　王　彪　县残联办公室主任
张善忠　县统计局人秘股长
邢　延　县卫生局医政股股长
调查队　队　长　王　彪　县残联办公室主任
副队长　张善忠　县统计局人秘股长
贺行娟　县卫生局干部
成　员　戴征莲　戴昌景　李荣翎　熊运洁　王　玲　张华院　付正浩
汪力胜　郑有珍　谭　莉　王　贞　陈　胜　蔡秋生　卢爱华
徐建平　易江强　杨福奎　吴云红　徐　伟　肖华平　刘文忠
涂一都

新余市

领导小组　组　长　毛木根　市政府副市长
副组长　钟小强　市政府副秘书长
钟文新　市残联理事长
罗红国　市民政局调研员
章健强　市统计局副局长
桂秀平　市卫生局副局长
成　员　彭少敏　姚成弘　廖春荣　肖树芽　彭多林　黄埠生　章晓晴
朱小东　林　舒　刘香宝　胡意生

分宜县

领导小组　组　长　陈珊雅　县委常委、县政府副县长
（张学武）县委常委、县政府副县长
副组长　万鸿根　县政府办副主任
袁富荣　县残联理事长
（郭根生）县残联理事长
甘忠和　县统计局副局长
黄雪梅　县民政局纪检组长
彭小平　县卫生局副书记
成　员　傅小平　吴华安　晏东平　侯　芳　宋和生　林小平　龚　平
宋新根　林志军　何　敏　钟海艳　龙慧玲
办公室　主　任　袁富荣　县残联理事长
（郭根生）县残联理事长
副主任　甘忠和　县统计局副局长

黄雪梅　县民政局纪检组长
彭小平　县卫生局副书记

调查队　队　长　郭根生　县残联理事长
副队长　傅小平　县残联副理事长
郭卫东　县医院原院长
成　员　彭春生　袁德奇　易江雅　钟艳花　欧阳六英　黄寿牙　钟炳生
钟文华　袁爱平　黄水兴　张梅生　钟秋萍　晏春生　袁井锋
钟树忠　杨洪生　袁建新　黄永许　何建豪　张文海　胡艳萍
邹文欣

鹰潭市

领导小组　组　长　汪当时　市政府副市长
副组长　苏水生　市政府副秘书长
余电初　市残联理事长
桂长春　市统计局副局长
黄碧江　市民政局副局长
毛建华　市卫生局副局长
成　员　黄松云　朱海群　胡爱华　吴嫦龙　谢火生　祝木水　蔡明玉
汪绪华　何新义　孙　鑫　左真香

余江县

领导小组　组　长　毛建和　县政府常务副县长
副组长　于贵福　县政府办公室主任
潘样生　县残联理事长
范军生　县统计局副局长
高党盛　县民政局副局长
宁静远　县卫生局副局长
成　员　晏才宝　李栋祥　汪玉修　万志军　陈辉才　杨先颂　邓柏青
沈太平　余国龙　罗金珍　陈光荣

办公室　主　任　潘样生　县残联理事长
副主任　范军生　县统计局副局长
晏才宝　县残联副理事长

调查队　队　长　倪建忠　县统计局工会主席
副队长　张梁东　县民政局低保中心副主任
刘步云　县第二人民医院党支部书记
成　员　陆军平　熊国辉　陈　健　童建兴　李光火　陈文华　艾华庭
张　健　黄员香　周翥凤　卢丽萍　徐洁琴　胡明娥　陈丽萍
潘样生　刘卫平　庄志宏　张勇刚　金爱民　江才胜　刘福春
王书明　李展明

赣州市

领导小组　组　长　潘昌坤　市委常委、市政府副市长

（邓扬辉） 市政府副市长
副组长 刘树明 市政府副秘书长
（吴水田） 市政府副秘书长
谭红鸣 市残联理事长
（范德传） 市残联理事长
肖木生 市统计局副局长
姚 勇 市卫生局副局长
成 员 胡竹林 陈 瑞 彭莲凤 饶小明 曾德钰 戴艳春
金家福 何 群

信丰县

领导小组 组 长 徐 兵 县政府副县长
副组长 王连辉 县政府办副主任
李小华 县残联副理事长
冯海斌 县统计局副局长
康忠森 县民政局副局长
傅 伟 县卫生局副局长
成 员 肖生祥 刘 波 赖天洪 张志成 傅华英 黄福元 俞金莲
邱丽君 王雪梅 邹明珍
办 公 室 主 任 李小华 县残联理事长
副主任 冯海斌 县统计局副局长
傅 伟 县卫生局副局长
调 查 队 队 长 李小华 县残联理事长
副队长 冯海斌 县统计局副局长
傅 伟 县卫生局副局长
成 员 陈 兰 李冬梅 郭彦明 肖兰玉 陈燕兰 黎国财 袁善袖
曹条生 刘乙生 王 平 吴源生 李朝新 朱祚鑫 徐 涛
陈明胜 曾 敏 王贤芳 王新生 邱志军 郭旭军 何重福
刘礼根

于都县

领导小组 组 长 李石金 县委常委、县政府副县长
副组长 林永勇 县政府办主任
（陈京东） 县政府办主任
吴丽芳 县残联理事长
伍春贵 县统计局局长
（李巧荪） 县统计局副局长
钟蔚迟 县民政局副局长
彭称发 县卫生局副局长
成 员 管世华 袁尚贵 蒙宗寿 钟子金 曾小兵 肖荣华 刘淑华
温志勇 陈满发 王玉春 曾庆英 邓娟华
办 公 室 主 任 吴丽芳 县残联理事长

副主任　伍春贵　县统计局局长
（李巧荪）　县统计局副局长
邓娟华　县残联副理事长
钟蔚迟　县民政局副局长
彭称发　县卫生局副局长

调 查 队　队　长　吴丽芳　县残联理事长
副队长　刘二发　县统计局股长
谭程长　县卫生局股长
成　员　张家信　廖光福　张东海　蓝朝鸣　谢季发　梅志荣　邱富平
罗会来　华德林　易日明　钟丰和　赵明发　谢少华　易小良
邹拥军　陈三发　刘艳凌　何春风　易有望　黄胜林　谭金长
吴　骏　叶三秀　陈福生　肖道生　孙晋卿

兴国县

领导小组　组　长　郭贤富　县政府副县长
副组长　刘玉林　县政府办主任
刘　松　县残联理事长
陈祥达　县统计局局长
卢升祥　县民政局局长
陈虞标　县卫生局局长
成　员　邱昌源　吕友芝　朱良华　李发明　邓京文　钟圣泳　刘　莉
夏雷风　邹传文　吴相沐

办 公 室　主　任　刘　松　县残联理事长
副主任　刘瑞峰　县统计局副局长
朱国星　县民政局副局长
黄敏生　县卫生局副局长
谢福生　县残联副理事长

调 查 队　队　长　刘　松　县残联理事长
副队长　邱平华　县统计局副局长
赖申昌　县人民医院副主任医师
成　员　肖惠贤　晏彩霞　周春秀　石玉梅　余丽娟　谢福生　王源荣
李年红　袁光玉　付延禄　王跃湖　张练功　朱明兴　钟崇伟
黎　刚　邓宝生　黄　波　邓经德　卢志军　张书林　邓载海
邱联春

瑞金市

领导小组　组　长　柯岩松　市政府副市长
副组长　周景春　市政府办公室副主任
刘南昌　市残联理事长兼民政局副局长
沈小毛　市统计局局长
张晓青　市财政局副局长
杨衍平　市卫生局副局长

	成　员	钟瑞春　钟育平　杨忠明　王华聪　曾能棋　杨　柳　刘丽华
办 公 室	主　任	刘南昌　市残联理事长兼民政局副局长
	副主任	丁　晨　市统计局副局长
		李冬庆　市卫生局医政科长
调 查 队	队　长	刘南昌　市残联理事长兼民政局副局长
	副队长	钟瑞生　市统计局干部
		卢志明　市卫生局干部
	成　员	钟赞英　刘学磊　胡丽群　钟　玲　陈珍生　潘小兵　杨玉兰　温文庭　杨小春　袁海发　袁应荣　肖季杨　杨书萍　郭经伟　陈有军　叶礼俊　陈福生　杨和明　刘衍忠　钟福生　李　俊　危　伸

南康市

领导小组	组　长	廖学春　市政府副市长
	副组长	董淑贞　市残联理事长
		刘吉贵　市统计局局长
		罗　芸　市民政局局长
		张晓云　市卫生局局长
	成　员	邱昌军　李　诚　兰希高　吴　克　吴　健　谢　康　谢明忠
办 公 室	主　任	董淑贞　市残联理事长
	副主任	古质平　市统计局副局长
		钟明德　市民政局副局长
		王仁琪　市卫生局副局长
		李民友　市残联副理事长
调 查 队	队　长	董淑贞　市残联理事长
	副队长	古质平　市统计局副局长
		卢致顶　市卫生局副局长
	成　员	朱才京　李　添　曹继平　段先锋　刘华英　王　华　吴年娣　朱志光　温世斌　兰师吉　袁长慈　王义平　黄以柏　唐冀发　刘孟清　周晓兰　易孟君　刘汉民　赵之淼　谢玉芳　李坊伟　肖承年　郭颂民

吉安市

领导小组	组　长	陈志明　市政府副市长
	副组长	赖光烂　市政府副秘书长、办公室主任
	成　员	李朝栋　罗水根　王　军　刘盛先　肖昌敬

吉安县

领导小组	组　长	肖　君　县政府副县长
	副组长	梁玉华　县政府办公室主任
		李晓明　县残联理事长
		朱生根　县统计局副局长

钱期林　县民政局副局长
罗中传　县卫生局副局长
成　员　肖明忠　刘筱红　阮芳芒　刘才汉　张顺生　张发根
刘水红　陈胜德　何素萍　肖兰凤
办 公 室　主　任　李晓明　县残联理事长
副主任　朱生根　县统计局副局长
钱期林　县民政局副局长
黄　斌　县卫生局副局长
调 查 队　队　长　李晓明　县残联理事长
副队长　朱生根　县统计局副局长
黄　斌　县卫生局副局长
成　员　汪　麋　龚新英　刘继安　尹兰珠　曾广端　彭贵群　王清本
黄　咏　刘勇智　刘富荣　刘勇来　刘孟佳　罗伟华　戴勇贵
李绍文　陈晓东　周敏军　汤华刚　王　嫔　曾民民　梁必俊
罗招菲

永丰县

领导小组　组　长　周剑萍　县政府副县长
副组长　毛国辉　县残联理事长
张仁武　县统计局副局长
成　员　杨文春　刘　勇　章荣春　胡廷发　丁学忠　杨腾斌　宋建国
叶　彬　张学伟　郑文兴　肖锦山　涂　乐　张晓香
办 公 室　主　任　毛国辉　县残联理事长
副主任　章荣春　县残联副理事长
张仁武　县统计局副局长
杨文春　县民政局副局长
刘　勇　县卫生局副局长
调 查 队　队　长　毛国辉　县残联理事长
副队长　邹学鲁　县统计局副局长
王玉花　县卫生局副局长
章荣春　县残联副理事长
成　员　陈广圣　肖招英　李章璞　宁明福　万　程　张恕祥　吴能才
王三根　兰帮明　杨　扬　熊　斌　叶兴春　钟　华　张年香
邓翠兰　唐　刚　邓美华　邓永雄　李　宏　郭丽君

井冈山市

领导小组　组　长　唐定华　市政府副市长
副组长　肖德渊　市政府办公室副主任、法制办主任
黄作平　市残联理事长
钱卫国　市统计局城调队队长
胡兴林　市卫生局副局长
成　员　谢伟俊　刘扬忠　刘　军　彭竞艳　艾俊华　王国彬

黄　彤　曾春华　尹华林　郭兰衣　余孙德　柳正扬

办 公 室 **主　任** 黄作平　市残联理事长

副主任 钱卫国　市统计局城调队队长

艾俊华　市民政局副局长

胡兴林　市卫生局副局长

柳正扬　市残联副理事长

调 查 队 **队　长** 黄作平　市残联理事长

副队长 刘课正　市统计局副局长

胡兴林　市卫生局副局长

成　员 张贵梅　刘永宁　邱嵘华　谢小清　张丽娟　黄文慧　张　福

张郁昌　许莉芳　陈贵祥　何桂生　谢龙传　郑　前　欧阳小春

许　燕　林巧清　汪　普　曾令华　洪祖强　谢俊章　谢建双

王安伟　谢远文

宜春市

领导小组 **组　长** 刘定明　市委常委、市政府常务副市长

副组长 肖聚成　市残联理事长

龚向东　市政府办副主任

单玉生　市统计局副局长

谭国强　市民政局副局长

蔡宪明　市卫生局副局长

成　员 舒清生　李遂春　南　青　冉　旭　高靖文　赵茶生　陈　卫

吴心清　刘　静　焦　静　周声荣

上高县

领导小组 **组　长** 鲁旭东　县委常委、县政府常务副县长

副组长 章自力　县政府办副主任

欧阳玮　县残联理事长

陈桂秀　县统计局纪检组长

李金根　县民政局副局长

黄树衡　县卫生局党委委员

成　员 仇和平　傅金华　聂剑峰　王晓明　熊义敏　胡瑞云　黄海波

况　洁　黄雪梅　王美珍

办 公 室 **主　任** 欧阳玮　县残联理事长

副主任 陈桂秀　县统计局纪检组长

李金根　县民政局副局长

黄树衡　县卫生局党委委员

仇和平　县残联副理事长

调 查 队 **队　长** 仇和平　县残联副理事长

副队长 黄二流　县统计局统计师

易菊香　县残联副理事长

成　员 钟栋苟　晏赛明　况右章　左杰民　曹和平　况喜华　欧阳琪

左圣忠　黎　敏　左雨典　钟选牯　聂长方　潘林华　黄如荣
游长征　罗地才　龙　强　刘小燕　易福平　饶佳宾

高安市

领导小组　组　长　范湧华　市委常委、市政府常务副市长
副组长　涂新安　市政府办公室副主任
胡　斌　市残联理事长
喻春波　市统计局副局长
况正堂　市民政局副局长
邹均[illegible]　市卫生局副局长
成　员　金世春　罗晔根　舒　慧　谢季生　幸小军　邹正龙　胡太云
余跃英　李水生　席晓红　游丽霞
办公室　主　任　胡　斌　市残联理事长
副主任　喻春波　市统计局副局长
况正堂　市民政局副局长
邹均[illegible]　市卫生局副局长
调查队　队　长　金世春　市残联副理事长
副队长　喻春波　市统计局副局长
熊建斌　市残疾人康复中心急诊中心主任
成　员　梁日新　刘海荣　冷怀芝　范斌云　刘小毛　吴平生　敖树根
邓亚荣　刘国和　罗启明　熊爱国　何文桥　高祖南　彭坦生
幸振茂　张智刚　易小林　熊良华　孙根香　陈劲松　武剑锋
黄三全

抚州市

领导小组　组　长　柯建中　市政府副市长
副组长　符节约　市政府副秘书长
杨更生　市残联副理事长
陶雪华　市统计局副局长
吴水凤　市民政局副局长
邹德贵　市卫生局助理调研员
成　员　李林荣　付志红　顾胜和　元仉才　魏建新　肖永忠　许跃宗
彭友文　章燕萍　芦　萍

临川区

领导小组　组　长　章礼忠　区政府副区长
副组长　李光荣　区政府办公室主任
余新华　区民政局局长
王长华　区卫生局局长
黄兴泉　区残联理事长
许水根　区统计局副局长
成　员　罗洪亮　范　薇　吴福金　陈龙泉　蔡建武　熊力辉　陈细荣

毛一宇 毛友娄 邓 岚 程明娥

办公室 主 任 黄兴泉 区残联理事长

副主任 许忠祥 区残联综合业务股

熊振水 区民政局社会福利股

付俊华 区统计局农业股

胡晓民 区红十字会秘书长

调查队 队 长 陈华良 区民政局副主任

副队长 范祯祥 区统计局副主任

李福林 区卫生局办公室主任

成 员 万 琳 管燕燕 王 虹 熊加厚 朱复祥 顾文辉 徐勤龙

许火祥 陈国平 游德官 罗海根 胡 芬 甘国龙 黄晓红

黄红英 吴轶群 邓建文 吴继光 朱东华 熊小玲 罗光清

占永春

南城县

领导小组 组 长 王国荣 县政府副县长

副组长 肖月芳 县残联理事长

吴文华 县政府办公室副主任

李建华 县统计局副局长

罗文麒 县卫生局副局长

成 员 李任华 程小云 毛希全 黎明华 叶文旺 吴立照 王荣辉

邹小文 邱 磊 王国珍 欧阳建明 汪会友 花瑞才 黄火生

崔 华

办公室 主 任 肖月芳 县残联理事长

副主任 孙国强 县残联副理事长

李建华 县统计局副局长

罗文麒 县卫生局副局长

调查队 队 长 孙国强 县残联副理事长

副队长 李建华 县统计局副局长

危向群 县卫生局股长

成 员 王林忠 梅宗峰 黄水华 段鲁明 邓美珍 张莲福 鄢林根

洪 刚 范云伟 程爱贵 刘 敏 危水才 高荣国 欧阳长福

刘 虎 张国栋 邓小华 詹安庆 黄 胜 郑慧娟 胥俊杰

尧长容

金溪县

领导小组 组 长 （刘 慧） 县政府副县长

副组长 （王云生） 县政府办副主任

吴淑玲 县残联理事长

（龚红梅） 县统计局副局长

殷金生 县民政局副局长

（李丽华） 县卫生局副局长

成　员　徐俊堂　（李　凌）（孙月香）万仁和　熊建洲　（周亚平）
杨书明　（杨　燕）　周速进　李大君　（梁　芳）（李华英）
郑小泉　唐汉平　龚胜辉　杨克诚

办 公 室　主　任　吴淑玲　县残联理事长
副主任　蔡春芬　县残联副理事长
（龚红梅）县统计局副局长
付利杨　县民政局股长
夏将兰　县卫生局主任科员

调 查 队　队　长　吴锦荣　县残联主任科员
副队长　龚红梅　县统计局副局长
单银根　县卫生局副局长
成　员　蔡春芬　曾幼芳　彭墨丽　魏梅芳　王水清　姜冠军　万仁光
刘木祥　洪志奇　孙有良　连全奎　黄志新　黎茂生　邓江海
付建辉　王　进　蒋铁信　李阳思　陈　欣　邱春根　杨卫群
江小珍

上饶市

领导小组　组　长　章早彩　市政府副市长
副组长　程进华　市政府副秘书长
黄　英　市残联理事长
付月明　市统计局副局长
王桂林　市民政局副局长
王建真　市卫生局副局长
成　员　黄海君　刘谟善　周　延　吴金尧　胡民英　朱孝炳　祝　瑾
王树仁　周忠和　王莉娜　桂丽萍　郑一平　刘弋新

上饶县

领导小组　组　长　李荣良　县政府副县长
副组长　李希东　县政府办副主任
谢秋花　县残联理事长
谢荣燕　县统计局副局长
陈晓康　县卫生局副局长
魏建明　县财政局副局长
林代荣　县民政局副局长
成　员　徐晓燕　潘戴娣　朱茶英　徐辉幸　毛智华　林全田　徐厚道
徐秀红　娄彩琴　付青林　胡　萍

办 公 室　主　任　谢秋花　县残联理事长
副主任　胡　萍　县残联副理事长
陈晓康　县卫生局副局长
谢荣燕　县统计局副局长

调 查 队　队　长　胡　萍　县残联副理事长
副队长　舒治平　县统计局干部

陈晓康　县卫生局副局长

成　员　郑小芳　徐赛君　姚明清　黄小云　方海英　徐晓芳　彭春粮　杨　坚　徐远贵　吴丁顺　纪金洪　蒋治炉　何　峰　邱深平　杨秀丽　芦孙俊　温永福　万喜兴　符长福　周焕燎　寇　健　周美琴

婺源县

领导小组　组　长　汪炬星　县政府副县长

副组长　汪德金　县政府办副主任、法制办主任

洪利民　县残联理事长

汪启亮　县统计局副局长

俞秋林　县民政局副局长

黄深贵　县卫生局副局长

成　员　李　辉　汪立新　叶淦泉　王炳祥　詹德源　吴俊杰　潘林法　查金枝　叶百荣　何慧珍　程莉萍

办 公 室　主　任　洪利民　县残联理事长

副主任　汪启亮　县统计局副局长

俞秋林　县民政局副局长

黄深贵　县卫生局副局长

调 查 队　队　长　洪利民　县残联理事长

副队长　汪启亮　县统计局副局长

洪雯霞　县卫生局干部

成　员　何桂花　陈刚泉　李立龙　戴养林　查亮飞　程任平　俞春梅　朱灶春　蔡　群　余庆东　孙喜开　江国华　汪金生　汪卫来　朱国荣　王　斌　王根发　潘启强　王学良　戴文涛　江敬伟　俞剑林

注：括号内人员因各种原因中途调整离开。